임원경제지
권109-111

예
규
지

倪圭志
1

임원경제지
권109-111

예규지

倪圭志 1

가정경제 백과사전

권1·지출의 조절
권2·재산 증식(상)
권3·재산 증식(중)

풍석 서유구 지음   추담 서우보 교정
임원경제연구소 이동인, 정명현, 정정기 외 옮김

풍석문화재단

임원경제지 예규지1

지은이	풍석 서유구
교 정	추담 서우보
옮기고 쓴 이	🌿 **임원경제연구소** [이동인, 정명현, 민철기, 정정기, 김현진, 김수연, 강민우, 김광명, 최시남]
	원문 및 번역 전체 정리 : 정명현
	자료정리 : 고윤주
	감수 : 이헌창, 박기수, 전성호
펴낸 곳	🏛 **풍석문화재단**
	펴낸 이 : 신정수
	진행 : 진병춘, 박정진 진행지원 : 박소해
	전화 : 02)6959-9921 E-mail : pungseok@naver.com
편집디자인	아트퍼블리케이션 디자인 고호
펴낸 날	초판 1쇄 2019년 5월 20일
ISBN	979-11-89801-03-8
CIP	2019017269

이 도서의 국립중앙도서관 출판예정도서목록(CIP)은 서지정보유통지원시스템 홈페이지
(http://seoji.nl.go.kr)와 국가자료종합목록시스템(http://www.nl.go.kr/kolisnet)에서 이용하실 수
있습니다. (CIP제어번호 : CIP2019017269)

* 표지그림 : 태평성시도(太平城市圖), 국립중앙박물관 소장
* 사진 사용을 허락해주신 서울대 규장각한국학연구원, 국립민속박물관, 국립중앙박물관, 국립수목원,
  국립수산과학원, 고려대학교 중앙도서관 여러분께 감사드립니다.

《임원경제지·예규지》를 펴내며

《예규지(倪圭志)》는 풍석 서유구 선생께서 편찬하신 《임원경제지(林園經濟志)》 16지 중 마지막 지인 16지에 해당합니다. 권으로는 전체 113권 중 109~113권까지 총 5권으로 구성되어 있습니다.

《예규지》 서문에서 서유구 선생은 "식량과 재물을 구하는 방법은 본래 군자가 취하지 않는 일이면서도 군자가 버리지 않는 일이다."라고 말씀하셨습니다. 그러면서 "우리나라 사대부가 스스로 고상하다고 표방하며 으레 장사를 비루하게 여긴 것은 본래 그러했다.

그러나 궁벽한 시골에서 자신을 닦으며 가난하게 사는 무리가 많은데, 부모가 굶주리고 추위에 떨어도 알지 못하고 처자식이 아우성쳐도 돌아보지 않고, 손을 모으고 무릎을 꿇고 앉아 성리(性理)를 고상하게 이야기한다. 어찌 《사기(史記)》를 지은 사마천(司馬遷)이 부끄럽게 여길 자가 아니겠는가?"라고 당대의 현실을 비판하기도 합니다.

선생께서는 이어서 "그러므로 부모와 처자식을 먹여 살리는 기술을 익히지 않아서는 안 된다. 그 기술에도 구별이 있으니, 농사는 근본이고 장사는 말단이다. 이 책이 《본리지(本利志)》로 시작하니 농사를 중시하는 도리이기 때문이고, 《예규지》로 마쳤으니 말단으로 삼아 가볍게 여기기 때문이다."라며 《예규지》의 편찬배경을 설명합니다. 그러나 과연 서유구 선생께서 장사를 말단으로 여겨 가볍게 여겼을지는 의문입니다.

《예규지》는 총 5권으로 구성되어 있는데, 《예규지》 권1은 〈지출의 조절〉을 큰 제목으로 "수입을 고려하여 지출한다", "절약", "경계할 일", "미리 준비하기"로 구성되어 있습니다. 경제생활의 핵심으로 절약과 검소를 강조하고 있다고 볼 수 있습니다. 권2는 〈재산증식〉(상)을 큰 제목으로 "무역", "재산 불리기", "재산 매입과 관리", "부지런히 일하기", "일 맡기기"로 구성되어 있습니다.

1권과 2권은 주로 중국 서적을 인용하여 편찬한 것으로 경제 및 장사에 대한 "이론편"이라고 할 수 있습니다.

권3에서는 전국 8도에서 나는 생산물을 다루고 있고, 권4에서는 전국의 주요 시장을 다루었으며, 권5에서는 주요 생산지와 시장들 사이의 거리표를 담고 있습니다.

이중 권4는 서유구 선생의 저술인《금화경독기(金華畊讀記)》를 기반으로 하고 있고, 권5의 전국 거리표도 서유구 선생이 직접 작성한 것으로 보입니다.

《예규지》서문에서 선생은 "8도의 시장과 거리를 덧붙인 것은 재화를 증식하려는 자들이 기일에 맞춰 거래를 하고 여정을 계산하여 통행하기를 바라서이다."라고 이 책을 쓰게 된 이유를 밝히셨습니다.

서유구 선생의 형수이자 조선 유일의 여성 실학자인 빙허각 이씨(憑虛閣李氏)는 1809년에 집필한《규합총서(閨閤叢書)》에서 "돈이 있으면 위태로운 것을 편안하게 하고 죽을 사람도 살리는 반면, 돈이 없으면 귀한 사람도 천하게 되고 산 사람도 죽게 만든다. 이런 까닭에 분쟁과 재판도 돈이 아니면 이기지 못하고, 원망과 한스러움도 돈 아니면 풀리지 않는다. 그러므로 돈이 있으면 귀신도 부릴 수 있다고 하니, 하물며 사람이랴."라고 돈의 중요성을 강조하였습니다.

서유구 선생께서는 농사를 통해 열심히 만들어진 생산물이 전국 8도에 널리 유통되고 나라 전체가 풍요로워져 백성들이 배부르고 등따숩기를 꿈꾸었고, 그 꿈을 위해 평생에 걸쳐《임원경제지》를 편찬하셨던 것입니다. 이런 서유구 선생의 정신이 가장 뚜렷하게 담긴 책이 바로《예규지》입니다.《예규지》를 펴내며 새삼스럽게 선생의 풍모와 정신을 다시금 마음에 새겨봅니다.

《예규지》의 번역과정에서 수고하신 임원경제연구소 여러분들께 감사드립니다. 특히 《예규지》에서는 《상택지(相宅志)》와 마찬가지로, 책에서 언급되었던 지명을 고증하고 현대 독자들이 쉽게 이해할 수 있도록 지도에 구현하기 위해 많은 노력이 들어갔습니다. 이를 제대로 구현해 내기가 쉽지 않았음에도 편집디자인 과정에서 많은 노력을 기울여 보기 좋게 책을 만들어 낸 고흐디자인 임직원분들께도 감사드립니다.

2003년부터 강산이 한 번 변하고도 또 반이 지난 지금까지 변함없이 후원을 계속해주고 계신 DYB교육 송오현 대표님과 후원자 여러분들께도 감사드립니다. 또 풍석문화재단의 고문님들과 이사진들, 후원자 여러분, 사무국 직원들께도 감사의 말씀을 전합니다.

더불어 《임원경제지》의 번역출간 및 《임원경제지》 기반 전통문화 콘텐츠의 복원을 지원 지지해주시는 문화체육관광부의 박양우 장관님과 관계자 여러분들께도 감사드립니다.

《예규지》에 담긴 서유구 선생의 정신은 우여곡절을 거치면서 우리 대한민국에서 활짝 꽃피고 있고, 지금 우리나라는 5천 년 역사에서 상상하기 어려울 정도의 풍요를 누리고 있습니다.

지금 시대가 고민하는 것은 좀 더 나은 풍요와 함께, 국가 전체의 풍요가 국민들에게 골고루 미쳐 풍요 속에서 겪는 고통이나 불안을 어떻게 줄일 것인가의 문제도 있습니다. 이익 앞에서 의(義)를 돌아보고 내 배부름 속에서 주변의 어려움을 살필 줄 아는 정신이 필요한 때이기도 합니다. 서유구 선생께서 굳이 《예규지》를 《임원경제지》의 마지막에 배치하면서 "장사는 말단이다."라고 경계한 이유를 깊이 생각해보아야 합니다.

18세기와 19세기 초 국가의 운명을 두고 고뇌하였던 서유구 선생의 맑고 오롯하면서도 현실 속에서 차근차근 할 수 있는 일들을 추구하였던 실증실용의 정신이 우리 시대의 문제를 해결하는 데 큰 도움이 될 수 있으리라고 확신하면서, 독자 여러분들께 《임원경제지·예규지》를

선보이게 되어 정말 기쁩니다. 앞으로도 변함없이 《임원경제지》 완역완
간을 위해 최선을 다하겠습니다.

2019년 4월
풍석문화재단 이사장 신정수

차례

3. 경계할 일 戒禁

4. 미리 준비하기 備豫

재산 증식(상) 貨殖 上

재산 증식(중) 貨殖 中

영암 靈巖 | 영광 靈光 | 함평 咸平 | 고창 高敞 | 무장 茂長 | 남평 南平 | 무안 務安 |
장흥 長興 | 진도 珍島 | 강진 康津 | 해남 海南 | 제주 濟州

5) 경상도 嶺南　　　　　　　　　　　　　　　　　　　　　　　　294

경주 慶州 | 울산 蔚山 | 영천 永川 | 흥해 興海 | 청하 淸河 | 영일 迎日 | 장기 長鬐 |
언양 彦陽 | 안동 安東 | 영해 寧海 | 청송 靑松 | 순흥 順興 | 예천 醴泉 | 영천 榮川 |
풍기 豐基 | 의성 義城 | 영덕 盈德 | 봉화 奉化 | 진보 眞寶 | 영양 英陽 | 군위 軍威 |
비안 比安 | 예안 禮安 | 용궁 龍宮 | 대구 大丘 | 밀양 密陽 | 청도 淸道 | 선산 善山 |
김산 金山 | 개령 開寧 | 지례 知禮 | 고령 高靈 | 문경 聞慶 | 함창 咸昌 | 자인 慈仁 |
경산 慶山 | 하양 河陽 | 인동 仁同 | 성주 星州 | 영산 靈山 | 신령 新寧 | 현풍 玄風 |
의흥 義興 | 상주 尙州 | 창녕 昌寧 | 진주 晉州 | 거창 居昌 | 사천 泗川 | 삼가 三嘉 |
의령 宜寧 | 하동 河東 | 산청 山淸 | 안의 安義 | 초계 草溪 | 함양 咸陽 | 곤양 昆陽 |
남해 南海 | 합천 陜川 | 단성 丹城 | 창원 昌原 | 김해 金海 | 진해 鎭海 | 거제 巨濟 |
칠곡 漆谷 | 동래 東萊 | 고성 固城 | 칠원 漆原 | 함안 咸安 | 웅천 熊川 | 양산 梁山 |
기장 機張

6) 강원도 關東　　　　　　　　　　　　　　　　　　　　　　　　326

강릉 江陵 | 삼척 三陟 | 양양 襄陽 | 평해 平海 | 간성 杆城 | 고성 高城 | 통천 通川 |
울진 蔚珍 | 흡곡 歙谷 | 원주 原州 | 영월 寧越 | 정선 旌善 | 평창 平昌 | 인제 麟蹄 |
횡성 橫城 | 홍천 洪川 | 철원 鐵原 | 춘천 春川 | 회양 淮陽 | 양구 楊口 | 낭천 狼川 |
금성 金城 | 김화 金化 | 이천 伊川 | 안협 安峽 | 평강 平康

7) 황해도 海西　　　　　　　　　　　　　　　　　　　　　　　　342

황주 黃州 | 평산 平山 | 서흥 瑞興 | 봉산 鳳山 | 안악 安岳 | 재령 載寧 | 수안 遂安 |
곡산 谷山 | 신천 信川 | 토산 兔山 | 신계 新溪 | 문화 文化 | 장연 長連 | 해주 海州 |
풍천 豐川 | 연안 延安 | 배천 白川 | 옹진 甕津 | 송화 松禾 | 은율 殷栗 | 강령 康翎 |
장연 長淵 | 금천 金川

8) 평안도 關西　　　　　　　　　　　　　　　　　　　　　　　　354

평양 平壤 | 중화 中和 | 함종 咸從 | 순안 順安 | 강서 江西 | 용강 龍岡 | 증산 甑山 |
영유 永柔 | 가산 嘉山 | 숙천 肅川 | 안주 安州 | 삼화 三和 | 선천 宣川 | 박천 博川 |
철산 鐵山 | 구성 龜城 | 정주 定州 | 곽산 郭山 | 용천 龍川 | 창성 昌城 | 성천 成川 |

자산 慈山 | 상원 祥原 | 순천 順川 | 개천 价川 | 덕천 德川 | 삼등 三登 | 강동 江東 |
은산 殷山 | 양덕 陽德 | 맹산 孟山 | 영변 寧邊 | 희천 熙川 | 운산 雲山 | 태천 泰川 |
영원 寧遠 | 벽동 碧潼 | 초산 楚山 | 위원 渭原 | 강계 江界 | 삭주 朔州 | 의주 義州

9) 함경도 關北

함흥 咸興 | 영흥 永興 | 정평 定平 | 고원 高原 | 안변 安邊 | 덕원 德源 | 문천 文川 |
북청 北青 | 이원 利原 | 홍원 洪原 | 갑산 甲山 | 삼수 三水 | 단천 端川 | 경성 鏡城 |
명천 明川 | 길주 吉州 | 부령 富寧 | 무산 茂山 | 회령 會寧 | 종성 鍾城 | 온성 穩城 |
경원 慶源 | 경흥 慶興

일러두기

–이 책은 풍석 서유구의 《임원경제지》를 표점, 교감, 번역, 주석, 도해한 것이다.

–저본은 정사(正寫) 상태, 내용의 완성도, 전질의 구성 등을 고려하여 고려대학교 도서관 소장본으로 했다.

–현재 남아 있는 이본 가운데 서울대학교 규장각한국학연구원, 일본 오사카 나카노시마부립도서관본을 교감하고, 교감 사항은 각주로 처리했으며, 각각 규장각본, 오사카본으로 약칭했다.

–교감은 대교(對校)와 타교(他校)를 중심으로 하고, 교감 사항은 각주로 밝혔다.

–번역주석의 번호는 일반 숫자(9)로, 교감주석의 번호는 네모 숫자⑨로 구별했다.

–서유구의 의견을 나타내는 案, 又案 등은 원문의 표기와 유사하게 네모를 둘렀다. 단, 원문에 네모칸이 쳐진, 기사 맨 앞에 제시되는 인용문헌의 명칭은 원문과 번역문 모두 꺽쇠기호([ ])로 표기했다. 예를들어 원문의 金華耕讀記 는 [金華耕讀記]로 표기하는 식이다.

–원문의 주석은 【 】로 표기했다.

–서명과 편명은 번역문에만 각각 《 》 및 〈 〉로 표시했다.

–표점 부호는 마침표(.), 쉼표(,), 물음표(?), 느낌표(!), 쌍점(:), 쌍반점(;), 인용부호(" ", ' '), 가운데점(·), 모점(,), 괄호(()), 서명 부호(《》)를 사용했고 인명, 지명 등 고유명사에는 밑줄을 그었다.

–字, 號, 諡號 등으로 표기된 인명은 성명으로 바꿔서 옮겼다.

–지도자료는 서울대 규장각한국학연구원의 〈고지도〉원문자료에서 《대동여지도(大東輿地圖)》의 원본자료를 가공하여 인용했다.

《예규지》해제[1]

1) 제목 풀이

《예규지》는 가정경제 백과사전으로 5권 2책, 총 76,840자이다. 16지 중 맨 마지막에 자리한다. '예규(倪圭)'는 '계예(計倪)와 백규(白圭)'를 줄인 말로, 이들은 중국의 춘추시대와 전국시대에 재물을 모으는 재주가 뛰어났던 대표적 인물이다.

계예는 계연(計然)이라는 이름으로 더 알려져 있다. 그는 중국 춘추시대 월(越)나라 사람이다. 범려(范蠡)의 스승으로, 산수에 뛰어났고 재물을 모으는 안목이 탁월했으며, 월왕 구천(句踐)에게 재물을 축적하는 이치를 가르쳐 오패(五霸, 춘추시대 5패자) 중의 하나가 되도록 도왔다. 범려는 계예보다 우리에게 더 친숙한 인물이다. 범려는 중국 춘추시대 월나라의 재상으로, 구천을 도와 오왕(吳王) 부차(夫差)를 멸망시켰다. 이후에 산동(山東)의 도(陶)라는 지역에 가서 도주공(陶朱公)이라고 자칭하고 큰 부를 쌓았다. 이런 이유로 고대 중국에서 부자의 대명사가 되었다. 《임원경제지》에도 《증보도주공서(增補陶朱公書)》라는 책이 자주 인용된다. 중국 전국시대 위(魏)나라 사람 백규는 시세 차익을 이용해 재물을 모은 사람으로 유명하다. 백규는 "남이 버리려 하면 내가 사들이고 남이 취하려 하면 내가 준다"는 소신으로, 곡식 수확기에는 곡식을 사들이고 대신 실이나 옻을 풀었고, 누에 수확기

---

1 이 글은 서유구 지음, 정명현·민철기·정정기·전종욱 외 옮기고 씀, 《임원경제지 : 조선 최대의 실용백과사전》, 정명현, 《예규지》해제, 씨앗을 뿌리는 사람, 2012, 1453~1466쪽에 실린 내용을 토대로 증보, 보완한 것이다.

에는 비단을 사들이고 대신 곡식을 풀었다. 음식을 소박하게 먹었고, 욕구를 절제했으며, 의복을 아꼈고 하인들과 고락을 함께 했다.[2] 서유구는 계예와 백규가 실행한 가계 경영법과 검소와 절약 등의 경제관을 높이 샀다.

그러나 유학을 조금이라도 알고 있는 사람이라면 알겠지만, 《맹자》에, 이곳저곳 물가를 파악해 깎아지른 듯한 높은 언덕[壟斷, 농단]에 올라 주변 시장을 둘러보고 시세를 조종하여 이익을 독점한 사람의 이야기가 나온다. 이런 사람을 천박하게 여겼기 때문에 맹자는 그를 천장부(賤丈夫)라 했다.[3] 이익이나 권력을 독점한다는 뜻인 '농단'이란 말이 유래된 고사이다. 이 때문에 고도의 상술과 재산 경영을 구사했던 계예와 백규를 엿본다는 뜻을 담아 제목을 삼은 취지만으로도 유자들은 이해하기 쉽지 않을 것이다.

서유구는 사마천의, "가난을 고수하며 인의(仁義)를 말하는 행위를 부끄럽게 여길 만하다."는 말을 인용하며 "식량과 재물을 구하는 방법은 본래 군자가 취하지 않는 일이면서도 군자가 버리지 않는 일이다."[4]고 못을 박았다. 군자는 도 닦는 일이 우선이지만 도만 닦을 처지가 못 되는 상황에서는 중용을 중시해야 한다는 것이다. 장사[5]가 필요할 때는 장사를 해야 한다.

서유구는 장사의 중요성을 중국의 여러 사례를 들어 〈예규지 서문〉에서 다음처럼 설파한다. 나라를 운영할 때도 먹을거리와 재물을 급선무로 여긴다. 순임금의 8가지 정사 가운데 앞 두 가지가 먹을거리와 재화였고, 공자도 백성을 부유하게 해주는 것이 교육보다 앞서고, 군대를 잘 갖추는 일보다 우선한다고 했다. 공자의 수제자 중 한 사람인 자공(子貢)은 "물건이

---

2 "白圭樂觀時變, 故人棄我取, 人取我與. 夫歲孰取穀, 予之絲漆；繭出取帛絮, 與之食. (중략) 能薄飮食, 忍嗜欲, 節衣服, 與用事僮僕同苦樂."《史記》卷129〈貨殖列傳〉第69.
3 "古之爲市者, 以其所有易其所無者, 有司者治之耳. 有賤丈夫焉, 必求壟斷而登之, 以左右望而罔市利, 人皆以爲賤, 故從而征之. 征商, 自此賤丈夫始矣."《맹자》〈공손추 하〉.
4 식량과……일이다 : 〈예규지 서문〉.
5 장사 : 장사라는 말이 상업보다는 당시의 어감에 가깝다는 판단 하에 가급적 이 용어를 쓰기로 한다.

쌀 때 사들였다가 비쌀 때 팔아 재물을 모았다".《맹자》의 주석가로 유명한 경학자 조기(趙岐, 108~201)는 어려운 시절, 떡 팔아 생계를 이었다. 그렇다고 자공이 공자의 현철(賢哲)로 꼽히지 않거나 조기가 경학의 스승으로 추앙받는 데 문제가 되었는가.

우리나라 사대부가 스스로 고상하다고 표방하며 으레 장사를 비루한 일로 여겼던 태도는 본래 그러하였다. 그러나 궁벽한 시골에서 자신을 닦으며 대부분 가난하게 사는 무리들 같은 경우는, 부모가 굶주리고 추위에 떨어도 알지 못하고 처자식이 힘들다고 아우성쳐도 돌아보지 않고, 손을 공손히 모으고 무릎 꿇고 앉아 성리(性理)를 고상하게 이야기한다. 이들이 어찌 《사기》를 지은 사마천이 부끄럽게 여긴 자들이 아니겠는가!6

이런 상황에서도 장사를 하지 않으면 사대부가 아니라고 서유구는 목소리를 높이고 싶은 것이다. 이는 유학자의 허위의식을 고발한 박지원의 문제의식과 비슷하다.

생계가 절박할 때는 공부하는 사대부라도 몸을 움직여 먹을거리를 얻거나 돈을 벌어야 한다는 것이 서유구의 입장이다. 그래도 서유구는 유학자다. 유학자답게 장사가 생계의 최적이라고 하지는 않는다. 농사를 근본으로 여기는 조선의 오래된 관념을 따랐기 때문이다.

농사가 근본이고 장사는 말단이다. 이《임원경제지》가《본리지(本利志)》로 시작한 이유는 농사를 중시하는 도리이기 때문이고,《예규지》로 마친 이유는 장사를 말단으로 삼아 가볍게 여기기 때문이다.7

《예규지》가 16지의 마지막을 장식한 이유가 여기에 있다. 말단이라 가볍게 취급했다고 했지만, 속으로 들어가 보면 가정경제를 꾸리는 여러 지혜를 담고 있어 지금 시대에도 결코 가벼이 볼 수 없다. 서유구는 궁한 처지

---

6 〈예규지 서문〉.
7 〈예규지 서문〉.

가 되었을 때 장사를 해야 한다는 자신의 주장을 말로만 그치지 않았다. 당시 한참 성행했던 시장의 상황을 일일이 기록하고 팔도 각지에서 생산되는 물산을 알려줌은 물론, 시장 간의 거리를 표로 일목요연하게 정리하여 장사하려는 이들에게 실질적으로 도움이 되는 정보를 제공했다. 그러나 서유구 자신이 장사를 했다는 기록은 없다. 농사에 주력했을 터이기에 아마도 장사까지 하지는 않았으리라.

돈이면 뭐든지 된다는 믿음이 점점 강화되는 요즘에, 오히려 말단에 기록한 이《예규지》에 관심이 가장 클 사람들이 더 많을지도 모른다. 아니, 틀림없이 대부분은 농사기술의 본질을 다루는《본리지》보다는 이《예규지》를 더 선호하고 열독하리라. 저자 서유구의 입장에서는 이를 꼭 바람직한 현상이라고 할 수는 없지만 그렇다고 부정적으로 바라볼 사안도 아니다.

아니 어쩌면《예규지》열독 바람을 더 기대할 수도 있다. 돈 벌어 재산을 축적하기는 인간 삶에 필수임을 저자도 인정하기에, 수단과 방법을 가리지 않고 돈 모으기에 전념하기보다는 좋은 수단과 도덕적인 방법으로 재산을 축적하기를 바라기 때문이다. 그리고 그 재산을 가족은 물론 자신이 속한 공동체 사회에 지탄받지 않고 적절하게 쓸 수 있는 길을 안내해주기 때문이다. 서유구는 돈에 대한 인간의 본원적 욕망을 인정함으로써 돈을 잘 버는 법, 잘 저축하는 법과 함께 잘 쓰는 법까지를 적극적으로 다루면서 재화의 담론을 만들었다. 이는 돈에 휘둘리면서 돈의 노예가 되지 않고 돈의 주인으로서 돈을 주체적으로 당당하게 운용하라는 당부였다.[8]

---

8 《예규지》의 경제학과 경제관 및 당시의 물산 등을 본격적으로 분석한 연구가 진행된 바 있다. 이 연구들은《예규지》에 접근하는 참신한 안목을 제공해준다. 이와 관련된 논문은 다음과 같다. 이헌창,〈『林園經濟志』의 경제학〉,《진단학보》108, 진단학회, 2009; 김대중,〈『倪圭志』의 가정경제학〉,《韓國漢文學硏究》第51輯, 한국한문학회, 2013; 이봉규,〈『林園經濟志』를 통해 본 楓石의 禮學과 經濟觀:「鄕禮志」와「倪圭志」를 중심으로〉, 실시학사 편,《풍석 서유구 연구 下》, 사람의무늬, 2015; 서종태,〈徐有榘의『林園經濟志』에 실려 있는「팔도 물산」에 대한 연구〉,《서강인문논총》53, 서강대학교 인문과학연구소, 2018; 이헌창,《《임원경제지》와《예규지》의 학술사적 의의〉,《2018-2019 풍석학술대회 자료집》, 풍석문화재단·임원경제연구소, 2019. 이 중 이헌창의 논문(2009, 2019)은《예규지》의 팔역장시(八域場市)에 관한 서지적(書誌的)

2) 목차 내용에 대한 설명

권1은 〈예산의 조절〉에 대한 내용이다. "양입위출(量入爲出, 수입을 고려하여 지출한다)", "절약", "경계할 일", "미리 준비하기"로 구성되어 있으며 경제생활의 핵심이 정리되었다. 그중에서도 핵심이라 할 수 있는 덕목은 절약과 검소이다. 이 권 전체에 흐르는 주된 기조이기도 하다. 이 큰 틀 안에서 빈자는 가난한 대로, 부자는 부유한 대로 적절하게 처신해야 함을 강조했다. 절약과 검소를 기본으로 삼되 중도를 넘어 인색함으로 가서는 안 된다는 것이다.

"양입위출"이라는 첫 번째 소제목은 국가단위건, 가정단위건 상관없이 전통 사회의 가장 근간이 되는 경제 원리이다. '수입의 7/10만 쓴다'거나 '풍족함과 검소함은 조절하는 방법이 다르다'는 등의 표제어와, 1년 계획을 수립한 뒤에 1개월 계획과 1일 계획을 세워야 한다는 등의 해설은 모두 이 원리에 입각한 세부 지침들이다. 따라서 '적극적 소비'는 결코 권장 덕목이 아니었다. 빈자는 말할 것도 없거니와 부자라 해도 펑펑 쓰다보면 그 재산이 오래가지 못한다는 경고는 결코 무시할 수 없다.

"절약"에서는 검소의 덕목이 생활경제의 차원을 넘어서 생명 연장을 위한 행동방침으로까지 확대된다. 절약과 검소가 장수로 이어진다는 생각 때문이다. '옷과 음식의 완급 조절'에서 보여준, 가난할 때 옷과 밥 대처 요령도

이해를 증진하였으며, 《예규지》 뿐만 아니라 《임원경제지》 전반을 다룸으로써 그 역사성을 보다 포괄적으로 접근하여 《임원경제지》와 《예규지》의 사상사적 위치를 높이 평가했다. 김대중의 논문은 《임원경제지》를 사상적 구조물로 독해하는 연구방법론을 시도함으로써, '경제'라는 측면을 '사상 과제'로 접근하고 있다. 이를 통해 자신이 처음으로 개념화한 '임원경제학(林園經濟學)'을 심화하기 위한 첫발을 내딛었다는 데 큰 의의가 있다. 이봉규의 논문은 《예규지》를 《향례지》와 함께 고찰하면서 예규지에 "깃든 경제관의 특징과 유교사적 의의를 살펴보"고 《예규지》가 "가정 경제에서 가례의 수행을 우선시하고 부의 독점적 추구를 지양하면서 이웃을 고려하여 일정한 소비를 권장하는 相資相生의 경제관념을 보여준다."고 결론을 내렸다. 서종태의 논문은 《여지도서(輿地圖書)》를 인용했다고 기록한 《예규지》 권4의 "팔도 물산"(이번 번역서에는 "전국의 생산물"로 옮겼다)의 조항을 꼼꼼하게 인용서와 대조한 결과, 서유구는 단순한 인용에 그치지 않고 34%나 되는 분량을 추가로 작성하여 새롭게 재편성했다는 놀라운 사실을 확인했다.

흥미로운 제안이다. 음식은 집에서 먹는 것이라 소박하게 먹어도 되지만 옷은 세상 사람에게 보이는 것이라 대충 입을 수 없기 때문에, 가난에 잘 대처하는 자는 음식을 절약하며 그 대신 옷을 잘 갖춰 입는다고 했다.

'잔치는 간소해야 한다'에서 소개한 기사들도 흥미를 끌 만하다. 손님 접대를 간소하게 하자는 권유는 얼핏 허례허식을 타파하자는 취지로 보이지만, 여기에는 깊은 철학적 성찰이 배어 있다. 이 중 중국 명나라 말기의 관리였던 왕도곤(王道焜)의 《찬객약(饌客約)》에서 인용한 내용은 대체로 다음과 같다. 잔치를 거하게 하다 보면 '3가지 옳지 않은 일[三不宜]'을 하게 된다. 고기 반찬을 마련하기 위해 동물을 많이 잡게 되는 일이 첫째다. 모든 음식에 정성을 쏟을 수는 없어서 손도 대지 않는 음식이 생기는 일이 둘째다. 가계가 심각해져서 손님을 사양하는 지경에 이르는 일이 셋째다. 이를 극복하기 위해서는 장만할 음식 가지 수를 확 줄여서 '3가지 옳은 일[三宜]'을 실천해야 한다. 생명 아끼는 마음을 실천하는 '마음에 옳은 일[心術宜]'이 첫째다. 모든 음식을 맛있게 먹을 수 있는 '몸에 옳은 일[口體宜]'이 둘째다. 돈 낭비가 없어 손님을 정성껏 대접할 수 있는 '사교에 옳은 일[交誼宜]'이 셋째다.

남보다 뒤지는 대접을 하지 않아야 한다는 허례허식의 강박에서 벗어나면 생명을 아끼는 양심을 보전하면서도, 맛있게 음식을 먹을 수 있어 몸에 좋고, 사교적 인간관계 형성에 좋은 영향을 준다는 것이다. 저자는 이러한 행위에 도덕적 판단을 가미해서, 많은 음식장만을 '옳지 않음'으로, 소략한 음식장만을 '옳음'으로 얘기하고 있다. 이 주장의 정당성 여부는 다양한 측면에서 논의될 필요가 있겠지만, 거한 접대에서 파생된 문제의 가치론적인 접근은 절약이라는 경제관념에서 뿐 아니라 인간다운 삶을 논하는 인문학의 관점에서도 적지 않은 의미가 있다. 음식이 생존을 위해, 몸의 건강을 위해 먹는 대상으로서만 머물지 않는다는 이 같은 입장은 이후에 이어지는 기사에서도 일관되게 유지된다.

밥 먹을 때 생각하는 3가지, 즉 식시삼사(食時三思)도 절약의 일환이다.

식시삼사는 반찬 없이 맨밥을 첫 세 숟갈을 떠먹으면서 생각할 내용이다. 첫술에는 밥의 바른 맛을 알고[지반지정미(知飯之正味)], 둘째 술에는 옷과 밥이 어디서 왔는지 생각하고[사의식지종래(思衣食之從來)], 마지막 셋째 술에는 농부의 고생을 생각하라[사농부지수고(思農夫之愁苦)]는 조항이 이것이다. 이렇게 밥을 먹으면 이미 반이나 먹게 되어 나머지도 소략한 반찬으로 해결할 수 있다고 했다. 이렇게 보면 식시삼사도 '3가지 옳은 일'과 마찬가지로 절약이라는 협애한 테두리를 벗어난다.

지금은 논을 없애면서까지 쌀 수확을 줄여도 쌀이 남아돌고, 밥보다는 반찬을 중요하게 여기는 분위기가 팽배하다. 정부에서 논으로의 번전(反田)을 아무리 막아도 논을 부지런히 늘리려 했던 조선 농민의 정서와의 격차는 판이하다. 서유구가 보기에, 이는 그야말로 주객이 뒤집어진 상황이다. 반찬을 '많이' '골고루' 먹기를 권장하고, 밥보다는 비교할 수 없을 정도로 만드는 데에 복잡한 절차와 기술이 필요해서 더욱 귀하게 여기고, 건강에 좋다는 각종 영양소가 들어 있다고 홍보하는 등, 수없이 다양한 효력을 뽐내며 빗발치는 반찬들의 '먹방' 공세에 밥은 뒷전이 되었다.

어쩌면 헐벗고 굶주리기를 밥 먹듯이 했던 조선 시대 사람들의 꿈이 현실이 되었지만, 맨밥의 본질적인 효능에 주목하는 이들은 거의 없다. 맛있고 화려한 반찬들의 홍류(洪流) 속에서는, 맨밥 먹으며 돈을 아낀다는 설정 자체를 못 이겨낼 듯하다. 자신의 비루함, 찌질함, 비참함을 밥 한 끼를 통해 인정하거나 확인하고 싶지 않아서이겠지만, 한편으로는 영양실조로 인해 건강을 해칠 것이라는 우려도 들어 있다. 현대 영양학의, 영양식을 해야 한다는 과도한 강조에 매일 세뇌되다시피 하기에, 우리에게는 거친 밥과 나물로 끼니를 해결하면서도 그 삶을 즐겼던 현인들의 삶을 고려해볼 여지가 없다.

이런 세태에서 '식시삼사'는 어쩌면 골고루 잘 먹어야 한다는 영양학적 부담을 툴툴 털어내고 무소유의 인간이 원초적으로 맞대면하게 되는 밥을 근원적으로 성찰하는 과정에서 영양과 건강에 대한 새로운 인식을 제공해

줄지도 모른다. 반찬보다는 밥을 잘 먹어야 한다.

서유구는 또 배부르게 먹는 습관은 위와 장이 커지게 해 음식 소비량이 과도해질 수 있다고 우려를 표시했다. 식사 때 고기를 두 가지 이상 올리지 말고, 또 고기로만 배를 채우지 말라고 권유하기도 했다. 오곡은 흙이 만들어 준 덕(德)의 정화라서 사람은 이것에 의지하여 생명을 기르므로 오곡을 공경하고 아껴야 한다는 취지의 말도 남겼다. 모두 절약이라는 실천 행위를 겨냥한 발언이다.

곡식 위주로 소박하면서도 소식(小食)을 하라는 이상의 음식경제학을 통해 지금 시대의 과식이나 반찬 낭비의 습관을 진지하게 되돌아 볼 필요가 있다(시장의 가공식품에 대해서는 그 내용과 성격이 조선과는 비교가 불가능하다. 따라서 여기서는 논외로 한다). 나는 지난 1년 넘는 기간 동안, 하루 중 거의 2/3는 거친 밥과 김치 한 가지, 그리고 물 몇 잔으로만 식사를 계속했다. 나의 이러한 실천에는, 선인들 중 수많은 이들이 그렇게 살면서도 자존을 잃지 않고 그 삶을 즐겼으리라는 동지애로서의 믿음에 더해, 어쩌면 이런 소박한 식사가 화려한 식사나 맛을 내기에 주력하는 외식보다 몸을 덜 해칠 것이라는 건강학적인 믿음도 곁들여 있다. 책상머리에서의 지적인 활동이 일상의 대부분이라 머리를 제외한 몸을 심하게 쓸 일이 없으니, 아직까지 현기증이 나거나 쓰러진 적은 없다. 영양실조 공포증에서 어느 정도는 벗어날 수 있었던 것이다. 책상 앞에 붙여둔 '식시삼사'를 비롯한 《예규지》의 음식경제학은 어느덧 소박한 내 밥상의 소박한 음식철학이 되었다.

"경계할 일"은 이런 토대에서 돈을 모으는 방법과 모은 돈을 잃지 않는 방법에 관해 매우 구체적인 방안을 제시한다. 표제어를 18개나 배치하면서 역설한 경계 사항의 핵심은, 어떻게 집안의 재산이 밖으로 새 나가지 않게 하는가에 있다. 빚을 함부로 얻지 말라, 세금 낼 돈을 깎아먹지 말라, 목돈 드는 집짓기는 오랫동안 조금씩 지출되도록 신중하게 하라, 과도한 취미용품 소비를 지양하라, 돈을 낭비하지 말라. 이상의 경고들과 동시에 지나친 인색함도 경계했다. 자린고비로만 살아서는 안 된다는 것이다. 아낄 때 아끼고 쓸 때 제대로 써야 이웃의 인심을 잃지 않기 때문이란다.

이렇게 축적한 재산이 하루아침에 거덜나는 경우가 있는데, 곧 화재나 절도를 당했을 때이다. 화재나 절도도 모두 사전에 치밀하게 대비하면 그 피해를 당하지 않거나 최소화할 수 있다는 점을 강조하며 세세한 절목을 지적해준다.

그러나 도둑이 집에 들어오는 일을 원천적으로 예방하는 일은 집안의 방비를 물샐틈없이 하는 것이 아니라, 평소 마을 사람의 인심을 쌓아두는 데서 온다. 이렇게 말한 대목은 재산 관리에 관한 일반적인 인식을 깨트리는 중요한 정보이다. 가난한 이들이 부끄러워하지 않게 은밀히 곡식을 빌려주되 문서도 작성하지 않고 이자도 부과하지 않으면서 풍년에 갚도록 하는 방법이나, 집 주변에 건축 사업을 일으켜 가난한 사람들이 구제되도록 하고 그릇된 행동을 피하게 해 덕을 쌓는 방법에서, '노블레스 오블리주'의 실천으로 알려진 구례 운조루 집안이나 경주 최씨 집안의 선행들이 떠오른다.

이 밖에 저당잡히지 말라, 임대로 살지 말라, 놈팡이를 먹여주지 말라는 경계들은 지금도 되새김질하기에 여전히 의미 있는 충고이다.

"미리 준비하기"에서는 무엇보다도 집안에 양식과 땔감이 떨어지지 않도록 대비하는 일과 아들에게 생업을 가르치는 일, 시집갈 딸의 혼수나 노인의 장례용품 등을 마련하는 일의 세부 사항을 이야기했다.

권2는 〈재산 증식〉이다. 권4까지 이어지는 이 주제의 총론편이기도 하다. 서두에서는 집안을 건사하고 죽은 사람을 장사 지내는 데 모두 돈이 필요하다고 전제하고, 운송하여 장사하는 무역, 즉 '유통업'의 필요성을 역설했다. 이 가운데 이윤이 가장 큰 것은 선박을 통한 유통이고, 다음은 수레를 활용한 유통이고, 다음은 말을 이용한 유통이다. '배로 얻는 이익'에서는 전국의 강과 바다로 연결되는 선박 유통망을 설명했다. 조선에서 가장

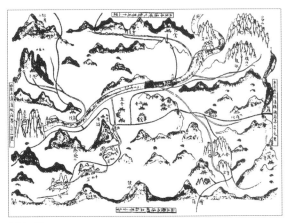

《여지도서》

많이 활용되었던 유통수단이다. '수레로 얻는 이익'에서는 조선에 수레의
유통이 활발하지 않았기 때문에 가난을 면치 못한다는 박제가와 박지원의
논의가 소개되어 있다. '장사의 빼어난 방법'에서는 '예규'라는 명칭 유래에
나오는 한 명이기도 한 백규의 상업 철학과 거의 유사한 내용을,《인사통》
을 인용해 소개하기도 했다. 천한 것을 귀하게 여기고 귀한 것은 천하게 여
겨 남이 버린 것을 내가 취하고 내가 취한 것을 남에게 준다[9]는 원칙이 그것
이다. 마지막에서는 상인의 덕목으로 공정함과 진실함, 정직을 강조했다.

  "재산 불리기"에서는 재물을 집에 보관만 할 것이 아니라 '재테크'를 하
되 대부 이자도 중용의 도를 유지하여 고리대금을 피하고 또 지나치게 많
은 자금을 빌려주지 말라고 했다. 고리대금업은 조선 선비들이 부도덕의
층위로까지 낮잡아 보았던 행위이다. 그럼에도 서유구는 지금의 금융업과
도 비슷한 성격의 이 같은 '이자 놀이'조차도 생계의 수단으로 적극적으로
활용할 수 있다는 입장을 견지했다.

---

9 "善操奇贏者, 賤之惟貴, 貴之惟賤, 人棄而我取, 人取而我與."《예규지》권2〈재산 증식〉"무역"
   '장사의 빼어난 방법'.

《시장(기산풍속도)》

　"재산 매입과 관리"에서는 전통시대의 최고 자산이었던 농지를 매입하는 일과 종을 들이는 일에 대해 매우 구체적인 상황을 들어 조언한다. 소작인과 종을 대우하는 법, 재산 관리 및 상속에 대해서도 주변 사람이나 가족의 원망이 없게 처리하는 처세술을 제시했다.

　"부지런히 일하기"에서는 근면과 검소 두 덕목을 강조했고, "일 맡기기"에서는 재산 증식과 유지 및 관리의 실무를 담당하는 유사나 종들을 어떻게 들이고 처우해야 하는지를 다뤘다.

　이상의 권1·2에 정리된 기사들은 청나라 석성금(石成金, 1658~?)의《인사통》과 송나라 원채(袁采, ?~1195)의《원씨세범(袁氏世範)》같은 중국 문헌에서 대다수 인용되었다. 석성금의 또 다른 저술인《쾌활방(快活方)》(4회)·《지세사(知世事)》(3회)도 중요 인용문헌이다. 이와는 대조적으로 조선의 문헌은 소략했다.

　권3은 〈재산 증식〉의 두 번째 주제로, "전국의 생산물"을 소개했다. '총론'에서는 도별로 물산을 개괄하면서 토질, 지리, 인구, 수확량, 주 생업, 부유함 여부, 특산물, 특정 풍속 등을 소개했다. 모두 이익(李瀷, 1681~1763)의《성호사설》〈생재(生財)〉에서 왔다. 이 대목에서 주목해야 할 사실은 이익이 자신의 저술에 이 내용을 실었던 취지와 서유구가 이 글을 인용했던 취지가 다르다는 점이다. 이익의 의도는 조선의 물산을 자세히 소개함으로써 상업을 장려하고 재산을 늘리도록 하는 데에 있지 않았다. 그보다는 좋은 관리를 등용하여 가난한 나라에서 벗어나야 한다는 사회적 해결책에 있었던 것이다. 김대중이 예리하게 분석했듯이 "실용적 지식의 정리, 생산력 향상, 재산 증식보다는 사회적·정치적 개혁을 통한 수탈의 방지"가 이익의 주된 목적이었던 것이다. 이런 의도를 밝혀둔 〈생재〉의 서두와 결론 부분을 제외하고서, 서유구는 본문만을 인용하여 《예규지》의 서술 의도에 맞추었다.[10] 인용한 원문에서의 취지가 다르더라도, 필요한 대목만을 취하거나 심지어는 원문을 수정하면서까지 자신의 구상에 부합하도록 내용을 수정한 서유구의 저술 태도를 엿볼 수 있는 좋은 사례 중 하나다.

"전국의 생산물"의 팔도 각론에서는 경기(39곳)·충청(52곳)·전라(54곳)·경상(71곳)·강원(26곳)·황해(23곳)·평안(42곳)·함경(24곳) 등 총 331곳의 산물을 일일이 나열했다. 자연물·농산품·공산품이 모두 언급됐는데, 모두 《여지도서(輿地圖書)》(1757~1765년 저술)에서 인용된 내용이어서 18세기 중엽 조선 각지의 물산을 파악하는 데 중요한 자료가 된다. 그런데 《여지도서》 완역사업에 참여했던 서종태의 최근 세밀한 분석 결과에 따르면,[11] 서유구가 이 물산의 품목을 《여지도서》에서 그대로 인용하지 않았다. 《예규지》에 실린 품목 중 전체의 34%는 인용문에 없던 물품으로, 서유구가 추가하여 새롭게 저술했다는 것이다.[12] 결코 적지 않은 분량을 새롭

---

10 이익의 기사가 서유구의 기사로 인용된 상황에 대한 이 같은 분석은 김대중, 앞의 글, 401~404쪽 참조.

11 《여지도서(輿地圖書)》는 전주대학교 고전문화연구소의 변주승 교수를 비롯해 김우철, 이철성, 문용식, 서종태, 이상식 등이 50책으로 2009년에 완역했다.

12 서종태, 앞의 글, 69~81쪽 참조. 다만 이 통계에는 함경도 임연(臨淵)이 누락되었다(앞의 글, 80쪽). 임연은 《여지도서》에는 소개되지 않았고, 《예규지》에서 새로 추가한 고을이다. 임연에서 나는 산물은 22종이다. 하지만 새로 추가한 비율에서는 전체적으로 큰 차이가 나지는 않는다. 이 논문에서는 임원경제연구소에서 제공한 《예규지》 권3의 미출판 번역원고를 적극적으로 활용하여 분석했다. 서종태, 위와 같은 글, 41쪽.

게 조사해 반영한 자세가 놀랍다. 18세기 중엽의 거래 산물에 고착되지 않고, 19세기 전반 당시에 실제로 유통되는 물품의 현황을 최대한 반영하려 했던 실용학적 태도를 여기서 읽을 수 있다.

한편 이 "전국의 생산물"에서 소개한 고을 중에 아래 권4의 "전국의 시장"에서 소개가 안 된 지역이 있다. 경기도(6곳), 충청도(2곳), 전라도(1곳), 함경도(10곳)에 총 19곳이었다. 여기에서 특이한 점은 경기도의 영종(永宗)의 물산이 소개되었다는 것이다. 영종은 현재 인천국제공항이 건설된 영종도 중 간척으로 하나가 된 용유도를 제외한 지역을 가리킨다. 행정구역으로서의 군이나 현이 아닌 이곳[군사시설인 진보(鎭堡)가 있었다]을 소개한 것이다. "전국의 시장" 조에서는 나타나지 않지만, 이곳 영종도에도 시장이 열렸을 것으로 추측된다. 반면 "전국의 시장"에서는 소개되었지만 "전국의 생산물"에서는 소개되지 않은 곳도 경기도(1곳), 충청도(2곳)에 3곳이 확인되었다.

표1 "전국의 생산물"(권3)과 "전국의 시장"(권4)에만 소개된 고을

도명	권3 "전국의 생산물"에만 소개된 고을	권4 "전국의 시장"에만 소개된 고을
경기도	한양, 양천, 시흥, 풍덕, 개성, 영종(永宗)	여주
충청도	석성, 서천	연산, 평신
전라도	제주	
함경도	갑산, 산수, 임연, 부령, 무산, 회령, 종성, 은성, 경원, 경흥	

권4는 〈재산 증식〉의 세 번째 주제로, "전국의 시장"을 조사한 기록물이다. 팔도의 주(州)와 군(郡)에 열리는 장과 장날, 읍내에서 해당 장터까지의 거리, 거래 물품 목록을 일일이 정리했다. 모두 서유구의 저술인 《금화경독기》에서 인용한 정보인데, 어떻게 전국의 자료를 이렇게 자세히 조사했는지는 잘 모르겠다. 아마도 전국의 상황을 조사한 기초 자료를 확보한

뒤에 이를 정리했을 것이다. 당시에 일상적으로 이용했던 이들에게는 너무 흔한 자료여서 하찮게 여겨졌겠지만, 목적이 뚜렷한 서유구의 안목을 통해 《예규지》에 비로소 정리될 수 있었다는 점을 감안하면 참으로 고귀한 자료임에 틀림없다. 경기(34/92)[13]·충청(53/158)·전라(53/187)·경상(71/269)·강원(26/51)·황해(23/109)·평안(42/145)·함경(14/42) 등 총 316개의 지역에서 개장되는 시장 총 1,053곳을 소개했으며, 장에 주로 나오는 물산들도 밝혀두었다. 대부분은 5일장이지만 10일장인 곳도 간간이 보인다. 당시에 활성화된 시장경제의 증거로서 연구에 자주 인용되는 대목이기도 하다. 분량이 적지 않지만, 매우 중요한 사료이기에 그 현황을 표로 정리하여 아래에 싣는다.[14]

표2 조선 팔도 시장 현황

순서	도 이름	지역 수	시장 수
1	경기	34	92
2	충청	53	158
3	전라	53	187
4	경상	71	269
5	강원	26	51
6	황해	23	109
7	평안	42	145
8	함경	14	42
합계		316	1,053

13 괄호 안의 앞의 수는 소개된 읍의 수이고 뒤의 수는 시장의 수다. 이하 동일.
14 이 표는 임원경제연구소의 정정기, 민철기, 김현진, 김수연, 최시남, 강민우, 김광명이 조사했다.

표3 경기도 시장 현황

순서	지역	개설 시장	시장 개수
1	양주	가라비장, 신천장, 동두천장, 마석우장	4
2	여주	주내장, 억억장, 곡수장, 신은천장, 궁리장	5
3	파주	봉일천장, 문산포장, 눌노장, 원기장	4
4	광주	성내장, 송파장, 사평장, 경안장, 곤지애장, 우천장, 낙생장	7
5	수원	부내장(북문 밖), 부내장(남문 밖), 오산장	3
6	강화	남문외장	1
7	교동	부내장	1
8	남양	부내장, 용교장, 신기장	3
9	인천	소암장, 사천장	2
10	부평	발라장	1
11	죽산	부내장, 이실장, 배감장, 주천장	4
12	통진	원통리장, 오라리장	2
13	장단	부내장, 사천장, 사미천장, 구화장, 고랑포장, 도정장	6
14	이천	부내장, 군량장, 판교장	3
15	안성	군내장	1
16	안산	상직곶리장, 석곡산대장	2
17	양근	사탄장, 가좌곡장, 심리장, 미원리장	4
18	김포	신장	1
19	고양	신원장, 휴암장, 사포장, 덕은리장, 덕수천장, 이패리장, 행주장, 염포장, 하패리장	9
20	가평	군내장, 신복장	2
21	삭녕	수욱장, 석교장	2
22	마전	유림진장	1
23	교하	신화리장, 삽교장	2
24	용인	현내장, 김량장, 도촌장	3
25	진위	신장	1
26	영평	현내장, 물은담장	2
27	지평	전곡장, 곡수장, 유평장, 부연장	4
28	음죽	장호원장	1
29	과천	군포장, 안양장	2
30	양성	현내장, 소사장	2

31	포천	송우장	1
32	적성	두일장, 오목천장, 입암장	3
33	연천	차탄장, 신설장	2
34	양지	개천장	1
		합계	92

표4 충청도 시장 현황

순서	지역	개설 시장	시장 개수
1	공주	읍내장, 부강장, 감성장, 유성장, 대전장, 대교장, 모노원장, 동천장, 왕진장, 건평장, 이인장, 유구장, 광정장, 경천장	14
2	충주	성내장, 서문외장, 신당장, 한천장, 대조원장, 용안장, 무극장, 내창장	8
3	청주	읍내장, 청천장, 송면장, 미원장, 쌍교장, 오근장, 조치원장	7
4	홍주	읍내장, 대교장, 백야장, 감장, 거산장, 예전장	6
5	전의	읍내장	1
6	목천	병천장	1
7	직산	읍내장, 하장, 성환장, 안중장	4
8	아산	읍내장, 밀두장, 둔포장, 곡교장	4
9	정산	치성리장, 미당리장	2
10	청양	장대리장, 두암리장	2
11	대흥	읍내장, 신양장, 광시장	3
12	서산	성내장, 성외장, 평촌장, 취포장, 방길리장	5
13	부여	읍내장, 은산장	2
14	홍산	읍내장, 신기장	2
15	임천	읍내장	1
16	비인	읍내장, 종천장, 판교장	3
17	남포	대천장, 간치장	2
18	결성	성내장, 성외장, 광천장, 대리장, 덕우리장	5
19	노성	읍내장	1
20	은진	읍내장, 저교장, 논산장, 강경장	4
21	연산	읍내장, 두마리장, 사교장	3
22	진잠	개수원장	1

23	청산	읍내장, 서평리장	2
24	보은	읍내장, 원암리장, 신기장, 관기장	4
25	회인	읍내장, 두산장, 풍암장	3
26	문의	읍내장	1
27	청안	읍내장, 반탄장	2
28	음성	읍내장	1
29	천안	읍내장, 풍서장	2
30	예산	읍내장, 신례원장, 입석리장	3
31	보령	읍내장, 대천장, 옹암장, 수영장	4
32	회덕	읍내장, 신탄장, 양천장, 지명장	4
33	옥천	읍내장, 이원장, 양산장, 주암장	4
34	면천	읍내장, 범근천장, 기지장	3
35	당진	읍내장, 삼거리장	2
36	온양	읍내장	1
37	태안	읍내장	1
38	한산	읍내장, 신장, 장등장	3
39	연기	읍내장	1
40	영동	읍내면장, 용산장, 심천장, 용화장	4
41	청풍	읍내장, 수산장, 안음장	3
42	괴산	읍내장	1
43	평택	관문서장, 관문동장, 관문남장	3
44	덕산	읍내장, 봉종장, 삽교장, 대천장	4
45	진천	남변면구장, 북변면신장, 한천장, 광혜원장	4
46	황간	읍내장, 둔덕리장, 지천리장	3
47	제천	읍내장	1
48	단양	읍내장, 매포장	2
49	영춘	읍내장	1
50	연풍	읍내장, 주막리장	2
51	해미	남문내장, 서문내장, 대교장, 여미장(일도면), 여미장(이도면)	5
52	신창	읍내장, 선장장	2
53	평신	구진장	1
합계			158

표5 전라도 시장 현황

순서	지역	개설 시장	시장 개수
1	전주	부내대장(남문 밖), 부내대장(서문 밖), 부내소장(북문 밖), 부내소장(동문 밖), 봉상장, 삼례장, 인천장, 석불장, 상아장, 이성장, 옥야장	11
2	나주	읍내장, 동창장, 서창장, 남창장, 도마장	5
3	광주	공수장, 부동장, 용산장, 선암장	4
4	능주	읍내장, 이양장	2
5	남원	부내장, 번암장, 횡탄장, 산동장, 아산장, 오수장, 동화장	7
6	장흥	부내장, 죽천장, 대흥장, 안량장, 회령장, 천포장, 웅치장, 장서장, 유치장	9
7	순천	부내장, 송천장, 석보장, 해창장, 괴목장, 대곡장, 부창장, 성산장	8
8	담양	부내장	1
9	장성	부내장, 황룡장	2
10	무주	부내장, 안성장, 무풍장	3
11	여산	부내장	1
12	보성	읍내장, 우막등장, 복내장, 해창장, 조성원장	5
13	익산	읍내장, 입석장, 회화장	3
14	고부	읍내장, 두지장, 평교장, 신장, 난상장	5
15	영암	읍내장, 덕진장, 독천장, 쌍교장, 송지장	5
16	영광	읍내장, 조산장, 원산장, 사창장	4
17	진도	읍내장, 고군장, 임회장, 의신장	4
18	낙안	읍내장, 벌교장, 좌촌장	3
19	순창	읍내장, 삼지장	2
20	금산	읍내장, 제원장	2
21	진산	읍내장, 장대장	2
22	김제	읍내장, 재남장	2
23	창평	읍내장	1
24	용담	읍내장, 동향장	2
25	임피	읍내장, 서포장, 고산장	3

26	만경	관문외장, 성외장, 양지장	3
27	금구	읍내장, 원평장, 목교장	3
28	광양	읍내장, 옥곡장, 섬거장, 월포장	4
29	함열	읍내장, 황등장, 웅포장	3
30	부안	읍내상장, 읍내하장, 동진장, 호치장, 신치장, 사거리장	6
31	강진	읍내장, 석제원장, 면천장, 칠량장, 대구장, 보암장, 좌일장, 병영장	8
32	옥과	읍내장, 원등장	2
33	옥구	읍내장, 경포장	2
34	남평	읍내장, 대초장	2
35	흥덕	용정장	1
36	정읍	읍내장, 천원장	2
37	고창	읍내장	1
38	무창	읍내장, 개갑장, 안자산장	3
39	무안	읍내장, 남창장, 장송장, 공수장	4
40	구례	성내장, 연곡장	2
41	곡성	읍내장, 석곡장, 삼기장	3
42	운봉	읍내상장, 읍내하장, 인월상장, 인월하장	4
43	임실	읍내장, 갈담장, 양발장, 오원장, 굴암장	5
44	장수	읍내장, 장계장	2
45	진안	읍내장, 마령장, 동창장	3
46	동복	읍내장, 석보장, 사평장	3
47	화순	읍내장	1
48	흥양	읍내장, 죽천장, 가화장, 과역장, 유둔장	5
49	해남	읍내장, 어성장, 구일장, 고암장, 남리장, 수영장, 화원장	7
50	용안	난포장	1
51	함평	읍내장, 망운장, 선치장, 나산장, 사천장	5
52	태인	읍내장, 용두장, 엄지장, 고현내장	4
53	고산	읍내상장, 읍내하장	2
합계			187

표6 경상도 시장 현황

순서	지역	개설 시장	시장 개수
1	대구	부내장, 신장, 화원장, 하빈장, 해안장, 백안장, 풍각장	7
2	경주	부내장, 사정장, 사평장, 아화장, 모양장, 건천장, 구어장, 잉보장, 어일장, 하서장, 연화장, 달성장, 인비장, 의곡장, 현내장(기계면), 현내장(죽장면), 노곡장, 안강장, 대창장	19
3	안동	부내장, 현내장(풍산면), 편항장, 산하리장, 현내장(재산면), 옹천장, 구미장, 포저장	8
4	창원	부내장, 마산장, 신천장, 완암장, 안민장, 자여장	6
5	상주	주내장, 산양장, 단밀장, 낙동장, 화령장, 중모장, 장송장, 공성장, 은척장	9
6	진주	주내장, 반성장, 엄정장, 말문장, 마동장, 대야장, 문암장, 덕산장, 북창장	9
7	성주	주내장, 천창장, 만지장, 무계장, 안언장, 대마장, 수촌장	7
8	울산	부내장, 성황장, 대현장, 병영장, 남창장, 목도장, 서창장	7
9	김해	부내장, 신문장, 설창장, 관장, 반송장	5
10	영해	부내장, 석보장	2
11	밀양	부내장, 성외장, 수안장, 삼랑장, 수산장, 금곡장, 팔풍장	7
12	청송	부내장, 속곡장, 천변장, 화목장	4
13	동래	부내장, 부산장, 하단장	3
14	선산	부내장, 해평장, 장천장, 구미장	4
15	인동	부내장, 약목장	2
16	칠곡	부내장, 남창장, 상지장, 매원장	4
17	순흥	성하리장, 지곡장, 소천장	3
18	하동	하두치장, 상두치장, 탑원장, 개치장, 주교장, 횡보장, 진교장	7
19	거제	부내장, 하청장, 아주장	3
20	거창	부내장, 신장, 가조장, 고제장	4
21	청도	성내장, 산성장, 성현장, 대전장, 구좌장, 동창장, 대천장	7
22	초계	읍내장, 율지장	2
23	함양	읍내장, 사근장, 마천장, 옥녀장, 개평장	5
24	영천(永川)	읍내장, 흑석장, 행화장, 명주장, 남창장, 건지발장	6
25	예천	읍내장, 신운장, 오천장, 북면장, 적성장, 보통장, 사천장	7
26	영천(榮川)	읍내장, 반구장, 우천장, 평은장	4
27	흥해	읍내장, 여천장	2

28	풍기	읍내장, 하성내리장, 은풍장	3
29	양산	읍내장, 황산장, 용당장, 감동장	4
30	함안	방목장, 군북장, 평림장, 이정장	4
31	곤양	읍내장, 진교장	2
32	합천	읍내장, 야로장, 도옥장, 중매장	4
33	김산	김천장, 아산장, 추풍장	3
34	영덕	읍내장, 장사장	2
35	고성	읍내장, 배둔장, 춘원장	3
36	의성	읍내장, 도리원장, 육일장, 이혜장	4
37	경산	읍내장, 반야촌장	2
38	남해	읍내장	1
39	개령	이수천장	1
40	의령	읍내장, 신반장, 중교장, 마산장	4
41	하양	읍내장	1
42	용궁	읍내장, 지보장	2
43	봉화	가수장, 창평장	2
44	청하	읍내장, 동문외장, 송라장, 관전장	4
45	언양	읍내장	1
46	진해	읍내장, 상령리장, 창포리장, 내포리장	4
47	진보	읍내장	1
48	합창	구향장, 구아장, 적지장, 시암장	4
49	지례	읍내장, 남면장	2
50	고령	읍내장	1
51	현풍	읍내장, 차천장	2
52	산청	읍내장, 생림장, 어외장	3
53	단성	적성장, 단계장	2
54	군위	읍내장, 효령장, 화곡장	3
55	의흥	읍내장, 신원장	2
56	신녕	읍내장, 황지원장, 고현장, 신촌장	4
57	예안	읍내장	1
58	영일	읍내장, 부조장, 포항장, 연화장	4
59	장기	하성북장	1

60	영산	읍내장, 건천장, 상포장, 임해장	4
61	창녕	읍내장, 대견장, 연암장, 마수원장	4
62	사천	읍내장, 팔장포장, 부곡촌장, 신장기장	4
63	기장	읍내장, 좌촌장	2
64	삼가	읍내장, 고현장	2
65	비안	읍내장, 안계장	2
66	칠원	성내장, 성외장, 상포장	3
67	자인	읍내장, 송림장	2
68	문경	읍내상장, 읍내하장, 농암장, 가은장, 유곡장	5
69	안의	읍내장, 도천장, 고현장	3
70	영양	읍내장	1
71	웅천	읍내장, 원리장, 풍덕리장	3
합계			269

표7 강원도 시장 현황

순서	지역	개설 시장	시장 개수
1	원주	주내장, 주천장, 흥원장, 단정장	4
2	강릉	부내장, 우계장, 연곡장, 대화장	4
3	회양	부내장	1
4	양양	부내장, 물치리장	2
5	춘천	부내장, 천전장	2
6	철원	부내장	1
7	삼척	부내장, 교가장, 북평장	3
8	영월	부내장, 토교리장	2
9	이천	흑석장, 지석장	2
10	평해	군내장, 전명장	2
11	통천	군내장, 고저장	2
12	정선	군내장	1
13	고성	군내장	1
14	간성	군내장, 쾌진장	2
15	평창	군내장, 노일장	2

16	금성	현내장, 창도장	2
17	울진	현내장, 흥부장, 매야장	3
18	흡곡	현내장, 고저장	2
19	평강	현내장	1
20	김화	현내장	1
21	낭천	구만리장, 원천장	2
22	홍천	현내장, 천감장	2
23	양구	현내장, 우망리장	2
24	인제	현내장	1
25	횡성	현내장, 방내리장	2
26	안협	변산장, 다읍리장	2
합계			51

표8 황해도 시장 현황

순서	지역	개설 시장	시장 개수
1	해주	남문외장, 소동문외장, 청단장, 석장장, 석장생장, 취야장, 지경장, 서창장, 광탄장, 죽천장, 오담장, 검창장, 청암장	13
2	황주	남천장, 서문외소장, 가우장, 동산장, 고현장, 애진장	6
3	연안	부내장, 신장, 소야장, 배오현장	4
4	평산	부내장, 보산장, 안성장, 누천장, 한천장, 탁영대장, 문구장, 석교장, 배천거리장, 기린장	10
5	서흥	부내상장, 부내하장, 흥수내장, 능리내장, 포막장, 신당장	6
6	풍천	성상장, 옥가장, 남천교장, 석탄장	4
7	곡산	부내장, 관전장, 문성장, 도리포장	4
8	옹진	동림장, 염불리장	2
9	장연	부북장, 부남장, 포두원장, 원장	4
10	봉산	군내상장, 군내중장, 군내하장, 남천장, 사리원장, 은파장, 산산장, 석교장, 검수장	9
11	안악	군내상장, 군내하장, 장자동장, 은태장	4
12	재령	동부장, 서부장, 산천장, 태자원장, 신원장, 문암장, 청석두장, 해창장	8
13	수안	군내장, 위라장, 율시장	3

14	배천	군내장, 남장, 성두장	3
15	신천	군내사리장, 군내오리장, 조양장	3
16	금천	관전장, 탄막장, 고강음장, 신장	4
17	신계	읍내장, 지석장, 고신은장, 대평장, 보음장	5
18	문화	읍내상장, 읍내하장, 고암장, 종달장, 전산장	5
19	장련	읍내상리장, 읍내하리장	2
20	송화	읍내장, 조천장, 전산장, 공세장	4
21	강령	용연방장	1
22	은률	읍내장, 운성장, 관광장	3
23	토산	이구장, 태평장	2
	합계		109

표9 평안도 시장 현황

순서	지역	개설 시장	시장 개수
1	평양	관전장, 적교원장, 태평장, 둔전기장, 장현장, 한천장, 장수원장, 이목장, 무진장, 원암장	10
2	안주	염전동장, 입석장, 대교장	3
3	정주	상장, 하장, 신장, 용포장, 납청장	5
4	영변	부내장, 수우원장, 개평장, 무창장, 표북원장, 구장	6
5	성천	관문전장, 관전장, 남전장, 온정장, 기창장, 요파장	6
6	창성	관전장, 청산면장	2
7	삭주	부내장, 대관장	2
8	구성	관전장, 남장, 신장	3
9	숙천	아사전장, 입석장, 관전장, 해창장	4
10	강계	하청장, 전평장	2
11	삼화	관전장, 하장, 갈매장, 가증리장	4
12	중화	관전장, 훈련후장, 사창저장, 구향교장, 옥가장, 간동장, 장교장, 곤양장, 요포외장, 요포내장	10
13	철산	관전장, 참장	2
14	용천	부내장, 남장, 서장	3

15	선천	부내장	1
16	자산	관전장, 하장, 사인장	3
17	초산	관전장, 남면장, 강면장, 별면장, 고중면장	5
18	함종	관문외장, 향교동장, 당점장	3
19	운산	관전장	1
20	희천	관전장, 하장	2
21	박천	군내장, 진두장, 양비탈장	3
22	덕천	읍저내장, 읍저외장	2
23	개천	관전장, 신흥장, 무진장, 굴장, 서창장, 북장	6
24	순천	관전장, 외장, 창장, 신창장, 북창장, 동창장	6
25	상원	관전장, 도평장, 남포리장, 용두리장	4
26	벽동	우장	1
27	위원	월평장, 동장	2
28	영원	군내장	1
29	가산	관문전장, 관전장, 신장	3
30	곽산	관문전장	1
31	순안	관전장, 창고리장, 창동리장, 신교장, 암적원장	5
32	용강	관전장, 하장, 성점장, 노동장, 망해리장	5
33	증산	관문전장, 관전장	2
34	강서	관전장, 신장, 사양상장, 사양하장, 피모노장	5
35	영유	관전장, 하장, 중교장, 가흘원장	4
36	삼등	관전장, 하장	2
37	태천	관전장, 원장	2
38	양덕	현내장, 별창장	2
39	맹산	현내장	1
40	강동	관전장, 관후장, 열파장, 관적장	4
41	은산	관문전장, 관전장, 북창장	3
42	의주	오목장, 인산장, 양하장, 체마장	4
		합계	145

표10 함경도 시장 현황

순서	지역	개설 시장	시장 개수
1	함흥	부내장, 남지경장, 선덕장, 운전장, 퇴조장, 보청장, 원평장, 원천장	8
2	길주	주내장, 장동장, 장내장	3
3	북청	부내장, 비석장, 대정원장	3
4	영흥	부내장, 마산장, 왕장, 영천장	4
5	안변	부내장, 문산사장, 학포장	3
6	정평	부내장, 파춘장	2
7	덕원	원산장, 야태장	2
8	경성	부내장, 강덕장, 줄온장, 주촌장, 명간장	5
9	명천	상궁장, 하가장	2
10	단천	부내장, 마곡장	2
11	고원	덕지장	1
12	문천	군내장, 전탄장, 풍전장	3
13	홍원	현내장, 영공대장	2
14	이원	현내장, 곡구장	2
합계			42

권5는 〈전국 거리표〉로, 제목에 걸맞게 권 전체가 표로 이루어져 있다. 먼저 앞의 7개 표는 서울에서 가장 먼 곳까지의 거리를 전국의 주요 간선과 지선을 연결하여 리(里) 수로 표기했다. 서울이 시점이고 종점은 의주·서수라(경흥)·평해·부산·태백산·통영·강화 등 7곳이다. 주요 읍을 네모 속에 기록하고 이 네모들을 직선으로 연결하는 식으로 표를 만들었다. 리 수는 일반적으로 네모와 네모 사이에 그어놓은 직선 옆에 표기했으나, 종점과 종점 앞 읍과의 리 수는 종점을 표기한 네모 아래 기록해두었다. 이 표들을 보면, 마치 지금 서울의 복잡한 지하철 노선도를 하나씩 펼쳐 놓은 느낌이 든다.

뒤의 표 7개는 도내의 각 읍 사이의 거리를 기록하기 위해 머리행과 머

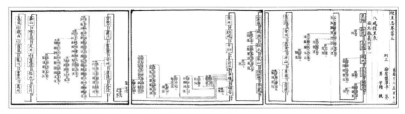

《예규지》 권5(고려대본) 앞부분, 서북쪽으로 의주까지【西北抵義州第一】

리열에 읍 이름을 같은 순서로 나열한 직사각형 표이다. 예를 들어 "전라도 각 읍 간의 거리수"의 경우, 머리행에 오른쪽에서 왼쪽으로 전주·나주·광주·능주·남원…… 순으로 53개 읍을 배열하고, 머리열은 이미 기재된 전주를 제외하고 위에서 아래로 나주·광주·능주·남원…… 순으로 52개 읍을 배열했다. 머리열 맨 마지막 칸에는 서울을 써놓았다. 두 읍의 교차 지점에는 네모 칸이 둘 있는데, 오른쪽 칸은 백의 자리, 왼쪽 칸은 십의 자리를 나타낸다.[15] 왼쪽 칸에 간혹 숫자가 위아래로 두 개가 쓰여 있는 경우도 있다. 이는 일의 자리까지 리 수를 기록한 것이다. 대부분이 5로 끝나지만 4나 9로 끝나는 경우가 함경도에서 확인된다. 서울과의 거리가 1,000리가 넘는 원거리 지역은 백의 자리인 오른쪽 칸에 '일천(一千)'이란 글자를 추가해서 모두 세 글자를 썼다.

권5에 수록한 이 거리표만 있다면 팔도 어느 곳에 있든(육지에서 멀리 떨어진 도서 지역을 제외하고) 전국의 장시까지 걸리는 시간을 예측할 수 있도록 짜임새 있게 만들어졌다. "재물을 증식하려는 자들이 기일에 맞춰 상품을 거래하고 여정을 계산하여 상품이 유통되기를 바라기 때문이다."라는〈예규지 서문〉의 기대가 결코 무색하지 않다.

---

15 "縱橫相交之井, 各著相距里數, 左爲百位, 右爲十位. 下同."《예규지》권5〈전국 거리표〉"경기도 각 읍 간의 거리수". 원문의 '百'과 '十'은 오기로, 두 글자가 서로 바뀌어야 한다.

3) 편집체제

《예규지》는 총 5권으로, 대제목이 5개, 소제목이 26개, 표제어가 88개, 소표제어가 648개, 기사 수는 470개, 인용문헌 수는 27개이다. 대제목은 각 권당 1개, 소제목은 권 순서대로 각각 4개, 5개, 1개, 1개, 15개이다. 표제어는 37개, 34개, 9개, 8개, 0개로 배치되어 있다. 권5는 전국 거리표라서 바로 표를 제시했기 때문에 표제어가 없다.

표11 《예규지》 표제어류 및 기사 통계

권수	대제목	소제목	표제어	소표제어	기사 수	인용문헌 수	원문 글자 수
서문							405
목차							60
1	1	4	37		92	16	9,972
2	1	5	34		38	8	7,013
3	1	1	9	332	9	2	12,898
4	1	1	8	316	316	1	24,027
5	1	15			15		22,465
합계	5	26	88	648	470	27	76,840

표12 《예규지》 기사 당 원문글자 수

원문 글자 수	기사 이외의 글자 수	기사 글자 수	기사 수 (안설 포함)	기사당 원문 글자 수
76,840	2,441	74,399	470(468+2)	158.3

표13 《예규지》 소제목별 표제어류 및 기사 통계

권번호	대제목	소제목	표제어	소표제어	기사 수	인용문헌 수	원문 글자 수
서문							405
목차							60
1	1	1	5		6	16	9,972
		1	10		14		
		1	18		68		
		1	4		4		

2	1	1	7		9	8	7,013
		1	3		3		
		1	17		19		
		1	5		5		
		1	2		2		
3	1	1	9	332	9	2	12,898
4	1	1	8	316	316	1	24,027
5	1	1			1		22,465
		1			1		
		1			1		
		1			1		
		1			1		
		1			1		
		1			1		
		1			1		
		1			1		
		1			1		
		1			1		
		1			1		
		1			1		
		1			1		
합계	5	26	88	648	470	22(중복제외)	76,840

서유구의 안설(案設)을 포함한 기사 수는 총 470개이다. 《예규지》는 또 기사당 평균 원문 글자 수가 158자나 되어 16지 중에서 가장 많다. 전체 지에서 상당히 많은 양을 차지하고 있다.

4) 필사본 분석

《예규지》는 오사카본, 규장각본, 고려대본이 모두 있는데, 오사카본만 권5가 없다는 사실이 특징적이다. 이는 누락된 것이 아니라 권5가 애초에 없었던 것이다. 오사카본 〈예규지 목차[倪圭志目]〉에는 권4까지의 목차만 적혀 있어 권5가 계획되지 않았음을 보여준다. 권5는 가장본으로 정리하는 과정에서 추가되었을 것이다.

오사카본은 '자연경실장' 괘지로 남아 있고, 글자 교정은 《상택지》에서와 마찬가지로 한 글자를 삽입한 흔적만 보일 뿐이고 문자 교정 지시도 없다.[16] 다만 인용문헌의 저자 이름과 살았던 나라를 쓴 별지가 4곳에서 보이고, 인용문헌을 파악하지 못한 글의 서명을 찾아보라고 적은 별지가 1곳[17]이 있다. 이는 전사본들에 반영된 것은 아니다. 다만 인용문헌의 저자 관련 정보는 〈임원경제지 인용서목〉에 기재하기 위한 기초 자료로 쓰였을 것이다. 권4까지의 내용 대부분이 오려붙이기를 한 것으로 보인다.

권4에서는 오사카본에 기록되지 않은 소표제어 3개가 전사본에 추가되었는데,[18] 이는 가장본에서의 편집 결과로 보아야 할 것이다. 오사카본 《예규지》는 이 부분을 제외하면 모두 전사본에 반영되었다. 다만 《상택지》 오사카본에서 한 면에 담긴 내용이 거의 모두 일치했던 것과는 다르게 권4에서는 한 줄에 쓰는 글자 수가 일정하지 않아 규장각본과 고려대본과의 편차가 심했다. 또한 권5는 앞에서 말했듯이 가장본으로 정리하는 과정에서의 추가를 기다려야 했다.

---

16 "嶺東之海無潮. 蓋倭地原從韃靼黑龍江外, 一支迆東迆西, 接于蝦夷, 蝦夷者, 倭之北境也." 동해에는 밀물과 썰물이 없는 이유를 설명하는 내용의 시작인데, 여기에서 '江'자를 삽입하라고 지시했다. 《예규지》권3 〈재산 증식(중)〉 "전국의 생산물" '총론'.

17 "見說郭, 更考書名.(이 내용은 《설부》에 보이는데, 서명을 다시 알아볼 것)" 《예규지》권1 〈지출의 조절〉 "절약" '접대는 간소해야 한다'. 인용문헌은 그 뒤로도 밝히지 못해 전사본에도 공란으로 남아 있다.

18 《예규지》권4 〈재산 증식(하)〉 "전국의 시장" '경기도'에서 앞의 양주, 여주, 파주를 소개한 뒤에 광주, 수원, 강화 3곳이 전사본에 추가되었다.

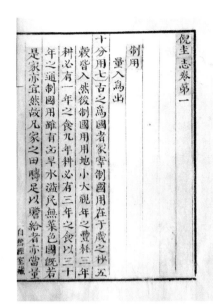
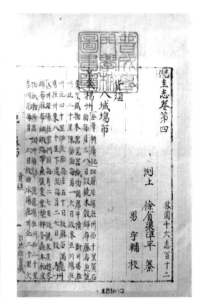

《예규지》 오사카본(좌) 고려대본(우)

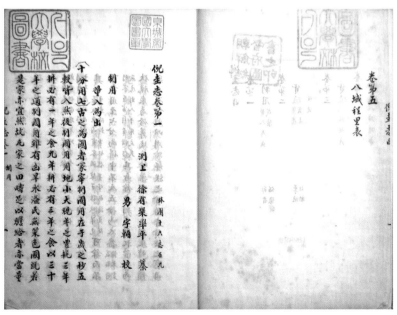

《예규지》 규장각본

《예규지》 필사본을 대조하면서 문득 발견한 사항인데, 오사카본과 나머지 두 필사본이 다른 글자가 많이 발견되었다. 여기서 다른 글자란 이체자(異體字)를 말한다. 글자를 대조해본 결과 오사카본의 글자와 다른 두 전사본의 글자가 다른 경우, 두 전사본의 글자는 거의 대부분이 서로 같으면서 오사카본과는 다르다는 사실을 확인했다. 경(經:오, 経:전)[19], 위(爲:오, 為:전) 등 매우 많은 이체자들이 이와 같은 패턴을 그대로 반복하고 있다. 이는 두 전사본의 모본이 오사카본의 글자를 그대로 옮긴 것이 아니라는 사실을 보여준다. 그러니까 오사카본을 토대로 가장본이 작성되었더라도 가장본은 가장본 나름의 글자체로 바꾸어 정리한 셈이다.

5) 인용문헌 소개

인용문헌은 총 22종이다. 《예규지》에서 30회 이상으로 인용한 서적은 《금화경독기》(317), 《인사통》(45), 《원씨세범》(35) 등이다(《원씨세범》이 《인사통》보다 인용한 분량은 더 많다). 《여지도서》(8), 《증보산림경제》(9)에서도 비교적 많이 인용했다. 또한 조선의 문헌도 《금화경독기》, 《증보산림경제》, 《여지도서》를 비롯하여 《팔역가거지》·《열하일기》·《북학의》(2), 《성호사설》(1) 등 총 7종을 인용했다. 이 중 《여지도서》는 8회만 인용되었지만 1만 자 이상을 인용하여 전체의 13.3퍼센트를 차지할 만큼 많이 인용되었다. 하지만 《여지도서》의 인용문 중 34% 가량이 서유구가 추가한 부분이었음은 앞에서 설명한 바와 같다. 《성호사설》은 1회 인용되었지만, 2천 자 가까운 분량이나 되었다. 또 서유구의 저술인 《금화경독기》는 인용이 가장 많이 된 책으로 전체의 30퍼센트가 넘는 비율을 보인다. 이는 무엇보다도 전국의 시장에 대한 상세한 조사를 적은 권4 전체를 《금화경독기》의 인용문으로 채웠기 때문이다.

---

19 '오'는 오사카본, '전'은 전사본을 뜻한다.

서유구의 안설은 총 3회에 걸쳐 0.15퍼센트(119/76,840)의 비율을 보여 전체에서 차지하는 비중이 미미하다. 그런데 권5의 경우에는 인용문헌을 표기하지 않아 서유구의 저술로 판단했고, 그 양은 29.1퍼센트(22,297/76,840)를 차지한다.

《예규지》 전체에서 서유구 저술 이외의 조선문헌 비율은 19.6퍼센트(15,074/76,840)를 차지하고, 서유구 저술의 비율은 62.8퍼센트(48,318/76,840)를 차지하고 있다. 그리하여 《예규지》 전체에서 조선문헌이 차지하는 비율은 총 82.5퍼센트(63,392/76,840)이다. 조선문헌의 비율이 가장 높은 《상택지》와 비율에서는 큰 차이를 보이지 않지만 글자 수에서는 훨씬 많다. 상업 역시 해외 무역보다는 조선 내의 상업의 비중이 월등히 높았기 때문에 관련 자료도 조선 자료가 더 유용했을 것이다. 경제의 전반적인 원론에서는 역시 중국문헌을 많이 활용했지만, 조선에서 재화의 교역과 관리의 실제 내용은 조선에서 올 수밖에 없었을 것이다. 그럼에도 풍석이 조사한 자료(권4의 《금화경독기》와 권5)의 내용이 전체의 60퍼센트(48,318/76,840)를 넘긴 점을 보면 그의 상업에 대한 관심과 자료 수집력의 수준을 짐작해볼 수 있으리라. 더군다나 권5의 〈전국 거리표〉는 그의 말년에 비로소 추가할 수 있었던 자료였지 않은가!

표14 《예규지》에서 서유구 저술 이외의 조선문헌 비중

인용 조선 문헌	기사 수	글자 수
증보산림경제	9	813
여지도서	8	10,234
팔역가거지	2	1,191
열하일기	2	482
북학의	2	408
성호사설	1	1,946
합계	24	15,074
비율(%)	5.1(24/470)	19.6(15,074/76,840)

표15 《예규지》에서 서유구 저술의 비중

구분	글자 수	비고
서문	405	
목차	60	
권수, 권차, 권미제, 저자명, 교열자명	158	권1,2:각 31개씩 권3,4,5:각 32개씩
대제목, 소제목, 표제어, 소표제어	1,818	권1:150개 권2:192개 권3:686개 권4:654개 권5:136개
안설	119	2개(독립된 기사가 아닌 기사 안에 포함된 안설 1개 제외)
금화경독기	23,461	317개
권5	22,297	15개
합계	48,318	
비율(%)	62.8	48,318/76,840

표16 《예규지》에서 조선문헌의 비중

구분	글자 수	비고
서유구 저술 이외의 조선문헌	15,074	
서유구 저술	48,318	
합계	63,392	
비율(%)	82.5	63,392/76,840

표17 《예규지》에서 중국 문헌의 비중

서명	글자 수	기사 수
원씨세범	4,198	35
인사통	3,752	45
쾌활방	1,236	4
거가제용	1,186	2
항산쇄언	765	5
경서당잡지	482	5

지세사	424	3
고금사문유취	303	1
암서유사	227	2
전가보	221	4
찬객약	197	1
작비암일찬	185	2
학림옥로	124	1
황제택경	86	1
복수전서	62	1
합계	13,448	112
비율(%)	17.5(13,448/76,840)	23.8(112/470)

보론

조선판 부자학사전, 《예규지》(1)[1]

"공부 못하면 배추장사나 해야지."

어려서부터 주변에서 수없이 들었던 말이다. 혹시나 해서 '배추장사나'로 검색해보았다. 역시나 지금도 학생들이 이런 이야기를 자주 듣는다는 하소연이 자주 보였다. 정말로 배추장사를 하게 될까봐 걱정하는 이들도 많다.

힘든 직장생활을 때려치우고 싶을 때도, 이 일 저 일 해봤다가 신통치 않을 때도 '배추장사나'는 단골 메뉴로 소환된다. 배추장사로 생계를 이끌어 가시는 분들께는 매우 죄송하지만, 그래서 배추장사는 배우지 않아도 쉽게 할 수 있는 일, 능력을 인정받지 못했을 때 하는 일의 대명사로 인지되고 있다. '배추장사나'에서 '나'라는 어감이 묘하다.

"딱히 공부 못하는 편도 아닌데 언니는 항상 '공부 못하면 배추장사나 해라 ㅋ' 이런 식으로 말합니다."

(언니가 싫어지는 초6)

---

1 이하의 글 3편은 월간 《해피투데이》(혜인식품·네네치킨에서 발행하는 문화매거진)에 2018년 4월 호부터 6월호까지 "임원경제 산책"이라는 코너에서 연재한 글을 일부 수정·보완한 것이다. 원문은 포털사이트 '다음'의 뉴스섹션에서 확인할 수 있다. 해제의 형식을 떠나 보다 쉽게 《예규지》를 이해하도록 하기 위한 의도를 반영했다. 시의성을 반영하면서 나의 주관적 견해도 밝혔기에, 해제에서 미처 다루지 못했던 측면에 보다 다각적으로 접근하는 데 도움이 되리라 생각한다.

"커서 시장에서 배추장사나 하면 어떡하지 싶고..."　　(성적으로 고민하는 중3)

"남들 수시 넣는데 탱자탱자 놀다 떨궈져서 배추장사나 하게 되면 어쩌지?"

(대입이 머지않은 고2)

그렇기에 상대를 저주하는 욕이 되기도 한다.

"니 배추장사나 할래?"(욕 좀 알려달라는 질문에 대한 답변)

(이상 '네이버 지식iN' 참조)

배추를 예로 들었지만, 실제 일상 대화에서는 다양한 품목이 '배추' 역할을 대신하기도 한다. 돈을 많이 벌고 싶지 않은 사람은 거의 없을 테지만, 여전히 장사는 돈 버는 일 중 가장 쉬운 일로 생각하거나, 비천하게 생각하는 인식이 어려서부터 자연스럽게, 그리고 강하게 자리잡혀 있음을 엿볼 수 있다. 소규모 개인사업자 비율이 매우 높은 이 시대도 이러한데, 조선 시대에는 어떠했겠는가.

그러나 장사를 한 번이라도 해본 사람이라면, 아니 장사 알바의 일천한 경험만 가지고 있어도 남의 주머니 속 지갑을 열게 하는 일이 얼마나 힘든지 쉽게 공감할 것이다. 장사는 결코 비아냥대거나 장난삼아 해볼 일이 아닌 것이다.

《임원경제지》에서 소개한 '재산 증식법'의 표제어를 다음처럼 10개만 모아서 쉬운 표현으로 바꿔 보았다.

① 먹고살려면 장사해야 한다
② 상인은 공정함과 성실함이 으뜸이다
③ 속이는 장사는 보탬이 안 된다
④ 돈 빌려줄 때 이자는 적당해야 한다
⑤ 돈이나 식량을 너무 많이 빌려주지 말라

⑥ 재산을 금은보화의 형태로 보관만 하지 말라

⑦ 부동산을 거래할 때는 법대로 하여 후환을 없애야 한다

⑧ 채무자 땅을 술책으로 **빼앗지** 말라

⑨ 자손에게 재산을 고루 나눠줘라

⑩ 부지런과 검소가 근본이다

어떠신가. 마치 유명 재테크 서적에 나오는 각 장의 제목일 법한 내용이 아닌가. 표제어 제목만 봐도 상당히 구체적이고 실용적인 정보가 들어 있을 것으로 기대된다.

이 중 예를 들어 맨 앞의 '먹고살려면 장사해야 한다'(실제 번역문은 '살아갈 방도를 마련하려면 반드시 무역을 해야 한다')는 표제어 아래에서 소개한 내용은 다음의 말로 시작한다.

사람이 이 세상에 살면서 웃어른을 잘 모시고 죽은 사람을 후하게 장사 지내는 일에는 모두 재화가 사용된다. 그런데 재화는 하늘에서 떨어지거나 땅에서 솟아오르지 않으므로 반드시 있는 물건과 없는 물건을 무역하고 운송할 수 있도록 대비해야 한다.

살려면 돈이 필요하고, 그 돈을 손에 넣기 위해서는 일해야 하는데, 그중 장사도 중요한 선택이라는 말이다. 장사를 하찮게 여기지 않고 적극 권장하고 있다. 선비와 장사가 거의 매칭이 되지 않는 시대에 나온 말 치고는 매우 파격적이다. 가정을 꾸려가는 데에 돈의 필요성을 인정하고 그에 적극 대처하려는 자세다.

상업에 참여하기를 권유하는 이와 같은 태도는 서유구가 이미 표방했던 바다.

군자가 도를 닦는 일 같은 데에 이르러서는 어찌 따뜻함과 배부름에 뜻을 둔 적이 있었겠는가? 그렇지만 도(道)에서 중요한 점은 상황에 알맞음을 따르는 일이다. 고지식하고 융통성이 없으면서 보편적인 도리를 알지 못하는 것 또한 바르지 않다.

우리나라 사대부가 스스로 고상하다고 표방하며 으레 장사를 비루한 일로 여겼던 태도는 본래 그러하였다. 그러나 궁벽한 시골에서 자신을 닦으며 대부분 가난하게 사는 무리들 같은 경우는, 부모가 굶주리고 추위에 떨어도 알지 못하고 처자식이 힘들다고 아우성쳐도 돌아보지 않고, 손을 공손히 모으고 무릎 꿇고 앉아 성리(性理)를 고상하게 이야기한다. 이들이 어찌 《사기》를 지은 사마천이 부끄럽게 여긴 자들이 아니겠는가!

그러므로 부모와 처자식을 먹여 살리는 기술을 익히지 않아서는 안 된다.

(故食之之術, 不可不講),(《예규지 서문》)

원문에는 이 글 중간중간에 주장의 근거로 삼는 논거들이 있으나 모두 생략하고 논리의 흐름을 파악하는 데 도움이 되는 부분만 정리해 보았다. 돈벌이의 필요성을 역설한 논리다. 이 논리는 성리학이 주된 이념이었던 조선에서 상업을 긍정적으로 보고 있다는 점에서 꽤 중요하다. 돈벌이의 추구가 성리학의 세계관을 벗어나려는 시도가 아니었음을 보여주기 때문이다.

선비는 배움을 통해 공자나 맹자와 같은 성인이 되는 길을 걸어가려는 지식인이다. 성인이 되는 과정을 도를 닦는다고 표현한 것이다. 도 닦는 과정에 일신의 안위를 구해서는 안 되지만, 그렇다고 그 말만 지키기 위해 어떤 상황에도 춥고 배고픈 가시밭길을 걸어야 한다는 입장만 고수해서는 안 된다. 물론 혼자 그 길을 가는 것까지 말릴 수는 없겠지만, 부모와 처자와 함께 가정을 이루고 사는 가장이라면 해서는 안 될 짓이다. 따라서 위의 서문은, 해서는 안 될 이 짓을 하고 살아야 '쫌 선비스럽다'고 여겼던 조선의 무책임한 선비들에게 일침을 놓는 말이었다. '식지지술(食之之術)', 즉 가족을 먹여 살리는 기술을 익혀야 한다는 서유구의 주장은 이 '못된 버르장머리'를 확 뜯어 바꾸고 싶었던 한 지식인의 간절한 절규였다.

위에서 소개한 10가지 표제어들 중 여러분은 어떤 표제어에 가장 관심이 가는가. 어떤 제목의 뚜껑을 먼저 열어 보고 싶은가. 나는 개인적으로 '⑥ 재산을 금은보화의 형태로 보관만 하지 말라'에 호기심이 당긴다. 이 뚜껑을 열어보면 다음과 같은 정보를 알려준다. 인용문이 길지만 원문의 맛을 독자들이 직접 느끼실 수 있도록 전문을 제시한다.

사람 중에는 형제·조카들과 함께 살면서 개인 재산이 유독 많아 재산 분할의 근심이 생길까 우려하는 경우가 있다. 이런 경우 개인 재산으로 금이나 은 따위를 사서 깊이 감춰두는데, 이것은 매우 어리석은 행동이다.

만약 10만 문(文)의 가치를 가진 금과 은으로 계산해 본다면 이 재산으로 농지를 구입하여 1년에 거두어들이는 수확량은 반드시 1만 문이 될 것이다. 이렇게 10여 년이 지나면 이른바 10만 문은 내가 이미 가지고 있는 재산이고, 그중 집안사람들에게 나누어 주는 재산은 모두 여기서 생긴 이자이다.

더욱이 10만 문에는 이자가 또 붙을 것이다. 이것을 저당으로 잡아 대부업으로 운영한 뒤, 3년이 지나 그 이자가 배가 되면 이른바 10만 문은 내가 이미 가지고 있는 재산이고, 그중 집안사람들에게 나누어 주는 재산은 모두 이자이다. 더욱이 또 3년이 지나 그 이자가 다시 2배가 될 것이다.

이렇게 이자가 그 양을 알 수 없을 만큼 많아질 텐데 어쩌자고 재산을 상자에 보관만 하고, 이 돈으로 이자를 거둬서 많은 사람들을 이롭게 하려 하지 않는가?(《예규지》권2 〈재산 증식〉 "재산 불리기" '금은보화 같은 재산을 한가로이 감춰두지 말라')

재산 관리 과정에서 어떻게 하면 이윤을 확대할까에 대한 논의가 매우 세밀하다. 이 논의 속에는 매년 원금의 10퍼센트 순이익을 확보할 수 있는 길을 버려두고, 자금을 얼려 놓는 경향에 대한 안타까움이 서려 있다. 천

만금을 금고에 보관만 해둘 것이 아니라, 수입이 확실한 곳에다 투자한다면 그 이자 수익만으로도 재산 분할 문제를 해결할 수 있다는 조언이다. 한마디로 재산운용을 잘 하라는 거다. 원금을 까먹지 않으면서, 종잣돈에서 파생되는 이자만으로도 고민을 해결할 수 있는 방안이다. 리스크 없이 확실한 수입이 보장된다면, 그리고 그 과정에서 다른 사람들에게 피해를 주지 않는다면 당장이라도 실행해보고 싶은 제안이지 않은가. 시대가 변했으니 10퍼센트 수입까지는 아니라도 말이다.

이상에서 소개한 내용은 《임원경제지》 중 마지막 16번째 지(志)인 《예규지》의 극히 일부다. 돈벌이의 정당성과 관련한 이야기가 길어져 돈 버는 법에 대해서는 한 가지밖에 소개하지 못했다. 다음 이야기에서 좀 더 풀어야 할 것 같다.

조선판 부자학사전, 《예규지》(2)

장사를 한다고 치자.

1억 원의 자본금으로 10가지 상품을 구입한다. 품목별로 1,000만 원어치씩. 큰돈이 아니라서 크게 투자할 수 없다. 이 중 1가지 상품은 팔아도 손해 볼 생각을 하고, 나머지 9가지 상품에서 이윤을 내겠다는 마음을 먹는다. 그러면 전체로는 이문이 남는다. 통상적인 장사의 방법이다. 이런 장사는 소상인의 방법이다.

이런 가정도 해보자. 자금을 좀 더 확보해서 10억 원으로 시작한다. 이 정도면 한 품목을 전매할 수 있다. 트럭 한 대에 가득 실렸다면 트럭 한 대의 물건을 모두 산다. 컨테이너 한 칸 가득 채워져 있다면 컨테이너 하나의 물건을 모두 산다. 한 지역의 특산물이라면 그 지역의 물건을 전매한다. 이것이 촘촘한 그물망으로 그물질하듯이 물산을 모조리 확보하는 방법이다. 제품 수만 가지 중에 하나만을 독점해서 유통을 멈추고 창고에 보관한다면, 다른 상인들이 모두 그 물건을 확보할 수 없게 된다. 상인들이 내 물건을 쓰려고 안달일 수밖에 없다. 이를 기다렸다가 비싸게 내놓는다. 돈을 쓸어 담을 것이다. 이런 장사는 대 상인의 전매법[權貨]이다.

《임원경제지 예규지》에 나온 전매 장사법을 오늘날 감각으로 풀어보았다. 시중의 돈을 긁어모은다는 상상만으로도 충분히 힐링이 될 법한, 돈벌기에 확실한 방법 중 하나다. 이를 매점매석(買占賣惜)이라 하는데, 지금은보통 사재기라 한다. 이 사재기 상술은 불공정 거래의 대표적인 사례이기에, 지금은 공정거래법의 규제로 인해 내놓고 할 수 없지만, 조선 시대에는가능했다.

상품 전매. 냄새가 난다. 허생(許生)의 냄새 말이다. 위의 방법은 바로 조선후기 저명한 이야기꾼 박지원(朴趾源, 1737~1805)이 지은 《허생전(許生傳)》(단독 저술이 아니라, 원래는 그의 《옥갑야화玉匣夜話》에 나오는 이야기의 일부다)에서 허생이돈 벌었던 방법이었다. 이 《허생전》의 내용을 《예규지》에서 재인용한 것이다. 허생은 한양 제일의 부자 변 씨에게 빌린 1만 냥을 여기에 썼다. 그는대추·밤·감·배·석류·귤·유자 등 제사에 꼭 필요한 과일을 2배나 쳐주고서 쓸어 담았다. 얼마 되지 않아, 2배로 팔았던 상인들이 다시 허생에게서10배나 주고 사가야 했다. 이런 방식으로 엄청난 돈을 모았다.

일확천금의 상상이 즐겁기는 하나 마음이 편치는 않다. 한 상품을 독점하면 반드시 그로 인한 민간의 피해가 이만저만이 아니기 때문이다. 돈 버는 법에 흥미가 있지만, 이처럼 비현실적이고도 부도덕하게 보이는 방법을써가면서 돈을 벌어야 하는가.

그런데 재밌는 사실이 있다. 허생은 자신이 행했던 이 사재기 장사법을'백성을 해치는 방법[적민지도(賊民之道)]'이어서 반드시 나라를 병들게 할 것[필병기국(必病其國)]이라 했다. 하지만 서유구는 박지원의 《허생전》을 그대로 인용하면서도 이 마지막 구절만을 바꿨다. "대 상인의 전매법"이라고. 사재기상술을 권장하기 위함이다.

거대 자본이 있어야 가능할 이 독과점 방식은 우리가 쓰고 싶어도 쓸 수 없는 방법이다. 물론 꼭 거대한 자본이 투입되는 것은 아니다. 온라인에서 활동하는 '디지털 허생'이 이런 사례 중 하나다. '디지털 허생'이라는 말은 인기 많은 상품을 사재기해서 온라인을 통해 비싸게 되파는 사람을 가리킨다. 평창 동계올림픽이나 BTS의 콘서트 같은 행사에 빠지지 않는 암표상이 대표적이다. 이와 같은 사재기는 시장 질서를 문란케 하므로, 오늘날에는 권장할 수 없는 장사법이다.

《예규지》에 나오는 장사법은 이 매점매석을 제외하고는 소상인 대부분이 무리 없이 적용할 수 있다. 예를 들면 다음과 같다.

> 장사로 놀라운 이익을 잘 거머쥐는 사람은 하찮은 물건을 귀하게 여기고, 귀한 물건을 하찮게 여긴다. 남이 버리는 물건을 내가 갖고 남이 가지려는 물건은 내가 준다.
>
> 사계절의 변화를 살펴 한 해의 수확량을 헤아리고, 땅을 고찰하여 지리(地理)의 이로움을 알며, 사람들이 필요한 용품들을 헤아려 알맞은 물건을 분별한다. 남의 물건을 강제로 빼앗거나 교묘하게 갈취하지 않고, 의복을 사치스럽게 입지 않으며, 방탕하게 주색을 탐닉하지 않는다. 부지런하고 검소할 수 있으면 하는 일마다 모두 이익을 볼 것이다.《예규지》권2 〈재산 증식〉 "무역" '장사의 빼어난 방법')

일반적인 통념으로는 귀한 물건을 귀하게 여기고, 천한 물건을 천하게 여긴다. 또 남에게 필요 없는 물건은 내게도 필요 없고, 남이 필요로 하는 물건은 내게도 필요하다. 그러나 여기서 말하는 장사법은 그 반대다. 내게 필요 없거나 남아도는 물건을 남에게 넘기거나 교환하면 의외로 큰 이문을 남길 수도 있다. 한 예로, 2005년 당시 26세이던 캐나다 청년 카일 맥도널드(Kyle MacDonald)는 1년간 14번의 교환을 거쳐 '빨간 클립 1개'로 2층집을 교환해 전 세계적인 유명세를 탄 적도 있지 않은가.

또한 장사에서는 시세를 잘 살펴 현명한 판단을 하는 일도 매우 중요한 덕목이다. 그리고 전통시대에는 농산물이 주된 상품이었기에 그 해의 생산물 현황과 소비자들의 소비성향도 예측해야 한다. 자연과 인간에 대한 정확한 이해를 바탕으로 미래를 예측하지 않으면 큰돈을 벌기가 어렵다.

게다가 약자에게 위력을 쓰거나, 화려한 옷을 입거나, 주색에 빠져서도 안 된다. 마케팅에 도움이 된다는 명목으로, 고급차와 명품으로 치장하고 술집이나 맛집을 전전한다고 장사가 번창하는 것이 아니다. 마지막으로 부지런과 검소를 중요한 생활 덕목으로 거론했다. 철저한 자기관리와 상품 그 자체로 승부하려는 정신이 필요한 것이다.

이상의 글귀 하나하나를 곰곰이 음미해본다면, 사업을 하고 있거나 앞으로 하려는 이들은 여기서 적지 않은 힌트를 얻을 수 있으리라.

상업에서 또한 제일 원칙으로 삼는 '공정'과 '신용'에 관계된 부분도 빠질 수 없다.

장사하는 사람은 진실로 있는 물건과 없는 물건을 교역하여 원가와 중간 이윤을 잘 조절하려 한다. 따라서 장사는 언제나 공(公, 공정함)과 성(誠, 진실함) 2글자를 벗어나지 않는다.

공정하면 사사로움이 없으니, 시장의 가격을 2가지로 하지 않아 삼척동자도 속이지 않으면, 시장으로 달려오는 사람들이 흐르는 물처럼 저절로 몰린다. 진실하면 거짓이 없으니, 사람들이 그의 진실됨을 마음에 품을 뿐만 아니라, 천지와 귀신 또한 그를 보호할 것이다.(《예규지》권2 〈재산 증식〉 "무역" '상인은 공(公)과 성(誠)을 으뜸으로 삼는다')

이를 요즘 말로 '착한 장사'라고 해야 할까. 착하게 장사하면 결국은 소비자가 인정해주고 천지와 귀신도 도와준다는 것이다. 상인을 으레 속임수를 일상적으로 쓰는 사람이라고 보는 사람들에게 이런 '착한 장사'는 소비자의 마음을 사로잡는 요소다(이때 천지와 귀신은, '인간의 계산이나 예측을 벗어난 세계' 정도로 이해하면 될 것이다. 다음 기사의 '조물주'나 '하늘'이라는 표현도 이와 마찬가지다).

가령 쌀을 팔면 쌀에 물을 적시고, 소금을 팔면 소금에 재를 섞고, 옷을 팔면 옷에 기름을 섞고, 약을 팔면 다른 물건을 배합한다. 이와 같은 부류의 사람은 이러한 따위의 일을 수없이 저질러 당장은 그 이득을 얻고 그 마음이 즐거울 것이다. 하지만 이들은 조물주가 곧바로 다른 일로 그의 재물을 빼앗아 가서 끝내 빈곤해진다는 사실을 모른다. 이것이 이른바 사람의 힘은 하늘을 이길 수 없다고 하는 것이다.

대체로 무역을 경영할 때는 먼저 바른 마음을 보존해야 한다. 일반적으로 상품은 반드시 진품이어야 하고, 또 반드시 신중하게 취급하고 아껴야 한다. 두터운 이익을 탐내지 않고 하늘의 이치가 어떠한가에 일을 맡긴다면, 비록 눈앞의 소득은 적더라도 결코 후환은 없을 것이다.(《예규지》권2 〈재산 증식〉 "무역" '속이는 장사는 이익이 없다')

이렇게 해서 번 돈을 증식시키는 수단으로 《예규지》에서는 사채놀이를 강조한다. 사채라는 단어의 부정적 어감 때문에 거부감이 들 테지만, 돈 없고 먹을 것 없는 사람이 돈이나 곡식을 빌릴 수밖에 없는 처지로 몰리는 경우는 동서고금이 똑같다. 이 상황을 국가가 개입하느냐 마느냐의 차이와 국가의 개입이 정당하게 발동되느냐 불법을 자행하느냐에 따라 그 공익적 측면과 폐해가 다양하게 나타날 뿐이다. 서유구는 사채의 필요성을 인정했다.

돈이나 곡식을 빌려주고 원금과 이자를 갚게 하는 일은 바로 가난한 사람과 부유한 사람이 서로 돕는 일이라서 없어서는 안 된다.

사채놀이는 빈자와 부자가 상생하는 일이라는 것이다. 빈자는 곤궁한 상황을 모면할 수 있고, 부자는 부의 규모를 늘릴 수 있기 때문이다. 하지만 사채 이자는 적당해야지 과해지면 안 된다』 주의를 준다. 당장은 이익을 보겠지만, 역시 이런 악덕은 훗날 부메랑이 되리라는 믿음에서다.

아버지와 할아버지가 이처럼 남에게 과한 이자를 받으면 그 자손들 또한 다시 이처럼 남에게 과한 이자를 갚게 될 것이니, 이것이 이른바 천도(天道)는 순환하기 마련이라는 말이다.(이상은 《예규지》 권2 〈재산 증식〉 "재산 불리기" '돈이나 곡식을 빌려주고 이자를 취할 때는 적당함이 중요하다')

사채를 빌려주는 양이나 액수에 대해서도 가이드라인을 주었다. 이자를 많이 받을 욕심으로 많이 빌려주었다가 원금도 받지 못하는 처지에 몰릴 수 있다는 경고다. 사람 마음을 참으로 잘 읽고 있다. 장사도 사람을 잘 알아야 하지만, 사람 보는 눈이 없으면 사채놀이는 그야말로 독이다. 사채가 채무자와 채권자 모두를 살리는 놀이가 되기 위해서는 원칙과 혜안을 두루 갖춰야 한다.

빚지는 일을 가볍게 여기는 사람이 있으면 그에게는 돈이나 곡식을 빌려줘서는 안 된다. 이런 의지할 곳 없는 사람들은 반드시 원금을 갚지 않고 기대려는 마음을 이미 품고 있기 때문이다. 일반적으로 다른 사람에게 돈이나 곡식을 빌려줄 때, 빌린 돈이나 곡식이 적으면 상환하기 쉽지만 많으면 부채가 되기 쉽다. 그러므로 빌린 곡식이 100석에 이르거나 빌린 돈이 100관(貫, 냥)에 이를 정도로 많으면 비록 빚을 상환할 수 있는 힘이 있어도 기꺼이 상환하려 하지 않는다. 차라리 상환할 자산을 가지고 소송 비용으로 쓰는 것이 낫다고 생각하는 경우가 많은 것이다.(《예규지》 권2 〈재산 증식〉 "재산 불리기" '돈이나 곡식은 너무 많이 빌려줘서는 안 된다')

지금까지 조선 사람의 돈 버는 법에 대해 간략히 살폈다. 돈 버는 법 못지않게 돈을 헤프게 쓰지 않고 모으는 법도 중요함을 우리는 다 알고 있다. 절약과 검소가 그 핵심이다. 이에 대해서는 다음 글에서 다룬다.

조선판 부자학사전, 《예규지》(3)

봉투만 뜯어 바로 끓여서 먹을 수 있는 설렁탕을 샀다. 가족이 맛있게 먹었지만, 이 포장봉투 처리가 문제였다. 재활용봉투에 넣으려면 그 속의 내용물을 제거해야 한다. 주방세제로 구석구석 깨끗이 씻기 위해 가위로 삼면을 오려서 한쪽만 남겨두면 좋다. 이를 헹군 뒤 말려 모아두면 된다. 그런데 안쪽 면에 기름이 가득 묻은 포장봉투는 기름 묻은 그릇의 설거지보다 더 까다로와 시간도 더 든다. 봉투의 형태가 일정하지 않기 때문에 세심하게 신경을 써야 골고루 깨끗하게 기름을 제거할 수 있다. 조금만 방심했다가는 기름이 개수대 밖으로 튀거나 내 얼굴에 튀기도 한다. 액상 라면스프나 일회용 불고기양념처럼 양념을 포장한 작은 비닐봉투의 처리는 더더욱 그렇다. 음식을 포장하는 비닐이나 플라스틱류의 모든 경우가 이런 식이다.

이런 분리 행위를 반복하다 보니, 저절로 회의가 들었다. 내가 이토록 시시콜콜한 일까지 해야 하나. 처음에는 종량제봉투 비용을 아끼고, 게다가 환경도 보호할 수 있다는 생각에 기꺼이 시작했다. 하지만 마음이 처음처럼 유지되지 않았다. 어떤 때는 귀찮아서, 어떤 때는 고민하기 싫어서, 고민하는 이 상황이 좀스러워 보여서, 그냥 씻지도 않고 재활용봉투에 버리거나, 이조차도 양심에 찔리면 종량제봉투에 버리기도 했다. 어떤 선택을 했든 마음이 편치 않기는 매일반이다(도시에 살면 음식폐기물을 처리하는 데도 이에 못지않은 고민들이 생기지만, 나는 시골에 살기에 음식찌꺼기만큼은 자연에 돌려주고 있다). 이러다 보니 마음속의 끊임없는 '셀프밀당'으로 나는 피곤하다.

이런 사소한 일조차 어찌하지 못해 매번 고민하면서, 이렇게 살아도 되나 싶은 순간이 많이 생긴다. 풍요로운 물질문명 속에서 너무 잘 먹고 잘 살고 있어서다. 돈만 있으면 하지 못할 것이 없다. 지금의 풍요가 사라질까 불안하면서도, 풍요에 이용되는 자원이 고갈될까봐 후세들에게 미안하다. 우리 사회에 수많은 모순이나 부조리가 난무함을 모르는 바 아니나, 그래도 이 시대에 태어난 게 고맙기도 하다.

1970년대에 국민학교 다닐 때부터 절약이니, 절전이니 하는 말을 귀에 못이 박히도록 듣고 배웠다. 당시에 살았던 사람들 대부분은 그렇게 살았을 것이다. 물건 아껴 쓰기는 생활의 일부였다. 예를 들어 몽당연필은 볼펜 자루에 꽂아 1cm 정도 남을 때까지 썼다. 지우개는 필통에 실을 묶어 썼다. 공책 또한 빼곡히 글자를 채워야 하는 줄 알았다. 무엇이든 함부로 버리지 않았다.

이런 풍토가 1980년대 후반 즈음에 변하고 있음을 느꼈다. 대학 시절 과외를 할 때, 내가 가르치는 학생들은 나의 환경과는 달랐다. 이들은 연필과 지우개, 색연필이 몇 개씩 되는지도 모른다. 다른 세상이었다. 내가 너무 고리타분하게 산 듯했다. 처음에는 아껴 써야 한다고 아이들에게 권유도 했지만, 효과 없는 잔소리가 되었다.

이들의 입장에서 보니 아껴 쓸 상황이 아니었다. 시도 때도 없이 주변에서 새로운 문방구를 사준다. 원하면 자신도 새로운 학용품을 살 수 있다. 이런 상황에 아껴 쓸 이유가 없다. 아끼면 좋은 문방구를 더 쓸 수 없지 않은가. 학용품들이 너무 흔하다 보니, 여기저기 굴러다니기 일쑤다. 없어져도 그만이니, 이에 신경 쓰지도 않았다.

가정의 난방은 또 어떤가. 한겨울에도 집에서는 여름옷을 입고 아이스크림을 즐긴다. 그러면서도 덥다고 한다. 에너지 낭비가 심하다고 여겼다. 어떤 때는 차라리 이런 모습이 잘 사는 극히 일부의 이야기였으면 좋겠다는 생각도 들었다.

물건이나 에너지를 헤프게 쓰는 실태가 전국의 많은 가정에서 이루어지고 있을 테니, 낭비하는 양은 얼마나 많을까. 여기서 더 나아가 공장, 기업을 포함하여 공공건물이나 공공장소까지 확대하고, 오지랖 넓게 다른 나라까지 고려하면 물건이나 에너지 소비량은 상상조차도 할 수 없다. 그 시절의 상황이 이러했는데, 대학 입학 후 30년이 된 2018년의 상황은 더 말해 무엇 하겠는가.

아직도 사회적 빈곤층이 많지만, 대체로 우리는 대한민국 역사상 최대의 풍요를 누리고 있다. 언제까지 이런 풍요를 누릴 수 있을까. 한정된 지구 자원 속에 이렇게 아낌없이 쓴다면 자원이 바닥난 뒤의 후손들은 어떻게 살아야 할 것인가. 중국 기(杞)나라 사람 중에 '하늘이 무너지면 어디로 피해야 할까'의 문제로 심각하게 걱정한 이가 있었다는데, 내 걱정도 그런 기우(杞憂)에 불과할까.

그래서 우리 아이들한테도 절검(節儉, 절약과 검소) 교육을 어떻게 시켜야 할지 고민스럽다. 예전처럼 무작정 아끼기만 하라 할 수도 없고, 더더군다나 마구 쓰라고 할 수도 없는 노릇이다. 절약과 소비의 적정선을 찾기가 참으로 쉽지 않다.

풍요롭게 살아 본 적이 없어서일까. 조선 문명에서 돈 버는 법을 이야기하고 있는 《예규지》에서는 '절약'과 '검소'를 돈 벌기 위해 가장 기본적으로 갖춰야 할 덕목으로 강조하고 또 강조했다. 절약은 아껴 쓰기이고, 검소는 소박하게 살기다. 이 둘은 서로 따라다니게 마련이다. 그 반대는 당연히 사치와 낭비. 그 일단만 소개하면 다음과 같다.

검소하면 비용을 넉넉히 쓰고, 검소하면 적게 욕심내고, 검소하면 집안을 이룰 수 있고, 검소하면 자립할 수 있으며, 검소하면 자손에게 유산을 전해줄 수 있다. 반면에 사치하면 비용을 다 조달하지 못하고, 사치하면 지나치게 욕심내고, 사치하면 자신을 망치고, 사치하면 집안을 파산시키고, 사치하면 자손을 이끌어줄 수 없다.(《예규지》권1 〈예산의 조절〉 "절약" '검소의 이로움과 사치의 해로움')

기사의 제목이 말해주듯이 이 글은 검소하면 이롭고 사치하면 해롭다고 말한다. 각각 5가지씩 상반된 효과를 거론했다. 모든 면에서 검소가 사치보다 낫다는 것이다.

가정경제를 유지하거나 재산을 축적하는 방법은 크게 두 가지로 볼 수 있다. 첫째, 많이 벌어오기. 둘째, 적게 쓰기. 첫째가 인풋(input) 늘리기라면 둘째는 아웃풋(output) 줄이기다. 인풋이 아웃풋보다 많으면 재산이 쌓이고, 그 반대이면 재산이 없어지고, 둘이 비슷하면 현상유지다.

사람들은 대체로 인풋에 더 관심을 두는 것 같다. 어떻게 하면 돈을 더 많이 벌 수 있을까에 관심을 두고, 어떻게 잘 쓸 것인가에는 상대적으로 소홀히 하는 경향이 있다. 이는 맛있게, 많이 먹는 일에 대한 관심에 견주어 잘 싸는 데는 소홀히 하는 경향과 비슷하다. 맛있게, 많이 먹기만 하면 싸기는 알아서 할 것으로 믿는 시간이 늘어나면서 언젠가는 몸에 탈이 난다.

우리 선조들은 인풋보다 아웃풋을 훨씬 더 중요하게 여겼다. 인풋은 그 양이 뻔해서 내 맘대로 늘릴 수 있는 영역이 아닌 반면, 아웃풋은 얼마든지 내가 조절해서 줄일 수 있다는 생각에서다. '양입위출(量入爲出)'은 바로 그런 입장에서 취하는 경제의 대원칙이었다. 양입위출, 수입을 헤아려서 지출한다는 뜻이다. 그렇게 한 지출은 결코 수입액을 넘어서는 안 된다. 구체적으로는 순 수입액 중에서 70퍼센트만을 지출하라고 했다. 1년 순 수입액을 12개월 분으로 나누고, 1개월 분을 다시 30일 분으로 나누라고도 했다. 이렇게 산정된 1일 지출액을 결코 넘게 쓰지 않도록 다각적인 방법을 소개해주었다. 모두 지출을 절제하기 위한 방법들에 집중되었다. 요즘에 방송되는 짠돌이·짠순이들의 '최소한의 소비' 못지않은 자린고비 되기 프로젝트인 것이다.

허리띠를 졸라매고 또 졸라매는 삶, 어떤 이들에게는 참으로 찌질해 보인다. 하지만 절검이 습관이 된 이들에게는 그다지 큰 문제는 아니다.

내가 했던 지난날의 절검 행위를 찬찬히 다시 되짚어보니, 절검은 비단 재산 모으기에만 도움이 되는 것은 아니라는 생각에까지 미쳤다. 즉 절검의 습관은 욕망을 자율적으로 조절할 수 있는 능력으로 전화(轉化)된다는 것이다. 절검을 실천하는 순간은 물건을 아까워하는 마음이 표출되는 때다. 그 마음은 바로 내 마음을 다잡는 데서 기인한다. 음식 포장지를 깨끗이 씻어서 분리수거를 할 것인가 말 것인가, 하는 식의 판단에서, 아끼는 게 답이라고 믿는 행동을 내가 할 때는 마음을 잡고 있었다. 그렇지 않은 행동을 할 때는 마음을 놓고 싶은 때이거나 놓았을 때였다.

'마음 잡고' 여러 자잘한 과정을 거쳐 제대로 분리수거를 할 때도 있고, '마음 놓고' 분리수거를 하지 않을 때도 있었던 것이다. '마음 잡고'와 '마음 놓고'를 내 마음속에서 왔다 갔다 하는 과정, 나는 이를 '셀프밀당'이라고 명명해봤다. 이 셀프밀당은 비록 매우 사소하고, 구차하고, 귀찮고, 별 볼일 없어 보인다. 하지만 밀당능력이 쌓이고 쌓이면, 그것으로 집안 살림은 물론이고 회사나 나라 경제를 운영할 수 있는 능력이 된다. '수신·제가·치국·평천하'의 논리가 여기서도 적용될 수 있는 것이다. 나만을 생각하는 소아(小我, 이기주의)의 틀에서 벗어나 공공의 선(善)을 이룰 수 있는 장으로 확대될 수 있겠다는 생각이 들었다.

절약과 검소로 한 가정을 잘 건사하는 일만도 매우 훌륭하다. 그러나 그 전제는 자신의 절검 행위가 타인에게 해가 되지 않아야 한다는 것이다. 그것이 이웃과 잘 사는 길이요, 우리 사회가 건강하게 사는 길이라면, 오늘 매우 구차해 보이는 나의 선택과 실행이 그렇게 의미 없는 짓은 아니지 않을까. 나는 이런 결론을 얻었다.

그래도 설렁탕봉지와 같은 각종 음식 포장용기는 여전히 내 맘속에 불편하게 남아 있는 게 솔직한 심정이다. 아예 사지 않으면 모를까, 일단 구입한 이상 포장용기가 원상태를 회복할 수 있도록 해야 한다. 그 과정에서 투여될 온갖 잔일이 내게는 시간과 정성을 잡아먹는 블랙홀처럼 보이기 때문이다.

정명현(임원경제연구소 소장)

옛날 태사공(太史公) 사마천(司馬遷)이 〈화식열전(貨殖列傳)〉을 지었다. 여기에서 그는, 바위 동굴에서 수양하는 선비로 자처하면서 가난을 고수하며 인의(仁義)를 말하는 행위를 부끄럽게 여길 만하다고 하였고, 마침내 행실을 닦고 절개를 가다듬는 일이 실은 부유한 생활을 구하려는 노력이라고 결론지었다.[1] 아마도, 이렇게 격분하여 말한 그가 뜻이 있었을 텐데, 후세 사람 중에는 사마천을 비난하는 자가 많았다.

그러나 식량과 재물을 구하는 방법은 본래 군자가 취하지 않는 일이면서도 군자가 버리지 않는 일이다. 그러므로 나라를 다스릴 때에는 반드시 이것을 급선무로 삼았다. 유우씨(有虞氏)[2]가 천하를 다스릴 때에 맨 먼저 꾀한 내용은 '식량은 농시(農時)에 달려 있도다!'[3]는 것이었고, 〈홍범(洪範)〉의 8정

昔太史遷傳《貨殖》也. 稱嚴穴之士, 守貧而語仁義爲可恥, 竟以砥行礪節者, 實歸於求富厚. 蓋有所激而發也, 後人多譏者.

然食貨之術, 固君子所不取, 亦君子所不棄也. 故爲邦, 必以此爲先務. 有虞氏之帝也, 首所詢者, "食哉, 惟時!"也, 《洪範》八政, 一曰食, 二曰貨也. 夫子之立

---

1 그는 …… 결론지었다 : "현인이 낭묘(廊廟)에서 깊은 모의를 하고 조정에서 논의하고, 신의를 지켜 절개를 위하여 죽으며, 속세를 떠나 은거하는 선비가 명성이 높아지기를 바라는 것은 무엇을 취하려는 것인가? 부귀를 취하려는 것이다. 이런 까닭으로 청렴한 관리가 오래오래 더욱 부유해지고, 청렴한 상인이 부귀를 얻는 것이다. 부란 사람의 본성이니, 배우지 않아도 모두 바라는 것이다. (중략) 속세를 떠나 은거하는 기이한 선비의 행동은 없으면서 빈천을 좋게 여기고 인의를 즐겨 말하는 행위도 부끄러워하기에 충분하다.(賢人深謀于廊廟, 論議朝廷, 守信死節, 隱居嚴穴之士, 設爲名高者, 安歸乎? 歸於富厚也. 是以廉吏久久更富, 廉賈歸富. 富者, 人之情性, 所不學而俱欲者也. (중략) 無嚴處奇士之行, 而長貧賤, 好語仁義, 亦足羞也.)" 《史記》卷129〈貨殖列傳〉第69.

2 유우씨(有虞氏) : 순(舜) 임금을 일컬음. 요(堯)에게 선양(禪讓)받기 전에 우(虞)에서 나라를 세웠다.

3 유우씨(有虞氏)가 …… 있도다 : 《書經》〈舜典〉에 보인다.

(政)[4]에서 첫째를 '식량'이라 하고 둘째를 '재물'이라 했다.[5] 공자께서 가르침을 세울 때에도 백성이 많아지면 그들을 부유하게 해주어야 한다[6] 하였고, 또 식량을 넉넉하게 해주는 일이 군사력을 키우는 일보다 앞선다[7]고 하였으니, 그 의의가 이와 같은 것이다.

군자가 도를 닦는 일 같은 데에 이르러서는 어찌 따뜻함과 배부름에 뜻을 둔 적이 있었겠는가? 누추한 골목에서 대그릇 밥과 표주박 물을 먹고 마시면서도 그 즐거움을 고치지 않은 제자 안회(顔回)에 대해 "훌륭하구나!"[8]라고 하며 인정하였던 반면, 농사일을 배우고 채소 재배하는 법을 배우면서도 예(禮)와 의(義)를 우선순위에 두지 않는 제자 번지(樊遲)에 대해서는 '소인(小人)'[9]이라고 폄하하셨으니, 군자가 수양할 내용이 무엇인지 알 수 있다.

敎也, 亦曰庶則富之, 又以足食在兵之先, 其義有如是矣.

至若君子之修道, 何嘗以溫飽爲志哉? 陋巷簞瓢, 不改其樂者, 與之以"賢哉!"; 學稼學圃, 不先禮義者, 斥之爲小人, 其所養可知也.

---

4 홍범(洪範)의 8정(政) : 정사에 필요한 8가지 요소. 식량[食]·재물[貨]·제사[祀]·사공(司空)·사도(司徒)·사구(司寇)·손[賓]·군사[師].《書經》〈洪範〉.

5 이 구절과 관련하여《한서》〈식화지〉에서는 '식'을 곡식을 비롯한 식량을, '화'는 직물과 화폐 및 금은보화 등을 가리킨 것으로 보고 이들이 백성의 근본이라 했다. "《洪範》八政, 一曰食, 二曰貨. 食, 謂農殖嘉穀可食之物; 貨, 謂布帛可衣, 及金, 刀, 龜, 貝, 所以分財布利通有無者也. 二者, 生民之本."《前漢書》卷24上 〈食貨志〉 第4.

6 공자께서 …… 한다 : '염유가 여쭈었다. '인구가 많습니다. 그럼 또 무엇을 해야 합니까?' 이에 공자께서 말씀하셨다. '부유하게 해주어야 한다'. 염유가 또 여쭈었다. '이미 부유하다면 또 무엇을 해야 할까요?' 공자께서 말씀하셨다. '교육시켜라.'(冉有曰: "旣庶矣, 又何加焉?" 曰: "富之." "旣富矣, 又何加焉?" 曰: "敎之".)《論語》〈子路〉.

7 식량을 …… 앞선다 : 공자와 제자 자공과의 대화에 보인다. "자공이 정치를 여쭈었다. 이에 공자께서 말씀하셨다. '식량을 풍족케 하고, 군사력을 풍족케 하고, 백성들에게 믿음을 주는 것이 정치다.'"(子貢問政. 子曰: '足食, 足兵, 民信之矣.')《論語》〈顔淵〉.

8 어질구나! : "공자께서 말씀하셨다. '훌륭하구나, 안회여! 한 소쿠리의 밥과 한 표주박의 물로 누추한 동네에서 산다. 사람들은 그 근심을 견디지 못하건만, 안회는 그 즐거움을 바꾸려하지 않는도다. 훌륭하구나, 안회여!"(子曰: "賢哉, 回也! 一簞食, 一瓢飮, 在陋巷. 人不堪其憂, 回也不改其樂, 賢哉! 回也.")《論語》 〈雍也〉.

9 소인(小人) : "번지가 공자에게 농사일 배우기를 청하였다. 이에 공자께서 말씀하셨다. '농사일에 관해서 나는 늙은 농부만 못하다.' 그러자 번지가 또 채소 재배하는 법 배우기를 청하였다. 공자께서 말씀하셨다. '채소농사에 관해서 나는 텃밭 늙은이만 못하다.' 번지가 나가자, 공자께서 말씀하셨다. '번지는 참 소인이구나.'"(樊遲請學稼. 子曰: "吾不如老農." 請學爲圃. 曰: "吾不如老圃." 樊遲出, 曰: "小人哉, 樊須也")《論語》〈子路〉.

昔太史遷傳貨殖也稱巖穴之士守貧而語仁義為
可恥竟以砥行礪節者實歸於求富厚蓋有所激而
發也後人多譏者照食貨之術固君子所不取亦君
子所不棄也故為邦必以此為先務有虞氏之帝也
首所詢者食哉惟時也洪範八政一曰食二曰貨也
夫子之立教也亦曰庶則富之又以足食在兵之先
其義有如是矣至若君子之修道何嘗以溫飽為志
哉區巷簞瓢不改其樂者與之以賢哉學稼學圃不
先檀義者斤之為小人其所養可知也雖照道所貴

者適可也株守而不知通宴亦非正也故食貨之術
不可全棄也端木之發貯鬻財不礙於賢哲邺卿之
賣餅求食何妨於經師乎我邦士大夫高自標致例
以販賣為鄙事固然矣或如窮鄉自修多貧窶之徒
也不知父母之飢凍不顧妻孥之罟讁而攢手支膝
高談性理豈非史遷之所恥乎故食之之術不可不
講於其術也又有別焉農者本也賈者末也是書也
始於本利重農之道也終以倪圭為其末而輕之也
其云倪圭取計倪白圭之術也附以八道場市及道
里者欲貨殖者之趁期貿易計程通行也

그렇지만 도(道)에서 중요한 점은 상황에 알맞음을 따르는 일이다. 고지식하고 융통성이 없으면서 보편적인 도리를 알지 못하는 것 또한 바르지 않다. 그러므로 식량과 재물을 구하는 방법을 전부 버릴 수만은 없다. 단목[端木, 자공(子貢)]이 쌀 때 물건을 사들였다가 비쌀 때 팔아 재물을 모았다고 해서[10] 공자 제자 중의 현철(賢哲)로 꼽히기에 장애가 되지 않았다. 또 조기(趙岐)가 떡 장사를 하여 생계를 이었다고 해서[11] 어찌 경사(經師, 경전의 스승)로 추앙받는 데에 방해가 되었겠는가?

우리나라 사대부가 스스로 고상하다고 표방하며 으레 장사를 비루한 일로 여겼던 태도는 본래 그러하였다. 그러나 궁벽한 시골에서 자신을 닦으며 대부분 가난하게 사는 무리들 같은 경우는, 부모가 굶주리고 추위에 떨어도 알지 못하고 처자식이 힘들다고 아우성쳐도 돌아보지 않고, 손을 공손히 모으고 무릎 꿇고 앉아 성리(性理)를 고상하게 이야기한다. 이들이 어찌 《사기》를 지은 사마천이 부끄럽게 여긴

雖然道所貴者, 適可也. 株守而不知通宜, 亦非正也. 故食貨之術, 不可全棄也. 端木之發貯鬻財, 不礙於賢哲. 邴卿之賣餠求食, 何妨於經師乎? 端木之發貯鬻財, 不礙於賢哲. 邴卿之賣餠求食, 何妨於經師乎?

我邦士大夫高自標致, 例以販賣爲鄙事, 固然矣. 或如窮鄕自修多貧窶之徒也, 不知父母之飢凍, 不顧妻孥之詈譙, 而攢手支膝, 高談性理. 豈非史遷之所恥乎!

---

10 단목(端木)이 …… 해서 : 단목은 공자의 제자인 자공(子貢)의 성(姓)이다. "자공은 공자로부터 배웠고, 물러나서는 위나라에서 벼슬하였다. 조(曹)와 노(魯)나라 사이에서 쌀 때 사들였다가 비쌀 때 팔아 재물을 모았다. 공자 제자 70인 중 자공이 가장 부유하였다.(子貢旣學於仲尼, 退而仕衛. 發貯鬻財曹‧魯之間. 七十子之徒賜最爲饒.)"《前漢書》卷91〈貨殖傳〉第61.

11 조기(趙岐)가 …… 해서 : 108?~201. 빈경(邴卿)은 그의 자이다. 그는《孟子正義》14卷의 주석자이다. 곤궁한 상황에 처해 북해시장에서 떡을 팔았다는 고사가 다음과 같이 전한다. "중상시 당형(唐衡)의 형 현(玹)이 경조(京兆)의 호아도위가 되었다. 조기는 여러 번 그에 대해 폄하하는 글을 썼고, 당현은 깊은 독기를 품었다. 연희 원년(158) 당현이 경조윤의 직위에 올랐다. 조기는 화가 두려워 도피하였다. 당현은 마침내 조기의 가속들을 붙잡아 중법의 죄인이라 하여 모두 죽였다. 조기는 사방팔방 장강, 회수, 북해(北海), 오악 등 돌아다니지 않은 곳이 없었다. 스스로 이름을 감추고 북해시장에서 떡을 팔았다. 후에 당씨들이 죽고 나서, 사면받았다.(中常侍唐衡兄玹爲京兆虎牙都尉. 岐數爲貶議, 玹深毒恨. 延熹元年玹爲京兆尹, 岐懼禍逃避之. 玹果收岐家屬, 以重法盡殺之. 岐遂逃難四方江淮‧海岱, 靡所不歷. 自匿姓名, 賣餠北海市中. 後諸唐死滅, 因赦.)"《經義考》卷232〈孟子〉.

자들이 아니겠는가!

그러므로 부모와 처자식을 먹여 살리는 기술을 익히지 않아서는 안 된다. 하지만 그 기술에도 구별이 있으니, 농사가 근본이고 장사는 말단이다. 이 《임원경제지》가 《본리지(本利志)》로 시작한 이유는 농사를 중시하는 도리이기 때문이고, 《예규지》로 마친 이유는 장사를 말단으로 삼아 가볍게 여기기 때문이다.

'예규'라는 서명은 장사에 능통했던 계예(計倪)[12]와 백규(白圭)[13]의 상술을 취하기 위해 붙인 것이다.[14] 팔도의 시장과 그 거리를 덧붙인 이유는 재물을 증식하려는 자들이 기일에 맞춰 상품을 거래하고 여정을 계산하여 상품이 유통되기를 바라기 때문이다.

故食之之術不可不講. 於其術也又有別焉, 農者本也, 賈者末也. 是書也, 始於本利, 重農之道也 ; 終以倪圭, 爲其末而輕之也.

其云倪圭, 取計倪、白圭之術也. 附以八道場市及道里者, 欲貨殖者之趁期貿易計程通行也.

---

12 계예(計倪) : 중국 춘추시대 월(越)나라 사람으로, 성은 신(辛)이고 자는 자문(子文)이다. 계연(計然)이라고도 한다. 범려(范蠡)의 스승으로, 암산(暗算)에 능하였고 재물을 모으는 안목이 뛰어났으며, 월왕 구천(句踐)에게 재물을 축적하는 이재(理財)의 묘리를 가르쳐 오패(五霸) 중의 하나가 되도록 도왔다. 《史記》卷129 〈貨殖列傳〉 第69.

13 백규(白圭) : 중국 전국시대 위(魏)나라 사람으로, "남이 버리려 하면 내가 그걸 취하고 남이 취하려 하면 내가 그걸 준다."는 소신을 실행하여 재물을 모았다. 《史記》 卷129 〈貨殖列傳〉 第69.

14 장사에……것이다 : 이 부분을 이전 번역(《임원경제지 : 조선 최대의 실용백과사전》, 씨앗을 뿌리는 사람, 2012, 1472쪽)에서는 "장사에 능통했던 백규(白圭)의 상술을 엿볼 셈으로 붙인 것이다."라고 잘못 옮겼다. 원문의 "取計倪,白圭之術也"에서 계예가 인명임을 몰라서 생긴 오역이었다. 이 같은 사실은 청명문화재단 태동고전연구소에서 정명현이 맡았던, 3학년의 필수과목 '번역연습' 수업을 통해 알게 되었다. '예규지'라는 명칭의 유래를 교정하게 된 중요한 계기였기에, 지면을 빌어 당시 수강생이었던 이동규 박사(성균관대 동아시아학과)의 탁견에 감사드린다.

예규지 권제1

倪圭志 卷第一

임원십육지 109

林園十六志 百九

예산의 조절 制用

지금 농지의 수확물 중 조세와 종자, 거름 비용을 제외한다. 그런 뒤 남은 상당량을 10등분하고 3/10은 남겨두어 수해와 가뭄같이 예측할 수 없는 일을 대비한다. 그중 6/10은 12개월치 경비로 삼는다. 1개월 예산을 30등분했다가 매일 그중 하나를 쓴다. 이때 예산을 남길 수는 있지만 다 써서는 안 된다. 쓸 예산 중 7/10까지 쓰면 적당하고, 5/10에 미치지 못하면 너무 인색하다.

- I -

예산의 조절

制用

1. 수입을 헤아려 지출한다

量入爲出

1) 수입의 7/10만 쓴다

옛날 나라를 다스리는 사람은 총재(冢宰)[1]에게 나라의 예산을 제정하게 하였다. 총재는 연말에 오곡(五穀)이 모두 들어온 뒤에야 다음해 나라의 예산을 제정하면서 나라의 크기를 고려하여 그 해의 풍흉을 살폈다.[2] 3년을 경작하면 반드시 1년치 식량을 비축하고, 9년을 경작하면 반드시 3년치 식량을 비축한다. 30년간의 수입을 통틀어 계산하여 국가의 예산을 제정하면, 심한 가뭄이나 홍수가 있더라도 백성들에게 굶주린 기색이 없다.[3]

나라 살림도 원래 이처럼 하니, 집안 살림도 이렇게 해야만 한다. 그러므로 일반적으로 집안의 농지에서 나오는 수확이 풍족하더라도 마땅히 수입을 헤아려 지출한 뒤에야 씀씀이에 기준이 생긴다. 그 결과 풍족함과 검소함이 적당하게 되어서 원망이 생기지 않으며 자손 대대로 유지될 수 있다.

十分用七

古之爲國者, 冢宰制國用, 在于歲之杪, 五穀皆入, 然後制國用, 用地小大, 視年之豐耗. 三年耕, 必有一年之食；九年耕, 必有三年之食. 以三十年之通制國用, 雖有凶旱水溢, 民無菜色.

國旣若是, 家亦宜然, 故凡家之田疇, 足以瞻給者, 亦當量入以爲出, 然後用度有準, 豐儉得中, 怨讟不生, 子孫可守.

---

1 총재(冢宰): 중국 주(周)나라에서 국가의 재정 및 업무를 총괄해서 주재(主宰)하던 관직. 재상(宰相)의 직분과 같다.

2 나라의……살폈다: '用地小大, 視年之豐耗'에 정현(鄭玄)은 다음과 같이 주석을 달았다. "소국이나 대국은 풍년이나 흉년이 들었을 때 각각 그 해의 수입에 따라 그 예산의 규모를 제정한다.(小國大國, 豐凶之年, 各以歲之收入, 制其用多少.)"《禮記正義》卷12 〈王制〉《十三經注疏整理本》12, 441쪽).

3 총재(冢宰)에게……없다:《禮記正義》卷12 〈王制〉《十三經注疏整理本》12, 440~441쪽).

지금 농지의 수확물 중 조세와 종자, 거름 비용을 제외한다. 그런 뒤 남은 상당량을 10등분하고 3/10은 남겨두어 수해와 가뭄같이 예측할 수 없는 일을 대비한다.【오로지 미곡으로 보관해야지 은초(銀鈔, 은화)나 가벼운 재화로 바꾸면 안 된다. 다만 해마다 창고를 증설해야 한다.】그중 6/10은 12개월치 경비로 삼는다.[4]【윤달이 끼면 13개월치 경비로 삼는다.】1개월 예산을 30등분했다가 매일 그중 하나를 쓴다.【다과·생선·고기, 손님에게 대접할 술과 음료[5], 자손들이 사용할 종이와 붓, 수업료[束脩][6], 간사(幹事, 집안 사무담당자)와 종[奴僕]에게 지불하는 품삯 등 예상되는 지출 비용은 모두 그 안에서 해결한다.】이때 예산을 남길 수는 있지만 다 써서는 안 된다.

쓸 예산 중 7/10까지 쓰면 적당하고, 5/10에 미치지 못하면 너무 인색하다.【대개 남은 예산이 지나치게 많으면 집안이 더욱 부유해지고, 그 상황에서 분수 넘치게 법도가 없이 사치하게 되면 허물에 빠지

今以田疇所收, 除租稅及種蓋糞治之外, 所有若干, 以十分均[1]之, 留三分, 爲水旱不測之備.【專存米穀, 不可變易銀鈔、輕齎, 但當逐年, 增置倉廩.】其六分作十二月之用.【閏月則分作十三月之用.】取一月合用之數, 約爲三十分, 日用其一,【茶飯、魚肉, 賓客酒漿, 子孫紙筆, 先生束脩, 幹事、奴僕等, 皆取諸其間.】可餘而不可盡.

用至七分爲得中, 不及五分爲太嗇.【蓋於所餘太多, 則家益富;將[2]至僭侈無度, 則[3]入于罪戾矣.】其所餘

---

4 그중……삼는다:본문에서는 1년 수확물의 3/10은 천재지변 대비용으로 남겨두고, 6/10을 생활비로 나누어 사용한다는 내용만 있고, 나머지 1/10에 대한 용도는 누락되어 있다. 하지만 원출전인《육씨가제(陸氏家制)》에는 1/10의 용도에 대해 "제사에 들어가는 비용으로 사용한다.(一分爲祭祀之用.)"라 되어 있다.

5 음료:계피·여지·모과·매실 등에 꿀과 향신료를 넣고 숙성시킨 음료.《임원경제지 정조지(林園經濟志 鼎俎志)》권3《음료[飮淸之類]》"장(漿)"에 제조법이 나온다.

6 수업료[束脩]:속수(束脩)는 본래 '육포 한 다발'이라는 뜻이다. 공자가 "육포 한 다발 정도를 가져와서 예를 갖추면 나는 가르쳐주지 않은 적이 없었다.("子曰:自行束脩以上, 吾未嘗無誨焉."《논어(論語)》〈술이(述而)〉)"는 말에서 이런 뜻으로 확장되었다.

[1] 均 : 저본에는 "約".《陸氏家制·居家制用》에 근거하여 수정.

[2] 將 :《陸氏家制·居家制用》에는 "不".

[3] 則 :《陸氏家制·居家制用》에는 "而".

게 될 것이다.7〕 그중 남은 예산은 따로 장부에 기록해서 보관했다가 여름에 입을 갈옷과 겨울에 입을 갖옷을 마련하거나, 담장이나 가옥을 수리하거나, 의약품을 구비하거나, 손님을 접대하거나, 조문이나 문병에 사용하거나, 계절별로 선물을 보낼 때 쓴다.

者, 別置簿收管, 以爲伏臘裘葛, 修葺墙屋, 醫藥賓客, 弔喪問疾, 時節饋送.

그래도 남은 예산이 있으면 이웃이나 친척 중에 가난한 사람이나, 훌륭한 선비 중에 곤궁한 사람이나, 소작농 중에 춥고 굶주린 사람이나, 여행 중 머물 곳이 없는 사람을 두루 도와준다. 그러나 승려와 도사8에게는 함부로 시주하지 말아야 한다. 대개 승려와 도사는 본래 백성들에게 피해를 끼치는 사람이다. 더욱이 오늘날의 승려와 도사는 풍족하지 않은 경우가 없다. 시주를 넉넉하게 해서 그들의 욕망을 채우거나 그들의 과오를 늘려주면서 농부가 피와 땀을 흘려가며 부지런히 노동해서 얻은 수확물을 낭비하게 되면, 내가 저승에서 받을 죄업이 결코 늘어나지 않을 리 없으니 거기에 무슨 복이 있겠는가!

又有餘, 則以周給鄰族之貧弱者·賢士之窮困者·佃人之飢寒者·過往之無聊者, 毋以妄施僧道. 蓋僧道本是蠹民, 況今之僧道無不豐足. 施之適足以濟其嗜慾, 長其過惡, 而費農夫血汗勤勞所得之物, 未必不增吾冥罪, 其何福之有!

농지가 많지 않고, 매일 지출에 여유가 없다면 한결같이 절약하고 검소해야 한다. 갖옷이나 갈옷 같은 의복은 누에치기와 길쌈으로 얻고, 담장이나 가옥 수리 비용은 가축사육을 통해 얻고, 여러 종류의 채소를 골고루 심어서 모두 예산을 보완하도록 해야 한다. 다음날 쓸 재물을 미리 끌어다가 초과해

其田疇不多, 日用不能有餘, 則一味節嗇, 裘葛取諸蠶績, 墙屋取諸蓄養, 雜種蔬菜, 皆以助用, 不可侵過次日之物. 若一日侵過, 無時可補, 則便有廢家

---

7 대개……것이다 : 원문의 "將"과 "則"이 교감 주석의 내용대로 각각 "不"과 "而"가 된다면 다음과 같이 풀이해야 한다. "남은 예산이 지나치게 많으면 집안이 더욱 부유해지고, 더욱 부유해지기 때문에, 분수 넘치게 법도가 없이 사치하지는 않더라도 허물에 빠지게 될 것이다."
8 도사 : 도교를 믿고 수행하는 사람.

서 써서는 안 된다. 만약 하루 쓸 분량을 초과해서 시도 때도 없이 보충한다면 곧 집안이 점점 파산하게 되니, 조심하고 주의해야만 한다.

소유한 농지가 적지만 지출할 곳이 많다면 다만 마음을 맑게 하고 검소하게 생활하면서 넉넉히 먹을 길을 경영해야 한다. 손님 접대, 조문과 문병, 계절별로 선물 보내기, 그리고 여러 사람이 모여 음식을 먹는 일을 일체 계획하지 않는다. 그러면 친구와의 친목을 구하다가 과실을 늘리는 일이나, 본래 검소함을 책망하면서 원망이 생기는 일이나, 빌린 것을 회피하거나 체납하여 치욕을 불러들이는 일을 면하게 된다.

집안 살림이 이와 같아야 분수에 걸맞고, 인색하거나 사치하여 생기는 잘못이 멀어진다. 이것이 쌓여 풍속을 이루면 어찌 오직 한 집안에서 홍수나 가뭄 같은 천재지변을 근심하지 않는 정도에 그치겠는가? 비록 하나의 군(郡)이나 하나의 현(縣)이라도 모두 근심이 없을 것이니, 그 이익이 어찌 넓지 않겠는가? 육구소(陸九韶)⁹ 《거가제용(居家制用)¹⁰》¹¹

之漸, 當謹戒之.

其有田少而用廣者, 但當清心儉素, 經營足食之路. 於接待賓客、弔喪問疾、時節饋送、會合飮食之事, 一切不講. 免致干求親舊, 以滋過失；責望故素, 有所怨尤；負諱連④借, 以招恥辱.

家居如此, 方爲稱宜而遠吝侈之咎, 積是成俗, 豈惟一家不憂水旱天菑？雖一郡一縣, 皆無憂矣, 其利豈不博哉？陸梭⑤山《居家制用》

---

9 육구소(陸九韶)：?~?. 중국 송(宋)나라의 학자. 호는 사산거사(梭山居士). 육구연(陸九淵)의 형이다. 평생 관직에 나가지 않고 사산(梭山)에서 강학(講學)했는데, 실제 생활에 유익한 것을 중시했다.
10 거가제용(居家制用)：육구소가 편찬한 책. 집안을 경영하는 데 필요한 실제적인 내용을 담고 있다.
11 《陸氏家制》〈居家制用〉下.
④ 連：《陸氏家制·居家制用》에는 "通".
⑤ 梭：저본에는 "梳". 일반적인 용례에 근거하여 수정.

2) 풍족함과 검소함은 조절하는 방법이 다르다

집안 살림의 병통에는 7가지가 있다. 도박, 유흥, 음식, 토목공사, 소송, 애호용품 수집, 게으름이다. 이 중에 1가지라도 있으면 모두 집안을 파산시킬 수 있다.

그 다음은 자신도 가난하면서 접대에 힘쓰거나, 풍족하고 여유가 있는데도 오히려 남에게 비루하고 옹졸하게 구는 일이다. 이 2가지는 일은 비록 같지 않지만 끝내 생기는 폐해는 조금도 다르지 않다. 다만 느리게 나타나거나 빠르게 나타나는 차이만 있을 뿐이다. 무릇 풍족하고 여유가 있는데 지출하지 않는 일은 폐해가 없는 듯이 보인다. 그러나 이미 풍족하고 여유로우면 다른 사람들은 그가 자신들을 두루 구제해주기를 바라게 된다. 그런데도 지금 사람들에게 무관심하면 인심을 잃게 될 것이다.

인심을 잃어버리고 나면 사람들은 그를 돕지 않고, 오직 그에게 틈이 없는 상황을 걱정한다. 만약에 이용할 만한 틈이 생기면, 다툼거리가 싹터서 비록 자손일지라도 불만들을 마음에 품고 있다가 마치 제방이 무너지듯 하루아침에 나에게 쏟아질 것이다.

앞에서 3/10을 남겨둔다고 한 말은 풍족하고 여유가 많은 사람을 위한 조절법이다. 만약 남은 양이 3/10이 되지 않으면 2/10만 남겨두어도 괜찮다. 또 2/10가 되지 않으면 1/10만 남겨두어도 괜찮다. 또 1/10이 되지 않으면 마땅히 씀씀이를 절약하고 검소하게 생활하여 잉여를 남겨두어야 한다. 그런 뒤에

豐儉異制

居家之病有七:曰呼, 曰遊, 曰飲食, 曰土木, 曰爭訟, 曰翫好, 曰惰慢. 有一於此, 皆能破家.

其次貧薄而務周旋, 豐餘而尙鄙猥. 事雖不同, 其終之害, 或無以異, 但在遲速之間耳. 夫豐餘而不用者, 疑若無害也. 然已旣豐餘, 則人望以周濟, 今乃恝然, 則失人之情矣.

旣失人之情, 則人不佑之, 惟恐無其隙. 苟有隙可乘, 則爭媒蘗之, 雖其子孫, 亦懷不滿之意, 一朝入手, 若決隄破防矣.

前所言存留十之三者, 爲豐餘之多者制也. 苟所餘不能三分, 則存二分亦可; 又不能存二分, 則存一分亦可; 又不能存一分, 則宜節齒用度以存贏餘, 然後家

야 집안이 오래갈 수 있다. 그렇지 않으면 하루아침에 뜻밖의 일이 생겨 집안이 반드시 파산할 것이다.

【예기】에 "상례에는 3년의 륵(仂)을 사용한다."라 했다. 그 주석에서 "륵은 1/10이다."12라 했다. 이는 바로 지금 비축된 것이 '3/10에 해당하는 양을 남겨두라.'는 것과 같은 수량이다. 일반적으로 상례와 장례에 들어가는 비용에서 그 풍족함과 검소함의 절도는 이것을 기준으로 삼아야 한다. 지금 인가의 혼례에서 상례에 들어가는 비용과 견주어 준비한다면 풍족함과 검소함이 또한 적당할 듯하다.

가난한 경우에는 어찌 다시 기준을 세울 수 있겠는가? 이른바 "부모님이 돌아가셨을 때 가난하여 손발이 드러나지 않을 정도로만 염하고, 빨리 장사지내며, 관에 덧널을 쓰지 않았다."13고 해서 다른 사람이 어찌 그를 비난할 수 있겠는가. 그렇다면 혼례도 모두 생략하는 일이 없이 소박하게 치를 수 있어야 하니, 《시경》에서 "말씀만 하시면 따르겠어요."14라 한 말 정도면 충분할 것이다.】

앞에서 말한 "일체 계획을 세우지 않는다."는 말은 그 일을 끊는다는 의미가 아니라 재화로 예(禮)를

可長久. 不然, 一朝有意外之事, 家必破矣.

《記》曰 : "喪用三年之仂." 注謂 "仂, 什一也." 正⑥今所存 "留三分" 數. 凡喪葬所費, 其豐儉之節, 當以此爲準. 今⑦謂人家婚禮, 當視喪禮所費, 則豐儉亦似得中.

其有貧者, 豈可復立準則? 所謂 "殮手足形, 還葬而無槨", 人豈有非之者, 則婚禮宜俱無所廢⑧, 所謂 "迨其謂之" 足⑨矣.】

前所言 "一切不講" 者, 非謂絕其事也, 謂不能以貨

---

12 상례에는……1/10이다: 《禮記正義》卷12 〈王制〉(《十三經注疏整理本》12, 441쪽).

13 부모님이……않았다: 《禮記正義》卷10 〈檀弓〉下 (《十三經注疏整理本》12, 342~343쪽)에 있다.

14 말씀만……따르겠어요: 《毛詩正義》卷1 〈國風〉 "召南" '摽有梅'(《十三經注疏整理本》4, 106~110쪽)의 3장에 나오는 표현이다. 가난한 집안에서 혼례에 필요한 물품을 제대로 준비할 수 없어 혼인 시기를 놓치는 경우가 있을 때에는 예식의 필요한 절차를 모두 구비하지 않아도 혼인하는 관습이 있었다.

⑥ 正:《陸氏家制·居家制用》에는 "計".

⑦ 今:《陸氏家制·居家制用》에는 "余".

⑧ 廢:《陸氏家制·居家制用》에는 "費".

⑨ 足:《陸氏家制·居家制用》에는 "是".

삼을 수는 없다는 의미일 뿐이다. 가령 상가에 조문을 간다면 제일 먼저 가서 맨 나중에 돌아오는 일로 도움을 주며, 손님을 접대한다면 땔나무를 해서 음식을 대접하지 못하더라도 청담(淸談)을 나누면 그만이다. 부모를 봉양하는 지극히 중요한 일에 이르러서는 콩죽을 먹고 물만 마시더라도 부모님의 기쁨을 다 이루어 드릴 수 있으면 이러한 일을 '효(孝)'라 한다. 제사는 엄숙해야 하니, 거친 밥에 채소국만 있더라도 공경하는 마음을 다할 수 있다. 일반적으로 매사가 모두 이러하다면 사람들은 진실로 나를 책망하지 않으며, 나 또한 어찌 마음이 유감스럽겠는가?

財爲禮耳. 如弔喪則以先往後罷爲助, 賓客則樵蘇不⑩爨, 淸談而已. 至如奉親至急也, 啜菽飮水盡其懽, 斯之謂"孝". 祭祀宜嚴也, 蔬食、菜羹, 足以致其敬. 凡事皆然, 則人固不我責, 而我亦何慊哉?

이와 같다면 예를 폐하지 않으면서도 재물은 없어지지 않는다. 앞에서 말한 "6/10은 12개월치 예산으로 하고, 1개월 쓸 비용으로 배당된 예산을 30등분하는" 일은 반드시 배정분을 모두 쓰라는 말이 아니다. 다만 대략적으로 매월 매일 지출의 대강을 보여준 것으로, 그 사이의 씀씀이는 저절로 남기도 줄기도 한다. 오직 예산을 미리 끌어다가 초과해서 써서는 안 되니, 나중에 부족분을 채워 넣기 어려울지 걱정되기 때문이다. 먼저 남겨놓았다가 나중에 사용함으로써 인색하다는 비난을 받지 않도록 해야 한다.

如此則禮可不廢, 而財不匱矣. 前所言"以六分爲十二月之用, 以一月合用之數約爲三十分"者, 非爲必於其日用盡, 但約見每月每日之大槪, 其間用度, 自爲贏縮, 惟是不可先次侵過, 恐難追補⑪, 宜先餘而後用, 以毋貽鄙嗇之譏.

세상 사람들은 씀씀이를 어찌 모조리 궁리하겠느냐고 모두 말한다. 대개 이것은 예산을 조절하는 법도를 세운 적이 없어서 풍족함과 검소함에 모두

世言皆謂用度有何窮盡, 蓋是未嘗立法, 所以豐儉皆無準, 則好豐者妄用以

---

⑩ 不:《陸氏家制·居家制用》에는 "供".
⑪ 補: 저본에는 "悔".《陸氏家制·居家制用》에 근거하여 수정.

기준이 없었기 때문이다. 이렇게 되면 풍족함을 좋아하는 사람은 함부로 써서 집안을 파산시키고, 검소함을 좋아하는 사람은 재산을 많이 쌓아두기만 해서 주위 사람들에게 원망을 받게 된다. 따를 만한 법도가 없으면 반드시 이 지경에 이른다.

破家, 好儉者多藏以歛怨, 無法可依, 必至於此.

나는 지금 과거에 나라를 경영하는 제도를 고찰하여 집안 살림의 법도로 삼고, 재산의 많고 적음에 따라 씀씀이의 풍족함과 검소함을 조절한다. 만 전(錢)을 합당하게 지출하는 경우에는 만 전을 사용해도 사치스럽다고 말하지 않는다. 백 전을 합당하게 사용하는 경우에는 백 전을 사용해도 인색하다고 말하지 않는다. 이것이 적당함을 취하여 집안을 오래 유지할 수 있는 계책이다. 《거가제용》[15]

愚今考古經國之制, 爲居家之法, 隨貲産之多寡, 制用度之豐儉. 合用萬錢者, 用萬錢, 不謂之侈 ; 合用百錢者, 用百錢, 不謂之鄙, 是取中可久之計也. 《居家制用》

3) 부귀는 더욱 지키기 어렵다

貴富尤難守成

집안을 일으킨 사람은 재산을 더욱 불리기 쉽다. 자수성가한 경우에는 대개 옷·음식·기물, 그리고 길사(吉事)나 흉사(凶事)에 드는 온갖 비용의 규모가 크지 않아 여전히 자수성가하기 이전의 규모를 따른다. 그러므로 하루 수입의 양이 이미 지출한 양보다 많다. 이것이 항상 경제적으로 여유 있는 이유이다.

起家之人易於增進. 成立者, 蓋服食、器用及吉凶百費規模淺狹, 尙循其舊, 故日入之數多於已出. 此所以常有餘.

반면 부유한 집 자손은 가세가 기울고 뒤집히기 쉽다. 가산을 탕진한 경우에도 온갖 비용의 규모가 커서 여전히 파산하기 이전의 규모를 따른다. 또 그 재산을 나누어 여러 집 살림을 하여 비용이 예전보

富家之子易於傾覆. 破蕩者, 規模廣大, 尙循其舊, 又分其財産, 立數門戶, 費用增倍於前日. 子弟有能省

15 《陸氏家制》〈居家制用〉下 ; 《樗泉集》卷14〈題跋〉'書陸梳山居家制用後'(《韓國文集叢刊》221, 285~286쪽).

다 배로 증가한다. 그 자제들이 이러한 잘못을 깨닫고 먼 훗날까지 절검을 도모하더라도 오히려 미처 생각하지 못한 부분이 있을 수 있다. 그렇다면 더욱이 잘못을 깨닫지 못한 자가 어찌 버틸 수 있겠는가?

지위가 높고 저명한 집안은 더욱 재산을 보전하기 어렵다. 이제 한창 지위가 높고 명망이 세상에 알려져 있을 때는 옷과 음식, 기물이 비록 매우 화려하고 사치스럽더라도 그 비용을 자기 집안의 재산에서 지출하는 것이 아니다. 그가 벼슬에서 물러난 뒤에는 매일 지출되는 온갖 비용을 자기 집안의 재산에서 지출하지 않으면 얻을 수가 없다. 더욱이 한 집안이 몇 집안으로 쪼개졌어도 씀씀이는 옛날처럼 그대로이니, 어찌 가산을 탕진하는 지경에 이르지 않겠는가? 이런 자제들은 각각 사정을 헤아려 절약해야 마땅하다. 《원씨세범(袁氏世範)[16]》[17]

悟, 遠謀損節, 猶慮不及. 況有不之悟者, 何以支梧?

貴顯之家尤難保成. 方其致位通顯, 服食、器用雖極華侈, 而其費不出於家財. 逮其身後, 日用百費, 非出家財, 則不可得. 況析一家爲數家, 而用度仍舊, 豈不至於破蕩? 爲子弟者, 各宜量節.《袁氏世範》

4) 1년 계획과 1개월 계획

부잣집에는 부잣집의 계획이 있고, 가난한 집안에는 가난한 집안의 계획이 있다. 수입을 헤아려 지출하면 예산이 부족한 상황에 이르지 않을 것이다. 예산에 항상 여유가 있다면 예상 밖의 갑작스럽고 안타까운 상황에도 잘 대처할 수 있을 것이다.

이제 집안의 예산을 둘로 나누어 두 자제에게 나누어 맡긴다. 매일의 수입과 지출은 한 사람이 담당

歲、月計

富家有富家計, 貧家有貧家計. 量入爲出, 則不至乏用矣 ; 用常有餘, 則可以爲意外橫用之惜矣.

今以家之用分而爲二, 令兩子弟分掌之, 其日用收支

---

16 원씨세범(袁氏世範):중국 남송 때 원채(袁采, ?~1195)가 편찬한 책. 집안에서 지켜야 하는 생활윤리 및 재산과 집안의 일꾼들을 관리하는 방법 등을 서술했다.
17 《袁氏世範》卷1〈處己〉"用度宜量入爲出".

하고, 1년 계획의 수입과 지출은 다른 한 사람이 각각 담당하게 하며 매일의 경비는 임금이나 봉급으로 충당한다.【안. 관직이 없으면 오로지 증식된 돈으로 매일의 경비를 충당해야 한다.】

매월 말에 집안 어른께 수입과 지출의 계산을 말씀드리는데, 잉여가 있으면 다음달로 이월시키고, 부족하면 1년 예산에서 채워 넣고, 이때 지출된 1년 계획 예산은 집안의 부수입으로 충당한다. 연말에도 집안 어른에게 수입과 지출의 계산을 말씀드리는데, 잉여가 있으면 내년에 일【예컨대 집을 증축하는 따위의 일을 말한다.】을 착수할 수 있고, 부족하면 일을 착수하지 않는다. 나중에 진전시킬 수 있는 경우에는 전혀 일을 벌이지 말고 할 수 있을 때까지 기다렸다가 한다. 간혹 예상 밖의 갑작스런 지출이 생기더라도 또한 집안 어른에게 말씀드려서 적당하게 변통하여 처리해야 한다.《경서당잡지(經鉏堂雜誌)[18]》[19]

먼저 1개월 계획을 세운 다음에야 1년 계획을 세울 수 있다. 만약 1개월 지출이 그 수입보다 많아서 누적되어 1년에 이르면 예산이 크게 부족해질 것이다.《경서당잡지》[20]

爲一, 其歲計收支爲一, 日用以賃錢、俸錢當之.【案. 無官者, 當專以貨殖之錢當之.】

每月終, 白尊長, 有餘則趲在後月, 不足則取歲計錢足之, 歲計以家之薄產所入當之. 歲終, 以白尊長, 有餘則來歲可以舉事,【謂如添造屋宇之類.】不足則無所與舉, 可以展向後者, 一切勿爲, 以待可爲而爲之. 或有意外橫用, 亦告於尊長, 隨宜區處.《經鉏堂雜誌》

先有月計, 然後歲計可知. 若月之所用多于其所入, 積而至歲, 爲大闕用矣. 同上

---

18 경서당잡지(經鉏堂雜誌): 중국 송(宋)나라 예사(倪思, 1147~1220)가 저술한 책으로, 만년에 그가 보고 들은 다양한 주제의 내용을 정리하여 수록했다.
19 《經鉏堂雜誌》〈歲計〉(《文淵閣四庫全書》880, 216쪽).
20 《經鉏堂雜誌》〈月計〉(《文淵閣四庫全書》880, 217쪽).

일계체(《섬용지》)

5) 하루 계획

소식(蘇軾)[21]이 황주(黃州)[22]에 있을 때, 몸소 철저하게 절약과 검소를 실천하여 매일 쓰는 경비가 150전을 넘지 않았다. 소식은 매달 초하루에 4,500전을 가져다 30뭉치로 나누어 집 들보 위에 걸어둔 뒤, 이른 아침에 1뭉치씩 가져다 하루의 경비로 지급하고, 여윳돈은 따로 모아 손님을 접대했다.[23]

내 생각에 소식은 이때는 아직 박봉이나마 벼슬살이를 했기 때문에 하루에 150전씩 쓸 수 있었다. 만약 산이나 들에서 생활하는 사람이라면 어떻게 이만큼 마련할 수 있겠는가? 어떤 사람은 하루에 50~60전을 쓰고, 어떤 사람은 20~30전을 쓰니, 가계가 풍족한지 부족한지에 따른 것이다. 다만 하루 예산 기준은 있을 터이니 그 기준을 어기지 않는다면 모두 본받을 만하다. 《금화경독기》[24]

日計

蘇子瞻在黃州[12], 痛自節儉, 日用不得過百五十. 每月朔, 取四千五百錢, 斷爲三十塊, 掛屋梁上, 平朝取一塊, 給一日之用, 餘則別貯以給賓客.

余謂子瞻是時尙有薄俸, 故能日用百五十耳, 如山野家食者, 何能辦此? 或日用五六十, 或日用二三十, 隨其家計豐嗇, 但其日有程式, 勿相侵越, 則儘可法也.《金華耕讀記》

---

21 소식(蘇軾):1037~1101. 중국 북송의 문장가이자 서예가. 자는 자첨(子瞻), 호는 동파거사(東坡居士). 부친 순(洵), 동생 철(轍)과 함께 '삼소(三蘇)'라고 칭해지며, 이들 모두 '당송팔대가(唐宋八大家)'에 속한다.

22 황주(黃州):중국 절강성(浙江省) 북부에 있는 도시.

23 소식(蘇軾)이……접대했다:서유구는 《섬용지》에서 《동파전집》의 해당 내용을 인용하여 이와 유사한 일계체(日計屉)를 소개했다. 일계체는 한 달 예산의 출납 편의를 도모하는 용구로, 서유구가 직접 고안한 일종의 뒤주이다. 자세한 내용은 《섬용지》 권2〈불로 요리하는 도구〉"여러 저장 용기" '일계체(30칸짜리 쌀서랍)' 참조.

24 출전 확인 안 됨.

12 州;저본에는 없음. 오사카본에 근거하여 보충.

2. 절약

節省

1) 검소의 이로움과 사치의 해로움

검소하면 비용을 넉넉히 쓰고, 검소하면 적게 욕심내고, 검소하면 집안을 이룰 수 있고, 검소하면 자립할 수 있으며, 검소하면 자손에게 유산을 전해 줄 수 있다.

반면에 사치하면 비용을 다 조달하지 못하고, 사치하면 지나치게 욕심내고, 사치하면 자신을 망치고, 사치하면 집안을 파산시키고, 사치하면 자손을 이끌어줄 수 없다. 검소의 이로움과 사치의 해로움은 이와 같이 상반된다.《경서당잡지》[1]

奢儉利害

儉則足用, 儉則寡求, 儉則可以成家, 儉則可以立身, 儉則可以傳子孫.

奢則用不給, 奢則貪求, 奢則揢身, 奢則破家, 奢則不可以訓子孫, 利害相反如此.《經鉏堂雜誌》

2) 절약을 통해 길러지는 4가지

절약과 검소의 이익은 일부분에 그치지 않는다. 일반적으로 탐욕과 음란의 잘못은 사치에서 나오지 않는 것이 없다. 검소하면 탐욕스럽지도 음란하지도 않으니, 이로써 덕을 기를 수 있다.

사람이 받아들여 쓸 수 있는 양은 그 자체로 정해진 분량이 있기 때문에 아껴서 소박하게 사용하면 오래도록 이어지는 이치가 있으니, 이로써 수명

四養

節儉之益, 非止一端. 凡貪淫之過, 未有不生於奢侈者. 儉則不貪不淫, 是可以養德也.

人之受用, 自有劑量, 省嗇淡泊, 有久長之理, 是可以養壽也.

---

1 《經鉏堂雜志》〈歲計〉(《文淵閣四庫全書》880, 216쪽).

을 오래도록 기를 수 있다.

독한 술에 취하거나 고기를 배불리 먹으면 사람의 정신이 혼미해진다. 그러나 만약 거친 밥에 채소국을 먹으면 장과 위장이 깨끗하게 비워져 찌꺼기나 오물이 없으니, 이로써 정신을 기를 수 있다.

사치하면 함부로 구차하게 재화를 탐내느라 의지와 기개가 비루해지지만, 한결같이 검약하면 다른 사람에게 구함이 없고 자기에게도 부끄러움이 없으니, 이로써 기개를 기를 수 있다. 그러므로 노자(老子)는 절약을 보배 중의 하나라 여겼다.[2] 《학림옥로(鶴林玉露)[3]》[4]

醉醲飽鮮, 昏人神志, 若疏食菜羹, 則腸胃淸虛, 無滓無穢, 是可以養神也.

奢則妄取苟求, 志氣卑辱, 一從儉約, 則於人無求, 於己無愧, 是可以養氣也. 故老氏以爲一寶.《鶴林玉露》

검(儉)이라는 한 글자는 여러 오묘함이 드나드는 문이다. 다른 사람에게 구하는 것이 없고 자신에게 욕심을 줄이니, 덕을 기를 수 있다. 소박하면서도 뜻을 분명히 밝히고 마음을 맑게 비워 정신을 기르니, 의지를 기를 수 있다. 스스로 각고의 노력을 기울여 지출을 절약하고 구하는 것이 적으니, 염치를 기를 수 있다. 당장의 부족함을 참

儉之一字, 衆妙之門. 無求於人, 寡欲於己, 可以養德;淡泊明志, 淸虛毓神, 可以養志;刻苦自勵, 節用少求, 可以養廉;忍不足于前, 留有餘于後, 可以養福.《福壽全書》

2　그러므로……여겼다 : 노자는 겉치레와 무절제한 소비를 경계하고 절약과 검소한 생활을 할 것을 주장했다. 이러한 노자의 사상은 《도덕경(道德經)》 67장에 3가지 보배 중에 '검소하게 사는 것'을 하나로 꼽으며, '검소하기 때문에 널리 베풀 수 있다'고 이야기한 부분에 잘 드러나 있다. "나에게는 3가지 보배가 있으니, 이를 늘 지니고 지킨다. 첫째는 부드러움이고, 둘째는 아낌이고, 셋째는 함부로 세상일에 나서지 않음이다. 부드럽기 때문에 용감할 수 있고, 아끼기 때문에 널리 베풀 수 있으며, 세상일에 나서지 않기 때문에 온갖 그릇 중에 으뜸이 될 수 있다.(我有三寶, 持而保之:一曰慈, 二曰儉, 三曰不爲天下先. 慈故能勇, 儉故能廣, 不爲天下先, 故能成器長.)"

3　학림옥로(鶴林玉露) : 중국 송대의 문인 나대경(羅大經, ?~?)이 지은 책. 총 18권으로 구성되었으며, 1251년 간행되었다. 시화(詩話)·어록(語錄)·소설의 문체로, 문인(文人)·도학자(道學者)·선인(仙人)의 말과 주희(朱熹)·장재(張載) 등의 말을 인용했고, 구양수(歐陽修)·소식(蘇軾)의 글을 찬양했다.

4　《鶴林玉露》 卷11 〈人〉《鶴林玉露》, 122~123쪽).

고 훗날을 위해 잉여를 남기니, 복을 기를 수 있다.
《복수전서(福壽全書)5)》6

3) 지출을 절약할 때 사소한 것도 소홀히 하지 말라

節用毋忽少

온갖 일에 절약해서 하나의 일에서도 낭비가 없으면, 궁핍한 지경에 이르지 않는다. 반면 온갖 일에 절약하더라도 하나의 일에서 절약하지 못하면, 그 일 하나에서의 낭비는 온갖 일에서 절약하지 않은 것과 같다. 《원씨세범》7

百事節而無一事之費, 則不至於匱乏;百事節而一事不節, 則一事之費, 與百事不節同.《袁氏世範》

4) 절약과 검소는 수명을 연장한다

節儉延壽

《동파을첩(東坡乙帖)》에 다음과 같이 말했다. "내 나이 50에 비로소 일상생활의 핵심은 바로 '아낌[慳]'일 뿐이라는 사실을 알게 되었다. 이를 좋은 이름으로 표현하자면 '검소(儉素)'라 한다. 그러나 우리들이 이 검소함을 실천하면 속인들과 같지 않아서 참으로 담박하면서도 맛이 있다고 말할 수 있다.《시경(詩經)》에 '몸을 단속하고 신중히 하면 복 받을 일이 많지 않겠는가?8'라 했다. 육신(肉身)의 욕심이 어찌 다함이 있겠는가? 그러나 매번 절약과 검소를 더한다면 이 또한 복을 아끼고 수명을 연장하는 길이다.

《東坡乙帖》云 : "僕行年五十, 始知作活大要是'慳'耳, 而文以美名謂之儉素. 然吾儕爲之, 則不類俗人, 眞可謂淡而有味者.《詩》云:不戢不難, 受福不那.' 口體之欲, 何窮之有? 每加節儉, 亦是惜福延壽之道. 住京師, 宜用此策也." 余以爲山林人, 此策尤不可

---

5   복수전서(福壽全書):중국 송대의 진관(秦觀, 1049~1100)이 편찬한 책을 감응석(闞應析, ?~?)이 증보하여 엮은 책으로, 총 4권 4책으로 구성되어 있다. 고금의 기록을 편집하여 기록하고 불경의 명언을 간추려 넣기도 하였으며, 주로 권선징악(勸善懲惡)의 교훈을 줄 수 있는 내용을 담고 있다.

6   출전 확인 안 됨.

7   《袁氏世範》卷中〈處己〉.

8   몸을……않겠는가:《毛詩正義》卷14〈小雅〉"桑扈"《十三經注疏整理本》5, 1010쪽).

서울에 거처하는 사람은 마땅히 이 방책을 써야 한다." 나는 산림에 거처하는 사람도 이 방책을 소홀히 해서는 더욱 안 된다고 생각한다.《암서유사(巖栖幽事)9》10

少.《巖栖幽事》

인간의 삶에서 옷·음식·재물·녹봉은 모두 정해진 수(數)이다. 만약 검약하여 탐욕스럽지 않으면 수명을 연장할 수 있지만, 반면에 사치스러워 지나치게 구하다가 정해진 양이 바닥나면 끝장이다. 비유하자면 어떤 사람이 돈 1,000문을 가지고 있는데, 하루에 100문을 쓰면 10일을 버틸 수 있고, 하루에 50문을 쓰면 20일을 버틸 수 있다. 하지만 제멋대로 탐욕스럽게 사치를 부리다가 즉시 망하게 되면, 1,000문을 하루 만에 다 써버린 것이다.

人生衣食財祿, 皆是定數. 若儉約不貪, 則可延壽, 奢侈過求, 受盡則終. 譬人有錢千文, 日用百則可旬日, 日用五十, 可二旬日. 恣縱貪侈, 立見敗亡, 則一千一日用盡矣.

혹자가 "사람이 청렴하고 검소한데도 수명이 짧은 사람이 있고, 탐욕스럽게 사치스러운데도 수명이 긴 사람이 있는 것은 어째서입니까?"라 물었다. 이에 다음과 같이 대답하였다. "검소한데도 수명이 짧은 사람은 삶의 정해진 수(數)가 짧기 때문이다. 그런데도 만약 더욱 탐욕스럽게 사치했다면 수명은 그보다 더욱 짧아졌을 것이다. 사치했으나 수명이 긴 사람은 삶의 정해진 수가 길기 때문이다. 이런 사람이 만약 더 청렴하고 검소했다면 수명은 더욱 길어

或謂:"人有廉儉而促, 貪侈而長者, 何也?" 曰:"儉而命促者, 當生之數少也. 若更貪侈則愈促矣. 侈而壽長者, 當生之數多也. 若更廉儉, 則愈長矣."《昨非庵日纂》

---

9   암서유사(巖栖幽事) : 중국 명대의 문인 진계유(陳繼儒, 1556~1639)가 지은 수필집으로, 단권으로 구성되어 있다.
10 《巖棲幽事》(《叢書集成初編》687, 16쪽);《東坡全集》卷80 〈與李公擇二首〉.

졌을 것이다."《작비암일찬(昨非庵日纂)[11]》[12]

5) 옷과 음식의 완급 조절

옷을 마련할 때는 1년의 계획을 세우고, 음식을 먹을 때는 1일의 계획을 세운다. 1일이라도 음식을 거르면 반드시 굶주리게 되지만, 1년 동안의 옷을 마련하지 않으면 그래도 집에 있는 헌 옷에 의지할 수 있다. 내가 거친 음식을 먹어도 다른 사람들은 알 수 없지만, 옷은 겉모습을 꾸며주기 때문에 옷이 해지면 다른 사람들이 반드시 비웃는다. 그러므로 가난에 잘 대처하는 사람은 음식을 절약하여 옷을 잘 갖추는 반면에 가난에 잘 대처하지 못하는 사람은 옷을 저당 잡혀 음식을 사먹는다.《경서당잡지》[13]

論衣食緩急

衣以歲計, 食以日計. 一日闕食, 必至飢餒;一年闕衣, 尙可藉舊衣[1]在家者也. 食麤而毋人知, 衣飾外者也, 衣弊而人必笑. 故善處貧者, 節食以完衣;不善處貧者, 典衣而市食.《經鉏堂雜誌》

6) 잔치는 간소해야 한다

오늘날은 술과 음식을 많이 차리려고만 한다. 한 상을 차릴 때에 물과 육지에서 나는 온갖 음식을 마련하지만, 손님들의 입을 향해 들어가는 음식은 얼마 되지 않고, 쟁반과 접시에 수북이 쌓인 음식과 깊은 잔과 큰 바가지에 채워진 술과 음료는 다만 하인들의 배를 불리도록 채울 뿐이다. 지금 상황이 이와 같으니, 무슨 보탬이 있겠는가?

饌宜從簡

今日飲饌, 務尙豐腆. 一筵之設, 水陸畢具, 賓客向口蓋無幾, 堆盤累碟, 深杯大瓢, 秖以厭飫諸僕從而已, 今如此何益也?

---

11 작비암일찬(昨非庵日纂):중국 명대의 문인 정선(鄭瑄, 1436~?)이 백성들을 교화하기 위한 교훈적인 성격의 목민서로, 총 12권으로 구성되어 있다.

12 《昨非庵日纂》2集 卷9〈惜福〉(《續修四庫全書》1193, 334쪽).

13 《經鉏堂雜誌》〈衣食〉(《文淵閣四庫全書》880, 220쪽).

[1] 衣:《經鉏堂雜誌·衣食》에는 "食".

송나라 사마광(司馬光)[14]이 말했다.

"돌아가신 아버님이 군목판관(群牧判官)[15]으로 재직하실 때에 손님이 오면 술을 내어놓지 않았던 적이 없었다. 하지만 술을 3번 돌리거나 5번 돌렸고, 많아도 7번을 넘기지는 않으셨다. 술은 시장에서 샀고, 과일은 배·밤·대추·감이었고, 안주도 단지 포·젓갈·나물국이었으며, 그릇은 자기와 칠기만 사용하셨다. 당시의 사대부는 모두 그러했기 때문에 사람들은 음식이 변변치 않다고 서로 비난하지 않았고, 모임이 잦아도 예는 힘써서 실행했으며, 음식은 소박해도 정은 넘쳤다.

그러나 요즘 사대부 가문에서는 그 집에서 빚는 법을 따라 빚은 술이 아니거나, 먼 지방의 진귀한 과일이 아니거나, 여러 종류의 음식을 갖추지 않았거나, 밥상에 그릇이 가득 채워지지 않으면 감히 모임을 가질 생각조차 하지 않는다. 사정이 이와 같아 모임에 앞서 며칠 동안 음식을 마련한 뒤에야 감히 초대 서신을 돌릴 수 있다. 만약 그렇게 하지 않으면 사람들이 다투어 비난하면서 그들을 인색하다고 생각하기 때문에 풍속에 따라 사치를 부리지 않는 자가 드물다. 풍속이 이와 같이 무너졌는데도, 벼슬을 차지하고 있는 사람들이 차마 좋지 않은 풍속을 조

宋 司馬公言：“其先公爲群牧判官時, 客至未嘗不置酒, 或三行, 或五行, 不過七行. 酒沽市, 果止梨、栗、棗、柿, 殽止脯、醢、菜羹, 器用瓷、漆. 當時士大夫皆然, 人不相非也. 會數而禮勤, 物薄而情厚.

近日士大夫家酒非內法, 果非遠方珍異, 食非多品, 器皿非滿案, 不敢作會. 嘗數日營聚, 然後敢發書. 苟或不然, 人爭非之以爲鄙吝, 故不隨俗奢靡者鮮矣. 風俗頹弊如是, 居位者忍助之乎？”

---

14 사마광(司馬光) : 1019~1086. 중국 북송의 정치가이자 역사학자. 자는 군실(君實), 호는 우부(迂夫)·우수(迂叟)이다. 속수선생(涑水先生)이라고도 하며, 죽은 뒤에는 온국공(溫國公)에 봉해졌으므로, 사마온공(司馬溫公)이라고도 한다.《자치통감(資治通鑑)》을 완성했고, 철종(哲宗, 1076~1100)이 즉위한 뒤 재상이 되자 왕안석(王安石, 1021~1086)의 신법(新法)을 구법(舊法)으로 대체하며 정치력을 크게 발휘했다. 저술로는《자치통감》외에《속수기문(涑水紀聞)》·《사마문정공집(司馬文正公集)》등이 있다.

15 군목판관(群牧判官) : 송나라의 관직제도로, 지방관의 속관(屬官)이다. 주로 말을 사육하고 번식시키는 일의 행정을 관장했다.

장하면 되겠는가?"[16]

사마광이 낙양에 있을 때 문언박(文彦博)[17]·범순인(范純仁)[18]과 서로 약속하여 진솔회(眞率會)[19]를 만들었는데, 현미밥 한 그릇에 술을 몇 잔 돌리며 서로 교유하기를 하루라도 그치지 않았다.

문언박의 시에,

"콩죽 남김없이 달게 먹는 안자(顔子)의 누추함,

먹을 반찬 없어도 부끄럽지 않았던 유랑(庾郞)[20]의

가난함이여"라 읊었다.

그러자 범순인이 화답하여,

"벗들의 모임 잦아 간소해야 하니,

차린 음식 소략해도 가난 부끄럽지 않네."라 했다.

이에 사마광이 다음과 같이 화답했다.

"집안 형편에 맞춰 알아서 즐기면 되니,

차린 음식 더욱 보잘 것 없어도 누가 가난 비웃으리?"

公之在洛也, 文潞公、范忠宣公相約爲眞率會, 脫粟一飯, 酒數行, 過從不間②一日.

潞公有詩, 云:

"啜菽盡甘顔子陋,

食鮮不愧庾郞③貧."

范和之, 云:

"盍簪旣屢宜從簡,

爲具雖疏不愧貧."

公和之, 云:

"隨家所有自可樂,

爲具更微誰笑貧?"

---

16 돌아가신……되겠는가:《傳家集》卷67〈訓儉示康〉.
17 문언박(文彦博): 1006~1097. 중국 북송의 정치가. 자는 관부(寬夫)이다. 탕구트족이 세운 서하(西夏)에 송나라의 일부 영토를 할양하여 변방지역의 안정을 도모하는 데 힘썼으며, 왕측(王則, ?~1048)의 난을 평정했다. 철종 즉위 후 정계의 원로로서 활동하며, 오랜 기간 재상의 지위에 있었다. 사후에 노국공(潞國公)에 봉해졌다.
18 범순인(范純仁): 1027~1101. 중국 북송의 정치가. 소주(蘇州) 오현(吳縣) 사람. 자는 요부(堯夫)이고, 시호는 충선(忠宣)으로, 범중엄(范仲淹)의 둘째 아들이다. 인종(仁宗) 황우(皇祐) 원년(1049) 진사가 되었다. 아버지가 죽은 뒤 출사(出仕)하여 양성지현(襄城知縣)이 되었다. 이후 시어사(侍御史)와 동지간원(同知諫院)을 지냈다. 왕안석(王安石) 변법(變法)의 부당성에 대해 격렬하게 비판하다가 하중부지주(河中府知州)로 쫓겨났다. 저서에《범충선문집(范忠宣文集)》이 있다.
19 진솔회(眞率會): 송나라 사마광(司馬光)이 벼슬을 그만두고 낙양에 머물면서 문언박(文彦博), 범순인(范純仁) 등과 함께 만든 모임. 술과 음식을 간소하게 차리고, 주인은 술을 적극 권하지 않으며, 손님은 술을 사양하지 않는다는 등의 규약이 있었다.
20 유랑(庾郞): 중국 남제(南齊)의 유고지(庾杲之, 441~491)를 말한다. 유고지는 매우 검소하고 청렴하여 부추를 재료로 한 3가지 나물(부추김치·삶은 부추·생부추)만 먹고 살았다고 한다. 출처는《南齊書》卷34이다.
② 不間: 저본에는 "一聞".《宋名臣言行錄·范純仁 忠宣公》,《閑情錄·崇儉》에 근거하여 수정.
③ 庾郞: 저본에는 "范子".《宋名臣言行錄·范純仁 忠宣公》,《閑情錄·崇儉》에 근거하여 수정.

이러한 일화에서 보이는 여러 선생들이 급히 폐단을 바로잡고 검소한 풍속을 일으키려는 뜻에 대해 요즘 사람들은 어찌 조금도 생각하지 못하는가? 이 일은 주어진 복을 아껴 분수에 맞게 처신하고 재물을 기르는 일이다.[21]

諸公極救弊興儉之見, 今人盍少思? 此事惜福養財.

우리가 관직생활을 한 뒤로 벗들과 교유할 때에 간소하려 했지만, 이 조차도 실제로는 지나치게 사치스러워 음식을 잔뜩 먹은 뒤에는 아무런 뒷맛도 없었다. 곧 잔치를 한 차례 벌인 뒤로는 음식 그릇과 고기만 쌓여가고 다투어 많은 음식을 장만하여 서로 뽐내기만 했다. 나의 과거도 잘못된 풍속을 따랐다는 비난을 면할 수가 없겠다. 그러나 음식을 다 먹고 잔치에서 집으로 돌아갈 때마다 소식(蘇軾)의

吾輩立身, 交與從簡, 是爲實際過侈, 索無餘味. 卽宴紒一節邇來, 層簋築肉, 爭以多品相矜, 尙余向亦未免徇俗. 然每于饌畢宴歸, 益覺<u>坡翁</u>三養之說, 意旨深永.

---

21 오늘날은……일이다: 서유구는 이 기사의 출처를 규명하지 못하여 책명을 기록하는 난을 3칸 비워두었다. 대신 오사카본《예규지》에는 이 기사 끝에 "《설부(說郛)》를 보고 책명을 다시 살펴보라(見《說郛》, 更考書名)."는 두주(頭註)가 첨부되어 있다. 원나라 때의 저술인《설부》에 인용된 내용이라면, 이 기사는 그 이전의 저술에서 왔을 수 있다. 하지만《설부》는 명말(明末) 천계(天啓)~숭정(崇禎) 연간(1621~1644)에 명대총서(明代叢書)의 판본을 이용해서 1,364종의 서적을 수록한《중교설부(重較說郛)》(120권)라는《설부》의 확장판이 출판되었다.《설부》라고 하면, 이상의 2종의 총서를 가리키는 경우가 많다.《문연각사고전서(文淵閣四庫全書)》의《설부》에는 이 내용이 확인되지 않는다.

중국 명나라의 문학가이자 정치가인 유원경(劉元卿, 1544~1609)의《현혁편(賢奕編)》에는 윗 문단의 내용 중에 문언박·범순인·사마광의 시를 인용한 부분을 제외한 나머지 부분이 수록되어 있다. 내용이 거의 비슷하기 때문에 이 기사의 출처를《현혁편》으로 추정할 수도 있지만, 중간에 인용된 3인의 시구가 빠져 있다. 인용된 시문의 출전은《고금사문유취(古今事文類聚)》續集 卷14〈不及赴依韻和呈〉으로 보인다. 사마광의 시 "불급부의운화정(不及赴依韻和呈)"에 문언박과 범순인이 화운한 7언율시 가운데, 각각의 함련(頷聯)을 넣고 다시 사마광이 문언박에게 화운하여 지은 "화로공진솔회시(和潞公眞率會詩)"의 함련을 인용했는데, 3인의 시구 중에 이 문단의 주제인 연회의 간소함과 가장 밀접하게 관련된 시구만을 골라서 첨부한 것으로 보인다. 허균(許筠, 1569~1618)이 지은《한정록(閑情錄)》卷7〈崇儉〉에는 인용된 시문을 포함한 이 문단의 내용 전체가 실려 있고, 그 출전을《자경편(自警編)》으로 밝혀놓았다. 하지만 중국 송대(宋代)의 조선료(趙善璙, ?~?)가 편찬한《자경편》(국립중앙도서관, 승계古1251-1)에는 확인되지 않는다. 이밖에도 내용의 일부분을《송명신언행록(宋名臣言行錄)》(文淵閣四庫全書)에서 확인할 수 있다.

'삼양(三養)[22]'에 담긴 의미가 깊다는 사실을 더욱 깨닫게 되었다.

우선 세상에 통용되는 법도의 내용과 비교해보면 '3가지 옳지 않은 일[三不宜]'과 '3가지 옳은 일[三宜]'이 있으니, 무엇을 따라야 하겠는가? 대개 많은 음식을 장만하려면 반드시 많은 동물들을 죽여야 하니, 이것이 첫 번째로 옳지 않은 일이다. 많은 음식을 장만하려면 반드시 음식을 만드는 데에 덤벙대서 음식에 젓가락이 가지 않게 되니, 이것이 두 번째로 옳지 않은 일이다. 많은 음식을 장만하려면 반드시 많은 재물을 낭비하니 손님들이 계속 찾아오게 하기 어려워서, 때로는 다른 핑계를 대어 사양해야 하니, 이것이 세 번째로 옳지 않은 일이다.

그러나 만약 장만하는 음식을 줄이면 재료가 쉽게 충족되어 모든 식재료를 갖출 필요는 없기 때문에 생명을 아끼는 마음을 상하지 않으니, 첫 번째로는 '마음에 옳은 일[心術宜]'이다. 장만하는 음식을 줄이면 몇 가지의 안주는 부추를 부치고 아욱국을 끓여 쉽게 마련할 수 있으므로, 모든 음식에 정성이 들어가 맛있게 되니, 두 번째로는 '입과 몸에 옳은 일[口體宜]'이다. 장만하는 음식을 줄이면 손실된 재물을 쉽게 메울 수 있고, 멀리서 방문한 손님을 그때그때 집에 머물게 할 수 있으며, 얼굴을 자주

姑就世法中較之, 有三不宜、三宜, 宜何從焉? 蓋多品必多戕殺, 不宜一;多品必多鹵率, 致無下箸, 不宜二;多品必多費, 難繼客至, 或以他辭相謝, 不宜三.

使就減則物品易足, 不至求備, 無傷好生, 一於心術宜;就減則數餚易辦煎韭烹葵, 咸可精美, 二于口體宜;就減則財費易給, 遠訪者隨時可以相留, 頻顧者量力可以常款, 三于交誼宜. <u>王道焜《饌客約》</u>

---

22 삼양(三養):분수를 지켜 복(福)을 기르고, 음식을 절제하여 기(氣)를 기르고, 낭비를 줄여 재물[財]을 기르는 것(安分以養福, 寬胃以養氣, 省費以養財)을 말한다. 《東坡全集》卷1〈志林〉 "修養"에 나온다.

보는 사람들은 형편에 따라 항상 대접할 수 있으니,
세 번째로는 '사교에 옳은 일[交誼宜]'이다. 왕도곤(王
道焜)23 《찬객약(饌客約)24》25

7) 식시삼사(食時三思, 밥 먹을 때 생각하는 3가지)

황정견(黃庭堅)26이 지은 '식시오관(食時五觀)27'은 그
말이 매우 깊고 간절하니, 부끄러움을 아는 사람이
라 할 만하다. 내가 예전에 어떤 절에 들어갔다가 승
려가 계율을 지키는 모습을 보았는데, 그는 밥을 먹
을 때마다 먼저 맨밥을 3술씩 씹어 먹었다. 첫째 술
에는 밥의 올바른 맛을 알았다. 사람들이 밥을 먹을
때 대부분 다섯 가지 맛이 들어간 반찬과 함께 먹기
때문에 밥의 제맛을 아는 사람이 없다. 만약 맨밥을
씹어 먹는다면 본래부터 그 자체로 밥은 달고 맛있

食時三思

魯直作"食時五觀", 其言深
切, 可謂知慚愧者矣. 余嘗
入一佛寺, 見僧持戒者, 每
食先淡喫三口. 第一, 以知
飯之正味. 人食多以五味
雜之, 未有知正味者. 若淡
喫食, 則本自甘美, 初④不
假外味也. 第二, 思衣食
之從來. 第三, 思農夫之

---

23 왕도곤(王道焜) : ?~?. 중국 명나라 말기의 관리. 절강성(浙江省) 항주(杭州) 출신으로, 자는 소평(昭平)이
   다. 명 천계(天啟) 연간(1621~1627) 원년(1621)에 진사에 급제했고 숭정(崇禎) 연간(1628~1644)에 남평지
   현(南平知縣)으로 부임하여 공명정대하고 한결같은 마음으로 백성들을 다스렸다.
24 찬객약(饌客約) : 중국 명나라 말기에 호남만사(湖南漫士, ?~?)가 편찬한 《수변임하오십구종(水邊林下
   五十九種)》의 자목(子目) 40에 실려 있다고 하는데, 확인되지 않는다.
25 출전 확인 안 됨.
26 황정견(黃庭堅) : 1045~1105. 중국 북송대의 관리이자 시인, 서법가. 홍주(洪州) 분녕(分寧) 사람으로,
   자는 노직(魯直)이고, 호는 산곡도인(山谷道人)·부옹(涪翁)·예장황선생(豫章黃先生)이다. 강서시파(江
   西詩派)의 개창자인 두보(杜甫, 712~770)와 그를 따르는 진사도(陳師道, 1053~1102)·진여의(陳與義,
   1090~1139) 등과 더불어 '일조삼종(一祖三宗)'이라 불린다. 또 장뢰(張耒, 1054~1114), 조보지(晁補之,
   1053~1110), 진관(秦觀, 1049~1100)과 함께 소식의 문하에서 학문을 배워 '소문사학사(蘇門四學士)'라고
   도 불린다. 저서로는 《산곡집(山谷集)》·《산곡정화록(山谷精華錄)》·《산곡금취외편(山谷琴趣外篇)》등이
   있다.
27 식시오관(食時五觀) : 황정견의 문집에 있는 글로, 사대부가 밥을 먹을 때 생각해야 하는 5가지를 말한다.
   첫째, 밥이 될 때까지의 공력을 생각하고, 그것이 어디에서 왔는지를 헤아린다. 둘째, 자신의 덕행을 살펴
   보아 온전한지 부족한지에 따라 밥을 먹을 자격이 있는지를 생각한다. 셋째, 지나친 욕심을 멀리하여 식탐
   을 으뜸으로 삼는 마음을 억제할 것을 생각한다. 넷째, 좋은 약(즉 밥) 먹기를 바르게 하여 병을 치료한다
   고 생각한다. 다섯째, 도(道)의 수행을 해야 하기 때문에 음식을 받는다고 생각한다.(一, 計功多少, 量彼來
   處. 二, 忖己德行, 全缺應供. 三, 防心離過, 貪嗔癡過爲宗. 四, 正事良藥, 爲療形苦. 五, 爲成道業, 故受此
   食.)《山谷外集》卷9〈雜文〉"士大夫食時五觀".
④ 初 : 저본에는 "物".《經鉏堂雜誌·食時五觀》에 근거하여 수정.

어서 애초에 외부의 다른 맛을 빌리지 않을 것이다. 둘째 술에는 옷과 음식이 어디에서 왔는지를 생각했다. 셋째 술에는 농부의 근심과 고생을 생각했다.

이와 같은 점은 황정견의 '식시오관' 속에 이미 그 뜻이 갖추어져 있다. 식사할 때마다 이 방법을 쓰면 매우 간단하고 쉽다. 게다가 먼저 맨밥 3술을 먹으면 밥이 벌써 절반은 없어질 것이다. 나중에 먹는 밥에 비록 국이나 채소가 없더라도 그런대로 식사를 잘 마칠 수 있을 것이니, 이것이 가난에 대처하는 방법이다. 《경서당잡지》[28]

8) 밥은 절약해야 한다

사람은 배불리 먹는 식사가 습관이 되면 장과 위장이 크게 늘어나고 옆으로 벌어져서 비록 어린아이라도 밥 한 되를 먹을 수 있게 된다. 그렇게 되면 미곡은 한정되어 있으니, 어찌 일에 보탬이 안 되는 식구에게 많이 먹게 할 수가 있겠는가? 한 집안에서 어린이·젊은이·노인·허약자는 각자 먹는 밥의 분량을 적절하게 조절해서 정해야 하니, 조금이라도 정량을 지나쳐서는 안 된다. 아침저녁으로 혹시라도 남은 밥이 있을 때는 반드시 거두어 깨끗한 곳에 보관해두었다가 어린아이나 허약자 또는 노비들의 식량으로 충당한다. 《증보산림경제》[29]

愁苦.

若此則"五觀"中已備其義. 每食用此法, 極爲簡易. 且先喫三口, 白飯已過半矣. 後所食者, 雖無羹疏, 亦自可[5]了, 處貧之道也.《經鉏堂雜誌》

飯宜節約

人以飽食爲習, 則腸胃大絡橫開, 雖小兒能喫一升飯. 米穀有限, 何可多供無益之口乎? 一家少、長、老、弱, 飯米宜各節省酌定, 不可少有踰溢. 朝夕或有餘飯, 必令收置淨處, 以充兒弱、奴婢之食.《增補山林經濟》

---

28 《經鉏堂雜誌》〈食時五觀〉(《文淵閣四庫全書》880, 218쪽).
29 《增補山林經濟》卷11〈家政〉上〈治財用〉(《農書》4, 299~300쪽).
[5] 自可 : 저본에는 "可自". 오사카본·《經鉏堂雜誌·食時五觀》에 근거하여 수정.

9) 동시에 두 종류의 고기를 먹지 말라

의복도 여러 번 빨아 쓸 수 있고, 그릇도 깨진 부분을 메워 쓸 수 있다. 그러나 맛좋은 반찬은 돈과 재물을 많이 들이더라도 한 번 입과 목구멍을 지나치면 곧 뱃속에 버려지는 물건이 되어버리니, 이는 참으로 계속하기는 어려운 방법이다.

날마다 먹는 반찬을 구성하는 법에는 일정한 방식이 있어야 하니, 나물·장·젓갈·식초는 아침저녁에 항상 올려야 하는 반찬이다. 아무 일이 없을 때는 닭과 돼지를 함께 잡지 않으니, 옛 사람들은 동시에 두 종류의 고기를 먹지 않았다. 여기서의 고기는 대개 도살한 고기를 가리킨다. 설령 집안에 비축해 둔 고기가 있더라도 고기 자체만을 너무 배불리 먹어서는 안 된다. 《증보산림경제》[30]

食勿重肉

衣服猶可屢澣, 器皿猶可補破, 至於美饌, 多費錢財, 一過口咽, 便成棄物, 實爲難繼之道.

日用饌道要有恒式, 以蔬、醬、醢、酢爲朝夕常饌. 無故不殺鷄豚, 古人食不重肉, 蓋指宰殺之肉也. 縱令家有宿儲, 亦不宜飽喫純肉也.《增補山林經濟》

10) 오곡을 공경하고 아껴라

오곡은 천지의 보배이자, 사람의 목숨이다. 이 때문에 명철한 성군(聖君)은 반드시 오곡을 귀하게 여기고 금옥(金玉)을 천하게 여겼다. 진실로 사람은 하루에 2번 밥을 먹지 않으면 굶주린다. 오곡을 얻으면 살고, 얻지 못하면 죽는다. 이는 금옥처럼 굶주려도 먹을 수가 없고, 추워도 입을 수 없는 것이 아니다. 만일 "금을 지니고 있으면 곡식을 얻을 수 있다."고 말한다면, 이들은 흉년에 초목을 반찬 삼고, 진흙을 먹는 사람을 보지 못했단 말인가? 환난

敬惜五穀

五穀者, 天地之寶, 生人之命也. 是以明哲聖主必貴五穀而賤金玉. 誠以生人, 一日不再食則飢. 得此則生, 不得則死, 非若金玉, 飢不可食, 寒不可衣也. 如謂"挾金, 可以得穀", 不見夫凶荒之歲有餐草木食泥土者乎? 不見夫患難之鄕

---

30 《增補山林經濟》卷11〈家政〉上"治財用"(《農書》4, 300쪽).

(患難)을 겪는 마을에 자식을 바꾸어 먹고, 뼈를 쪼개어 불을 때 요리하는 일을 보지 못했단 말인가?

총괄하자면 농부의 집에 곡식 낟알이 어지럽게 흩어져 있으면 그 뒤에는 반드시 흉년이 들고, 배불리 먹고 따뜻하게 불을 때는 집에서 오곡을 버리면 그 뒤에는 반드시 굶주리게 된다. 대개 천지의 귀신은 백성들의 생명을 귀중한 보배로 여기니, 사람들은 마땅히 이 뜻을 소중히 체득해서 항상 오곡을 아끼는 마음을 간직해야 한다. 밭을 일구는 사람은 풍년이 들었다고 해서 밥을 여기저기 낭비하지 않고, 곡식을 많이 쌓아두었다고 해서 밥을 함부로 버리지 않는다. 공경하는 마음으로 곡식을 먹으면 죽을 때까지 따뜻하게 불을 때고 배불리 먹어서 굶주림과 추위를 겪는 재앙에 이르지는 않을 것이다. 《인사통》[31]

有易子食析骸爨者乎?

總之農夫之家, 狼藉粒米, 其後必有凶年;飽煖之家, 抛棄五穀, 其後必至飢餒. 蓋天地鬼神重珍民命也, 人當敬體此意, 常存愛惜之心. 耕者不以樂歲而狼戾食者, 不以多藏而抛棄. 庶幾敬食得食, 終身溫飽, 不致飢寒之厄矣.《人事通》

오곡은 토덕(土德)[32]의 정화(精華)이다. 사람들은 오곡에 의지하여 생명을 기른다. 이 때문에 천자(天子)가 직접 농사짓고, 성인(聖人)이 곡식을 귀중하게 여겼던 것은 모두 백성이 곡식을 먹도록 하기 위한 계책일 뿐이었다.

그럼에도 만약 곡식을 흩뿌리고 버리거나, 밭에 흩뿌리고 거두지 않거나, 창고에서 곡식이 불그스름하게 썩어가도 가리지 않거나, 곡식을 재난 중에

五穀爲土德之精華, 人賴以養生者也. 是以天子親耕、聖人重粟, 凡爲生民粒食計耳.

乃若散之棄之, 或在田抛散而不收, 或在倉紅朽而不問, 或投之水火之中, 或

---

31 출전 확인 안 됨.
32 토덕(土德):오행(五行)을 덕목(德目)에 대입하여 구분한 것으로, 땅의 기운이 인간에게 베푸는 상서로운 덕을 말한다.

방치하거나, 발길이 가는 곳에 내버려두거나, 정미한 쌀만 먹고 현미는 버리거나, 곡식이 너무 많다고 나머지를 버리거나, 국과 밥이 이미 완성되었는데도 잊어버려 먹지 않거나, 이삭이 아직 거둘 때가 되지 않았는데도 먼저 베어버리거나, 사람이 먹을 밥을 짐승에게 먹이거나, 사람이 먹을 콩이나 보리를 먹여 가축을 기른다면, 이는 모두 하늘이 내려주신 곡식을 심하게 낭비하는 짓이다.

이와 같은 일을 저지르는 사람들이 어찌 기근의 반복과 거지들의 애처로운 구걸이 곧 이런 상황에서 왔음을 알 수 있겠는가? 아, 두려워할 만한 일이다! 《인사통》[33]

委之踐踏之下, 或食其精而遺其粗, 或因其多而棄其餘, 或羹飯已成而忘廢, 或苗稼未穫而先芟, 或以飯食飼禽, 或以菽麥養畜, 皆是暴殄天物之甚者.

豈知饑荒之展轉、乞丐之哀號, 卽從此中得來? 吁, 可畏矣! 同上.

---

33 출전 확인 안 됨.

3. 경계할 일

1) 가난하게 하는 5가지와 부귀하게 하는 5가지

집에는 5허가 있어서 사람을 가난하게 하고, 5실이 있어서 사람을 부귀하게 한다. 집은 크지만 사람이 적은 것이 제1 허이고, 집의 문이 크지만 내부가 작은 것이 제2 허이고, 담장으로 둘러싸인 마당이 갖추어지지 않은 것이 제3 허이고, 우물과 부엌의 위치가 적당하지 않은 것이 제4 허이고, 택지가 많은데도 가옥이 적고 정원이 넓은 것이 제5 허이다.

집은 작지만 사람이 많은 것이 제1 실이고, 집이 크지만 문이 작은 것이 제2 실이고, 담장이 완전한 것이 제3 실이고, 집은 작지만 가축이 많은 것이 제4 실이고, 집의 배수로가 동남쪽으로 흐르는 것이 제5 실이다. 《황제택경(黃帝宅經)1》2

五虛、五實

宅有五虛令人貧耗, 五實令人富貴. 宅大人少, 一虛 ; 宅門大內小, 二虛 ; 墻院不完, 三虛 ; 井竈不處, 四虛 ; 宅地多, 屋少庭院廣, 五虛.

宅小人多, 一實 ; 宅大門小, 二實 ; 墻院完1全, 三實 ; 宅小六畜多, 四2實 ; 宅水溝東南流, 五實. 《黃帝宅經》

---

1 황제택경(黃帝宅經) : 건축 풍수에 관한 가장 오래된 풍수 고전. 위진남북조와 당나라에 걸쳐 저술된 것으로 추정된다. 태극(太極), 음양, 오행, 삼재(三才), 사상(四象) 등에 근거하여 건축과 관련한 여러 가지 금기 사항을 열거하고 있다.
2 《黃帝宅經》卷上.
1 完 : 저본에 없음. 오사카본·규장각본·《黃帝宅經》에 근거하여 보충.
2 四 : 저본에는 "田". 오사카본·규장각본·《黃帝宅經》에 근거하여 수정.

2) 집안의 도적 10가지

강상(姜尙)[3]이 말했다. "집에는 열 가지의 도적이 있으니 몰라서는 안 된다. 계획이 상세하지 않은 것이 제1 도적이고, 농사에 때를 놓치는 것이 제2 도적이고, 아내를 맞이했는데 아내가 무능한 것이 제3 도적이고, 딸을 너무 많이 기르는 것이 제4 도적이고, 일을 제쳐두고 술에 취하는 것이 제5 도적이고, 의복에 너무 사치한 것이 제6 도적이고, 재물을 보관하는 데 삼가지 않는 것이 제7 도적이고, 우물과 부엌이 불편한 것이 제8 도적이고, 이자를 이용해 이익을 좇는 것이 제9 도적이고, 일없이 불을 때는 것이 제10 도적이다."[4] 《증보산림경제》[5]

3) 빚냄을 경계하라

일반적으로 스스럼없이 빚을 내는 사람은 반드시 나중에 여윳돈이 생길 때 갚을 수 있다고 말한다. 그런데 오늘 돈 한 푼 없게 될 줄도 몰랐으면서 나중에 어떻게 해서 돈이 생기겠는가? 비유컨대 100리의 길을 2일로 나누어 가면 2일 동안 갈 수 있는데, 만약 오늘 가야할 길을 내일 몰아서 가게 한다면 비록 애쓴다고 하더라도 목적지에 이를 수 없는 일과 같

十盜

姜太公曰:"家有十盜, 不可不知. 計之不熟, 一盜也;收[3]種不時, 二盜也;娶妻無能, 三盜也;養女太多, 四盜也;棄事醉酒, 五盜也;衣服過侈, 六盜也;封藏不謹, 七盜也;井竈不便, 八盜也;擧息就利, 九盜也;無事燃火, 十盜也."
《增補山林經濟》

戒擧債

凡人之敢於擧債者, 必謂他日之寬餘, 可以償也. 不知今日之無, 他日何爲而有? 譬如百里之路, 分爲兩日行, 則兩日可辦, 若以今日之路使明日併行, 雖勞亦不可至. 無遠識之人, 求目

---

3   강상(姜尙):?~?. 중국 주(周)나라 초기의 정치가이자 공신. 성은 강(姜), 이름은 상(尙) 또는 망(望), 자는 자아(子牙), 단호아(單呼牙), 호는 비웅(飛熊). 문왕(文王)의 초빙을 받아 그의 스승이 되었고, 무왕(武王)을 도와 은나라를 멸망시켜 천하를 평정하였으며 제(齊)나라 시조가 되었다. 전설에 따르면 주나라 문왕 희창(姬昌)이 강자아를 얻은 뒤 이는 선조 태공께서 간절히 바라던 인물이라 하여 태공망 또는 강태공이라 불렀다고 한다.

4   집에는……도적이다 :《太平御覽》卷485〈人事部〉"貧下".

5   《增補山林經濟》卷11〈家政〉上 "治財用"(《農書》4, 290쪽).

[3] 收 : 저본에는 "牧".《太平御覽·人事部·貧下》에 근거하여 수정.

다. 먼 미래를 내다보는 식견이 없는 사람이 눈앞의 여윳돈을 구하느라 미래의 빚을 쌓아 놓는다면 집안을 파산시키지 않는 경우가 없다.《원씨세범》[6]

일반적으로 집안이 파산할 때는 먼저 나랏돈을 빌려 쓰거나 이자를 주고 사채를 빌려 쓰는 데서 비롯된다. 이자가 붙어나 2배가 되는 상황이 되면, 나랏돈에는 옥살이나 매질 같은 다급한 일이 생기고, 사채에는 소송이나 모욕을 당하는 고통이 생기므로, 비록 그 사업을 보존하고자 해도 할 수가 없을 것이다. 경계하고 경계하라!《증보산림경제》[7]

장난삼아 1문(文)의 돈을 가지고 날마다 배로 늘려 30일 동안 쌓으면 그 돈의 증식이 거의 계산할 수 없는 지경에 이른다. 지금 100금을 가지고 10여 년간 이자를 받는다면 그 이자가 장차 또한 얼마나 많아지겠는가? 그러므로 이잣돈 쓰기 좋아하는 사람치고 그 집이 망하지 않는 경우가 드물다.《증보산림경제》[8]

4) 국세 몫의 돈을 덜어 지출하는 일을 경계하라

일반적으로 생산이 있으면 반드시 세금이 있으니, 먼저 세금 납부할 비용은 남겨두고 나머지를 나누어 일용할 생활비로 지급해야 한다. 생활비로 들

前寬餘而那積在後者，無
不破家也.《袁氏世範》

凡人家破敗，先自借用官
錢及子貸私債而始．當其
利殖滿倍，官有囚笞之急，
私有訟辱之苦，雖欲保其
產業，不可得矣．戒之戒
之!《增補山林經濟》

戲將一文錢，逐日倍之，積
至三十日，則其殖殆至不可
計．今以百金取殖十餘年，
則其殖之多，將復如何？
故好用子錢者，其家鮮不
敗亡．同上

戒侵支國稅

凡有産必有稅賦，須是先
留輸納之費，却將餘剩分
給日用，所入或薄，只得省

6　《袁氏世範》卷下〈治家〉.
7　《增補山林經濟》卷11〈家政〉上 "治財用"（《農書》4, 291쪽）.
8　《增補山林經濟》卷11〈家政〉上 "治財用"（《農書》4, 296쪽）.

어오는 수입이 혹시 적다면 다만 소비를 줄일 수 있을 뿐 세금 낼 돈을 덜어 지출해서는 안 된다. 세금을 낼 시기에 임박해서 관에서 세금을 독촉하면 빚을 내어 이자를 충당하는 일을 면치 못하여 집안의 재산이 없어지게 된다. 《원씨세범》[9]

납세에 비록 기한이 있더라도 일찍 납부해야 안전하다. 만약 묘미(苗米)[10]를 납부할 때 맑은 날 일찍 납부하지 않았다가 혹시라도 연일 비를 만나면 어떻게 하겠는가? 그러나 주(州)나 현(縣)의 관청은 백성들의 사정을 헤아리지 않는 경우가 많다. 가을 곡식[11]을 납부하는 경우, 처음에는 또한 잘 마르고 둥근 곡식을 요구하며 양도 많아진다. 나중에는 비를 만나 습기가 차서 질이 낮아지고 양이 줄면 가격을 낮게 매겨 생 명주나 비단으로 세금을 내게 한다. 처음에는 반드시 무겁고 두텁고 실한 물건을 원하지만, 나중에 납부된 물건의 수가 적으면 가격을 낮게 매겨 생 명주나 비단으로 세금을 내게 한다.

그래서 사람들은 납부한 비단의 전후와 경중을 비교하고 살펴서, 먼저 운송하여 납부하기를 좋아하지 않다가 현도(縣道)[12]에게 추궁을 받는다. 오직 시

用, 不可侵支. 臨時官中追索, 未免擧債充息, 以致耗家. 《袁氏世範》

納稅雖有省限, 須早納爲安. 如納苗米, 若不趁晴早納, 或値雨連日, 將如之何? 然州縣多有不體量民力. 如納米④, 初時又要乾圓⑤加量, 後且濕惡減量, 又折爲低價. 如納稅絹物帛, 初時必欲重厚實者, 後來見納數少, 則放行折納.

人戶攬子較量前後輕重, 不肯攬⑥先送納, 致被縣道追擾. 惟鄉曲賢者, 自求

---

9 《袁氏世範》卷下〈治家〉.
10 묘미(苗米) : 조운(漕運)할 때 내는 곡식.
11 가을 곡식 : 원문의 "米"를 옮긴 것으로, 《원씨세범》에 "米" 앞에 "秋"가 있어 이를 반영했다.
12 현도(縣道) : 미상.
④ 米 : 저본에는 "采". 오사카본·규장각본·《袁氏世範·治家》에 근거하여 수정.
⑤ 圓 : 저본에는 "白". 《袁氏世範·治家》에 근거하여 수정.
⑥ 攬 : 《袁氏世範》에는 "搶".

골의 현명한 사람만이 일을 줄이기를 스스로 바라기에 아주 작은 이득 때문에 결국 세금 납부 기한까지 어기지 않도록 한다. 《원씨세범》[13]

省事, 不以毫末之較遂愆期也. 同上

5) 쓸데없는 곳의 재산 낭비를 경계하라

재산을 모으는 방법은 1에서 10에 이르고 10에서 100에 이르지 않는 경우가 없으니, 이는 비록 1,000이나 10,000에 이르더라도 모두 마찬가지다. 그러므로 1문(文)의 돈이나 1알의 쌀처럼 적더라도 쓸데없는 곳에 헛되이 낭비해서는 안 된다. 《증보산림경제》[14]

戒抛財無用

聚財之道, 莫不自一至十, 自十至百, 雖至千, 萬皆然. 故微如一文錢、一粒米, 不可虛抛無用之地. 《增補山林經濟》

6) 집안을 망하게 하는 여러 조짐들

재산을 탕진하는 길은 본래 한 가지가 아니니, 재산을 사용할 때에 직면하면 매번 충분히 아껴서 알맞게 사용하도록 마음을 먹어야 한다. 그렇지 않으면 유한한 재물로 어찌 무궁한 비용을 감당하겠는가?

기생을 가까이하는 일이 많고, 날마다 잔치를 열고 즐기며, 도박을 하며 고기 안주에 음주를 일삼기, 이와 같은 일에 빠지면 모두 가장 빨리 패가망신으로 가는 길이다. 그 다음은 고급 가죽옷을 입고 살진 말을 타며, 토목공사 일으키기를 좋아하고, 관청과 체결하여 쟁송이 끊이지 않거나, 바다에 제방

破家諸兆

耗財固非一道, 而臨用財之時, 每以十分撙節爲心. 不然, 以有限之物, 何以應無窮之費乎?

最是多狎娼妓、日事宴樂、賭博酒肉, 若流此皆速敗之道也. 其次輕裘肥馬, 好興土木之役, 及締結官府, 爭訟不已, 或多築海堰, 起耕無期, 頻告決破, 此皆破

---

13 《袁氏世範》卷下〈治家〉.
14 《增補山林經濟》卷11〈家政〉上 "治財用"《農書》4, 290쪽).

을 많이 축조하고서 정해진 기한도 없이 땅을 일구다가 제방이 터졌다고 자주 신고하기, 이 모든 일이 집안을 망하게 하는 조짐이다.

가난한 사람을 구제하고 손님을 접대하는 일에 이르러서는 다만 재력을 잘 살펴서 과하게 지출하지 않도록 해야 한다. 혼인과 상례 및 장례와 제사 같은 의례들도 검약하기를 힘쓰고 가산의 유무를 살펴 함부로 마음이 움직여서는 안 된다. 남의 말에 휩쓸려 겉치레를 하고 분수에 넘치게 사치를 부리면 자연히 빨리 파산하게 된다. 《증보산림경제》[15]

재산을 감소시키는 길은 본래 한 가지가 아니다. 기생을 끼고 음악을 즐기며 밤낮으로 술 마시고 배부르게 먹는 일이 첫 번째다. 몰래 간악한 무리와 결탁하고 부정한 통로로 뇌물을 바쳐서 100배의 이익을 얻고자 하는 일이 두 번째다. 형편을 생각하지 않고 제방 쌓기를 좋아하는 일이 세 번째다. 간혹 화가 조금 나게 했다는 이유로 힘없는 백성에게 사적으로 매질을 했다가, 비록 다른 병으로 그 백성이 죽게 되더라도 억울하게 살인죄로 옥사를 치러서 기약 없이 자신의 일자리에서 벗어나는 일이 네 번째다. 배로 장사를 하다가 실패하는 일이 다섯 번째다. 유부녀와 몰래 간통하고 들통이 나서 소송에 휘말려 옥사를 치르는 일이 여섯 번째다. 이러한 일들을 미루어 좋은 길을 선택한다면 재산을 감소시키

家之兆也.

至於周窮接賓, 只可量力, 毋令踰濫. 嫁娶、喪葬、祭祀之節, 亦務從儉約, 稱家有無, 不可動心. 浮議過作, 分外侈靡, 自速破敗也.《增補山林經濟》

損財固非一道. 挾妓張樂, 日夜醉飽, 一也；陰結姦宄, 邪徑納賂, 求得百倍之利, 二也；不識形便 好築堤堰, 三也；或因小忿私笞殘民, 雖以他病致斃, 誣成殺獄, 出場無期, 四也；船販値敗, 五也；潛奸有夫之女, 發露訟獄, 六也. 推類以求, 大宜懲遏. 同上

---

15 《增補山林經濟》卷11〈家政〉上 "治財用"《農書》4, 292~293쪽).

는 나쁜 행동을 징계하고 막는 데 아주 적당할 것이다.《증보산림경제》[16]

7) 집을 짓다 재산이 파탄나는 일을 경계하라

집 짓는 일은 인가의 극히 어려운 일 중에서도 가장 어려운 일이다. 나이가 지긋하고 세상일을 훤히 꿰고 있는 사람도 집 짓는 한 가지 일에서는 오히려 모두 살피지 못하는 경우가 많다. 더욱이 세상일에 경험이 적은 경우, 이로 인해 집안을 파산시키지 않는 사람이 거의 없다.

대개 집을 지을 때는 반드시 먼저 건축업자와 상의하는데, 건축업자는 오히려 주인이 건축 비용을 꺼려하여 집을 안 지을까 걱정하니, 반드시 집의 규모를 줄이고 비용을 절제하여 말한다. 이 말을 들은 주인이 자신의 재력이 감당할 만하다고 생각하여 군은 마음으로 건축을 시작하면, 건축업자는 점점 그 규모를 증가시키다가 그 비용의 몇 배에 이르게 되었는데도 집은 아직 반도 완성되지 않았다. 주인은 일의 형세 상 중단할 수 없으면 빚을 얻고 가산을 팔게 되며, 건축업자는 이제 한창 신이 나서 집을 짓고 끊임없이 건축업자의 돈은 더욱 늘어난다.

나는 항상 사람들에게 집을 지을 때는 10 몇 년 동안 계획을 세워 기초부터 차근차근 지으라고 권하는데, 그러면 집이 완공되고 나서도 집안의 재산은 전과 같을 것이다. 그 과정은 대개 먼저 집터를

戒營造破費

起造屋宇, 最人家至難之事. 年齒高大, 世事諳曉, 於起造一事, 猶多不悉. 況未更事, 其不因此破家者幾希.

蓋造屋之時, 必先與匠者謀, 匠者猶恐主人憚費而不爲, 則必小其規模, 節其費用. 主人以爲力可辦, 銳意爲之, 匠者則漸增廣其規模, 至數倍其費, 而屋猶未及半. 主人勢不可中輟, 則擧債售産, 匠者方喜興作之, 未艾工鐲益增.

余常勸人起屋宇, 須十數年經營以漸爲之, 則屋成而家富自若. 蓋先定基址, 或平高就下, 或增卑爲高,

---

16 《增補山林經濟》卷11〈家政〉上 "治財用"(《農書》4, 299쪽).

정한다. 만약 터가 높은 곳은 평평하게 하여 낮춰주고 낮은 곳은 돋워서 높여주며, 담을 쌓고 연못을 파는 등의 공사를 해마다 차근차근 하여 십여 년 이후에 완성되도록 계획한다.

다음에는 규모의 크기를 논의한다. 필요한 재목은 반드시 그 숫자를 기록하여 차례대로 조금씩 사들이면서 충분히 비축하는데 십여 년 동안 완전히 비축되도록 계획한다. 그 다음은 기와와 돌의 양을 의논하는데, 모두 미리 차근차근 마련해둔다. 비록 인부를 고용할 비용이라도 갑자기 마련하지 않는다. 그러므로 집이 완공되고 나서도 집안의 재산은 전과 같을 것이다. 《원씨세범》[17]

8) 애완용품 구입을 경계하라

소식(蘇軾)이 〈포종맹(蒲宗孟)[18]에게 드리는 편지〉에서 말했다.

"조카 천승(千乘)이 여러 번 나에게 말하기를 '큰 외숙께서는 전혀 생계를 도모하지 않으시면서 서화와 기이한 물건을 많이 구입하시고 늘 전당을 잡혀 그 돈을 마련하십니다.'라 했습니다. 제가 지금 관직에서 물러난 뒤에도 결코 담박한 음식은 먹을 수 없고 거친 옷도 입을 수 없으며, 문을 걸어 닫고 찾아오는 손님을 외면할 수도 없습니다. 또 가난한 친지

或築墻穿池, 逐年漸爲之, 期以十餘年而後成.

次議規模之大小. 材木之若干, 必籍其數, 逐旋收買備足, 期以十餘年而畢備. 次議瓦石之多少, 皆豫以漸而儲之. 雖工雇之費, 亦不取辦於倉卒. 故屋成而家富自若也.《袁氏世範》

戒買玩好

東坡《與蒲傳正書》云："千乘姪屢言'大舅全不作活計, 多買書畫、奇物, 常典錢'. 今退居之後, 決不能食淡衣[7]䴭, 杜門絕客. 貧親知相干, 決不能不應副. 此數事, 豈可無備? 不可但言我有好兒子, 不消與營産業也. 書畫奇物, 老坡近年

---

17 《袁氏世範》卷下〈治家〉.

18 포종맹(蒲宗孟):1022~1088. 중국 북송 때의 관료이자 학자. 왕안석(王安石)의 신법(新法)을 통한 개혁을 적극 지지하였다.

[7] 衣:저본에는 "味".《東坡集·與蒲傳正書》에 근거하여 수정.

분들이 필요한 게 있는데 결코 돕지 않을 수도 없습니다. 이 몇 가지 일을 어찌 아무 준비 없이 할 수 있겠습니까? 단지 제가 좋아하는 물건이 있다고 해서 다른 산업을 운영하는 데 재물을 소비하지 않겠다고 말해서는 안 되겠습니다. 서화와 기이한 물건은 제가 근래에 보니 똥거름과 같을 뿐입니다."[19]

이 말이 나의 가슴 깊은 곳에 박혔는데, 이른바 '진실을 말하는 자이며, 거짓말하지 않는 자이다'[20] 라는 말이다. 이 글을 써서 벽 사이에 붙이고 산속에서 사는 데 필요한 첫 번째 경계로 삼았다. 《암서유사》[21]

視之, 不啻如糞土也."

此言中余膏肓, 所謂"眞實語者, 不誑語者". 書而榜之壁間, 爲山居第一戒. 《巖棲幽事》

9) 인색함을 경계하라

집안을 운영하는 데 가장 피해야 할 일이 사치임은 사람들이 모두 알고 있다. 그런데 가장 피해야 할 또 다른 일이 인색함이란 사실은 사람들이 대부분 모르고 있다. 인색함의 끝에는 반드시 사치하는 아들이 생긴다. 궁핍한 사람을 구제하는 데는 제 몸의 털 하나도 뽑지 않으면서, 함부로 돈을 쓰는 일에는 한 번에 천 금을 던진다. 그러니 오직 검소하게 옷을 차려입고, 여러 사람에게 은혜를 베풀어야 달관의 도라 할 수 있다. 《작비암일찬》[22]

戒鄙嗇

治家最忌者奢, 人皆知之; 最忌者鄙嗇, 人多不知也. 鄙嗇之極必生奢男. 濟窮乏, 一毛不抜;供浪耗一擲千金. 唯儉以提躬, 澤以及衆, 方爲達觀之道. 《昨非菴日纂》

---

19 조카……뿐입니다: 《東坡全集》 卷81 〈與蒲傳正〉.
20 진실을……자이다: 《金剛經》 第14 〈離相寂滅分〉 에 "수보리야, 여래는 참되게 말하는 자이며, 사실대로 말하는 자이며, 있는 그대로 말하는 자이며, 거짓말하지 않는 자이며, 다른 말을 하지 않는 자이다(須菩提, 如來是眞語者, 實語者, 如語者, 不誑語者, 不異語者)."라는 구절이 있다.
21 《巖棲幽事》 《叢書集成初編》 687, 15쪽).
22 《昨非庵日纂》 2集 卷8 〈靜觀〉 《續修四庫全書》 1193, 317~318쪽).

10) 화재를 경계하는 여러 방법

초가집은 항상 화재를 예방해야 하고, 큰 바람이 불 때는 항상 화재를 예방해야 하며, 기름이 들어 있는 물건을 쌓아 놓거나 석회를 쌓아 놓은 곳에도 항상 화재를 예방해야 한다. 이런 종류는 매우 많으니 꼭 자세히 살펴야 한다. 《원씨세범》[23]

농가의 누에 치는 잠실은 낮고 좁아서 누에섶[24]에 따뜻하게 불을 때줄 때 화재를 예방하지 않을 수 없다. 농가에서 거름을 쌓아두는 곳은 대부분 초가집이다. 간혹 거름 사이에 불 꺼진 재를 던져 넣는데, 그 안에 남아 있는 깜부기불이 꺼지지 않아서 불로 커질 수 있는 화재를 반드시 예방해야 한다. 《원씨세범》[25]

가업이 망하지 않게 하려는 사람은 반드시 먼저 화재를 예방해야 한다. 그 재앙은 도적에게 입는 피해보다 참혹하다. 실수로 불을 내는 원인은 한 가지가 아니어서, 대체로 집안 도처에서 쉽게 일어난다.

예를 들어 제사나 잔치로 사람들이 모일 때, 부뚜막 위에서는 음식을 조리하는 연기가 끊이지 않고, 또 여러 가지 일로 매우 바빠서 쉽게 불을 떨어뜨리게 된다. 부뚜막 앞에 땔감이 있거나, 불 묻은

戒火雜法

茅屋須常防火, 大風須常防火, 積油物積石灰須常防火. 此類甚多, 切宜仔細.《袁氏世範》

蠶家屋宇低隘, 於炎蔟之際, 不可不防火. 農家儲積糞壤, 多爲茅屋. 或投死灰於其間, 須防內有餘燼未滅, 能致火燭. 同上

欲令家業不敗者, 必先防火災. 其禍慘於盜賊. 失火非一道, 大抵易起於家間.

祭祀及宴集之時, 竈上煙火不斷, 又人事怱忙, 易致遺火. 或竈前有薪, 或埋火不深, 或夜行遺火, 連燒

---

23 《袁氏世範》卷下〈治家〉.
24 누에섶:누에가 올라 고치를 짓게 하려고 차려 주는 물건. 수지 섶, 판지 섶, 새끼 섶, 나무 섶, 발 섶 따위가 있다.
25 《袁氏世範》卷下〈治家〉.

것이 깊지 않거나, 밤길에 불을 떨어뜨려 종이나 땔감을 잇달아 태우거나, 뜨거운 재를 내다버릴 때 재에 남은 깜부기불이 있어 잿간을 잇달아 태우거나, 아궁이에 불을 때다가 쥐구멍을 통해 불이 나거나, 소주항아리에 불이 나거나, 기름종이에 불이 나는 등, 이와 같은 종류는 모두 열거할 수 없다.

집안의 가장은 매일 화재를 경계하여 타이르는 데 전념해야 하며, 바람이 부는 날은 반드시 불씨를 완전히 끄도록 시켜야 한다. 밤이 되면 직접 하나하나 단속하고, 비록 바로 근처에 우물과 연못이 있더라도 마땅히 저녁에 여러 그릇에 물을 가득 채우도록 해서 뜻하지 않은 사고에 대비해야 한다.《증보산림경제》[26]

紙薪, 或出棄熟灰, 灰有餘燼, 連燒灰屋, 或爇埃鼠穴, 或燒酒甕生火, 或油紙生火, 若此類不可殫擧.

家長須日事戒飭, 有風之日必令盡滅火種. 入夜親自照檢, 雖有便近井池, 當夕必令汲滿諸器以備不虞.《增補山林經濟》

물과 불은 무정하니, 집안을 관리하는 사람은 불을 쓸 때 제일 조심해야 한다. 만약 큰 바람이 부는 날이나 혹은 오랫동안 가뭄이 지속되는 시기가 되면 더욱 주의해서 신중하게 화재를 예방해야 한다.

부뚜막의 아궁이 아래쪽은 항상 깨끗하게 청소해야지 쭉 늘어져 있는 검불이 남아 있어서는 안 된다. 또한 땔감 더미를 부뚜막 가까이 쌓아두어서는 안 되고, 아궁이에서 좀 먼 곳에 떨어뜨려서 불똥이 떨어지는 일을 예방해야 한다. 매일 사용하는 땔감은 분량을 헤아려 가져오되 차라리 적을지언정 많으면 안 된다. 다만 노비가 게으르면 땔감을 부뚜막

水火無情, 治家者第一要小心火燭. 若遇大風之日, 或久旱之時, 更須加意謹防.

竈門地下, 須要時常掃淨, 不可餘留雜艸牽連. 更不可將柴艸堆近竈積, 須離火門遠些以防遺火. 每日燒柴, 量取多小, 寧小莫多. 但奴婢懶惰, 須要緊着竈下, 不可著.

26 《增補山林經濟》卷11〈家政〉上 "防火災"(《農書》4, 302~303쪽).

가까이에 두려고 하니, 이곳에 땔감을 붙여 놓지 못
하게 해야 한다.

어린아이들이 불을 때는 경우, 나이가 어려서 불
장난하기를 좋아할 뿐 화재의 피해를 모르기 때문
에 불행한 일을 불러오는 경우가 많다. 그러므로
13~14세 되는 아이들이 불을 땔 때도 수시로 더욱
세심하게 살펴보아야 한다. 늙고 쇠약한 사람에게도
불을 맡길 수 없으니, 수시로 졸거나 정신이 흐리멍
덩해서 큰일을 아주 그르칠까 두렵기 때문이다.

각각의 침실에서 겨울에는 불을 담는 홍롱(烘
籠)[27]을 침상 곁에 놓고 여름에는 장막 안에서 모깃
불을 피울 때, 등잔불을 키우거나, 옷을 말리거나,
화로에 남은 숯이 있거나, 종이를 말아 담배를 피울
때, 매사에 조심하고 항상 신중하게 화재를 예방해
야 한다. 만약 즐거운 일이나 경사 등의 여러 일로
바쁘다면 더욱 주의해야 한다. 《인사통》[28]

땔감은 반드시 별도로 보관하되 빈 창고에 땔감
만을 쌓아두어야 한다. 땔감을 꺼낼 때는 열고 그
밖에는 문을 닫고 잠근다. 만약 여분의 창고가 없어
서 다른 물건과 섞어 쌓아 놓지 않을 수 없는 경우
사람들이 모이면 등불을 금지하기 어려우니, 이럴
때는 땔감을 쌓아두지 않고 안전한 편이 차라리 더

小孩子燒火, 因年幼好頑,
不知禍害, 多致愓事. 卽
十三、四歲, 亦須時加照
看. 至於衰老龍鍾之人, 亦
不可以倚托, 恐耽睡沈昏,
最愓大事.

各臥房冬天牀上烘籠, 夏
月帳內燒蚊, 息燈燭, 烘
衣裳, 火爐餘炭, 吃煙紙
捲, 事事小心, 時時謹防.
若有喜慶諸事恩忙, 更要留
意.《人事通》

柴草須另留, 空屋專堆. 取
時則開, 餘時鎖閉. 若無
餘屋, 未免堆雜, 人叢則
燈火難禁, 不如不積爲安.
同上

---

27 홍롱(烘籠): 작은 화로가 들어 있는 통발 모양의 대나무 기구로 화롱(火籠)·홍람(烘籃)이라고도 한다. 홍
　롱 위에 옷 또는 이불을 걸쳐 말리거나 이동식 난로로 사용하기도 한다.
28 출전 확인 안 됨; 《居家必知》〈小心火燭〉.

낫다. 《인사통》[29]

일반적으로 목탄·밀기울·겨·톱밥·초석[30]·유황[31]·화약 및 폭죽 같은 종류는 모두 사람이 없는 외진 곳에 보관하여 큰일을 그르치지 않게 한다. 어린아이는 불의 위험을 잘 모르기 때문에 위와 같은 물질을 더욱 가까이 못하게 하라. 《인사통》[32]

凡有木炭、麩糠、木屑、硝、黃、火藥以及炮竹之類, 俱收藏無人僻處, 免悮大事. 小兒無知, 尤令莫近. 同上

부엌에는 큰 항아리 2개를 놓고 각각 물을 가득 저장한다. 조릿대로 엮어 만든 뚜껑으로 덮어 놓으면 거미오줌이나 벌레의 침에 있는 독을 면하는 데 좋다. 이 항아리의 물을 썼다면 저 항아리 물은 남겨두어 화재를 예방한다. 《인사통》[33]

廚中安大缸二隻, 各貯滿水. 用箬蓋蓋, 好以免蛛尿、蟲涎之毒. 用此存彼, 以防火患. 同上

겨울에 추울 때 이불을 데우는 데 대하여 내가 '사람이 한 번 침대로 올라가면, 불은 즉시 침대 아래에서 난다.'라는 2구를 지었으니, 반드시 신중하게 기억해야 한다. 화롱(火籠)은 침대 아래가 아니라 빈 곳에 안전하게 놓아야 한다. 천 조각이 흩어져 들어갔다가 침대의 이불까지 탈 염려가 있기 때문이다.

冬寒時烘被, 予有二句, 曰 "人一上牀, 火卽下牀", 切須謹記. 須要將火籠安放空處. 恐有衣物撒入延燒之患. 或將大磚一塊, 壓息火炭, 次日又可巴火, 此最妙之法.

---

29 출전 확인 안 됨; 《居家必知》〈柴屋〉.

30 초석: 감람석과 같은 결정구조를 가지는 사방정계에 속하는 광물. 유리광택이 있으며, 투명하다. 물에 쉽게 녹고 쓴맛을 가지며, 목탄 위에서는 튀면서 탄다. 주로 동물의 시체나 배설물 등에 박테리아가 작용하여 생긴다. 또한, 건조지대의 지표에서 석출되거나 비온 후의 햇볕에 의해 지표의 토양과 섞여 만들어진다.

31 유황: 비금속원소의 하나. 점화하면 청색의 불꽃이 생기며, 화약과 성냥의 원료, 약용·농약·펄프 제조 등에 쓰인다.

32 《傳家寶》卷9〈人事通〉 "引火之物堆僻處", 305쪽.

33 《傳家寶》卷9〈人事通〉 "水缸", 306쪽. 이와 유사한 내용이 《임원경제지 섬용지》1, 풍석문화재단, 2016, 316쪽에 나온다.

혹 큰 벽돌 1장으로 타고 있는 숯을 눌러 끄면 다음
날 또 불을 살릴 수 있으니, 이것이 가장 좋은 방법
이다.

　노인과 어린이의 경우 따뜻한 곳을 아주 좋아해
서 불과 떨어지려 하지 않는데, 처음 생각은 잠시만
불을 조금 쬐려는 데 불과하지만 어찌 갑자기 잠에
빠져들 줄 생각이나 하겠는가? 이러한 경우 매번 큰
일을 그르치니, 반드시 금해야 한다. 《인사통》[34]

至於老人、小孩, 貪煖不肯
離火, 始意不過略烘一時,
豈料忽然昏睡? 每悞大事,
切須禁忌. 同上

　겨울철에 노인은 추위를 두려워하여 밤늦도록
화롱에 이불을 데우는데, 원래 불에서 생기는 독이
있을 뿐만 아니라 또한 화재가 일어나서 일을 그르
칠까 염려된다. 오직 주석으로 만든 탕호(湯壺)[35]에
매일 저녁 뜨거운 물을 가득 담아 두터운 베로 꼭
싸서 이불 안에 안전하게 넣으면 안심하고 따뜻하게
할 수 있다. 어린아이나 환자 모두 이것을 사용해야
한다. 가난한 집의 경우 벽돌 1장을 따끈하게 달구
고 베로 싸서 이불 안을 따뜻하게 데우면 또한 화롱
보다 효과가 아주 좋을 것이다. 《인사통》[36]

冬天老人怕冷, 夜晚火籠
烘被, 旣有火毒, 又恐悞
事. 惟錫製湯壺, 每晚用
熱水滿貯, 厚布包緊, 安放
被內, 可以放心溫煖. 小
孩、病人俱當用此. 或貧家
用磚一塊燒煖, 布包溫被,
亦勝火籠多矣. 同上

　추운 겨울철에 노비와 하인들은 늘 화롱을 몰래
숨겨 두고 밤늦도록 이불 데우기를 좋아한다. 그러
다가 자기도 모르는 사이에 한 번 깊이 잠이 들면 깨

冬寒之月, 奴婢、下人每好
偸藏火籠, 烘被過夜, 殊不
知一時沈睡不醒, 火起尚

---

34 《傳家寶》卷9〈人事通〉“冬寒烘被”, 306쪽.
35 탕호(湯壺):뜨거운 물을 넣고 이불 안에 놓아 두어 따뜻하게 하는 둥글고 납작한 통으로, 도기·자기·주
　석·구리 등으로 만든다.
36 《傳家寶》卷9〈人事通〉“湯壺”, 306쪽.

지 못하는데, 불길이 일어나도 오히려 알아차리지 못하니 이야말로 가장 큰 해가 된다. 항상 절실하게 타이르고 엄하게 경계시켜야 하며, 매일 저녁 더욱 세심하게 확인해야 한다.

다만 노비의 옷과 이불은 두꺼운 솜을 주어 따뜻하게 해주어야 한다. 만약 자신의 담비털모자·가죽옷·빨갛게 달아오른 화로·따뜻한 방만 챙길 줄 알고, 하인이 추위에 떠는 일은 전혀 돌보지 않으면서 오직 하인들이 불 쬐는 일만 허락하지 않는다면, 많은 사람을 따르게 할 수 없을 뿐만 아니라 한 집안 모든 사람들 중에서 자신이 먼저 양심을 잃게 될 것이다. 《인사통》[37]

밤늦게 횃불을 켰다가 비록 불이 꺼졌어도 나무 칸막이나 나무벽에 기대어 놓아서는 안 된다. 빠른 바람이 한 번 불어왔다가 다시 불면 불이 붙을 염려가 있으므로, 빈터에 안전하게 놓아두어야 온당하다. 《인사통》[38]

화롱에 옷가지를 말릴 때 화롱 사방으로 옷을 너무 가까이 두어서는 안 된다. 그러면 옷이나 띠가 늘어지거나 떨어져도 해가 되지 않는다. 《인사통》[39]

겨울철에 홍롱 위의 철망 덮개는 절대로 소홀

不知覺, 最爲大害. 常時須要諄切嚴戒, 每晚須要細加查看.

但奴婢衣被, 須與厚綿溫煖. 若只知自己貂帽、皮祆、紅爐、煖閣, 全不顧下人受凍受冷, 惟令其不許烘火, 不但不能服衆, 具在一家之中, 自己先喪良心矣. 同上

夜晚點火把, 雖熄亦不可依靠門格、板柱. 恐遇緊風一吹, 復吹火著, 須安放空地爲穩. 同上

火籠烘衣物, 須要四不占依, 卽衣帶垂墜, 亦不成害. 同上

冬天烘籠上鐵絲蓋, 斷不

---

37 출전 확인 안 됨;《居家必知》〈奴婢衣被厚綿〉.
38 출전 확인 안 됨;《居家必知》〈熄火把〉.
39 출전 확인 안 됨.

히 해서는 안 된다. 덮개를 설치하면 옷가지가 떨어지거나 천 조각이 흩어져 옷에 불이 번지는 해가 없는 데다가 또한 찻주전자를 데우거나 질그릇 벼루를 따뜻하게 할 수 있는 이점이 있기 때문이다. 《인사통》40

차 화로나 술 화로 곁에는 일반적으로 숯 바구니나 왕겨 따위를 두는데, 모두 화로에서 멀리 떨어뜨려야 한다. 불에 부채질할 때 불똥이 사방으로 날아가 떨어져서 큰일을 그르치게 될까 염려되기 때문이다. 《인사통》41

인가에서 한 번 희수(喜壽, 77세)·장례식·제사·명절·잔치 등의 여러 일이 생기면 부뚜막 위에서는 음식을 조리하는 연기가 끊이지 않고, 또 아울러 여러 가지 일로 매우 바빠서 노비가 지치고 피곤해진다. 이럴 때 가장은 부엌 안이나 부뚜막 아래 구석구석을 더욱 주의해서 세심하게 살펴보아야 한다. 《인사통》42

옛사람들이 화재를 예방하는 노래 8구를 지었는데, 내가 추가하여 다음과 같이 20구로 만들었다.

"불나면 무자비하니 그 기세 당할 수 없어,

可少. 旣無衣物墜撒延火之害, 又有煖茶壺炙瓦研之益. 同上

茶爐、酒爐之傍, 凡有炭籃、糠麩之類, 俱要離遠. 恐搧火時, 火星四處飛墜, 致悞大事. 同上

人家一遇喜壽、喪祭、時節、宴會諸事, 竈上煙火不斷, 又兼人事恩忙, 奴婢疲倦. 爲家長者, 廚中竈下各處, 須要加意照看. 同上

昔人有防火歌八句. 予添成二十句, 曰:

"火起無情勢莫當,

---

40 출전 확인 안 됨.
41 출전 확인 안 됨.
42 출전 확인 안 됨.

시시각각으로 방비해야 하지.

땔나무는 부뚜막 근처에 조금만 쌓아두고,

저녁 무렵 주방에는 물항아리에 물이 가득.

노인과 어린이 불 때어 음식할 때는 잘 살펴봐야

하고,

졸리거나 술에 취했으면 등불을 꺼두어야지.

옷이나 이불 불 쬐어 말릴 때는 항상 살펴봐야

하며,

광주리에 재 가득하면 큰 불상사 생기네.

화약상점 주변은 정말 무섭고,

기름수레 있는 집 근처는 놀랄 일 생기네.

담뱃불 떨어지면 밟아 꺼야 하고,

자른 촛불심지 보이지 않는 곳에 튀어서는 안 되네.

등불 걸 때는 갈대발을 엮어 세운 벽을 멀리해야

하고,

불나면 가난한 초가집에 불똥 떨어질까 걱정되네.

길가 잡초 활활 태우기를 금하니,

수많은 벌레 생명 무참히 사라지게 하기 때문

이지.

바람 불고 건조한 계절에는 더욱 조심해야 하니,

時時刻刻要提⑧防.

柴薪竈下少堆積,

暮⑨夜廚房滿水缸.

老稚燒鍋須仔細,

睡眠酒醉熄燈光.

烘衣烘被常看守,

籮桶盛灰大不祥.

火炮店隣眞利害,

油車屋近有驚惶.

吃煙落燼須踏滅,

剪燭餘煤莫隱藏.

挂燈要遠蘆笆壁,

起火恐落窮草房.

街上穢草休焚烈,

許多蟲蟻命慘亡.

天時風燥尤當慎,

---

⑧ 提: 저본에는 "隄".《人事通·防火歌》에 근거하여 수정.

⑨ 暮: 저본에는 "莫". 오사카본·《人事通·防火歌》에 근거하여 수정.

세밑 마무리에는 꼭 여러 가지 일로 바쁘기 때문
이네.

사람이 일마다 천리에 맞게 대처하면,

신령이 자연스레 재앙 내리진 않으리."《인사통》[43]

歲暮終須百事忙.

爲人事事存天理,

神靈自不降災殃."同上

주방 근처에는 큰 항아리 2개를 놓고 물을 항상
가득 채워두어야 한다. 이쪽 항아리의 물을 사용
하면 저쪽 항아리의 물은 남겨두는 식으로 계속 순
환되게 유지해서, 밤늦게 발생할지도 모르는 화재
를 대비한다. 부뚜막 아래의 땔감은 1묶음을 완전
히 때고 나서 다시 1묶음을 가져오게 해야지 나태
한 하인들에게 일을 맡겨 부뚜막 아래 땔감을 가
득 쌓아놓도록 해서는 안 된다. 불똥이 튀었다가 땔
감에 번지면 큰 피해를 초래할까 염려되기 때문이
다. 예전 사람은 "아궁이는 작게 하고, 물항아리는
크게 하라."고 하였고, 또 말하기를 "물항아리는 가
득 채워야 하고, 아궁이는 비워두어야 한다."라 하
였으니, 이것이 집안을 관리하는 중요한 법도이다.
《지세사》[44]

廚傍要設大缸二口, 水常
滿貯. 用此存彼, 循環不
已, 以防夜晚火患. 竈下
柴草, 燒完一束再取一束,
不可任聽奴僕懶惰, 堆滿
竈下, 恐遺火延燒, 致成
大害. 前人云"窮竈門, 富
水缸", 又云"水缸要滿, 竈
門要空", 乃治家之要法也.
《知世事》

11) 불 끄는 여러 방법

불이 날 때 먼저 불길 가까이에 있는 집을 허물
어 불의 기세를 차단시키면 계속해서 불길이 번지는
근심이 저절로 없어지는데, 이것이 제일 좋은 방법

救火雜法

火起之時, 先將近火房屋
拉倒, 令火勢空斷, 自無延
燒之患, 此第一妙法. 卽火

---

43 《傳家寶》卷9〈人事通〉"防火歌", 305쪽.
44 《傳家寶》卷4〈知世事〉, 145쪽.

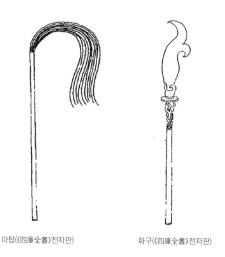

마탑(《四庫全書》전자판)   화구(《四庫全書》전자판)

이다. 불이 집 위로 번지는 경우 급히 마탑(麻搭)⁴⁵과 화구(火鉤)⁴⁶로 불이 붙은 대들보와 기둥을 넘어뜨려 불이 높이 치솟지 못하게 하면 쉽게 불이 꺼진다. 《인사통》⁴⁷

到屋上, 急用麻搭、火鉤拉倒有火梁柱, 令火不高出, 則易爲息滅.《人事通》

12) 도둑을 경비하는 여러 방법

집 주변에는 반드시 길을 두어서 왕래할 수 있도록 해야 하고, 야간에는 사람을 보내서 십여 번 순찰하게 한다. 성곽에 살아서 심한 빈틈은 없더라도 협장(夾墻)⁴⁸을 쌓아서 순찰하는 사람으로 하여금 그 사이를 왕래하게 해야 한다. 집 안쪽은 집안의 젊은 이와 노비가 번갈아서 순찰한다.《원씨세범》⁴⁹

警盜雜法

屋之周圍須令有路, 可以往來, 夜間遣人十數遍巡之. 居於城郭, 無甚隙地, 亦爲夾墻, 使邏者往來其間. 若屋之內則子弟、奴婢更迭巡警.《袁氏世範》

---

45 마탑(麻搭):긴 장대에 마끈을 달아 불을 끌 수 있도록 만든 도구.

46 화구(火鉤):긴 장대에 쇠갈고리를 달아 불을 끌 수 있도록 만든 도구.

47 《傳家寶》卷9〈人事通〉"救火歌", 305쪽.

48 협장(夾墻):건물 가까이에 설치된 담장.

49 출전 확인 안 됨.

강도 가운데 한밤에 횃불을 들고 칼날을 드러내 놓고 대문을 밀치고 인가로 들어오는 자가 있는데, 이런 자는 더욱 예방해야 한다. 이를 방지하기 위해서는 여러 곳에서 길목으로 사람을 왕래하게 하여 그들이 귀와 눈이 되도록 해야 하는데, 혹 평소와 다른 일이 생기면 먼저 알 수 있다. 또 드나들기 편한 뒷문을 미리 설치해 놓았다가 갑작스런 변고를 만나면 노인과 어린이와 아녀자를 뒷문으로 달아나게 한다.

또한 집안의 젊은이와 하인은 평소에 항상 방범용 장비를 준비해서 도적을 방어하는 방책으로 삼는다. 도적이 상대할 만하면 상대하고, 상대할 만하지 않으면 피한다. 이때 절대로 도적이 우리 편 사람을 인질로 잡도록 해서는 안 되니, 그렇게 되면 이웃사람과 도적 잡는 사람이 도둑을 잡기 위해 함부로 앞으로 다가갈 수 없기 때문이다. 《원씨세범》[50]

밤중에 도둑이 든 것을 알게 되면 곧바로 '도둑이야!' 하고 외쳐야 한다. 그런 후에 천천히 일어나서 도둑을 쫓으면 도둑은 반드시 달아날 것이다. 어둠을 틈타서 도둑을 공격하면 안 되는데, 도둑이 칼로 나를 다급히 상하게 할 수도 있고 잘못하여 내가 우리 집안의 사람을 공격할까 걱정되기 때문이다. 만약 등불을 든 상태에서 도둑을 발견했으면 공격을 오히려 감행할 만하다. 만약 이미 도둑을 잡아서 포박한 상태라면 당연히 법에 따라야지 지나치게 구

劫盜有中夜炬火露刃排門而入人家者, 此尤不可不防. 須於諸處, 往來路口, 委人爲耳目, 或有異常可以先知. 仍豫置便門, 遇有警急, 老幼、婦女從便門走避.

又須子弟、僮僕, 平時常備器械, 爲禦賊之計. 可敵則敵, 不可敵則避. 切不可令盜得我人爲質, 則隣保及捕盜之人不敢前. 同上

夜間覺有盜, 便須直言有盜. 徐起逐之, 盜必且竄. 不可乘暗擊之, 恐盜之急以刃傷我, 及誤擊自家之人. 若持燭見盜, 擊之猶庶幾. 若獲盜已受拘執, 自當準法, 勿過毆傷. 同上

50 출전 확인 안 됨.

타하여 다치게 해서는 안 된다. 《원씨세범》[51]

강도가 사람들에게 강도질할 때는 대부분 생각 지도 못한 틈에 발생하거나 준비가 없을 때 속여서 한다. 또한 혹시라도 도둑이 이미 문으로 들어와 주인이 도둑에게 잡혔다면, 그 집안사람은 함부로 소리를 지를 수 없고, 이웃 사람들도 함부로 손을 쓸 수 없을까 염려된다.

만약 조금이라도 인가의 담장을 미리 경계하거나, 혹 도적이 문 앞에 왔어도 한 사람이라도 지붕에 올라가 있거나 한 사람이라도 문을 지키고 있으면, 도둑은 결코 들어오지 못할 것이다. 도둑이 문으로 들어올 때 우리는 반드시 먼저 횃불을 든다. 만약 인기척을 느꼈을 때 바로 횃불을 끄면 도둑 또한 감히 함부로 들어오지 못한다. 그러면 도둑의 기량도 알 수 있다. 진실로 평상시에 집안을 단속하여, 각 집마다 담장·울타리·구덩이를 수리하게 한다.

또 매달 달빛이 어두워지는 23~24일에서 다음달 6~7일 밤까지는 집안의 남녀를 몸소 이끌고 방직을 한다. 처음에 무슨 소리가 날 때 사람을 시켜 지붕으로 올라가게 하고 지붕 위에는 기와 조각과 돌을 많이 준비한다. 또 그 지역민들이 서로 도와서 보호해준다면 도둑이 스스로 두려워하여 함부로 가까이

強盜劫人, 多是出其不意, 欺其無備. 又恐業已進門, 主人爲盜所執, 則其家人 不敢叫呼, 鄕里不敢動手.

如人家墻垣稍謹, 或盜至 門首, 有一人上屋, 或一人 堵門, 盜必不得入. 賊之入 門, 必先投進火把. 若有人 [10]卽滅之, 盜亦不敢遽入. 然則盜之伎倆, 亦可知也. 誠平時有禁約, 令各家修 理墻垣、籬塹.

又於二十三、四至初六七 夜, 躬率男女紡織. 初[11]有 響動, 卽令人上屋, 屋上多 辦瓦石. 又地方人等, 互相 救護, 則盜自有畏而不敢 近.《人事通》

---

51 출전 확인 안 됨.
[10] 人 : 저본에는 “入”.《人事通·防盜》에 근거하여 수정.
[11] 初 : 오사카본·《人事通·防盜》에는 “稍”.

오지 않는다. 《인사통》[52]

    속담에 "27~29일에 집집마다 야외에 간이침대에서 자면서 집을 지키고, 이렇게 다음달 10일까지 한 후에는 집 지키는 일을 개와 교대한다."라 했다. 일반적으로 도둑이 도둑질을 하려고 움직일 때는 대부분 달빛 없는 밤과 1경(一更, 오후 7~9시) 이후 잠이 들어 고요할 때로, 닭이 울 때가 되면 그친다. 20일부터 28·29까지는 2경(二更, 오후 9~11시)에 달이 없거나 밤새 달이 없기 때문에 간이침대에서 자면서 집을 지킨다. 오직 10일 이후에는 달빛이 4경(四更, 오전 1~3시)에야 없어지기 시작하므로 경계를 조금 늦출 수 있다.

    또 도적들의 관례에 따르면 "비 올 때는 훔치고 눈 올 때는 훔치지 않으며, 바람 불 때는 훔치고 달이 떴을 때는 훔치지 않는다"라 했다. 이는 빗방울 소리는 어지러이 크게 들리지만 눈이 내리면 발자국이 남을까 염려되기 때문이고, 바람 소리에는 잡소리가 섞일 수 있지만 달은 환히 비출까 염려되기 때문이다. 《인사통》[53]

    매일 저녁 주인은 직접 노복을 거느리고서 여러 문들의 빗장과 자물쇠를 확실하게 살핀다. 만약 집 모퉁이 빈 곳이나 풀더미 혹은 가려진 상자나 칸막

謠云:"二十七、八、九, 家家打鋪守, 直到初十後, 看家交與狗." 凡盜賊動手, 多在無月光之夜與一更以後睡靜之時, 至鷄鳴則止矣. 自二十日至於二十八、九, 或二更無月, 或一夜無月, 故打鋪守之. 惟初十日以後, 月光四更方沒, 是以稍可緩也.

又賊例云"偸雨不偸雪, 偸風不偸月". 因雨滴亂响, 而雪恐有跡; 風聲夾雜, 而月恐明照也. 同上

每晩主人親自領僕, 照看門戶關閉. 若有屋角空處, 以及艸堆、櫃攔, 俱要查

---

52 《傳家寶》卷9〈人事通〉"防盜", 300쪽.
53 《傳家寶》卷9〈人事通〉"防賊時夜", 300쪽.

이가 있으면 모두 검사해야 한다. 도적이 숨어 있을까 염려되기 때문이다. 만약 성실한 자식이나 조카가 있으면 대신 수고하도록 맡길 수는 있다. 하지만 노복과 하인에게 전적으로 의지해서는 안 되니, 일을 그르칠까 염려되기 때문이다. 《인사통》[54]

인가에서 경축행사나 술자리, 송구영신이나 절기, 결혼식과 장례식 등 여러 가지 일이 있기만 하면, 집안의 사람들은 힘들게 일하고 자연스레 깊은 잠에 빠져 들어 깨기가 어렵다. 도둑은 매번 꼭 이럴 때를 노려 도둑질을 하니 조심해서 방비를 단단히 해야 하며, 여러 문들 곳곳을 더욱 주의를 기울여 확실히 살펴야 한다. 오랫동안 비가 오다가 처음 갤 때도 더욱 주의를 기울여야 한다. 《인사통》[55]

밤에 누워 있다가 문이나 벽에서 나는 소리를 한 번 들으면, 오직 도둑으로 생각하고 반드시 여러 문들 곳곳을 확실히 살펴야 한다. 소리의 원인을 고양이나 개라고 생각해버리면 안 되니, 부주의가 매번 일을 그르치는 것이다. 《인사통》[56]

밤에 누워 잘 때 만약 이불을 머리까지 뒤집어쓰고 있으면 바깥의 소리가 들리지 않아서 매번 큰일

看. 恐有賊人躱藏. 如有誠實子侄, 或可代勞. 但不可盡倚奴僕下人, 恐致悞事. 同上

人家但有喜慶、戲酒、過年、時節、婚喪諸事, 家人勞苦, 自然沈睡難醒. 每有賊人, 專於此時偸竊, 須要小心謹防, 門戶各處, 更要加意照看. 久雨初[12]晴, 亦要加意. 同上

夜臥一聞門壁聲響, 只以爲賊, 須將門戶各處照看, 不可認作猫犬, 大意每致悞事. 同上

夜間睡臥, 若將被連頭蓋合, 外邊聲息不聞, 每悞大

---

54 《傳家寶》卷9〈人事通〉"每晚照看", 300쪽.
55 《傳家寶》卷9〈人事通〉"加意防賊", 301쪽.
56 《傳家寶》卷9〈人事通〉"夜莫大意", 303쪽.
12 初 : 저본에는 "久".《人事通·加意防賊》에 근거하여 수정.

을 그르치게 된다. 《인사통》[57]

만약 그 해에 흉년이 들면 반드시 도적이 벌떼처럼 일어날 것이다. 향촌에 사는 사람이 집에 조금이라도 여유가 있으면 소인배의 도둑질을 면하기 어려울 것이니 예방하지 않을 수 없다. 이때는 마땅히 같은 마을의 젊은이들 10여 명이나 20여 명과 무리를 지어 저녁마다 각 집과 마을 앞에서 순찰을 해야 하는데, 각자 창·몽둥이·딱따기[58]·징·소리 내는 총 등을 들고 일제히 3~5차례 소리를 지른다. 혹은 약간 취할 정도로 술을 돌려 마신 후 흩어지며 다음 순찰 조와 교대하는데, 징소리를 울리면 함께 약속하여 서로 구제하고 대응하기로 한다. 그리하여 멀거나 가까이 사는 소인배에게 두려움을 품게 하고 나쁜 마음이 은연중에 사라지게 해야 한다. 《인사통》[59]

성안의 거리에는 인가가 매우 많으니, 마땅히 이웃과 약속하여 공적으로 야간 순찰 인원을 파견한다. 혹 10여 집 혹은 20여 집을 한 무리로 삼고 모든 가난하고 미천한 집은 능력을 헤아려 순찰 인원 파견을 면제해 준다. 집집마다 하룻밤씩, 매일 1~2명이 등불·창·몽둥이·딱따기·징 등의 물건을 함

事. 同上

如年歲凶荒, 必然賊盜蜂起. 居鄕者, 家略有餘, 難免小人窺竊, 不可不爲豫防. 當約同庄少壯者十餘人或二十餘人, 每晚在各家庄前輪流, 各執槍棍、梆鑼、放銃[13], 齊聲吶喊三五轉. 或輪飮小醉而散, 再輪派値更, 鳴鑼共約, 互相救應, 令遠近小人知畏, 歹念暗消. 同上

城中街巷, 人家衆多, 應約鄰近公派看更. 或十餘家或二十餘家, 一總貧賤之家, 酌量免派. 每家一夜, 每夜一二人, 燈籠、槍棍、梆鑼等物公備, 輪流傳交.

---

57 《傳家寶》卷9〈人事通〉"夜臥不可蒙頭", 303쪽.
58 딱따기 : 밤에 야경(夜警)을 돌 때 서로 마주 쳐서 '딱딱' 소리를 내게 만든 두 짝의 나무토막.
59 《傳家寶》卷9〈人事通〉"揚武", 303쪽.
[13] 銃 : 저본에는 "銳". 《人事通·揚武》에 근거하여 수정.

께 준비하여 순찰하고 교대한다. 만약 15집이 공적으로 순찰 인원을 파견한다면, 매달 돌아오는 당번은 2일 밤에 불과하고, 매일 밤에는 오직 2경(밤 9~11시)에 시작했다가 5경(새벽 3~5시)이 되면 그치도록 하되, 다만 문 좌우에서 순찰을 하면 된다. 각각의 집과 공적으로 약속을 하여 조금이라도 소리가 나면 연속해서 징을 치고 크게 소리를 질러서 모든 사람이 함께 일어나 대응한다. 각 마을의 여러 곳에서 모두 이 방법을 힘써 실천하면 곳곳의 도적이 영원히 사라질 것이니, 나무 울타리로 밤의 위험을 막는 일보다 이점이 많을 것이다. 《인사통》[60]

即如十五家公派, 每月止輪值二夜, 每夜惟令二更起, 至五更止, 只在家門左右巡邏. 公約各家, 一有聲息, 連聲敲鑼, 高聲吶喊, 衆皆起應. 此法各坊各處若俱力行, 遍地賊盜永絕, 勝於栅欄禁夜多矣. 同上

도둑을 막는 데는 쇠뇌[61]와 화살을 사용해야 한다. 쇠뇌 화살집 1개에는 10여 개의 화살을 넣는다. 매번 화살을 걸지 않는 점이 첫 번째 편리함이고, 연속하여 발사하는 데 매우 빠른 점이 두 번째 편리함이며, 가볍고 작아서 힘이 들지 않는 점이 세 번째 편리함이다. 다만 화살촉을 오동나무 기름에 탄 독약에 담갔다가 사용하면, 작은 자상(刺傷)만으로도 도둑에게 상해를 입힐 수 있다. 《인사통》[62]

防賊須用弩箭. 弩弓一盒, 藏箭十餘枝. 不用安箭, 一便也; 接連而發, 甚是快速, 二便也; 輕小不費力, 三便也. 但箭尖須用桐油毒藥湛過, 纔利害傷賊. 同上

도둑은 매우 영리해서 사람이 있는 방문 입구와 침상 바로 앞에 매번 나무·기와·그릇 등의 물건을 쌓아서 막아놓고, 일어나서 뒤쫓으려는 사람이 먼

賊人乖巧, 每於有人之房門口, 床面前, 堆攔木、瓦器物, 令起逐者先自跌倒. 凡

---

60 《傳家寶》卷9〈人事通〉"看更", 304쪽.
61 쇠뇌:쇠로 된 발사 장치가 달린 활. 여러 개의 화살을 연달아 쏠 수 있는 것도 있다.
62 《傳家寶》卷9〈人事通〉"防賊用弩箭極妙", 302쪽.

저 저절로 넘어지게 한다. 일반적으로 도둑을 쫓고자 한다면 반드시 먼저 이 사실을 알아야 한다.《인사통》[63]

欲趨賊, 須先知此.同上

13) 도둑 막는 여러 기술

재물을 많이 쌓은 집은 도둑들이 기회를 노리는 표적이다. 게다가 그 사람이 각종 물건들을 많이 두고 있는 데다 자랑하기를 좋아하면 도둑들이 더욱 군침을 흘리게 된다. 부유한 집안이 만약 돈과 곡식을 많이 축적했지만 각종 물건들은 적게 두며 금은보화와 비단을 적게 쌓아둔다면, 비록 도둑맞더라도 많이 잃지는 않을 것이다. 선배들 중에는 그런 집을 경계하여 겨울과 여름에 입을 옷을 제외하고는 비단을 보관해서 뜻하지 않은 일에 대비할 때 100필을 넘지 않게 했다. 이것도 지혜로운 사람의 견해이다.《원씨세범》[64]

弭盜雜述

多蓄之家, 盜所覬覦, 而其人又多置什物, 喜於矜耀, 尤爲盜所流涎. 富厚之家, 若多儲錢穀, 少置什物, 少蓄金寶絲帛, 縱被盜, 亦不多失. 前輩有戒其家, 自冬夏衣之外, 藏帛以備不虞, 不過百匹, 此亦高人之見.《袁氏世範》

강도가 비록 소인배라도 각자의 식견이 있다. 만약 부잣집이 평소에 사람들을 각박하게 대하지 않았고, 또 즐거이 베풀 줄 알았으며, 또 때때로 어려운 사람들의 편의를 봐주었다면, 전쟁과 같은 어수선한 사태를 당할 때도 오히려 인명과 재물을 보존할 수 있고 그 집을 불지르는 지경에는 이르지 않을 것이다. 일반적으로 도적이 작정하여 불을 지르고

劫盜雖小人, 亦自有識見. 如富家平時不刻剝, 又能樂施, 又能種種方便, 當兵火擾攘之際, 猶得保全, 至不忍焚燬其屋. 凡盜所決意焚掠者, 皆積惡之人, 宜自省也. 同上

---

63 《傳家寶》卷9〈人事通〉 "追賊防跌", 302쪽.
64 《袁氏世範》卷下〈治家〉.

약탈하는 상대는 모두 악행을 쌓은 사람이니, 부잣집에서는 스스로 반성해야 할 일이다. 《원씨세범》[65]

불행히도 만약 그 해에 흉년이 들면 여유가 있는 집안에서는 돈과 곡식을 쌓아서 끌어안고 있기만 해서는 안 된다. 가난한 사람들이 굶어 죽도록 모질게 내버려두고 구제하지 않는다면 마음이 어떻게 편안하겠는가? 이럴 때 여유 있는 사람은 간혹 자기 농지의 도랑을 깊게 준설하거나, 집 주위에 담장을 수리하여 쌓거나, 둑을 쌓는다거나, 집을 짓는다. 다만 일꾼들에게 줄 돈과 미곡을 파격적으로 더 얹어주어서 가난한 사람들이 은연중에 구휼의 혜택을 받도록 한다. 그러면 많은 사람들의 도둑질하려는 나쁜 마음이 사라지고, 나 또한 덕을 쌓게 되어 2가지 실질적인 효과를 함께 얻는다. 이것이 다른 사람들과 내가 함께 이롭게 되는 방법이다. 《인사통》[66]

안. 위희(魏禧)[67]의 〈구황책(救荒策)〉에서 다음과 같이 말했다. "지방에 큰 기근이 들면 부잣집에 권유하여 건축과 토목공사 및 일체의 시행해야 할 의례를 행하도록 한다. 이를 통해 가난한 백성들이 혜택을 받아 생계를 유지할 수 있게 한다. 부잣집에 권유할 때는 3가지 이익을 부러워하도록 마음을 움직

不幸若遇年歲飢荒, 有餘之家, 不可堆擁金穀, 忍令貧人餓斃而不救, 於心何安? 或自己田土, 深挑溝河, 或房屋週圍, 修築墻壁, 或疊挑埂岸, 或起造房屋. 但須工銀米穀, 破例加添, 令貧人暗受救濟之力, 消許多歹念, 而我又積德, 兼得實效. 此人我兩利之法. 《人事通》

按. 魏氷叔〈救荒策〉曰: "地方大飢, 宜勸富室營造、土木及一切當行之禮, 使貧民得以資生. 勸諭時, 當以三利歆動之, 一則成吾欲爲之事. 一則借此賑貧,

---

65 《袁氏世範》卷下〈治家〉.
66 《傳家寶》卷9〈人事通〉"暗施", 304쪽.
67 위희(魏禧): 1624~1680. 중국 명나라 말 청나라 초기의 유명한 문장가로, 자는 빙숙(冰叔), 호는 유재(裕齋) 또는 작정(勺庭). 강서(江西) 영도(寧都) 사람으로 평생을 문장에 전념하였다. 저서에 《위숙자집(魏叔子集)》·《좌전경세(左傳經世)》 등이 있다.

여야 하니, 하나는 내가 하고자 하는 일을 이룬다는 점이다. 하나는 가난한 백성들을 구휼한 이 일을 빌어 큰 음덕을 쌓는다는 점이다. 하나는 가난한 백성들이 자신이 맡은 일을 즐겁게 여겨서 도둑이 되는 지경에 이르지 않는다는 점이다. 이렇게 부잣집에 득이 되는 바가 더욱 많은 것이다."[68] 윗글의 취지와 잘 들어맞는다.

도적 중에 본래부터 흉악하여 폭력으로 남의 재물을 빼앗는 자는 드물지만, 굶주림과 추위에 쪼들리고 내몰려 어쩔 수 없이 도적이 된 자들은 많다. 만약 여유 있는 집안에서 단지 본가의 주변이나 향촌에 둔 농장의 인근에 간혹 흉년이 들면 집안사람에게 은밀히 명하여 아주 가난한 사람을 불러오게 한다. 이때는 캄캄한 밤 늦은 시간에 집에 오게 하여 이 사실을 남들이 알지 못하도록 해야 하니, 가난한 사람이 부끄러워 참담함을 느낄까 염려되기 때문이다.

가난한 사람에게 1석이나 3~5두의 곡식을 주면서 '빌려 주는 것이니, 풍년이 되면 되갚으시오.'라 말한다. 이때 차용증을 작성하지 않고, 이자를 부과하지 않으며, 자신의 이름을 드러내지 않고, 독촉을 하지 않으며, 빌린 곡식을 갚든지 갚지 않든지 모두 본인의 양심에 따르도록 한다. 그러면 마을의 이런 이웃들이 부유한 사람의 은혜를 입으면 도둑질하려는 나쁜 마음을 일으키지 않을 뿐만이 아니다. 행여 자신에게 도움을 준 부자가 밖으로부터 험한

有大陰德. 一則貧民樂業, 不至爲盜, 富室所益更多矣." 與此沕合.

賊盜中本來凶惡劫奪者少, 因飢寒逼迫, 無奈而爲者多. 如有餘之家, 只在本家左右·鄕庄鄰近, 或遇荒年, 可令家人密呼極貧之人, 黑晚至家, 不令人知, 恐生慚愧.

米穀或一石或三五斗, 口云 "借與, 俟豐年償還". 不寫券約, 不加利息, 不揚名, 不取討, 還與不還, 悉聽本人良心. 鄕鄰感沐, 不獨不起歹意, 卽有外侮, 自必爭相救護, 又有許多陰德. 同上

---

68 《魏叔子文集外篇》卷3;《荒政叢書》卷7〈魏禧救荒策〉"當事之策".

일을 당하면 자연스레 반드시 서로 다투어 부자를 옹호해준다. 게다가 부자는 무수히 많은 음덕을 쌓게 된다. 《인사통》[69]

14) 집안의 방비

사람이 사는 집은 담이 높고 두꺼워야 하며, 울타리는 빈틈이 없어야 하고, 창과 벽, 문의 빗장은 견고해야 하며, 파손이 되면 바로 수리해야 한다. 수챗구멍 같은 종류에는 역시 항상 격자망을 설치하여 새롭고 견고하게 하는 데 힘써야 한다. 비록 교묘한 솜씨를 지닌 도둑이 담장을 뚫고, 울타리를 자르고, 벽을 파고, 빗장을 푸는 일을 순식간에 해결할 수 있을지라도, 항상 수리하고 정비한 담이나 문들을 무너진 담장, 부서진 울타리, 썩은 벽, 고장난 문에 견주어 볼 때 도둑이 훔치려는 마음을 일깨우는 점에서 상당한 차이가 있을 것이다. 《원씨세범》[70]

성안에 살면 매번 도적이 벽에 구멍을 파고 들어오는 피해를 당할 수 있기 때문에, 2척 높이의 두꺼운 나무판을 위아래는 거칠게 다듬어 담을 따라 못을 견고하게 박아서 연결한다. 그러면 도적이 비록 벽에 구멍을 파도 들어올 수 없다. 《인사통》[71]

宅舍關防

居家須令墙垣高厚, 藩籬周密, 窓壁, 門關堅牢, 隨損隨修. 如水竇之類, 亦須常設格子, 務令新固. 雖竊盜之巧者, 穴牆, 剪籬, 穿壁, 決關, 俄頃可辦, 比之頹牆, 敗籬, 腐壁, 敝門, 以啓盜者有間矣. 《袁氏世範》

城中居住, 每有賊人挖壁洞之害, 須以厚板二尺多高, 上下粗枋, 沿墙安釘堅固. 賊雖挖洞, 亦不能入. 《人事通》

---

69 《傳家寶》卷9〈人事通〉"密借", 304쪽.
70 《袁氏世範》卷下〈治家〉.
71 《傳家寶》卷9〈人事通〉"沿墙裝板", 301쪽.

주택의 지대가 높고 마당이 낮으면 도적이 매번 흙으로 쌓인 토대를 파고 땅과 접하는 부분을 따라 들어온다. 그러므로 넓은 목판과 각목을 가로세로로 겹쳐서 지하에 설치해 놓고, 나무 위에 다시 벽돌을 깔아 놓으면 도적이 들어올 수 없다. 만약 집터가 높지 않거나, 지붕이 처마 하나를 벗어나서 남겨 있다거나,[72] 침실에 마루판이 있으면 모두 도적이 땅굴을 파고 침입할 일이 없을 것이니, 굳이 방비할 필요가 없다. 《인사통》[73]

住房地基高, 天井底, 每有賊人將坡臺挖, 從地限而入. 須將闊板枋橫長安砌地下, 木上再鋪磚, 賊不能入. 若住基不高, 或屋留外一簷, 或臥房有地板, 俱無地洞之事, 不必防. 同上

안. 만약 우리나라의 가옥제도를 논한다면 다만 대청의 마루판 아래에 다시 넓고 두꺼운 각목을 설치해야 할 것이다.

按. 若論我東室屋之制, 只當於廳事地板下, 更設闊厚木枋[14].

지붕에 기와를 깔 때 지금 사람들은 매번 갈대섶을 묶어 깔고 여기에 흙반죽을 더해 주는데, 이는 결코 작고 단단한 대나무 3~4뿌리를 단단히 묶어 왕전(旺磚)[74] 위에 놓고 기와를 까느니만 못하다. 이렇게 하면 잘 잇대어져 마무리가 잘될 뿐 아니라 도적이 후벼 구멍을 뚫는 사태를 면할 수 있다. 이때 기와 줄마다 모두 단단히 이어야지 성글게 해서는

屋上鋪瓦, 今人每用蘆柴扎把, 加放泥瓦, 總不如用小堅竹三四根扎緊, 放旺磚上鋪瓦, 不獨連牽結實, 且免賊挖天洞之患. 每瓦行俱安緊, 不可鬆疏. 同上

---

72 지붕이……있다거나 : 도적이 땅을 뚫고 침입할 가능성과 이 부분이 어떤 관계가 있는지 모르겠다. 원문의 뜻을 정확하게 옮기기도 어렵다.
73 《傳家寶》卷9〈人事通〉 "安板防地洞", 301쪽.
74 왕전(旺磚) : 서까래 위에 기와를 얹기 전에 나무판 대신 깔기도 하는 방형의 납작한 벽돌. 밑에서 올려다볼 때 서까래 사이로 보인다는 의미에서 망전(望磚)이라고도 한다.
⑭ 枋 : 저본에는 "板". 오사카본에 근거하여 수정.

안 된다. 《인사통》[75]

거주하는 방은 위는 밝고 아래는 어둡게 한다. 격자틀의 짧은 빗장 밖에 다시 옆으로 긴 육선문(六扇門, 접이식 6쪽 문)을 덧대고, 한 개의 빗장 양 끝에 있는 구멍에 육선문을 끼워 단단히 고정하면, 도적이 비록 격자틀의 칸살을 태우고 손을 넣더라도 빗장을 풀 수는 없다. 《인사통》[76]

대문의 쇠빗장은 위와 아래에 가로로 못 2개를 박고 좌우를 쇠 자물쇠로 잠근 뒤, 다시 가로막대를 더해서 쇠고리로 건다. 이렇게 빗장 위를 철로 걸어야 제대로 보호할 수 있어서 걱정이 없다. 만약 쇠고리가 없으면 도적이 구멍을 파고 빗장을 뽑아낼 염려가 있다. 《인사통》[77]

각각의 문 위에 모두 밤나무로 빗장을 만들면 견고할 뿐만 아니라 도적의 침입도 피할 수 있다. 《인사통》[78]

침실의 조명창 안쪽은 다시 견고한 미닫이판을 설치하고 위아래에 쇠갈고리를 건다. 매일 밤 미닫

住房上明下暗. 格子短拴之外, 再加通長六扇, 一拴兩頭活孔, 納伏安緊, 賊雖燒格眼手入, 亦不能下拴. 同上

大門鐵拴, 須上下橫釘二條, 左右鐵鎖, 再加橫木輪鐵搭, 搭拴上可保無虞. 若無鐵搭, 恐賊挖洞扳拴. 同上

各門上, 俱用栗木爲拴, 不獨堅固, 且辟賊盜. 同上

臥房明囱之內, 須再加堅固活推板, 上下鐵鉤搭, 每

---

75 《傳家寶》卷9〈人事通〉 "竹把鋪瓦", 301쪽. 이 내용은 《임원경제지 섬용지》1, 풍석문화재단, 2016, 110쪽에서도 그대로 소개된 적이 있다.
76 출전 확인 안 됨.
77 출전 확인 안 됨.
78 출전 확인 안 됨.

이판을 밀고 닫아서 쇠고리가 단단히 걸리게 해야 한다. 《인사통》[79]

일반적으로 수궤(竪櫃, 세로로 긴 장) 안에 중요한 물건을 넣어 놓을 때는 수궤의 문이 닫히는 부분 중간에 끈을 이용하여 작은 구리 징을 궤 안에 묶고 끈 한쪽을 닫히는 부분에 끼워두어야 한다. 외부인이 이 사실을 모르고 함부로 궤를 한 번 열면, 징이 곧바로 바닥에 떨어져 쩌렁쩌렁 울리는 소리에 깜짝 놀라게 될 것이다. 중요한 물건을 보관하는 창고의 경우 문과 창문을 봉할 때도 이 방법을 사용하면 효과가 가장 빼어나다. 중요한 물건을 보관하는 상자의 측면에 구리 징을 밖에서 끼워 두어도 효과가 빼어나다. 《인사통》[80]

침대 곁에 큰 구리 징 1개를 놓아두고 나무 징채는 구리 징의 뒤쪽에 감추어둔다. 일단 도적이 방안으로 들어오는 소리를 들으면 곧 연이어 소리를 지르며 구리 징을 두드린다. 이렇게 하면 한편으로는 이웃 사람이 그 소리를 듣고 놀라서 모두 일어나 도적을 뒤쫓고, 다른 한편으로는 도적은 마음이 철렁하고 놀라서 달아나게 되니, 이야말로 아주 좋은 묘수이다. 방이 많고 사람도 많은 집인 경우 큰 징을 많이 갖추어서 도적의 침입에 각각 대응하면 더욱

晚推閉搭緊. 同上

凡竪櫃內收藏緊要物件, 要於櫃門合縫中間, 用繩帶繫小銅鑼[15]于櫃內, 將繩頭夾於縫中. 外人不知擅一開櫃, 鑼卽墜地而響聲驚覺矣. 其緊要倉庫門戶中縫, 亦用此法最妙. 若緊要箱傍外夾銅鑼, 亦妙. 同上

牀傍放大銅鑼一面, 木槌卽藏於鑼之背面. 一聞賊人入室, 卽連聲敲擊. 一則鄰人驚聞, 俱起共逐; 一則賊人心虛驚走, 此極妙良法. 若房多、人多之家, 可多備大鑼, 各各應接, 更妙. 同上

---

79 출전 확인 안 됨.
80 《傳家寶》卷9〈人事通〉“竹把鋪瓦”, 301~302쪽.
[15] 鑼 : 저본에는 “鑼子”. 《傳家寶·人事通·竹把鋪瓦》에 근거하여 수정.

효과가 빼어날 것이다. 《인사통》[81]

인가의 주택에서 집 뒤쪽과 측면에는 모두 사발 크기의 벽구멍[壁洞]을 보통 사람의 어깨 높이로 만들어 두고, 평상시에는 큰 나무를 잘라 꼭 막아둔다. 그러다가 조금이라도 도적이 침입한 낌새가 있으면 곧바로 이 구멍을 열어서 주위를 살핀다. 조총을 쏘거나 쇠뇌로 화살을 쏠 때는 이 벽구멍을 통해 쏘는 것이 가장 빠른 방법이다. 《인사통》[82]

人家住房, 屋後屋傍俱留碗大壁洞, 平人肩高, 常時用大木斷緊塞. 一有賊盜聲息, 即開洞望看, 或放鳥銃[16], 或放弩箭, 由洞而出, 最爲捷法. 同上

일반적으로 담 위쪽의 통로에는 곳곳마다 깨진 항아리 조각과 깨진 단지들을 높게 쌓아두어야 한다. 약간이라도 벽을 타넘는 움직임이 있으면 항아리 조각이 떨어지는 소리로 감지할 수 있을 것이다. 혹은 온전한 기와로 무늬 있는 기와 담장을 몇 척 높이로 쌓아도 효과가 빼어나다. 《인사통》[83]

凡墙頭通路, 處處須高堆破缸片、破壇[17]瓦. 略一跨動, 則傾倒聲覺矣. 或用整瓦砌花瓦幾尺, 亦妙. 同上

금은보화를 수장하고 있는 밀실에는 반드시 지붕에 목판을 튼튼하게 설치하여 도적이 뚫는 천정 구멍을 예방하고, 지하에는 지하용 목판으로 땅굴을 예방하고, 벽 안쪽에는 목판을 넣거나 목책을 넣어 벽 구멍을 예방하고, 문은 철을 덧대서 도적의

收藏金寶密室, 須屋上板旺, 以防天洞; 地下地板, 以防地洞; 壁內裝板, 或裝木柵, 以防壁洞; 門用鐵裹, 以防斧劈、火燒; 囱用

81 《傳家寶》卷9〈人事通〉"竹把鋪瓦", 302쪽.
82 《傳家寶》卷9〈人事通〉"挖墻洞便于望看", 302쪽.
83 《傳家寶》卷9〈人事通〉"墻頭浮堆瓦片", 302쪽.
[16] 銃 : 저본에는 "銳".《人事通·挖墻洞便于望看》에 근거하여 수정.
[17] 壇 : 저본에는 "[石+曇]".《人事通·墻頭浮堆瓦片》에 근거하여 수정.

마름쇠(국립중앙박물관)

도끼질이나 방화를 예방하고, 창문은 돌 창틀에 홈을 파고 쇠막대를 울타리처럼 고정시켜 도적의 도끼질이나 방화를 예방하고, 천정 가운데는 횡목을 시렁처럼 촘촘히 가설하는데, 횡목의 양 끝이 잘 회전하게 하여 도적이 천정에서 내려오는 일을 예방한다. 담장 위·천정·지하의 도주로 곳곳에는 모두 마름쇠[84]를 뿌려 도적이 달아나기 힘들게 한다. 이러한 방법은 모두 매우 부유한 집의 밀실에 해당하며 평범한 주택의 경우라면 불필요하다. 《인사통》[85]

石枋鑿孔, 安鐵條如柵, 以防斧劈、火燒; 天井中用橫木密架, 兩頭活轉, 以防賊下天井. 墻頭、天井、地下走路各處, 皆鋪鐵菱角, 使賊難走. 此指極密之屋, 若平常房舍則不必. 同上

15) 낭비를 경계하라

재물은 절약하고 아껴야 하니, 생활비는 모자라거나 바닥나는 경우만 간신히 면하면 된다. 옛사람이 '재물이 풍족할 때는 항상 재물이 없을 때를 생각해야 하고, 재물이 없는 때는 재물이 풍족할 때가 다시 오기를 기대해서는 안 된다.'라 했다.

戒浪費

財物須要節儉, 用度纔不匱乏. 古人云: "常將有日思無日, 莫待無時想有時."

---

84 마름쇠: 끝이 송곳처럼 뾰족한 네 개의 발을 가진 쇠못. 도둑이나 적을 막기 위하여 흩어 두었다.
85 《傳家寶》卷9〈人事通〉"密室", 303쪽.

사람이 만약 옷과 음식이 없으면 자연스레 몸이 굶주림과 추위에 시달리고, 사람이 만약 생활비가 없으면 자연스럽게 체면을 유지하기 어렵게 된다. 골똘히 생각해보면 매우 소중하게 간직할 말이다. 따뜻하게 입고 배부르게 먹는 집안은, 재물이 풍족하고 마음도 여유로워서 몸을 애지중지한다. 직물과 곡식을 범상하게 여겨서 입었다 하면 비단옷이어야 하고 먹었다 하면 진수성찬이어야 한다.

의상은 보통 어떤 모양의 색이라야 예쁜가를 생각하거나 어떤 모양의 격식이어야 격조가 높은가를 생각한다. 또 음식은 보통 어느 집의 요리가 가장 좋은가를 생각하거나 어느 집의 재료가 가장 많은가를 생각한다. 점점 그릇과 물건은 하나하나 모두 정교함과 아름다움을 갖추게 되고, 거주하는 집과 방도 곳곳에 선명하고 화려한 장식을 좋아한다. 어리석게도 눈앞의 허황된 화려함에 머무니, 어찌 이것이 후일의 고민거리가 될 것임을 살펴보겠는가!

어떤 사람은 다른 사람의 사치와 화려함을 보고 나서 자기의 재력은 전혀 생각지도 않고 빚을 내버리고 그들을 흉내내는 데 열중한다. 만약 검소하고 소박한 사람이 있다면, 도리어 그들을 무시하며 비웃고 도처에서 사치와 화려함을 경쟁하게 되니, 어찌 가산을 헛되이 쓰는 짓이 아니겠는가? 단지 사치를

人若沒有衣食, 自然身受飢寒; 人若沒有用度, 自然難撐體面. 仔細想來, 甚是可惜. 有等溫飽之家, 財足意滿, 看得身子嬌貴, 布帛, 菽粟, 視爲汎常, 穿的須要綾羅, 吃的須要珍羞.

一般的衣裳[18], 便思某樣的顏色方妙, 某樣的款式更高; 一般的飮食, 便想某家的烹調最勝, 某家的方物最多, 漸而器用什物, 件件俱求精美, 居住房屋, 處處盡愛鮮華, 止鄙[19]眼前的虛華, 那顧後日的苦惱!

更有一等人, 看見他人奢華, 全不想自家力量, 却也揭借典當, 勉强仿[20]樣. 若有儉朴, 反加鄙笑, 以致到處爭鬪奢華, 豈不白送了家業? 但好奢華, 自必暴殄

---

[18] 裳: 저본에는 "常". 《快活方·莫浪費》에 근거하여 수정.
[19] 鄙: 저본에는 "圖". 《快活方·莫浪費》에 근거하여 수정.
[20] 仿: 저본에는 "彷". 《快活方·莫浪費》에 근거하여 수정.

좋아하여 스스로 반드시 물건을 아끼지 않고 다 써 버린다면 아무리 많은 돈과 재산이 있다고 하더라도 그 낭비를 감당할 수 있겠는가? 이는 자기 물건을 팔아 돈을 마련하거나 동쪽에서 돈을 빌렸다가 서쪽에서 보충하는 데 불과할 뿐이다.

내가 평소에 큰 재산을 가진 사람을 보았는데 몇 년이 지나지 않아 가난해져서 굶주림과 추위의 고통을 겪고, 하는 일마다 힘겨워지자 그제야 겨우 낭비의 커다란 병폐를 깨닫게 되었다. 하지만 비록 후회하더라도 이미 늦은 일이다. 어떤 사람이 평소에 사치가 습관이 되어버렸는데 하루아침에 쓸 돈이 없어졌으나 가난함을 견딜 수 없어 온갖 나쁜 짓을 저지르거나 자살을 시도하기도 하는데, 어찌 생명을 헛되이 버리는 짓이 아니겠는가!

나는 그대들이 모든 일에 비용을 줄이고 분수를 알며, 돈과 재물을 남겨서 굶주림과 흉년을 대비하고, 복을 누리는 힘을 아껴서 운명을 가꾸어 나가기를 권한다. 쓰임새를 줄일 만하면 줄이고, 적게 쓸 만하면 적게 쓰라. 다른 집이 화려함과 낭비를 다투더라도 나는 다만 소박하게 하고, 다른 집이 사치와 욕심을 다 이루려 하더라도 나는 다만 평범하게 할 뿐이다.

의상은 다만 몸을 가리고 추위를 막으면 충분하

天物, 那裏有許多錢財供其[21]浪費? 不過是賣鬻設措, 東挪[22]西補.

我常見若大的家業, 不殼幾年便都貧窮, 及到飢寒苦楚, 事事難過, 纔曉得浪費的大害, 雖然悔恨也是遲了. 更有一等人, 平日奢華慣了, 一朝無錢使用, 受不得窮苦, 或是爲非作歹, 或是自己尋死, 豈不白送了性命!

我勸爾凡事省費知足, 剩些錢財以防饑荒, 惜些福力以養身命. 可減卽減, 可少卽少. 任他[23]爭華競靡, 我只樸素, 人家窮奢極欲, 我只平淡.

衣裳只要蔽體禦寒也就殼

---

[21] 其:《快活方·莫浪費》에는 "爾".
[22] 挪: 저본에는 "那".《快活方·莫浪費》에 근거하여 수정.
[23] 任他:《快活方·莫浪費》에는 "人家".

니 어찌 반드시 비단에 수를 놓은 것이라야 하겠는가? 음식은 다만 배를 채우고 허기를 면하면 충분하니 어찌 반드시 산해진미라야 하겠는가? 집 출입문은 다만 견고하고 소박하면 충분하니 어찌 반드시 대들보에 문양을 새기고 기둥에 그림을 그려야만 하겠는가? 일상의 집기와 그릇들은 사용할 만큼 갖추어졌으면 충분하니 어찌 반드시 기이하고 고급스러우며 특이한 모양이라야 하겠는가?

눈앞의 일만 보고 나중 일을 잊으면 안 되며, 자기만 보고 자손을 잊어서는 안 된다. 순후함과 소박함을 간직하면 얼마의 여윳돈을 아낄 수 있고, 겉으로만 화려한 사치를 줄이면 가용 예산의 3/10을 비축하는 옛 도를 행할 수 있다. 그러면 옷과 음식은 다함이 없고, 재원은 늘 풍족할 수 있으며, 예절은 대강 완비할 수 있고, 가산은 영원히 보전할 수 있다. 여유 있는 것은 나날이 풍부하게 되고, 부족한 것은 점점 여유 있게 되며, 얻은 이익을 편안히 누리니, 어찌 최고로 쾌활한 일이 아니겠는가? 《쾌활방》[86]

了, 何必定要綾羅錦繡;飮食只要充腹免飢也就彀了, 何必定要海錯[24]山珍;房舍門戶只就堅固樸實也就彀了, 何必定要雕梁畫棟;什物器皿只要備辦適用也就彀了, 何必定要奇巧異樣?

不可顧了目前, 忘了日後;顧了自己, 忘了子孫. 存些厚樸, 也省幾個閑錢, 減些虛花, 也帶三分古道. 衣食可以不虧, 財源可以常足, 禮節可以粗完, 家業可以永保. 有餘的日益富厚, 不足的漸至有餘, 安享受用, 豈不是極大的快活! 《快活方》

16) 저당잡히는 일을 경계하라

인가에서 생활비를 운용할 때 걸핏하면 저당잡히러 가는 일을 좋아한다. 저당잡힐 때는 특히나 전당포가 은화 10냥 가치가 있는 당신의 의상 등 물건에

戒質典

人家的用度, 動不動喜去當. 當殊不知典鋪, 將爾衣裳物件 値十兩銀子的當,

---

86 《傳家寶》卷3〈快活方〉"莫浪費", 110쪽.
[24] 錯:《快活方·莫浪費》에는 "味".

3냥 정도 밖에 주지 않는다는 사실을 모른다. 당신의 의복을 집 안에 두면 원금과 이자를 독촉하지 않고, 당신이 전당포에 이자 주러 가지 못할까 두려워하지 않아도 되니 항상 기분이 매우 상쾌할 것이다. 은화는 없고 이자를 내는 상황에서 비록 변통을 하고 싶다고 하더라도 물건이 다른 집에 있다면 어찌할 수 없지 않은가? 눈앞에 많은 여유가 있다고 모두 전당포에 맡겨버리면 당장은 이자를 낼 수 있으나 곧 이자 낼 시간이 닥쳐온다. 비록 은을 올린 은저울이 2푼[分]을 가리켜도 사사건건 작게 계산해서 정하니 다른 물건의 푼[分]과 리[厘]의 계량은 고쳐주지를 않는다. 지금 이후 혹시라도 급히 돈을 쓸 일이 있으면 함부로 아까운 물건을 변통하지 말고 나중에 여유가 생기면 다시 가서 만드는 것이 훨씬 편리한 방법이다. 《쾌활방》[87]

不得三兩與爾. 把爾衣服扣在家裏, 本利并不催討, 不怕爾不去取贖, 日月甚快. 無銀取贖, 雖欲變賣, 奈物在他家, 無可奈何? 眼見多餘, 盡歸典鋪, 卽是能贖, 到那贖時. 雖說二分行息. 戥頭銀色, 件件剋算少, 他分厘扣住物件, 不容討回. 今後倘有急用, 不妨忍痛變賣物件, 及至日後有餘, 再去置造, 還是大討便宜. 《快活方》

나는 사람들에게 절대로 저당을 잡히지 말라고 권한다. 시간은 쏜살 같기 때문이다. 세월은 눈알을 돌리듯 매우 빨라 몇 개월이 훌쩍 지나 어느덧 6개월이 되고, 나의 생활 방편이 마침내 거의 소진된다. 그래서 당신에게 권한다. 춥고 배고프며 절박한 일로 길지 않게 잠시만 저당잡히는 일을 제외하고, 그 나머지 급하지 않은 일에는 절대 저당을 잡혀서는 안 된다. 쾌활한 삶을 누리는 사람에게는 이것이 가

我勸人切莫借當. 蓋因光陰似箭. 日月甚快轉眼, 幾個月倏忽就半年. 我的生計, 竟爲利耗, 所以勸爾. 除飢寒急切的事, 可暫莫久. 其餘緩事, 切莫借當. 會享快活的人, 此最要緊. 同上

---

87 출전 확인 안 됨.

140   예규지 · 권제1

장 중요한 일이다. 《쾌활방》[88]

17) 셋방살이를 경계하라

인가의 주택의 경우, 가난한 사람들이 잠깐 동안 방 몇 칸에 세들어 사는 것을 거리낌없이 하는데, 이때는 집을 매입하는 것이 좋은 방법이다. 만약 세를 내고 임대를 하면 세월은 빨리 지나가고 이익은 다른 사람이 챙기며 게다가 수리하거나 새로 짓는 일도 불편하니, 가장 안 좋은 계책이다. 《전가보(傳家寶)[89]》[90]

戒賃屋

人家房屋, 貧者不妨少住幾間, 須買者爲上. 若或租賃, 歲月迅速, 利爲人得, 且修造不便, 最是失計. 《傳家寶》

18) 건달 기르는 일을 경계하라

인가에서는 절대로 빈둥거리는 건달이 들락날락하도록 해서는 안 된다. 집안에 사람의 수가 많더라도 각각 맡은 일이 있는 것이다. 비단 한가하게 사는 일이 그르다는 사실을 제외하고라도, 자신의 힘으로 먹고살게 하면 비용 절감이 적지 않다. 《전가보》[91]

戒養閑漢

人家最不可養閑漢出入. 人口雖多, 各有事做, 不獨除其閑暇爲非, 且令自食其力, 省費不少. 《傳家寶》

---

88 출전 확인 안 됨.
89 전가보(傳家寶): 청대의 통속문학 작가 석성금(石成金, 1658~?)의 저술이다. 4집으로 편집, 이 속에 약 100여 편의 화본 소설과 속곡(俗曲), 소화(笑話), 속담 등이 실려 있다.
90 《傳家寶》卷1〈俚言〉"治家", 24쪽.
91 《傳家寶》卷1〈俚言〉"治家", 26쪽.

4. 미리 준비하기

1) 땔감과 쌀은 충분히 갖춰야 한다

인가의 일용품 중에 땔감과 쌀은 바로 가장 중요한 급선무이다. 가령 혼인할 때 혼수를 넉넉하게 하거나 모자라게 하는 것은 재력을 헤아려서 할 수 있고, 예절을 주고받을 때 상대방과의 친분을 따져서 할 수 있다. 그렇다면 나물과 고기반찬은 또한 줄이거나 뺄 수 있으나, 오직 땔감과 쌀만은 멈추어 기다리게 할 수 있겠는가? 한 집안의 가장은 먼저 이것을 생각하여 곧 한 달 단위로 땔감과 쌀을 충분히 갖춰야 좋으니, 차라리 넉넉할지언정 부족해서는 안 된다. 만일 한번에 외부로 지출할 일이 생기거나 어떤 일이 지체되는데도 집안에서 조치할 방도가 없으면 어찌 일을 그르치게 되지 않겠는가? 《전가보》[1]

2) 새 미곡 저장하고 묵은 미곡 사용하는 법

인가의 일용품 중에 밥쌀을 두루 갖추어야만 비로소 집안을 돌보는 근심[2]이 없다. 요컨대 옷은 깁고 꿰매어 입을 수 있고 고기반찬은 빼거나 줄일 수 있

備豫

柴米宜備足

人家日用柴米, 乃第一急務. 假如婚娶厚薄, 可以量力 ; 禮節往來, 可以原情. 卽菜餚亦可省減, 惟有柴米, 豈能停待? 爲家主者, 首當念此, 便卽照月備足爲佳, 寧可多餘, 不可缺乏. 儻一時外出或有事耽延, 家中毋措, 豈不誤事? 《傳家寶》

米穀儲新用舊法

人家日用, 飯米周備, 始無內顧之憂. 要知衣可補綴, 餚可減省, 而腹中飢餓, 可

---

1 《傳家寶》卷1〈俚言〉"治家", 25쪽.
2 집안을 돌보는 근심 : 원문의 '內顧之憂'를 옮긴 말이다. 진(晉) 좌사(左思)의 《詠史》에 나오는 시 중에 "집밖을 보아도 조금의 녹봉도 없고, 집안을 보아도 쌓아 놓은 쌀도 없도다[外望無寸祿, 內顧無斗儲]."라 하였다. '內顧之憂'는 본래는 아내와 자식이 없다는 의미였으나, 지금은 가정이나 내부에 근심이 있는 것을 의미한다.

음을 알고 있지만, 배가 굶주리면 참을 수 있는가? 내가 집안을 잘 경영하지 못하는 사람을 매번 보면 비록 농지가 많더라도 추수에 이르러 미곡 값이 쌀 때 곧장 마음대로 팔아 생긴 은화로 낭비하고, 쌀값이 비싸지는 때에 이르면 다시 은 값을 깎아서라도 따로 쌀을 사들이니, 이는 가난해지는 길이다.

　나는 스스로 척박한 밭 10묘를 두고 매년 수확량 중에서 조세로 바치는 곡식을 먼저 관아에 일정량을 납부하고, 나머지로 집안의 1년치 식량을 계산해서 일정량을 저장해둔다. 그리고 금년에 추수한 벼를 내년 가을까지 남겼다가 새 미곡이 들어오면 비로소 묵은 미곡을 먹어야 한다. 비록 다른 일이 있더라도 쉽게 써버리면 안 된다. 이처럼 미리 1년 치를 저장해놓았다가 행여 홍수나 가뭄의 재해가 있으면 묵은 곡식이 여전히 남아 있으니, 비싸게 사야 하는 괴로움을 염려하지 않아도 된다.

　만일 다음해 풍년이 들어 곡식 값이 싸지더라도 곧바로 팔아서는 안 된다. 또 쌓아두었다가 다시 다음해를 기다려 미곡 값이 비쌀 때 묵은 곡식을 내다 팔고 새 곡식을 수확하여 저장한다면 곧 이익을 얻을 수 있다. 또한 자기의 지출을 대비하는 일이 이보다 효과가 빼어난 방법이 없다. 내가 한 부자 노인을 만나 그에게서 두 구절을 받았는데, "항상 여분을 간직해서 부족할 때를 대비하라[常存有餘, 以備不足]."[3]

能忍乎? 予每見不善治家者, 雖若許田産, 纔到秋收, 米穀賤時, 卽任意賣銀浪費, 及至米貴時, 又復折揭另買[1], 此取窮之道也.

予自置薄田十畝, 每年所收之租穀, 先給納官若干, 餘計家中一年食米存貯若干[2], 須要今年秋租, 存至明秋, 交新始食, 雖有別事, 不可輕動. 此豫壓一年者, 恐有水旱災荒, 則舊穀尚在, 勿慮貴買之苦也.

如次年豐熟秋成, 穀賤亦不可卽售, 又堆貯再候次年, 米穀價貴時, 將陳穀出賣, 以新穀收貯, 卽得利息, 又備己用, 莫妙于此. 予遇一富翁, 授以二句, 曰: "常存有餘, 以備不足." 此八箇字, 眞至妙心法也.

3　항상……대비하라: 출전 확인 안 됨.

□1　買: 《傳家寶·知世事》에는 "賈".

□2　干: 《傳家寶·知世事》에는 "于".

고 하였으니, 이 8글자야말로 진실로 지극히 효과가
빼어난 심법이다. 《지세사》[4]

3) 땔감 저장하는 법

　예전 사람이 "부자는 땔감을 쌓아두지 않는다.[5]"
라 말한 것은 인화물은 조심하지 않으면 해가 많을
까 걱정되기 때문이다. 그러나 집에 땔감이 없는데,
한번에 연달아 내리는 비나 눈을 만나서 물에 잠기
거나 강물이 터져버리면, 땔감이 값이 뛰어오를 뿐
만 아니라 부족해져서 구하기 어렵게 되니, 비록 미
곡이 있더라도 무엇으로 불을 때서 밥을 지을 수 있
겠는가? 따로 창고 하나에 땔감만 쌓아두되, 땔감
이 쌀 때 일정량을 사서 쌓아두고 조심성 있고 치밀
하게 잘 잠궈두다가 땔감을 꺼낼 때만 문을 열고,
다른 때는 함부로 들어가지 못하게 한다. 그러면 등
불을 밝히거나, 고기를 구워 먹거나, 종이로 말아
만든 담배를 피우다가 실수로 불을 내는 근심이 거
의 없을 것이다. 《지세사》[6]

4) 미리 계획을 세워서 제때를 놓치지 않는다

　중산층의 집은 모든 일을 미리 염려하지 않을 수
없다. 아들을 둔 경우에는 삶을 영위하도록 하고, 생
업을 가르치는데, 이는 모두 미리 염려하기 때문이

《知世事》

儲薪法

前人云"富不積薪", 恐火燭
不愼, 爲害不少. 然家無柴
草, 一遇雨雪連綿, 水淹③
河決, 不但柴價踊貴, 而且
缺乏難覓, 雖有米穀, 將何
炊煮? 須要另以一屋專堆
柴草, 柴賤時, 買堆若干,
封鎖謹密, 每取柴時開門,
餘時不得擅入, 庶無燈火
烘炙, 吃煙紙捲, 誤遺之
患也. 同上

豫謀不失時

中産之家, 凡事不可不早
慮. 有男而爲之營生, 敎之
生業, 皆早慮也. 至於養

4　《傳家寶》 권4〈知世事〉, 144쪽.
5　부자는……않는다 : 출전 확인 안 됨.
6　《傳家寶》 권4〈知世事〉, 144~145쪽.
③　淹 : 저본에는 "潝".《傳家寶·知世事》에 근거하여 수정.

다. 딸을 키우는 경우에도 미리 옷과 이불, 화장도구를 담아두는 상자를 준비해야 하니, 그래야만 시집을 보낼 때에 이르러서도 힘을 들이지 않는다. 만일 이런 준비를 내버려 두고 따지지 않다가 그때에 닥치면 하겠다고 한다면 여기에 어떤 방법이 있겠는가? 이것은 그때에 닥쳐서 전답이나 집을 파는 데에 지나지 않고 딸이 다른 사람들에게 창피함을 당하여도 가엾게 여기지 않는다. 집에 노인이 있는 경우에 장례 지낼 도구를 일찍이 미리 준비하지 않고 그때에 닥치면 하겠다고 한다면 또한 전답이나 집을 파는 데에 지나지 않고 죽은 뒤의 일이 예법에 맞지 않아도 근심하지 않는다.

사람들 중에는 딸을 하나 두고서 삼나무 만 그루를 심는 자가 있으니, 이는 딸이 장성하기를 기다렸다가 삼나무를 팔아서 시집보낼 밑천으로 삼기 위함이다. 이처럼 하면 딸이 결코 제때를 놓치는 데 이르지는 않을 것이다. 젊은 나이에 수의(壽衣)[7]·수기(壽器)[8]·수영(壽塋)[9]을 준비한 자가 있으니, 이처럼 하면 그 사람이 죽고 나서 결코 3~5일 동안 염할 수의와 수기가 없거나, 3~5년 동안 장례 지낼 땅이 없는 지경에는 이르지 않을 것이다.《원씨세범》[10]

女, 亦當早爲儲畜衣衾妝奩之具, 及其遣嫁, 乃不費力. 若置而不問, 但稱臨時, 此有何術? 不過臨時鬻田廬及不邮女子羞見人也. 至於家有老人而送終之具, 不曾素辦, 但稱臨時, 亦不過鬻田廬及不邮後事之不如儀也.

人有生一女而種杉萬根者, 待女長則鬻杉, 以爲嫁資, 此其女必不至失時也. 有於少壯之年, 置壽衣、壽器、壽塋者, 此其人必不至三日五日無衣棺可斂, 三年五年無地可葬也.《袁氏世範》

예규지 권제1 끝

倪圭志 卷第一

---

7   수의(壽衣) : 사람이 죽어 염습(斂襲, 시신을 씻긴 후 옷을 입히는 행위)할 때 시신에 입히는 옷이다.
8   수기(壽器) : 살아있을 때 만든 관을 말한다.
9   수영(壽塋) : 살아있을 때 만든 무덤을 말한다.
10 《袁氏世範》卷2〈處己〉"事貴豫謀後則時失".

예규지 권제2

倪圭志 卷第二

임원십육지 110

林園十六志 百十

재산 증식(상) 貨殖 上

　오직 논밭이라는 재물은 비록 100년이 지나고 1,000년이 지나도 항상 새롭다. 더러 농사짓는 힘을 부지런히 쓰지 않아 토지가 황폐해져서 소출이 적더라도 거름과 물을 한 차례 대기만 하면 새로워진다. …중략… 예부터 지금에 이르기까지 썩거나 무너질 염려가 없고 도망가거나 닳아빠질 걱정도 없다. 아아, 이것이야말로 참으로 보물이라 할 수 있으리라!

- I -

재산 증식(상)

貨殖(上)

1. 무역

貿遷

1) 살아갈 방도를 마련하려면 반드시 무역을 해야 한다

治生須貿遷

사람이 이 세상에 살면서 웃어른을 잘 모시고 죽은 사람을 후하게 장사 지내는 일에는 모두 재화가 사용된다. 그런데 재화는 하늘에서 떨어지거나 땅에서 솟아오르지 않으므로 반드시 있는 물건과 없는 물건을 무역하고 운송할 수 있도록 대비해야 한다. 무역의 방법으로는 배가 가장 편리하고, 수레나 말이 그 다음이다.

人生於世, 養生送死, 皆需財用, 而財非天降地湧, 故必待貿遷有無. 貿遷之道, 舟利爲最, 車馬次之.

가령 부유한 상인은 남쪽으로는 일본과 무역하고, 북쪽으로는 중국과 무역한다. 여러 해 동안 천하의 물품을 골고루 운반하여 더러는 수백만금의 돈을 번 사람도 있다. 이들은 서울에 많이 있고, 다음으로는 개성(開城)에 많으며, 또 그 다음으로는 경상도의 동래(東萊)·밀양(密陽), 평안도의 의주(義州)·안주(安州)·평양(平壤)이다. 이 지역들은 모두 남북으로 통하는 길이기 때문에 무역할 때마다 희귀한 물건을 획득하니 그들이 얻는 이익은 국내 상업에 비하여 2~5배나 된다.

若乃富商大賈, 南通倭國, 北通中國, 積年灌輸天下之物, 或至累百萬金者, 惟漢陽多有之, 次則開城, 又次則嶺南之東萊、密陽、關西之義州、安州、平壤, 皆以通南北之路, 每獲奇羨, 其利倍蓰於國內商販.

그러나 사대부는 이런 일을 할 수 없으므로 다만 생선과 소금이 서로 유통되는 곳을 살펴 선박을 두

然士大夫不可爲此, 但視魚鹽相通處, 置船受贏以

고 이익을 얻어 관혼상제에 필요한 비용을 준비한다면 또한 무슨 해가 되겠는가?《팔역가거지[1]》[2]

備冠婚喪祭之需, 亦何害哉?《八域可居誌》

2) 배로 얻는 이익

일반적으로 무역과 운송의 방법은 말이 수레만 못하고 수레는 배만 못하다. 우리나라의 동쪽·서쪽·남쪽은 모두 바다라서 배가 통하지 않는 곳이 없다. 그러나 동해는 바람이 세고 물살이 거세기 때문에 경상도 동쪽의 바다와 연접한 여러 고을과 강원도 영동의 여러 고을 및 함경도는 배가 서로 통하지만 남쪽 지방의 배는 동해에 오는 일이 드물다. 서해와 남해는 물살이 느려서 남쪽으로 전라도와 경상도에서부터, 북쪽으로 서울과 개성에 이르기까지 상선(商船)의 왕래가 끊이지 않는다. 이들 상선은 또한 북쪽으로 황해도와 평안도 두 도(道)와 통한다.

배를 이용하는 상인은 출입할 때 반드시 강과 바다가 서로 통하는 곳에서 이익을 관리하며 짐을 내리고 싣는다.

그러므로 경상도의 경우 낙동강(洛東江)이 바다로 들어가는 곳이 김해(金海)의 칠성포(七星浦)[3]이다. 배는 북쪽으로 상주(尙州)[4]까지 거슬러 올라가고, 서쪽

船利

凡貿遷之道, 馬不如車, 車不如船. 我國東、西、南皆海, 船無有不通. 然東海風高水悍, 慶尙東沿海諸邑與江原道嶺東諸邑及咸鏡一道, 互相通船, 而南舶則罕有至焉. 西、南海則水緩, 南自全羅、慶尙, 北至漢陽、開城商船絡繹. 又北則通黃海、平安兩道矣.

舟商出入, 必以江海相通處, 管利脫貰.

故慶尙則洛東江入海處爲金海七星浦, 北泝至尙州, 西泝至晉州, 惟金海縮轄

---

1 팔역가거지 : 이중환(李重煥)의 지리지로, 《택리지》로 더 알려져 있다. 8도의 지리와 각 지역에 관련된 역사·경제·사회·교통 등을 다루었다. 《택리지》의 이명(異名)이다.

2 《擇里志》〈卜居總論〉"生利", 44~48쪽.

3 칠성포(七星浦) : 미상.

4 상주(尙州) : 조선 시대 상주목(尙州牧)을 말하며, 배는 낙동진(洛東津)까지 올라간다. 현재 경상북도 구미시 도개면 용산리, 문경시 산북면 거산리·김용리·대상리·대하리·서중리·석봉리·소야리·약석리·우곡리·월천리·이곡리·전두리·종곡리·호암리·회룡리, 산양면 과곡리·녹문리·반곡리·봉정리·부암리·불암

으로 진주(晉州)[5]까지 거슬러 올라가지만, 오직 김해
가 낙동강 입구를 관할한다.

전라도의 경우 나주(羅州)의 영산강(靈山江)[6], 영
광(靈光)의 법성포(法聖浦)[7], 흥덕(興德)의 사진포(沙津
浦)[8], 전주(全州)의 사탄(斜灘)[9]은 물길이 비록 짧지만
모두 조수와 통하여 상선을 모으는 곳이다.

충청도는 금강 한 줄기인데, 근원이 멀지만 공주
(公州)[10] 동쪽은 물이 얕고 여울이 많아 해선(海船)과
통하지 못한다. 부여(扶餘)[11]와 은진(恩津)[12]부터 비로
소 조수와 통하기 때문에 백마강(白馬江)[13] 아래로 진

其口.

全羅則羅州之靈山江、靈
光之法聖浦、興德之沙津
浦、全州之斜灘, 水雖短,
皆以其通潮而聚商船.

忠淸則錦江一水, 其源雖
遠, 公州以東, 水淺多灘,
不通海船. 自扶餘、恩津,
始通海潮, 故白馬以下鎭江

리·송죽리·신전리·연소리·우본리·위만리·존도리·진정리·평지리·현리·형천리, 영순면 금림리·김용리·
사근리·율곡리·의곡리·이목리, 호계면 가도리·막곡리·봉서리·부곡리·선암리, 상주시 시내·공성면·낙
동면·내서면·모동면·모서면·외남면·외서면·중동면·청리면·화남면·화동면·화서면, 은척면 남곡리·두
곡리·무릉리·문암리·봉상리·봉중리·우기리·장암리, 화북면 상오리·용유리·운흥리·입석리·장암리·중
벌리, 예천군 풍양면 낙상리·와룡리·효갈리, 의성군 단밀면·단북면, 구천면 소호리·용사리·장국리, 충
청북도 영동군 추풍령면 웅북리, 충청북도 보은군 속리산면 일대.
5 진주(晉州) : 경상남도 진주시 일대 및 고성군 영현면, 하동군 악양면·화개면, 산청군 시천면, 산청군 단성
   면 관정리·운리, 사천시 실안동·동서동, 남해군 창선면 일대.
6 전라남도 중서부 지역을 지나 서해로 흘러드는 강.
7 법성포(法聖浦) : 전라남도 영광군 법성면 해안에 있는 포구. 예로부터 들이 넓고 바다가 가까워 물산이 풍
   부한 고장이라 하여 '옥당(玉堂)고을'로 불렸다. 특히 조기가 많이 잡혀 영광굴비의 본고장으로 유명하다.
8 사진포(沙津浦) : 전라북도 고창군 흥덕면 사포리에 있던 포구.
9 사탄(斜灘) : 만경강 지류의 옛 이름. 《대동여지도》에는 횡탄(橫灘)으로 적혀 있다.
10 공주(公州) : 충청남도 공주시 계룡면, 반포면, 사곡면, 시내, 신풍면, 우성면, 유구읍, 의당면, 이인면, 장
   기면, 정안면, 탄천면, 논산시 상월면 석종리, 부여군 부여읍 저석리, 연기군 금남면, 남면 나성리·방축
   리·송담리·송원리·종촌리, 대전광역시 중구, 동구 구도동·낭월동·대별동·삼괴동·상소동·소호동·원
   동·이사동·인동·장척동·동·중동·하소동·효동, 서구 갈마동·내동·도마동·둔산동·변동·복수동·삼천
   동·용문동·정림동, 유성구 금고동·금탄동·갑동·구성동·구룡동·구암동·궁동·노은동·대동·덕진동·
   도룡동·둔곡동·반석동·복룡동·봉명동·봉산동·상대동·송강동·수남동·신봉동·신성동·어은동·외삼
   동·원신흥동·자운동·장대동·죽동·지족동·추목동·하기동 일대.
11 부여(扶餘) : 충청남도 부여군 규암면·은산면, 부여읍(현북리 제외), 초촌면 세탑리·송국리·신암리·연화
   리·응평리·초평리·추양리 일대.
12 은진(恩津) : 충청남도 논산시 가야곡면·은진면·채운면, 강경읍 남교리·대흥리·동흥리·북옥리·산양리·
   서창리·염천리·중앙리·채산리·채운리·태평리·홍교, 시내 가산동·관촉동·내동·대교동·등화동·반월
   동·지산동·취암동·화지동, 양촌면 석서리·중산리, 연무읍 금곡리·동산리·마산리·소룡리·양지리·죽본
   리·죽평동 일대. 《택리지》에서는 강경(江景)을 명시하고 있다.
13 백마강(白馬江) : 금강의 이칭으로, 부여 일대를 흐르는 구간.

강(鎭江)[14]까지의 일대는 모두 뱃길이 편하게 통한다. 이 중에서도 오직 은진이 수륙의 요충지라서 상선이 속속 모여든다. 아산(牙山)의 공세호(貢稅湖)[15]와 덕산(德山)의 유궁포(由宮浦)[16]는 물길이 크고 근원이 길다.[17] 홍주(洪州)[18]의 광천(廣川)[19]은 비록 냇가의 항구이지만 조수와 통하기 때문에 모두 상인들이 출입하여 짐을 내리고 싣는 곳이 되었다.

경기도는 연해의 여러 고을에 비록 조수와 통하는 하천이 많지만 서울에 가깝기 때문에 상선이 많이 모이지는 않는다.

서울의 경우 충주강(忠州江)[20]과 춘천강(春川江)[21]이 서울에서 동남쪽으로 80리 떨어진 광주(廣州) 땅에서 합쳐져서 서쪽으로 서울을 지나고, 또 서쪽으로

一帶, 皆通船利. 惟恩津爲水陸要衝, 走集商船. 牙山貢稅湖, 德山由[1]宮浦, 水大而源長. 洪州廣川, 雖溪港而以通潮, 故竝爲商賈出入脫貰之所.

京畿則沿海諸邑, 雖多通潮之川, 以近京, 故商船不大集.

漢陽則忠州江與春川江, 合于漢陽東南八十里廣州地, 西過京都, 又西至交

---

14 진강(鎭江) : 금강의 이칭. 백마강 하류에서 바다로 흘러가는 강을 말한다. 《대동여지도》에는 진포(鎭浦)로 적혀 있다.

15 공세호(貢稅湖) : 충청남도 아산시 인주면 공세리 앞 바다의 옛 명칭. 조선 초기부터 이곳에 공세창(貢稅倉, 공진창의 이명)을 설치해 충청도 여러 고을의 세곡을 거두어 들여서 뱃길로 서울까지 운송하였다.

16 유궁포(由宮浦) : 충청남도 예산군 신암면, 당진시 합덕읍, 아산시 선장면의 경계로, 삽교천과 무한천이 만나는 지점에 있었던 듯한 포구. 유궁진(由宮津)이라고도 한다. 이 위치를 알려주는 정확한 자료는 없다. 유궁진 서쪽에 홍주·덕산이 있고, 동쪽에 신창·예산이 있다는 아래의 해설과 "유궁포 북쪽에 이르러 소사하(素沙河)와 합류하고, 이 두 물이 만나는 곳에 영인산(靈仁山)이 있다"는 충청도 기사의 후반부 설명에 의거한 결론이다. 이곳은 지금 삽교천 방조제가 조성되어 있다.

17 아산(牙山)의……길다 : 《상택지》 권1 〈집터 살피기〉 "생업조건"에서는 이 지역을 내포(內浦)라 했다.

18 홍주(洪州) : 충청남도 당진시 신평면, 송악읍 고대리·부곡리·오곡리·월곡리·전대리·한진리, 순성면 중방리, 우강면 세류리, 합덕읍 대전리·대합덕리·도곡리·석우리·성동리·소소리·신리·신석리·옥금리·운산리, 보령시 용천면, 오천면 녹도리·삽시도리·외연도리·원산도리, 서산시 고북면, 운산면 가좌리·거성리·상성리·소중리·원벌리, 청양군 화성면, 남양면 구룡리·대봉리·온암리·용두리·용마리·홍산리, 비봉면 강정리·방한리·양사리·용천리, 홍성군 갈산면·금마면·장곡면·홍동면·홍북면·홍성읍, 은하면 장척리, 전라북도 군산시 옥도면 어청도리 일대.

19 광천(廣川) : 충청남도 홍성군 광천읍 광천리 일대. 조선 시대에는 물고기와 소금이 집산되던 옹암포구와 광천장(廣川場)이 있어 유통이 활발하였다.

20 충주강(忠州江) : 남한강 중에서 충주(忠州) 구간을 흐르는 강이다.

21 춘천강(春川江) : 북한강 중에서 춘천(春川) 구간을 흐르는 강이다.

[1] 由 : 저본에는 "申". 《擇里志·卜居總論·生利》에 근거하여 수정.

가서 교하(交河)[22]에 이른다. 여기에서 또 북쪽으로 가서 장단(長湍)[23]의 임진강(臨津江)을 만나고 서쪽으로 가서 강화(江華)의 동북쪽에서 조강(祖江)[24]이 된다. 여기에서부터 한 갈래가 갈라져 강화 북쪽에서 승천포(昇天浦)[25]가 되고, 보련강(寶輦江)[26] 서쪽에서 바다에 들어가니, 황해도 및 평안도의 배와 통한다. 또 다른 한 갈래는 강화의 동쪽에서 갑곶수(甲串水)[27]가 되었다가, 영종도(永宗渡)[28] 남쪽에서 바다에 들어가니, 충청도·전라도·경상도의 3도와 통한다.

서울에서 남쪽으로 10리를 가면 '용산(龍山)[29]'이라 한다. 강화에서 2번의 밀물을 타면 용산에 도달할 수 있으나, 용산의 동쪽은 조수의 세력이 이르지 못한다. 용산의 동쪽은 서빙고(西氷庫)[30]와 뚝섬

河. 又北會長湍臨津之水, 西至江華東北爲祖江, 自此歧一派, 從江華北爲昇天浦, 寶輦江西入于海, 通黃海、平安之船. 一派, 從江華東爲甲串水, 永宗渡南入于海, 通忠淸、全、慶三道.

自京城南行十里曰"龍山". 自江華乘二潮, 可達龍山, 龍山以東, 潮勢不至矣. 龍山之東爲西氷庫、纛島, 通

---

22 교하(交河) : 경기도 파주시 시내, 교하읍, 탄현면, 조리읍 등원리 일대.
23 장단(長湍) : 경기도 파주시 군내면, 장단면, 진동면, 진서면, 연천군 백학면 갈현리·고읍리·두매리·두현리·매현리·백령리·사시리·석주원리·오음리·자작리·항동리·판부리·포춘리, 장남면, 왕징면 고왕리·고잔상리·고잔하리·기곡리·임강리, 파주시 문산읍, 적성면, 파평면 일대.(일제강점기 당시 주소로 장단군 강상면, 군내면, 대강면, 장단면, 장도면, 장남면, 진서면, 진동면 일대 포함)
24 조강(祖江) : 한강과 임진강이 만나는 한강 하류의 물줄기. 경기도 개풍군 덕수 남쪽과 경기도 김포시 월곶면 조강리 앞에서 만난다.
25 승천포(昇天浦) : 황해북도 개성시 풍덕군 일대에 있었던 포구로, 강화도 북쪽의 승천포(昇天浦)와 마주보고 있다. 1696년에 편찬된 《강도지(江都志)》에는 "승천포의 근원은 봉두산에서 출발하여 북으로 흘러 바다에 들어간다."고 했다. 이 때문에 승천포·금곡천·다송천·승천개 등 불리는 명칭이 다양했다. 《대동여지도》에는 개성 지역에 '승천포(昇天浦)'라고 적혀 있고, 강 건너 강화 지역에 '승천(昇天)'이라 적혀 있어, 서로 이름이 같은 포구가 짝을 이루고 있다.
26 보련강(寶輦江) : 예성강 하구의 보련곶(寶輦串)에서 교동도(喬桐島) 위쪽을 통과하여 외해로 나가는 물길. 실제로는 바다이다.
27 갑곶수(甲串水) : 인천광역시 강화군 갑곶리 갑곶돈대 주위의 바다.
28 영종도(永宗渡) : 인천광역시 중구 운서동 영종도(永宗島)에 있었던 나루터.
29 용산(龍山) : 서울특별시 용산구 일대. 조선 시대에 한강 상류로부터 오는 세곡(稅穀)이 하역되던 곳.
30 서빙고(西氷庫) : 조선 시대 예조에 소속되어 얼음의 채취·보존·출납을 담당하던 관아. 서울특별시 용산구 서빙고동 파출소 근처에 있었다.

[纛島]31인데, 이곳은 내륙의 산골짜기 고을에서 나는 이익과 통한다. 용산의 서쪽은 마포(麻浦)32·토정(土亭)33·양화진[楊花渡]34인데, 남북의 바닷가 고을에서 나는 이익과 통한다. 그러므로 서울은 한 나라의 배로 실어 나르는 데에 따른 이익을 독차지하기 때문에 한강 상류와 하류 모두에는 이익을 노려 부자가 된 사람이 많다.

개성부(開城府)35의 경우 승천포가 마주보는 앞의 강으로, 한강에 비해 더욱 깊고 넓으며, 개성부 치소와의 거리는 40리 남짓이다. 승천포의 하류는 보련강이고 남쪽으로 흘러 바다에 들어간다. 보련강의 북쪽에는 따로 하나의 물길이 와서 모이니 곧 개성 오관산(五冠山)36 뒤쪽(북쪽)의 물길이다.37

황해도 평산(平山)38의 저탄(猪灘)39은 금천(金川)40

峽邑之利；龍山之西爲麻浦、土亭、楊花渡, 通南北海邑之利. 故漢陽都輸一國船運之利, 上下江俱多射利致富之人.

開城府則昇天浦爲面前水, 而比漢江尤深濶, 距府治四十餘里. 昇天下流爲寶輦江, 南入海, 而自寶輦北別有一水來會, 卽開城五冠山後水也.

黃海道平山猪灘, 合金②

---

31 뚝섬[纛島]：서울특별시 성동구, 광진구 자양동·구의동 일대. 조선 시대 군대를 사열하거나 출병할 때 이 섬에 둑기를 세우고 둑제를 지낸 곳이라 하여 뚝섬이라 불렸다.

32 마포(麻浦)：서울특별시 마포구 마포동 일대 한강에 있던 포구.

33 토정(土亭)：토정 이지함(李之菡)이 지은 정자에서 유래한 지명으로, 오늘날 서울특별시 마포구 토정동의 유래이다.

34 양화진[楊花渡]：서울특별시 마포구 합정동 일대 한강에 있던 나루. 지방에서 올라오는 조세를 분배하는 장소이자 한강 방어선의 요충지였다.

35 개성부(開城府)：황해북도 개성시 남면, 동면, 북면, 서면, 송도면, 영남면, 영북면, 청교면, 토성면 일대.

36 오관산(五冠山)：개성직할시 용흥동과 황해도의 경계에 있는 산. 5개의 봉우리가 갓 모양이다. 고려시대 효자 문충이 오관산 아래에서 어머니를 봉양하다가 어머니가 늙어감을 한탄한《오관산곡(五冠山曲)》이 현재까지 전해진다.

37 보련강의……물길이：보련곶 일대로 지금의 예성강 하구를 가리킨다. 이 강줄기에 고려시대의 주요 무역 항이었던 벽란도(碧瀾渡)가 있다.

38 평산(平山)：황해북도 평산군 일대.

39 저탄(猪灘)：황해북도 평산군 옥촌리 동남쪽 예성강에 있는 여울. 유속이 돼지 걸음처럼 느리다 하여 이러한 이름이 붙었다.

40 금천(金川)：황해북도 금천군 일대로, 개성의 바로 북쪽이다. 원문에는 금천이 이천(梨川)으로 적혀 있으나, 이는 잘못이다. 이천은 신계(新溪)의 동쪽에 있는 고을로, 이곳의 물은 모두 임진강 상류를 형성하기 때문이다.

② 金：저본에는 "伊". 문맥에 근거하여 수정.

과 신계(新溪)⁴¹의 물과 합하여 커져서 강이 된다. 이 강은 강음(江陰)⁴²을 거치고, 개성에서 서쪽으로 꺾인 다음 남쪽으로 흘러가면 이포(梨浦)⁴³·전포(錢浦)⁴⁴·벽란도(碧瀾渡)⁴⁵·창릉(昌陵)⁴⁶이고 보련강으로 들어간다. 이 강은 통칭하여 '후서강(後西江)'이라 한다. 개성부 서쪽과의 거리는 30리가 채 못 되고 조석과도 통한다. 이 때문에 옛날 왕씨(고려)가 수도를 세웠을 때 8도에서 바친 식량이 모두 이곳에서 모였다. 지금은 개성의 규모가 큰 상인이 강가에 집을 많이 지었으니, 다른 도의 배가 통하여 이익을 얻고 그 이익은 은진에 못지않다.

평안도의 경우에는 평양의 대동강(大同江)과 안주(安州)⁴⁷의 청천강(淸川江)⁴⁸이 또한 배로 얻는 이익과 통한다. 그러나 남쪽에 험한 장산곶(長山串)⁴⁹이 있기 때문에 남쪽의 배가 잘 오지 않는다. 장산곶은 황해도의 장연(長淵)⁵⁰ 땅에 있는데, 곶이 바다에 쑥 들어가 있으므로 암초와 급류가 험해 뱃사람들이 모두 두

川、新溪之水, 大而爲江. 歷江陰, 從開城西折而南下, 爲梨浦、錢浦、碧瀾渡、昌陵, 入于寶輦江, 通稱 "後西江", 距府西不滿三十里, 且通潮汐. 昔王氏建都時, 八道饋餉皆萃於此. 今則開城富商大賈多治第宅於江岸, 通外道船利, 不下於恩津矣.

平安則平壤之大同江、安州之淸川江, 亦通船利. 然南有長山之險, 故南船罕至. 長山串者在海西長淵地, 斗入海中, 有礁石、濤瀧之險, 船人皆畏之.

---

41 신계(新溪) : 황해북도 신계군 일대.
42 강음(江陰) : 황해남도 봉천군 연흥리 일대.
43 이포(梨浦) : 임진강에서 경기도 연천군 장남면 원당리 일대를 흐르는 구간. 임진강의 북쪽에서 발원한 사미천이 임진강에 합류하는 지역이며 원당리에는 삼국시대의 호로고루성지가 남아 있어 지명의 흔적을 엿볼 수 있다. 포로하(匏蘆河)·호로탄(瓠蘆灘)·호로하(瓠蘆河)로도 쓴다. 《대동지지(大東地志)》에서는 수탄(戌灘)이라고도 했으며, 《대동여지도》에 사미천과 임진강 합류 지점에 수탄을 명기했다.
44 전포(錢浦) : 황해북도 개풍군 연강리 서북쪽 전포벌을 지나 예성강으로 유입되는 하천. 포구가 있었다.
45 벽란도(碧瀾渡) : 황해북도 개풍군 예성강 하류에 있었던 항구. 고려시대에 번성했으며, 조선 시대에도 교통의 요지였다.
46 창릉(昌陵) : 고려 태조 왕건(王建)의 아버지 왕융(王隆)의 능으로, 황해북도 개풍군 남포리 영안성에 있다.
47 안주(安州) : 평안남도 안주군 일대.
48 청천강(淸川江) : 평안북도 희천군 석립산에서 발원하여 평안북도의 남부를 남서로 흘러 황해로 흘러드는 강.
49 장산곶(長山串) : 황해남도 용연군 서해안에 돌출된 반도.
50 장연(長淵) : 황해남도 장연군 일대.

려워한다.

충청도 태안(泰安)[51]의 서쪽에 안흥곶(安興串)[52]이 있는데, 또한 바다에 쑥 들어가 있다. 이곳은 두 바위가 높이 솟아 배가 이 두 바위문을 지나가기 때문에 뱃사람들이 매우 두려워한다. 그러나 안흥은 삼남의 조운로인 데다가 서울의 여러 궁가(宮家)[53] 및 사대부가에서 삼남에 농장을 두지 않은 가문이 없다. 그들이 삼남 농장에서 수송하는 곡물에 의지하기 때문에 뱃사람들이 물길에 익숙하여 상인들 또한 안흥곶의 물길을 대부분 안뜰처럼 여긴다.

이에 비해 평안도는 조세를 조정에 내는 데에 조운을 이용하라는 규례가 없는 데다[54] 서울의 사대부들이 이전부터 평안도와 황해도에 농장을 두지 않았기 때문에 사사로운 조운 또한 끊어졌다. 오직 상선이 왕래할 뿐인데, 이 또한 삼남처럼 많이 왕래하지는 않기 때문에 뱃사람들이 물길에 익숙하지 않아 장산곶을 안흥곶보다 훨씬 더 두려워한다.

대체로 나라 안의 여러 강 가운데 한강이 가장 크고 발원지가 멀며 서울과 매우 가까워 육지와 바다의 재화를 받아들이는 것으로 으뜸이다.

그 다음은 강경진(江景津)인데, 이곳은 충청도와 전라도의 육지와 바다 사이에 자리잡아 금강 남쪽의

西泰安之西有安興串, 亦斗入海中, 兩石陡起而舟從兩石門過, 船人甚畏之. 然安興爲三南漕路, 且京城諸宮家及士夫家無不置庄於三南, 仰其轉輸, 船人慣熟水路, 商賈亦多視安興如門庭矣.

平安則貢賦無漕運之規, 且京都士夫不曾置庄於西路, 故私漕亦絶. 惟商船來往, 亦不如三南之多, 故船人不慣水路, 畏長山過於安興矣.

大抵國中諸水, 漢水最大而源遠, 密邇京城, 受陸海之貨, 當爲第一.

其次則江景津, 居湖西·南陸海之間, 爲錦南野中一

---

51 태안(泰安) : 충청남도 태안군 남면·소원면·원북면·이원면·태안읍, 근흥면 두야리·마금리·수룡리·안기리·용신리, 안면읍 정당리, 서산시 팔봉면 고파도리 일대.
52 안흥곶(安興串) : 충청남도 태안군 근흥면 신진도리·정죽리·도황리 일대.
53 궁가(宮家) : 대군(大君)·왕자군(王子君)·공주(公主)·옹주(翁主)의 집을 통틀어 이르는 말.
54 평안도는……데다 : 평안도 지역은 국경 수비와 사신이 왕래할 때 드는 비용을 댔기 때문에 공납과 부세를 서울로 운송하지 않고 해당 지역에서 처리했다.

들판 가운데에서 하나의 큰 도회지이다. 어부와 산골짜기의 사람들이 모두 이곳에서 물건을 내어 교역하고 봄과 가을에는 생선을 잡고 해산물을 채취하니, 생선 비린내가 마을에 가득하다. 큰 배와 작은 배가 밤낮으로 담을 쌓아 놓은 듯이 나란히 서 있고, 1달에 6번 큰 시장이 열리니, 멀고 가까운 곳의 재화를 옮겨오기 때문에 재화의 풍부함이 서울의 동강과 서강에 못지않다.

그 다음으로 김해의 칠성포는, 경상도 한 도의 수구로서, 남북으로 바다와 육지의 이익을 모두 꿰차고, 관청과 개인 모두 소금을 팔아 크게 이문을 남긴다. 이 3곳은 배로 얻는 이익이 최고이다.

만약 한강의 상류로 춘천(春川)의 우두촌(牛頭村)[55]·원주(原州)의 흥원창(興元倉)[56]·충주(忠州)의 금천(金遷)[57] 같은 곳이나, 임진강의 상류로 연천(漣川)의 징파도(澄波渡)[58]·장단의 고랑진(高浪津)[59] 같은 곳은 모두 상선이 모여 소금을 운송하고 파는 곳이다. 그러나 상류의 배는 모두 폭이 좁고 크기가 작아 바다로 나가 이익을 꿰차지 못한다. 《팔역가거지》[60]

大都會. 海夫、峽戶皆於此出物交易, 春秋漁採, 魚腥滿村. 巨舫、小艓日夜如堵墻, 一月六大市, 委輸遠近之貨, 富盛不下於漢陽東、西江.

其次則金海七星浦, 居慶尙一道之水口, 盡縮南北海陸之利. 公私皆以販鹽, 大取贏餘. 此三處爲船利之最.

若漢江上流如春川之牛頭村、原州之興元倉、忠州之金遷、臨津上流如漣川之澄波渡、長湍之高浪津, 皆商船聚集轉販之所. 然上流之船率皆狹小, 不能出海縮利矣. 《八域可居誌》

---

55 우두촌(牛頭村): 강원도 춘천시 우두동 일대. 소의 머리처럼 생긴 우두산 아래에 자리를 잡고 있기 때문에 '소머리' 또는 '우두'라 불리기도 했다.

56 흥원창(興元倉): 고려시대와 조선 시대 강원도 원주에 설치되었던 조창(漕倉). 원주에서 남쪽으로 30리쯤 떨어진 섬강 북쪽 언덕에 있었다.

57 금천(金遷): 충청북도 충주시 가금면 창동리 일대로, 달천과 남한강(청풍강)이 만나는 지점이다.

58 징파도(澄波渡): 경기도 연천군 왕징면 북삼리 일대를 흐르던 강. 징파강(澄波江)이라고도 하며, 임진강의 본류이다.

59 고랑진(高浪津): 경기도 연천군 장남면 고랑포리에 있던 나루터.

60 《擇里志》〈卜居總論〉 "生利", 45~48쪽.

수레 100대에 싣는 짐의 양은 배 1척에 싣는 양만 못하고, 육지에서 1,000리를 가는 것이 배로 10,000리를 가는 편리함만 못하다. 그러므로 장사할 때는 반드시 수로를 귀하게 여긴다. 《북학의》[61]

3) 수레로 얻는 이익

우리나라는 길이가 동서로는 1,000리이고 남북으로는 동서의 3배이며, 서울이 그 가운데에 위치한다. 전국의 재화가 서울로 모일 때 그 거리가 가로로 500리를 넘지 않고 세로로 1,000여 리를 넘지 않는다. 또 3면이 바다에 둘러싸여 근해 지역은 각각 배로 다닌다. 그러니, 육지를 통해 장사하는 경우는 길이 멀어도 6~7일 일정을 넘지 않고 가까우면 2~3일 일정이니, 한쪽 끝에서 다른 한쪽 끝까지 가는 기간은 서울까지의 2배이다. 만약 유안(劉晏)[62]이 잘 달리는 사람을 두었던 일처럼 한다면 전국 재화의 가치를 며칠 안으로 고르게 조정할 수 있을 것이다.

그러나 산골 사람 중에 아그배[63]를 담가 식초를 얻고 이것으로 소금과 메주를 대신하는 사람은 새우젓이나 조개젓을 보고 이상한 음식이라 여긴다. 그들이 이처럼 가난한 이유는 무엇 때문인가? 딱 잘

車利

我國東西千里, 南北三之, 而王都居其中焉. 四方物貨之來集者, 橫不過五百里, 縱不過千餘里. 又三面環海, 近海處各以舟行, 則陸地之通商者, 度遠不過六日程, 近則二三日程, 自一邊至一邊者倍之. 若如劉晏之置善走者, 則四方物貨之貴賤, 可以平準於數日之內矣.

然而峽人有沈柤梨取酸以代鹽豉者, 見鰕蛤醢而爲異物焉. 其窶如此者何也? 斷之, 曰無車之故也. 今

百車之載, 不及一船; 陸行千里, 不如舟行萬里之爲便[3]利也. 故通商必以水路爲貴.《北學議》

---

61 《北學議》〈外編〉"通江南浙江商舶議"(《완역 정본 북학의》, 437쪽).
62 유안(劉晏): 715~780. 당(唐)나라 중기의 관료로, 안녹산(安祿山)·사사명(史思明)의 난 이후 재정회복에 힘썼다. 염세(鹽稅)를 개선하고 평준법(平準法)을 시행하는 등 업적이 있었다. 이 과정에서 물가를 안정시키기 위하여 전국의 시세를 조사하여 남는 물건을 사들이고 부족한 물건을 공급했다. 유안의 정책으로 수운이 크게 개선되어 당나라 경제는 크게 발전했다.
63 아그배: 사과나무속에 속하여 분류학적으로는 사과와 가까우나 열매가 돌배와 비슷하다.
③ 爲便: 저본에는 "便爲". 규장각본·오사카본·《北學議·外編·通江南浙江商舶義》에 근거하여 수정.

라 말하면 수레가 없기 때문이다. 지금 전주(全州)의 상인이 처자식을 이끌고 생강·빗을 짊어지고 걸어서 함경도나 의주까지 간다면 이익이 2~5배가 되지 않을 리 없다. 그러나 힘은 걸어가는 길에서 다 써버리고 부부 사이의 화목한 즐거움을 누릴 시간도 없을 것이다. 원산(原山)에서 말에 다시마와 건어물을 싣고 밤낮으로 서울과 함경도를 이어주는 길을 힘껏 다녀도 이익이 많이 남지 않는 이유는 말을 쓰는 비용이 전체 비용의 절반을 넘기 때문이다.

그러므로 강원도 영동에는 꿀이 나지만 소금은 없고, 평안도에는 철이 나지만 감귤은 없으며, 함경도에는 삼이 잘 되지만 면포는 귀하며, 산골짜기에는 붉은팥이 값싸고 바닷가에는 젓갈이 물릴 정도로 많다. 경상도의 오래된 절에서는 명지(名紙)[64]가 생산되고, 청산(靑山)[65]과 보은(報恩)[66]에는 대추나무 숲이 무성하다. 강화도는 경강(京江)[67]의 입구에 있으며 감이 많이 난다. 백성들이 서로 의지하여 풍족하게 쓰려고 하지 않는 사람이 없지만 도리어 장사에 쓸 힘이 부족할 뿐이다.

더러는 말만 부려도 충분하다고 한다. 무릇 말 1마리는 비록 수레 1대와 맞먹으나, 수레가 오히려 더욱 이로운 것은 말이 수레를 끌고 가는 힘과 짐을

夫全州之商挈妻子負生薑、比疏、而步往北關、龍灣、則利非不倍蓰也. 筋力消於路, 而室家之樂無時也. 原山之馬、馱海帶、鱐魚, 晝夜亘乎北路而無甚贏者, 馬之費過半也.

故嶺東産蜜而無鹽, 關西産鐵而無柑橘, 北道善麻而貴綿布, 峽賤赤豆, 海獸鱐鯬. 嶺南古刹出名紙, 靑山、報恩饒棗林, 江華在京江之口而多柹. 民莫不欲相資而足用也, 顧力不及耳.

或曰馬亦足矣, 夫一馬之與一車雖敵焉, 而猶甚利者, 牽之之力與負之之勞絶殊,

---

64 명지(名紙):과거시험의 답안을 쓰는 종이로, 나라에서 정한 규격에 따라 제작되었다.
65 청산(靑山):충청북도 옥천군 청산면 일대.
66 보은(報恩):충청북도 보은군 마로면·보은읍·산외면·삼승면·속리산면·수한면·장안면·탄부면, 내북면 두평리·상궁리·서지리·세촌리·이원리·하궁리 일대.
67 경강(京江):한강의 뚝섬부터 양화진까지의 구간을 부르던 말.

지고 가는 노고는 매우 다르기 때문이다. 그러므로 수레를 끄는 말은 병들지 않는다. 하물며 5~6마리의 말이 수레를 끌면 그 말들이 등에 짐을 지는 것에 비해 몇 배의 이익을 내겠는가? 지금 서울 군영(軍營)에서 쓰는 큰 수레는 비록 엉성하고 느리지만 소 5마리가 끌어 곡식 15석을 싣는다. 소 1마리의 등에 각각 곡식 2석을 싣는 일에 비하면, 이미 1/3의 이익을 얻은 것이다. 《북학의》[68]

사람들은 항상 "우리나라의 험준한 고을은 수레를 쓸 수 없다."라 하는데, 이것이 무슨 뚱딴지 같은 말인가? 나라에서 수레를 쓰지 않기 때문에 길이 닦이지 않았을 뿐이다. 수레가 다니면 길이 저절로 닦일 텐데, 어째서 거리의 좁고 험함과 고개의 험하고 가파름을 걱정하는가? 경전에서 "배와 수레가 이르는 곳, 서리와 이슬이 내리는 곳."[69]이라 하였으니, 이는 수레로 가면 멀어도 거리를 단축시키지 못하는 곳이 없다는 말이다.

중국에는 검각(劍閣)[70]에 아홉 굽이의 험한 길이

故馬不病也. 而況五六馬之於車也, 有數倍之利者哉? 今京中軍門[4]大車雖癡鈍, 以五牛載十五石, 比之單牛背各載兩石, 已獲三分一之利矣.《北學議》

人有恒言, 曰"我東巖邑不可用車", 是何言也? 國不用車, 故道不治耳. 車行則道自治, 何患乎街巷之狹隘、嶺阨之險峻哉? 傳曰"舟車所至, 霜露所墜", 是稱車之無遠不屆也.

中國固有劍閣九折之險、太

---

68 《北學議》〈進上本北學議〉"車"《완역 정본 북학의》, 453~454쪽).
69 배와……곳: 세상의 모든 곳.《중용(中庸)》31장에서 "그러므로 성인의 명성은 중국에 흘러 넘치고 만(蠻)이나 맥(貊) 같은 오랑캐의 땅에도 미치며, 배와 수레가 가는 곳, 인력이 통하는 곳, 하늘이 덮어 준 곳, 땅이 실어 준 곳, 해와 달이 비추는 곳, 서리와 이슬이 내리는 곳에도 미친다. 일반적으로 혈기 있는 사람 중에서 성인을 존경하고 친애하지 않는 사람이 없다. 그러므로 성인이 하늘에 짝한다고 말하는 것이다.(是以聲名洋溢乎中國, 施及蠻·貊, 舟車所至, 人力所通, 天之所覆, 地之所載, 日月所照, 霜露所墜. 凡有血氣者莫不尊親, 故曰配天.)"라 했다.
70 검각(劍閣): 지금 중국의 사천성(泗川省) 광원시(廣元市) 검각현(劍閣縣)에 있는 관문으로, 한중(漢中) 분지에서 사천성으로 가는 유일한 길이었다.
[4] 京中軍門:《北學議·進上本北學議·車》에는 없음.

있고, 태항산(太行山)[71]에 양의 창자처럼 꼬불꼬불하여 위험한 길이 있지만 말을 몰고 지나갈 수 없는 곳은 없다. 그러므로 관중[關陝][72]·천촉(川蜀)[73]·강(江)[74]·제(淛)[75]·민(閩)[76]·광(廣)[77] 등과 같이 멀리 떨어진 지역이라도 부유한 상인이 내 집 앞마당을 걷는 듯이 수레바퀴를 서로 부딪친다. 중국의 재화와 부유함이 한 지방에만 머물러 있지 않고 무역과 운송을 통하여 흘러 다니는 까닭은 모두 수레를 쓰는 이로움 때문이다.

경상도의 아이는 새우젓을 모르고, 강원도의 백성은 아가위[78]를 담가 장을 대신하며, 평안도와 함경도 사람들은 감과 귤을 구별하지 못하고, 연해 지역에서는 멸치[鮧鰌][79]를 밭에 거름으로 주지만, 이것이 혹시라도 서울에 이르면 1줌에 1문(文)[80]이나 되니, 또한 그 귀함은 무엇 때문인가?

行羊腸之危, 而莫不叱馭而過之. 是以關陝、川蜀、江、淛、閩、廣之遠, 巨⑤商大賈, 車轂相擊如履門庭. 所以中國之貨財殷富不滯一方, 流行貿遷, 皆用車之利也.

嶺南之兒不識蝦醢, 關東之民沈柤代醬, 西北之人不辨枾柑, 沿海之地, 以鮧鰌糞田, 而一或至京, 一掬一文, 又何其貴也?

---

71 태항산(太行山):중국 하남성(河南省) 초작시(焦作市)~심양시(瀋陽市) 일대에 있는 산. 태항산맥(太行山脈)의 주산이다.

72 관중[關陝]:지금의 중국 섬서성(陝西省) 일대.

73 천촉(川蜀):지금의 중국 사천성(泗川省) 일대.

74 강(江):지금의 중국 강소성(江蘇省) 일대.

75 제(淛):지금의 중국 절강성(浙江省) 일대.

76 민(閩):지금의 중국 복건성(福建省) 일대.

77 광(廣):지금의 중국 광동성(廣東省)·광서성(廣西省) 일대.

78 아가위:달콤하고 새콤한 맛이 있어 과일로 먹거나 요리로도 먹는다. 한의학에서는 산사자(山査子)라 한다.

79 멸치[鮧鰌] :서유구는 《전어지(佃漁志)》에서 《난호어목지(蘭湖漁牧志)》를 인용하여 "당망(攩網)으로 멸치를 퍼내어 모래자갈 위에 널어 펴서 햇볕에 말려 육지로 파는데 1줌에 1전이다. 만약 날이 흐리거나 비를 만나 썩어 문드러지면 밭의 거름으로 쓰는데 숙성시킨 똥보다 낫다.(以攩網舀取鮧鰌, 散鋪沙磧, 曝乾, 售于陸地, 一掬一錢. 若逢陰雨餒敗, 則用以糞田, 美勝熟糞也.)"라 했다.《전어지》권4〈물고기 이름 고찰〉"바닷물고기"'비늘 없는 종류')

80 문(文):상평통보(常平通寶) 1개. 1678년 윤3월에 공정교환율을 쌀 1말 = 은화 1전 = 상평통보 4전으로 정했는데 이후 시세가 변했다.

⑤ 巨:저본에는 "鋸". 규장각본·오사카본·《熱河日記·馹汛隨筆·車制》에 근거하여 수정.

지금 6진(六鎭)[81]의 삼베, 평안도의 명주, 전라도와 경상도의 닥종이, 황해도의 면화와 철, 충청도 내포의 생선과 소금은 모두 백성들이 살면서 날마다 쓰는 물건이니 없어서는 안 된다. 청산과 보은 일대의 천 그루 대추나무, 황주(黃州)[82]와 봉산(鳳山)[83] 일대의 천 그루 배나무, 흥양(興陽)[84]과 남해(南海)[85] 일대의 천 그루 귤나무와 유자나무, 임천(林川)[86]과 한산(韓山)[87]의 천 이랑 모시, 강원도의 천 통 벌꿀은 백성들이 살아가면서 날마다 쓰는 물건이니, 서로 의지하고 도와주려 하지 않는 사람이 없다.

그러나 여기에서 흔한 물건이라도 저기에서는 귀하고, 이름만 듣고 본적이 없는 이유는 무엇 때문인가? 오직 운반할 힘이 없어 초래된 결과일 뿐이다. 사방 몇 천리의 넓이인 나라에서 백성의 산업이 이처럼 가난한 이유를 한마디로 정리한다면 수레가 나라 안에서 다니지 않기 때문이라 하겠다.《열하일기》[88]

今夫六鎭之麻布、關西之明[6]紬、兩南之楮紙、海西之綿、鐵、內浦之魚鹽, 俱民生日用而不可闕者也. 靑山、報恩之間千樹棗、黃州、鳳山之間千樹梨、興陽、南海之間千樹橘柚、林川、韓山之千畦苧枲、關東之千筒蜂蜜, 爲民生日用而莫不欲相資而相生也.

然而此賤而彼貴, 聞名而不見者何也? 職由無力而致之耳. 方數千里之國, 民萌産業若是其貧, 一言而蔽之, 曰車不行域中之故也.《熱河日記》

---

81 6진(六鎭): 조선 세종 때 여진족에 대비하여 두만강 하류 지역에 설치한 진(鎭)으로, 종성(鐘城)·온성(穩城)·회령(會寧)·경원(慶源)·경흥(慶興)·부령(富寧)이다.

82 황주(黃州): 황해북도 황주군 일대.

83 봉산(鳳山): 황해북도 봉산군 일대.

84 흥양(興陽): 전라남도 고흥군 고흥읍·금산면·남양면·대서면·도덕면·도화면·동강면·동일면·두원면·봉래면·영남면·점암면·포두면·풍양면, 과역면 과역리·노일리·도천리·석봉리·신곡리·연등리·호덕리, 도양읍 관리·봉암리·소록리·용정리·장계리, 여수시 삼산면, 화정면 일대.

85 남해(南海): 경상남도 남해군 고현면·남면·남해읍·삼동면·상주면·서면·설천면·이동면·미조면·창선면 일대.

86 임천(林川): 충청남도 부여군 충화면 가화리·오덕리·청남리·현미리·복금리·지석리·천당리·팔충리, 장암면 상황리·장하리·하황리·북고리·정암리·석동리·원문리·합곡리, 양화면 벽룡리·송정리·수원리·내성리·암수리·원당리·입포리·상촌리·시음리·오량리·족교리·초왕리, 임천면 구교리·칠산리·두곡리·군사리·구교리·가신리·비정리·옥곡리·탑산리, 세도면 반조원리·사산리·화수리·귀덕리·청포리·가회리·장산리·간대리·동사리·수고리·청송리 일대.

87 한산(韓山): 충청남도 서천군 기산면·마산면·한산면·화량면 일대.

88 《熱河日記》〈馹汛隨筆〉"車制", 566~567쪽.

6 明: 저본에는 "名".《熱河日記·馹汛隨筆·車制》에 근거하여 수정.

4) 재화의 매점매석

우리나라는 배가 외국과 통하지 않고, 수레는 나라 안에 다니지 않는다. 그러므로 온갖 물건이 그 산지 안에서 생산되어 그 안에서 소비된다. 무릇 천금(金)은 적은 재화라 물건을 다 사기에는 충분하지 않다. 그러나 이를 쪼개어 10으로 나누면 백금이 10개가 되기 때문에 또한 충분히 10가지 물건을 살 수 있다. 물건이 가벼우면 옮기기 쉬우므로 1가지 재화에서 비록 손해를 보더라도 9가지 재화에서 이문을 남긴다. 이는 통상적으로 이익을 내는 방법으로, 소상인의 장사이다.

만약 만금을 가지면 물건을 다 사기에 충분하다. 그러므로 수레에 실었던 물건이면 그 수레의 물건을 모조리 사고, 배에 실었던 물건이면 그 배의 물건을 모조리 사고, 고을에 있는 물건이면 그 고을의 물건을 모조리 산다. 이는 마치 그물에 촘촘한 그물코가 있어서 물고기를 모조리 잡아들이는 방법과도 같다. 육지의 산물 만 가지 중에 하나를 몰래 사재기하거나, 수산물 만 가지 중에 하나를 몰래 사재기하거나, 의원의 약재 만 가지 중에 하나를 몰래 사재기한다. 그래서 그 한 가지 물품을 몰래 쟁여둠으로 인해서 온갖 상업이 모두 말라버리게 될 것이다. 이

榷貨

我國舟不通外國, 車不行域中, 故百物生于其中, 消于其中. 夫千金小財也, 未足以盡物. 然折而十之, 百金十, 亦足以致十物. 物輕則易轉, 故一貨雖絀, 九貨伸之. 此常利之道, 小人之賈也.

若萬金則足以盡物, 故在車專車, 在船專船, 在邑專邑. 如網之有罟, 括物而數之. 陸之産萬, 潛停其一; 水之族萬, 潛停其一; 醫之材萬, 潛停其一, 一貨潛藏, 百賈皆涸, 此大賈之榷貨者也[7].《熱河日記》

---

[7] 此大……者也:《熱河日記·玉匣夜話》에는 "此賊民之道也".

는 부유한 상인의 매점매석이다.[89] 《열하일기》[90]

5) 장사의 **빼어난** 방법

장사로 놀라운 이익을 잘 거머쥐는 사람은 하찮은 물건을 귀하게 여기고, 귀한 물건을 하찮게 여긴다. 남이 버리는 물건을 내가 갖고 남이 가지려는 물건은 내가 준다. 사계절의 변화를 살펴 한 해의 수확량을 헤아리고, 땅을 고찰하여 지리(地理)의 이로움을 알며, 사람들이 필요한 용품들을 헤아려 알맞은 물건을 분별한다. 남의 물건을 강제로 빼앗거나 교묘하게 갈취하지 않고, 의복을 사치스럽게 입지 않으며, 방탕하게 주색을 탐닉하지 않는다. 부지런하고 검소할 수 있으면 하는 일마다 모두 이익을 볼 것이고, 따라서 도주공(陶朱公) 범려(范蠡)[91]의 부유함

商販妙法

善操奇贏者, 賤之惟貴, 貴之惟賤. 人棄而我取, 人取而我與. 察時變而稽歲功, 攷方輿以知地利, 度人用以辨物宜. 不强取巧索, 不豐侈衣服, 不蕩溺酒色, 克勤克儉, 隨往皆利, 陶朱之富, 不難致矣. 《人事通》

---

89 이상에서 설명한 물품전매법은 《열하일기·옥갑야화》 중 《허생전(許生傳)》으로 더 잘 알려진 부분에서 인용한 내용이다. 그중 허생이 돈을 빌린 변씨(卞氏)에게 억만금을 벌게 된 방법을 이야기하는 과정을 보여준다. 여기서 특히 주목할 만한 대목은 맨 마지막이다. 서유구는 "이는 규모가 큰 상인이 물품을 전매하는 방법이다.(此大賈之權貨者也)"라고 했다. 그러나 《열하일기》의 원문은 "이는 백성을 해치는 방법이다. 후세에 물가를 담당하는 관리가 만약 내가 썼던 방법을 쓴다면 반드시 그 나라를 병들게 할 것이다.(此賊民之道也, 後世有司者, 如有用我道, 必病其國)"로 적혀 있어서 내용이 사뭇 차이가 난다. 서유구는 왜 박지원의 이 구절, 즉 "백성을 해치는 방법"을 "규모가 큰 상인이 물품을 전매하는 방법"이라고 수정했을까. 《예규지》에 이 부분을 발췌해서 인용했다는 자체만으로, 서유구는 물품 전매법을 사대부가 해도 무방하다는 입장이었다고 보아야 한다. 그렇다면 박지원에게는 국가가 경제를 해칠 만한 행위가 서유구에게는 사대부가 하더라도 문제없는 방법으로 이해되었다는 것이다. 그 이유는 무엇일까. 이에 대해서는 2018~2019 풍석학술대회(2019년 2월 22일, 국립중앙박물관 교육관 소강당)에서 발표한 이헌창, 〈《林園經濟志》와 《倪圭志》의 학술사적 의의〉에서 자신의 입장을 밝힌 바가 있다. 소론의 당색을 띠었고 역모로 처형되었던 유수원(柳壽垣, 1694~1755)이 《우서(迂書)》에서 매점매석의 상업행위를 사대부에게 권장했던 입장을 서유구가 따랐을 수 있다는 점이 그 핵심이다. 이헌창 교수님은 본고를 감수하는 과정에서 역자 중 한 명인 정명현이 제기한 이 의문에 대한 답을 준 것이다. 역자의 의문을 간과하지 않고 성실하게 답변을 주신 이 교수님께 감사드린다.

90 《熱河日記》 〈玉匣夜話〉, 587쪽.

91 범려(范蠡) : B.C.536(?)~B.C.448(?). 춘추시대의 정치가로, 월왕(越王) 구천(勾踐)의 책사였다. 구천을 도와 오(吳)나라를 멸망시켰으나 버림받을 것을 예측하여 떠났는데 여기에서 토사구팽(兔死狗烹)이라는 사

에 도달하는 일도 어렵지 않을 것이다. 《인사통》[92]

6) 상인은 공(公)과 성(誠)을 으뜸으로 삼는다

장사하는 사람은 진실로 있는 물건과 없는 물건을 교역하여 원가와 중간 이윤을 잘 조절하려 한다. 따라서 장사는 언제나 공(公, 공정함)과 성(誠, 진실함) 2글자를 벗어나지 않는다. 공정하면 사사로움이 없으니, 시장의 가격을 2가지로 하지 않아 삼척동자도 속이지 않으면, 시장으로 달려오는 사람들이 흐르는 물처럼 저절로 몰린다. 진실하면 거짓이 없으니, 사람들이 그의 진실됨을 마음에 품을 뿐만 아니라, 천지와 귀신 또한 그를 보호할 것이다. 《인사통》[93]

商以公、誠爲主

爲商者, 誠欲通有無, 權子母, 總不出公、誠二字[8]. 公則無私, 市價不二, 三尺之童不欺, 趨市者自歸之如流水. 誠則無僞, 不惟人懷其厚, 天地鬼神亦且庇佑矣. 《人事通》

7) 속이는 장사는 이익이 없다

사람이 재물을 경영하다가 우연히 큰 이익을 얻어 부유하게 되는 경우는, 반드시 그 운명이 형통하고 조물주가 남모르게 도와주어 이러한 부에 이르게 된 것이다. 그런데 다른 사람들이 이익을 많이 얻고 부를 빠르게 축적한 사례를 보면, 사람의 일로 하늘의 이치를 강제로 빼앗으려는 사람이 있다.

가령 쌀을 팔면 쌀에 물을 적시고, 소금을 팔면

僞賈無益

人之經營財利, 偶獲厚息以致富厚者, 必其命運亨通, 造物者陰隲[9]致此. 其間有見他人獲息之多、致富之速, 則欲以人事强奪天理.

如販米則加之以水, 賣鹽

자성어가 유래했다. 벼슬에서 물러난 뒤에는 도(陶) 땅에 은거하며 도주공(陶朱公)이라 자칭하고 장사를 했다. 장사를 통하여 큰 부자가 되었으며 자신이 번 재물을 사람들에게 3번 베풀어서 삼취삼산(三聚三散)이라는 사자성어가 유래했다. 이러한 일화로 후대의 상인들에게 상성(商聖)으로 불렸으며, 재물의 신으로 추앙되었다.

92 《人事通》〈老商妙法〉《傳家寶》2, 299쪽).

93 《人事通》〈商〉《傳家寶》2, 298쪽).

[8] 字 : 저본에는 "家". 규장각본·오사카본·《傳家寶·人事通·商》에 근거하여 수정.

[9] 隲 : 《袁氏世範·治家》에는 "賜".

소금에 재를 섞고, 옻을 팔면 옻에 기름을 섞고, 약을 팔면 다른 물건을 배합한다. 이와 같은 부류의 사람은 이러한 따위의 일을 수없이 저질러 당장은 그 이득을 얻고 그 마음이 즐거울 것이다. 하지만 이들은 조물주가 곧바로 다른 일로 그의 재물을 빼앗아 가서 끝내 빈곤해진다는 사실을 모른다. 이것이 이른바 사람의 힘은 하늘을 이길 수 없다고 하는 것이다.

대체로 무역을 경영할 때는 먼저 바른 마음을 보존해야 한다. 일반적으로 상품은 반드시 진품이어야 하고, 또 반드시 신중하게 취급하고 아껴야 한다. 두터운 이익을 탐내지 않고 하늘의 이치가 어떠한가에 일을 맡긴다면, 비록 눈앞의 소득은 적더라도 결코 후환은 없을 것이다. 《원씨세범》[94]

則夾以灰, 賣漆則和以油, 賣藥則雜以他物. 如此等類, 不勝其多, 目下得其贏餘, 其心欣然, 不知造物者隨卽以他事取去, 終於貧乏, 所謂人力不能勝天.

大抵轉販經營, 先存心地. 凡物貨必眞, 又須敬惜. 不貪厚利, 任天理如何, 雖目下所得之薄, 必無後患矣. 《袁氏世範》

---

94 《袁氏世範》卷下〈治家〉.

2. 재산 불리기

蓻殖

1) 돈이나 곡식을 빌려주고 이자를 취할 때는 적당함이 중요하다

假貸取息貴得中

돈이나 곡식을 빌려주고 원금과 이자를 갚게 하는 일은 바로 가난한 사람과 부유한 사람이 서로 돕는 일이라서 없어서는 안 된다. 한(漢)나라 때는 돈 1,000관(貫)[1]을 가진 사람은 천호(千戶)의 식읍을 가진 제후와 견주었다. 이들은 1년에 이자로 20만 문(文), 곧 200관을 얻을 수 있었다고 하는데, 지금과 견주어보면 20퍼센트(%)에도 미치지 못한다.[2]

假貸錢穀, 責令還息, 正是貧富相資, 不可闕者. 漢時有錢一千貫者比千戶侯, 謂其一歲可得息錢二百千, 比之今時, 未及二分.

지금 적절한 이율로 논해본다면, 전당포에서는 월 이자율이 2/100~4/100이고, 돈을 빌렸을 때는 월 이자율이 3/100~5/100이고, 곡식을 빌렸을 때는 1모작을 기준으로 말하자면 이자율이 3/100~5/100이다. 이렇게 하면 이자를 받아도 가혹하지 않고, 이자와 함께 원금을 돌려주는 사람 또한 소송할 일이 없을 것이다.

今若以中制論之, 質庫月息自二分至四分, 貸錢月息自三分至五分, 貸穀以一熟論, 自三分至五分, 取之亦不爲虐, 還者亦可無詞.

그러나 전당포에서 심지어는 월 이자로 1/10을

而典質之家至有月息什而

---

1 관(貫): 동전 1,000개를 꿴 뭉치. 즉 1,000문(文).
2 이들은……못한다: 1,000관은 100만 문(文)이다(1,000관x1,000문). 1,000관을 모두 빌려주었다가 20만 문을 이자로 받았다면, 연리가 20퍼센트이다. 월 이자가 2/100(즉 2퍼센트)라면 연리는 24퍼센트가 된다. 이렇게 보면 연리의 차이가 4퍼센트포인트가 되므로, 여기서는 이를 지적한 것이다.

받는 경우가 있고, 강서성(江西省)에서는 돈을 빌린 후 1년 약정으로 이자와 합쳐 상환하기로 계약한 경우가 있었는데, 이것은 1관문(貫文)을 빌리면 2관문을 갚기로 계약했다는 말이다. 이밖에도 구주(衢州, 절강성 서부의 도시)의 개화현(開化縣)에는 15근의 벼를 빌려주고 30근의 벼를 받은 경우가 있고, 절서(浙西, 절강성 서부)에서는 부자가 쌀 1석(石, 10두)을 빌려주고 1.8석을 받은 경우가 있으니, 모두 너무 모질게 이자를 받은 것이다.

그러나 아버지와 할아버지가 이처럼 남에게 과한 이자를 받으면 그 자손들 또한 다시 이처럼 남에게 과한 이자를 갚게 될 것이니, 이것이 이른바 천도(天道)는 순환하기 마련이라는 말이다.《원씨세범》[3]

取一者, 江西有借錢, 約一年償還而作合子立約者, 謂借一貫文, 約還兩貫文. 衢之開化借一秤禾而取兩秤, 浙西上戶借一石米而收一石八斗, 皆不仁之甚.

然父祖以是而取於人, 子孫亦復以是而償於人, 所謂天道好還也.《袁氏世範》

2) 돈이나 곡식은 너무 많이 빌려줘서는 안 된다

빚지는 일을 가볍게 여기는 사람이 있으면 그에게는 돈이나 곡식을 빌려줘서는 안 된다. 이런 의지할 곳 없는 사람들은 반드시 원금을 갚지 않고 기대려는 마음을 이미 품고 있기 때문이다. 일반적으로 다른 사람에게 돈이나 곡식을 빌려줄 때, 빌린 돈이나 곡식이 적으면 상환하기 쉽지만 많으면 부채가 되기 쉽다. 그러므로 빌린 곡식이 100석에 이르거나 빌린 돈이 100관(貫)에 이를 정도로 많으면 비록 빚을 상환할 수 있는 힘이 있어도 기꺼이 상환하려 하지 않는다. 차라리 상환할 자산을 가지고 소송 비용

錢穀不可多借人

有輕於擧債者, 不可借與, 必是無藉之人已懷負賴之意. 凡借人錢穀, 少則易償, 多則易負, 故借穀至百石, 借錢至百貫, 雖力可還, 亦不肯還, 寧以所還之資爲爭訟之費者多矣.《袁氏世範》

---

3 《袁氏世範》卷下〈治家〉.

으로 쓰는 것이 낫다고 생각하는 경우가 많은 것이다. 《원씨세범》[4]

3) 금은보화 같은 재산을 한가로이 감춰두지 말라

사람 중에는 형제·조카들과 함께 살면서 개인 재산이 유독 많아 재산분할의 근심이 생길까 우려하는 경우가 있다. 이런 경우 개인 재산으로 금이나 은 따위를 사서 깊이 감춰두는데, 이것은 매우 어리석은 행동이다. 만약 10만 문(文)의 가치를 가진 금과 은으로 계산해 본다면 이 재산으로 농지를 구입하여 1년에 거두어들이는 수확량은 반드시 1만 문이 될 것이다. 이렇게 10여 년이 지나면 이른바 10만 문은 내가 이미 가지고 있는 재산이고, 그중 집안사람들에게 나누어 주는 재산은 모두 여기서 생긴 이자이다.

더욱이 10만 문에는 이자가 또 붙을 것이다. 이것을 저당으로 잡아 대부업으로 운영한 뒤, 3년이 지나 그 이자가 배가 되면 이른바 10만 문은 내가 이미 가지고 있는 재산이고, 그중 집안사람들에게 나누어 주는 재산은 모두 이자이다. 더욱이 또 3년이 지나 그 이자가 다시 2배가 될 것이다. 이렇게 이자가 그 양을 알 수 없을 만큼 많아질 텐데 어쩌자고 재산을 상자에 보관만 하고, 이 돈으로 이자를 거둬서 많은 사람들을 이롭게 하려 하지 않는가? 《원씨세범》[5]

金寶莫閒藏

人有兄弟、子侄同居, 而私財獨厚, 慮有分析之患者, 則買金銀之屬而深藏之, 此爲大愚. 若以百千金銀計之, 用以買産, 歲收必十千, 十餘年後, 所謂百千者, 我已取之, 其分與者, 皆其息也.

況百千又有息焉, 用以典質營運, 三年而其息一倍, 則所謂百千者, 我已取之, 其分與者, 皆其息也. 況又三年再倍, 不知其多少, 何爲而藏之篋笥, 不假此收息以利衆也?《袁氏世範》

---

4 《袁氏世範》卷下〈治家〉.
5 《袁氏世範》卷上〈睦親〉.

3. 재산 매입과 관리

置産

1) 논밭이 보물이다

論田土可寶

천하의 물건에는 새로운 물건이 있으면 반드시 옛 물건도 있다. 집은 오래되면 무너지고, 옷은 오래되면 해어지고, 사내종·계집종과 소·말은 오래 부리면 늙고 죽는다. 처음에는 비싼 가격으로 구입하지만, 10년이 지나가면 그 물건은 옛날 같지 않을 것이며, 다시 10년이 지나가면 변화해서 '아무것도 없는 것[烏有]'[1]이 된다.

天下之物有新則必有故, 屋久而頹, 衣久而敝, 臧獲、牛馬服役久而老且死. 當其始, 重價以購, 越十年而其物非故矣, 再越十年而化爲烏有矣.

하지만 오직 논밭이라는 재물은 비록 100년이 지나고 1,000년이 지나도 항상 새롭다. 더러 농사짓는 힘을 부지런히 쓰지 않아 토지가 황폐해져서 소출이 적더라도 거름과 물을 한 차례 대기만 하면 새로워진다. 더러 황무지나 풀이 우거진 대지라도 한 차례 개간하면 새로워진다. 저수지를 많이 파 놓으면 마른 땅도 촉촉해지도록 할 수 있고, 씀바귀나 여뀌 같은 잡초를 부지런히 김매면 척박한 땅도 비옥하게 할 수 있다. 예부터 지금에 이르기까지 썩거나 무너

獨田之爲物, 雖百年、千年而常新, 卽或農力不勤, 土敝[1]産薄, 一經糞漑則新矣. 卽或荒蕪、草宅, 一經墾闢則新矣. 多興陂池, 則枯者可以使之潤；勤薅茶蓼, 則瘠者可以使之肥. 亘古及今, 無有朽蠹頹壞之慮、逃亡耗缺之憂. 嗚呼,

---

1 아무것도 없는 것[烏有]：존재하지 않는 물건을 뜻한다. 한(漢)나라 사마상여(司馬相如)가《자허부(子虛賦)》에서 실제로 존재하지 않는 오유(烏有)·자허(子虛)·무시공(亡是公)을 설정하여 문답을 전개하는 방식으로 글을 쓴 고사에서 유래한다. 오유를 풀면 '어디에 있겠는가'라는 뜻이다.

[1] 敝：저본에는 "蔽".《文端集·篤素堂文集八·恒産瑣言》에 근거하여 수정.

질 염려가 없고 도망가거나 닳아빠질 걱정도 없다. 아아, 이것이야말로 참으로 보물이라 할 수 있으리라!《항산쇄언(恒産瑣言)2)》3

천하의 재화는 저축해 두면 때때로 수재나 화재 또는 도적을 만날 걱정이 있다. 진귀한 물건의 경우에는 더 쉽고 더 빠르게 재앙을 불러올 수 있다. 농촌에 사는 사람이 10금(金)4의 재산이 있으면 베개를 높이고 편안히 잠을 잘 수 없다. 오직 농지 재산을 가진 사람이 수재나 화재 걱정을 하지 않고, 도적 걱정을 하지 않는다. 비록 강하고 난폭한 사람이 있더라도 끝내 한 조각이나 손바닥만 한 땅조차 빼앗을 수 없고, 비록 1만 균(鈞)5을 짊어질 힘을 가진 사람이 있더라도 땅을 짊어지고 달아날 수도 없다.

1천 경(頃)6이나 1만 경(頃)의 농지는 1만 금(金)의 가치가 있으나 단 한 사람도 지키는 수고를 하지 않아도 된다. 만약 병란이 있어 피란해야 한다면 땅을 등지고 고향을 떠난 후 세상이 안정되어 귀향했을 때 집과 모아둔 물건이 하나도 남아있지 않아도, 이 하나의 땅덩이만은 남아 있다. 그리하여 장(張)씨 성의 땅은 그대로 장씨에게 속하고 이(李)씨 성의 땅은 그대로 이씨에게 속하게 되니, 잡초를 베고 개간하

是洵可寶也哉!《恒産瑣言》

天下貨財②所積, 則時時有水火、盜賊之憂, 至珍異之物, 尤易招尤速禍. 草野之人有十金之積, 則不能高枕而臥. 獨有田産, 不憂水火, 不憂盜賊. 雖有強暴之人, 不能竟奪尺寸, 雖有萬鈞之力, 亦不能負之以趨.

千、萬頃可以値萬金之産, 不勞一人守護, 卽有③兵燹離亂, 背井去鄕, 事定歸來, 室廬畜聚, 一無可問, 獨此一塊土, 張姓者仍屬張, 李姓者仍屬李, 芟夷墾闢, 仍爲殷實之家. 嗚呼, 擧天下之物, 不足較其堅

---

2 항산쇄언(恒産瑣言):중국 청나라 장영(張英, 1637~1708)의 저술. 일종의 가정경제서로, 재산을 관리하고 증식하는 방법을 서술한 책이다.

3 《文端集》卷44〈篤素堂文集八〉"恒産瑣言".

4 금(金):중국 송대의 경우 금 1돈[錢, 4g]이 1금이었고, 명대에는 은 1냥(兩, 36.9g)이 1금이었다.

5 1만 균(鈞):중국 명대 기준으로 약 177톤(ton).

6 1천 경(頃):명나라 기준으로 현재 약 58제곱킬로미터(㎢).

② 財:저본에는 "才".《文端集·篤素堂文集八·恒産瑣言》에 근거하여 수정.

③ 有:저본에는 "自".《文端集·篤素堂文集八·恒産瑣言》에 근거하여 수정.

면 그대로 부유한 집이 될 것이다. 아아, 천하의 모든 물건을 통틀어 봐도 땅의 견고함에 비교하기에는 부족하니, 땅을 보전할 방법을 생각해보지 않아서야 되겠는가?《항산쇄언》7

固, 其可不思所以保之哉?
同上

2) 농지 재산의 경계는 분명해야 한다

田産界至宜分明

전원이나 산지(山地)를 소유한 사람은 경계를 분명하게 하지 않으면 안 된다. 가족들이 따로 살기 위해 분가하는 초기와 농지 재산을 사거나 전매(典買)8할 때에는 더욱 경계를 자세하게 하지 않으면 안 된다. 사람들의 소송은 대부분 여기에서 시작되기 때문이다.

人有田園、山地, 界至不可不分明. 異居分析之初、置産典④買之際、尤不可不仔細. 人之爭訟多由此始.

게다가 논밭[田畝]의 경우 지세가 평평하지 않음으로 인해 1개의 언덕을 나누어 2개로 만드는 경우도 있고, 편리하도록 2개 언덕을 합하여 1개 언덕으로 만드는 경우도 있다. 집터나 산지로 논밭을 만드는 경우도 있고, 또 논밭으로 집터나 원지(園地)를 만드는 경우도 있으며, 길과 수로를 고쳐 옮기는 경우도 있다.

且如田畝, 有因地勢不平分一邱爲兩邱者, 有欲便順倂兩邱爲一邱者, 有以屋基、山地爲田, 又有以田爲屋基、園地者, 有改移街路、水圳者.

관청 안에 경계를 나타내는 지적도(地籍圖)가 있더라도 훼손되거나 부스러져 존재하지 않는 경우가 많다. 더구나 또 경계를 변경하려 하면서도 관청과 이웃 주민의 확인을 거치지 않는다면, 어찌 다툼의 빌미를 초래하지 않을 수 있겠는가?

官中雖有經界圖籍, 壞爛不存者多矣. 況又從而改易, 不經官司、鄰保驗證, 豈不大啓爭端?

7 《文端集》卷44〈篤素堂文集八〉"恒産瑣言".
8 전매(典買): 부동산이나 물건을 담보로 맡기고 돈을 빌리는 행위. '典賣'로 표기하기도 한다.
④ 典:《袁氏世範·治家》에는 "制".

Ⅱ. 재산 증식(상)   173

자신의 논밭이 높은 언덕 지대에 있는 경우에 항상 논밭두렁을 수리하여 무너지지 않게 한다면, 자신의 집터나 과수원 부지에 때에 맞게 두터운 담장을 쌓았다가 조금이라도 훼손되었을 때 곧 수리한다면, 자신의 산림에다 도랑이나 구덩이를 분명하게 파놓았다가 조금이라도 훼손되었을 때 곧 수리한다면, 무슨 소송이 있겠는가?

오직 어리석고 미련한 사람이 논밭두렁이 무너져도 수리하는 데에 때를 놓치고, 집터나 과수원 부지에 겨우 울타리만 친다. 그러다가 세월이 지나 울타리가 썩어 없어지면 이로 인해 자신의 땅이 침범 당한다. 산림의 경우는 간혹 물길로 경계를 나누면 오히려 분명히 분별할 수 있지만, 땅 사이에 나무나 돌이나 구덩이로 경계를 삼았을 때는 세월이 지나면 그것들은 없어진다. 또 구덩이로 경계를 삼은 경우에는 경계 밖에 또 구덩이 하나가 비슷하게 있다면 의견이 분분해져서 해결하지 못하는 송사를 시작하지 않은 적이 없다.

분가하게 되었을 때는 오직 구서(鬮書)⁹에 의거할 뿐이고, 전매하게 되었을 때에는 오직 계약서에 의거할 뿐이다. 간혹 어리석고 미련한 사람은 모두 땅의 경계를 분명하지 않게 기록해 놓아서 관(官)과 민간이 모두 해결할 수 없게 되니, 경계하지 않을 수 있겠는가?《원씨세범》¹⁰

人之田畝有在上邱者，若常修田畔，莫令傾倒；人之屋基、園地，若及時築疊垣墻，纔損卽修；人之山林，若分明挑掘溝塹，纔損卽修，有何爭訟？

惟其鹵莽，田畔傾倒，修治失時，屋基、園地止用籬圍，年深壞爛，因而侵占。山林或用分水，猶可辨明，間有以木以石以坎爲界，年深不存，及以坑爲界，而外又有一坑相似者，未嘗不啓紛紛不決之訟也。

至於分析，止憑鬮書；典買，止憑契書。或有鹵莽，該載不明，公私皆不能決，可不戒哉？《袁氏世範》

---

9 구서(鬮書): 가산 분할은 구분(鬮分)이라 하고, 분할하는 각자의 몫을 나누어 기록한 문서는 구서라 한다.
10 《袁氏世範》卷下〈治家〉.

3) 논밭을 살 때 굳이 기름질 필요는 없다

나는 논밭 1,000여 묘(畝)를 샀는데, 모두 척박했다. 내가 척박한 논밭을 좋아해서가 아니라, 돈을 많이 마련할 수 없으므로 차라리 척박한 논밭을 취한 것이다. 그 기름지고 비옥한 땅은 큰 경제력이 있는 자가 소유하기 때문에 나는 그럴 수 없다.

그러나 세밀하게 생각하면, 기름진 땅의 가치는 척박한 논밭보다 값은 몇 배지만, 수재나 가뭄을 만났을 때에는 기름진 땅도 수확이 줄어들지 않은 적이 없다. 만약 풍년이 든 해라면 척박한 땅도 역시 수확이 있지만, 조세는 기름진 땅보다 배나 될 것이다.

기름진 땅이 나은 까닭은 팔 때에 좋은 값을 받을 수 있기 때문이다. 그런데 기름진 논밭은 관리를 잘하지 못하면 몇 년이 안 되어 중급의 논밭으로 변하고 또 몇 년이 지나면 하급의 논밭으로 변하게 될 것이다. 만약 척박한 논밭을 잘 관리한다면 하급의 논밭을 중급의 논밭이 되도록 만들 수 있고, 중급의 논밭을 상급의 논밭이 되도록 만들 수 있다.

그러므로 오직 논밭 구입 후에 그 가치를 잘 보전할 수 있는지 없는지를 살펴야지, 논밭이 척박한지 척박하지 않은지는 중요하지 않다. 더구나 이름난 장원과 경치 좋은 별장은 세력가가 쉽게 탐을 내는 대상이 되므로 전주(田主)의 자제들이 논밭을 그들에게 팔 때는 반드시 좋은 논밭을 먼저 팔게 된다. 《항산쇄언》[11]

置田不必膏腴

予置田千餘畝, 皆苦瘠, 非予好瘠田也. 不能多辦價直, 故寧就瘠田. 其膏腴沃壤則大有力者爲之, 余不能也.

然細思膏腴之價數倍于瘠田, 遇水旱之時, 膏腴亦未嘗不減. 若豐稔之年, 瘠土亦收而租倍于膏腴矣.

膏腴之所以勝者, 鬻時可以得善價. 且腴田不善經理, 不數年, 變而爲中田, 又數年, 變而爲下田矣. 若瘠田善經理, 則下田可使之爲中田, 中田可使之爲上田.

但視後人之能保與不能保, 不在田之瘠與不瘠. 況名莊、勝業, 易爲勢力家所垂涎, 子弟鬻田必先鬻善者. 《恒産瑣言》

---

11 《文端集》卷44〈篤素堂文集八〉"恒産瑣言".

4) 논밭 관리의 5가지 요점

인가의 자제들은 매년 봄가을에 스스로 농장에 가서 자세히 둘러봐야 한다. 평상시에 일이 없을 때도 나귀를 몰아 한번 가보는 것은 좋지만 공연히 가는 일은 도움이 안 된다.

첫째, 논밭의 경계를 알아야 한다. 논밭의 경계는 쉽게 알 수 없으니 노농(老農)에게 경계를 1번 가리켜주도록 한다. 그래도 경계를 기억할 수 없으면 2~3번 더 가리켜주도록 하는데, 이렇게 대략 5~6번 하면 익숙해질 것이다.

둘째, 농부를 살펴야 한다. 농부의 노동이 근면한지 게으른지, 논밭을 갈고 파종하는 일이 이른지 늦은지, 쌓아둔 물건들이 넉넉한지 모자라는지, 사람과 가축이 많은지 적은지, 씀씀이가 사치한지 검소한지를 살피고 논밭을 잘 관리하는지 여부로 농부의 우열을 가려야 한다.

셋째, 연못이나 저수지가 견고한지 약한지, 깊은지 얕은지를 자세하게 둘러보고 연못이나 저수지 공사를 시작해야 한다.

넷째, 산림의 수목이 줄어들었는지 성장해 있는지를 살핀다.

다섯째, 미곡의 시세가 높은지 낮은지를 조사해서 이에 대해 정확하게 알고 확실한 견해가 생기도록 해야 한다. 《항산쇄언》[12]

置田五要

人家子弟, 每年春秋, 當自往莊細看, 平時無事, 亦可策蹇一往, 然徒往無益也.

第一, 當知田界, 田界不易識也, 令老農指視一次, 不能記而再三, 大約五六次便熟.

第二, 當察農夫用力之勤惰、耕種之早晚、蓄積之厚薄、人畜之多寡、用度之奢儉, 善治田以爲優劣.

弟三, 當細看塘堰之堅窳、淺深, 以爲興作.

第四, 察山林樹木之耗長.

第五, 訪稻穀時值之高下, 期于眞知確見.《恒産瑣言》

---

12 《文端集》卷44〈篤素堂文集八〉"恒産瑣言".

5) 인근 농지 재산은 값을 더 주고 사야 한다

일반적으로 인근에 이해관계가 있어서 얻으려고 하는 재산은 그 값을 조금 더 주어야지 자신의 친척이나 이웃을 의지하여, 저당 잡았다가 매입하거나, 감히 땅을 살 사람이 없다고 해서 그 값을 깎으려 해서는 안 된다. 만일 다른 사람이 그 땅을 산다면 후회해도 소용이 없고, 이로 말미암아 소송이 일어나게 된다. 《원씨세범》[13]

鄰近田産宜增價買

凡鄰近利害欲得之産, 宜稍增其價. 不可恃其有親有鄰, 及以典至買[5], 及無人敢買而扼損其價. 萬一他人買之, 則悔且無及而爭訟由之以興也. 《袁氏世範》

6) 농지 재산은 팔아서는 안 된다

농지 재산의 수익은 한 달을 계산하면 부족하더라도 한 해를 계산하면 남으며, 한 해를 계산하면 부족하더라도 세대를 기준으로 계산하면 남는다. 이전에 인가의 자제들을 보았더니 농지 재산의 수익이 적으면서 느리게 생기는 것을 싫어하고, 장사의 수익은 빠르면서 많이 생기는 것을 부러워한다. 그러나 재산을 팔아서 장사에 종사하다 보면 전 군대가 전멸한 것처럼 모든 재산이 없어지지 않은 적이 없다.

田産不宜鬻賣

田産之息, 月計不足, 歲計有餘；歲計不足, 世計有餘. 嘗見人家子弟, 厭田産之生息微而緩, 羨貿易之生息速而饒, 至鬻産以從事, 斷未有不全軍盡沒者.

내가 몸소 이와 같은 경우를 시험해 보았다. 인가의 자제들이 이와 같이 했던 행동을 보았는데, 수백 가지 경우 중 하나라도 내 말과 어긋나지 않았다. 어리석고 약한 자가 나의 말대로 행할 수 없음은 물론이고, 총명하고 심지가 굳은 자도 그대로 행

余身試如此, 見人家如此, 千百不爽一. 毋論愚弱者不能行, 卽聰明强幹者亦行之而必敗, 人家子弟萬萬不可錯此著也. 《恒産瑣言》

---

13 《袁氏世範》卷下〈治家〉.
5 買:《袁氏世範·治家》에는 "賣".

하려고는 하지만 반드시 실패했다. 인가의 자제들은 절대로 이 분명한 사실을 잘못 알아서는 안 된다. 《항산쇄언》[14]

7) 법에 위배되는 농지 재산은 사서는 안 된다

일반적으로 농지 재산이 법조문에 위배되는 경우에는 비록 그 가격이 싸더라도 그 재산을 거래해서는 안 된다. 훗날에 그 일이 적발되어 관청에 접수된다면 비용이 어떤 경우에는 산 값의 10배나 될 것이다. 그러나 부자들은 대부분 이런 재산을 사고자 하면서, 앞으로 일이 생기면 뇌물을 주어 관청을 구슬릴 것이라고 스스로 생각한다. 이런 경우 그 버릇은 구제할 수가 없다. 하지만 스스로 후환을 남길 뿐만 아니라 자손에게도 후환이 미치게 하는 경우가 매우 많다. 《원씨세범》[15]

違法田産不可置

凡田産有交關違條者, 雖其價廉, 不可與之交易. 他時事發到官, 則所費或十倍. 然富人多要買此産, 自謂將來拚錢與人打官司[6]. 此其癖不可救, 然自遺患與患及子孫者甚多. 《袁氏世範》

8) 거래할 때는 법대로 하여 후환을 끊어야 한다

일반적으로 농지 재산을 거래할 때에는 반드시 조항마다 법조문에 맞추면 후환이 없다. 인간관계의 친밀함을 믿고서 미리 방비하지 않으면 안 되니, 혹시 친분을 잃게 되면 그것이 모두 소송의 빌미가 될 것이다. 만약 거래할 때 돈을 다 받지 못하는 경우와 재산을 주었는데도 바로 계약서를 받지 못하는 경우와 같은 일이 있으면 즉시 사리에 합당하도

交易宜著法絶後患

凡交易必須項項合條, 卽無後患, 不可憑恃人情契密不爲之防, 或有失歡, 則皆成爭端. 如交易取錢未盡, 及贖産不曾取契之類, 宜卽理會去著, 或卽聞官以絶將來詞訟. 《袁氏

---

14 《文端集》卷44〈篤素堂文集八〉"恒産瑣言".
15 《袁氏世範》卷下〈治家〉.
[6] 司: 저본에는 "方".《袁氏世範·治家》에 근거하여 수정.

록 해결해야 한다. 그렇지 않으면 곧바로 관청에 알려서 앞으로 있을지도 모를 소송을 끊어버려야 한다.《원씨세범》[16]

《世範》

9) 재산을 살 때는 배려하는 마음을 가져야 한다

置産當存仁心

빈부에는 정해진 형편이 없고 논밭과 집에는 정해진 주인이 없으니, 돈이 있으면 사고 돈이 없으면 판다. 재산을 사려는 집안은 마땅히 이 이치를 알아서 재산을 파는 사람에게 해를 끼치지 말아야 한다.

貧富無定勢, 田宅無定主, 有錢則買, 無錢則賣. 置産之家當知此理, 不可苦害賣産之人.

대개 사람이 재산을 팔 때는 식량이 부족하거나 채무를 지고 있거나 또는 질병·사망·결혼·소송 때문이니, 백이나 천의 비용이 필요하면 백이나 천의 재산을 팔아야 한다. 만약 재산을 사는 집안이 즉시 그 가격대로 지급한다면 파는 사람은 비록 돈이 손만 거쳐 가서 이를 수중에 둘 수는 없지만 그 필요한 일을 해결할 수 있다.

蓋人之賣産, 或以闕食, 或以負債, 或以疾病、死亡、婚嫁、爭訟, 有百千之費, 則鬻百千之産. 若買産之家, 卽還其直, 雖轉手無留, 且可以了其所營之事.

그러나 부자이면서도 배려심이 없는 사람은 파는 사람이 급하게 돈을 쓰려고 한다는 사실을 알면 겉으로는 미적거리면서 속으로는 낚으려는 방식으로 그 가격을 자꾸 깎으려 한다. 이미 계약이 이루어지고 나면 우선 그 가격의 1/10~2/10만을 주고, 며칠 뒤에 다 지급하기로 약속한다. 며칠 뒤에 판매자가 잔금을 물어보면 아직 준비가 되지 않았다고 답한다. 또 거듭해서 물으면 몇 꾸러미의 돈을 주거나, 자신의 미곡 및 다른 물건을 높은 가격으로 계산하

而爲富不仁之人知其欲用之急, 則陽距而陰鉤以重扼其價. 旣成契則姑還其直之什一二, 約以數日盡償. 至數日問焉, 則辭以未辦. 又屢問之, 或以數緡授之, 或以米穀及他物高估而補償之.

---

16 《袁氏世範》卷下〈治家〉.

여 잔금을 갚으려 한다.

그러면 재산을 판 사람은 반드시 매우 궁핍하게 되어 그 사이에 조금씩 받은 돈은 그때마다 바로 써서 없어져 버리고, 이전에 계획해 두었던 일에 목돈을 쓰려던 생각은 다시 실행할 수 없을 것이다. 게다가 돈을 찾으려고 왔다 갔다 하면서 쓴 비용도 그 안에 들어 있다. 그 부자는 그제서야 혼자 좋아하면서 꾀를 잘 냈다고 생각하겠지만, 이는 천도가 순환하여 자신이 그 대가를 받거나 자신의 자손에게까지 그 대가가 미친다는 사실을 깨닫지 못하는 것이다.《원씨세범》[17]

出産之家必大窘乏，所得零微，隨即耗散，向之所擬以辨某事者，不復辨矣. 而往還取索夫力之費又居其中. 彼富家方自竊喜以爲善謀，不知天道好還，有及其身而獲報者，有在其子孫者.《袁氏世範》

10) 소작인[佃客][18]을 아끼고 돌보아주라

인가에서 논밭을 갈고 재배하는 일은 소작인의 힘에서 나오는 것이니, 소작인을 중요하게 여기지 않을 수 있겠는가? 소작인이 자식을 낳고 기르는 일·결혼·집을 짓는 일·장례 등에 있어서는 넉넉하게 도와주어야 한다. 소작인이 밭을 갈고 김을 맬 때에 돈이나 곡식을 빌려야 한다면 이자를 적게 받고, 수재나 가뭄이 있는 해에는 그 피해를 살펴서 미리 소작료를 덜어서 줄여 주어야 한다.

이치에 맞지 않게 물품을 요구해서는 안 되고, 때에 맞지 않는 부역이 있어서도 안 된다. 또 자세와

存卹佃客

人家耕種出於佃人之力，可不以佃人爲重？遇其有生育、婚嫁、營造、死亡，當厚賙之. 耕耘之際，有所假貸，少收其息；水旱之年，察其所虧，早爲除減.

不可有非理之需，不可有非時之役，不可令子弟及幹

---

17 《袁氏世範》卷下〈治家〉.

18 소작인[佃客] : 전인(佃人)과 객호(客戶)를 아울러 말한다. 전인은 보통 전호(田戶)라고도 하며, 지주의 토지를 빌려서 경작하고 수확량 중 일정 비율을 지주에게 내는 소작인이다. 객호(客戶)는 타향에서 옮겨와 살며 소작을 하는 농민을 말한다.

간인(幹人, 마름)이 이들과 사사로이 분란을 일으키게 끔 해서는 안 되고, 소작인과 원수지간인 사람의 말을 듣고서 해마다 받는 소작료를 늘려서도 안 된다. 또 강제로 돈을 빌리게끔 하여 이자를 많이 받아서도 안 되고, 소작인이 자력으로 전원(田園)을 소유한 것을 보고 갑자기 탐하여 빼앗으려는 마음을 일으켜서도 안 된다. 소작인을 가까이하고 아끼기를 부모형제 대하듯이 하면, 나의 입을 거리와 먹을 거리의 근원이 모두 그의 힘을 의지하더라도 땅을 굽어보고 하늘을 우러러 봤을 때 부끄러움이 없을 것이다.《원씨세범》[19]

人私有所擾, 不可因其讎者告語, 增其歲入之租, 不可强其稱貸, 使厚供息, 不可見其自有田園, 輒起貪圖之意. 親[6]之愛之, 不啻於骨肉, 則我衣食之源悉藉其力, 俯仰可以無愧怍矣.《袁氏世範》

11) 종은 토박이여야 한다

노비(奴婢)를 둘 때는 오직 토박이가 가장 좋다. 대개 혹시라도 노비에게 병이 있으면 그 친족에게 부탁하여 이들을 보살피게 할 수 있다. 혹시라도 노비가 이치에 맞지 않게 스스로 몸을 손상시키면 기존의 친족들이 그 사건이 공적인 것인지 사적인 것인지를 밝힐 것이고, 또한 대질 증인이 될 수 있으니, 걱정할 일이 거의 없을 것이다.《원씨세범》[20]

婢僕須宜土人

蓄奴婢, 惟本土人最善. 蓋或有病患, 則可責其親屬, 爲之扶持. 或有非理自殘, 旣有親屬明其事因公私, 又有質證, 庶無可憂.《袁氏世範》

12) 종을 고용할 때는 소개인이 분명해야 한다

종을 고용할 때는 소개인이 분명해야 한다. 소개인은 또한 자신의 집안사람이 하도록 해서는 안 된

雇婢僕, 要牙保分明

雇婢僕, 須要牙保分明. 牙保又不可令我家人爲之

---

19 《袁氏世範》卷下〈治家〉.
20 《袁氏世範》卷下〈治家〉.
[6] 親:《袁氏世範 · 治家》에는 "視".

다. 《원씨세범》²¹

也. 《袁氏世範》

13) 비첩(婢妾)²²을 살 때는 동의 여부를 확인해야 한다

買婢妾, 當審可否

비첩을 살 때는 그들에게 전매(典賣)²³에 동의했는지 동의하지 않았는지의 여부를 물어보아야 한다. 만약 전매에 동의하지 않았으면 계약이 이뤄질 수 없다. 혹시라도 그 사람이 과연 궁핍하여 의지할 데 없는 사람이라면, 관청에 가서 자신의 사정을 진술하게끔 하고 보증인을 세워 자세히 심사한 뒤에야 계약이 이뤄질 수 있다. 혹시라도 그 사람이 자신의 사정을 진술하지 못하면 그 사람을 데리고 온 사람으로 하여금 계약 중에 "품삯을 조금 주다가 어버이가 자신의 아이인지 확인한 다음에 바로 품삯을 모두 지급한다."는 내용이 있음을 기록하게 한다. 《원씨세범》²⁴

買婢妾, 須問其應典賣、不應典賣. 如不應典賣, 則不可成契. 或果窮乏無所依倚, 須令經官自陳, 下保審會, 方可成契. 或其不能自陳, 令引來之人, 契中稱說"少與雇錢, 待其有親人識認, 卽以與之也". 《袁氏世範》

14) 저수지와 못 보수하기

修治陂塘

못·저수지·하천에 쌓은 보[河堤]에 물을 비축하여 논밭에 물을 대는 사람은 매년 겨울 물이 말라 있을 때에 바닥을 깊이 파고 둑을 견고하게 쌓아야 한다. 극심한 가뭄이 드는 경우 비록 풍작은 되지

池塘、陂湖、河堤蓄水以漑田者, 須於每年冬月水涸之際, 浚之使深, 築之使固. 遇天時亢旱, 雖不至於

---

21 《袁氏世範》卷下〈治家〉.
22 비첩(婢妾) : 여종이나 소실.
23 전매(典賣) : 오늘날 전당포 거래처럼 물건을 저당잡히고 돈을 빌리거나 인신을 저당잡히고 노동력을 제공하는 불완전 거래를 말한다. 불완전 거래로서 법적으로 언제든지 되물리는 환퇴(還退)가 가능하다.
24 《袁氏世範》卷下〈治家〉.

않더라도 농작물을 전부 망치지는 않을 것이다. 지금 사람들은 가끔 극심한 가뭄이 들 때면 늘 둑 보수를 생각하다가, 추수한 뒤에는 잊어버린다. 속담에 "3월에는 뽕나무 재배할 일을 생각하고, 6월에는 둑 쌓을 일을 생각한다."라 하였으니, 이는 대개 훗날에 대한 사람들의 염려가 없음을 안타까워하는 뜻이다. 《원씨세범》[25]

　못·저수지·하천에 쌓은 보는 많은 사람들이 그 이익을 함께 누린다. 따라서 논밭이 많은 집은 서로 사람들을 인솔해야 한다. 즉 지주[田主]에게는 음식을 제공하도록 하고, 소작인에게는 노동력을 제공하도록 함으로써 겨울에 제방을 보수하여 물을 많이 비축할 수 있도록 하는 것이다. 물을 써야 할 때에 물에서 멀거나 가까운 곳 혹은 높거나 낮은 곳 모두 물을 골고루 나누어 쓴다면, 자신을 이롭게 하는 데서 그치지 않고 다른 사람도 이롭게 하니, 그 이익이 어찌 크지 않겠는가? 그런데 지금 사람들은 제방을 보수할 때 음식과 인력을 제공하는 데에는 인색하지만, 물을 써야 할 때에는 물을 많이 쓰기 위해 팔뚝을 걷어붙이고 서로 다투다가 호미나 곰방메로 서로 때려서 옥사(獄事)를 일으키는 경우도 있으니, 이는 또한 깊이 생각하지 않기 때문이다. 《원씨세범》[26]

大稔, 亦不至於全損. 今人往往於亢旱之際, 常思修治, 至收刈之後則忘之. 諺所謂"三月思種桑, 六月思築塘", 蓋傷人之無遠慮也. 《袁氏世範》

池塘、坡湖、河堘, 有衆享其利者, 田多之家當相與牽倡, 令田主出食, 佃人出力, 遇冬時修築, 令多蓄水. 及用水之際, 遠近、高下, 分水必均, 非止利己, 又且利人, 其利豈不博哉? 今人[7]當修築時, 靳出食力, 及用水之際, 奮臂交爭, 有以鋤耰相毆[8]速獄者, 亦不思之甚者也. 同上

---

25 《袁氏世範》卷下〈治家〉.
26 《袁氏世範》卷下〈治家〉.
[7] 人: 저본에는 "日". 《袁氏世範·治家》에 근거하여 수정.
[8] 毆: 저본에는 "驅". 《袁氏世範·治家》에 근거하여 수정.

15) 나무 심기에 때를 놓치지 말라

뽕나무·과실나무·대나무 같은 나무를 봄철에 심는 일은 아주 어려운 일이 아니며 10~20년 사이에 곧 이익을 누릴 수 있다. 지금 사람들은 가끔 황량한 산과 노는 땅을 버려두고 그대로 방치해 두었다가 형제가 재산을 나눌 때는 작은 풀 한 포기 때문에 화내고 다투어 환심을 잃기도 한다. 인접해 있는 산지에서 대나무가 양쪽 땅의 경계 사이에 있다면 여러 해에 걸쳐 송사를 일으킨다.

차라리 예전에 하늘이 이 나무를 만들어 냈다고 여긴다면, 무엇을 가지고 다투겠는가? 만약 소송하는 비용으로 인부를 고용해서 나무를 심는다면 10~20년 사이에 재목을 이루 다 쓰지도 못할 만큼 얻는다. 심은 나무 사이에 과수나무가 이웃집에 가까이 있어 그 과실이 만들어낸 이익이 이웃집 아이들에게 간다고 하여 화를 내며 그 나무를 베어 버리는 사람도 있으니, 이는 더욱 생각이 없는 경우이다.《원씨세범》[27]

16) 술책으로 논밭을 겸병하는 일은 장구한 계획이 아니다

겸병하는 가문은 재산이 있는 가문의 자제들이 어리석음을 보고 위급한 일이 있을 때 내부분 돈을 억지로 빌려준다. 혹시 처음으로 빌려줄 때는 술과 음식을 대접하여 그에게 아첨하고, 이미 빌려준 뒤

種樹毋失時

桑、果、竹木之屬, 春時種植, 甚非難事, 十年、二十年之間, 卽享其利. 今人往往於荒山閑地, 任其棄廢, 至兄弟析産, 或因一根荄之微忿爭失歡. 比隣山地, 偶有竹木, 在兩界之間, 則興訟連年.

寧不思使向來天不産此, 則將何所爭? 若以爭訟所費, 傭工植木, 則一二十年之間, 材木不可勝用也. 其間有以果木逼於隣家, 實利及於隣家童稚, 怒而伐去之者, 尤無所見也.《袁氏世範》

兼并用術非悠久計

兼并之家, 見有産之家子弟昏愚不肖, 及有緩急, 多將錢强借. 或始借之時, 設酒食以媚悅其意, 或旣借之

---

27 《袁氏世範》卷下〈治家〉.

에는 여러 해가 흘러도 돈을 갚으라고 요구하지 않는다. 그러다 이자가 많아지기를 기다렸다가 또 술과 음식을 대접하고 꼬드겨서, 그 빚을 이월할 때는 늘어난 이자까지 원금에 덧붙여서 다시 이자를 불리고, 또 그의 농지 재산으로 부채를 갚으라고 협박조로 꼬드긴다. 이 같은 겸병을 금지하는 법령이 비록 엄하더라도 대부분 요행으로 처벌을 면한다. 하지만 하늘의 그물은 빠뜨리는 곳이 없다.[28] 속담에 "부잣집 자식은 바뀐다."라 하였으니 이는 대개 행동에 대한 보상이 서로 번갈아드는 일을 말한다. 《원씨세범》[29]

後, 歷數年不索. 待其息多, 又設酒食招誘, 使之結轉併息爲本, 別更生息, 又誘勒其將田産折還. 法禁雖嚴, 多是幸免, 天網不漏. 諺云 "富兒更替做", 蓋謂迭相酬報也.《袁氏世範》

17) 재산 분배는 고루 해주도록 힘쓴다

아버지나 할아버지가 나이가 들어 재산을 관리하기 힘들어지면 대부분 재산을 자손에게 고르게 나누어준다. 만약 아버지나 할아버지의 처사가 공정한 마음에서 나와 처음부터 한쪽으로 치우친 것이 없고, 자손이 각각 힘을 다하면서 유흥을 일삼지 않으면 나중에 소송이 없어 집안이 반드시 흥성하게 된다.

그런데 만약 아버지나 할아버지의 인연 중에 밖에서 데려온 자식이 있는 경우, 전처나 후처의 자식이 있는 경우, 자식이 죽어서 그 손자를 사랑하지 않는 경우, 또는 심지어 모두 같은 자손인 경우라도

分析務平均

父祖高年怠於管幹, 多將財産均給子孫. 若父祖出於公心, 初無偏曲, 子孫各能戮力, 不事遊蕩, 則後無爭訟, 必致興隆.

若父祖緣有過房之子, 緣有前母、後母之子, 緣有子亡而不愛其孫, 又有雖是一等子孫, 自有憎愛. 凡衣

---

28 하늘의……없다 : 하늘이 사람의 선악을 살피는 데에 빠뜨리는 것이 없다는 뜻으로,《도덕경(道德經)》73장에 "하늘의 그물은 넓고 넓으니 성기면서도 빠뜨리지 않는다.(天網恢恢, 疏而不失.)"는 구절이 있다.
29 《袁氏世範》卷下〈治家〉.

자연히 이들에게 애증이 있기 마련이다. 일반적으로 의식(衣食)이나 재물을 나누어 줄 때에는 후하거나 박한 차등이 있어서 이 때문에 자손들은 균일하게 나누어 주기를 힘써 요구하게 되고, 아버지나 할아버지는 다시 그 사이에서도 몰래 경중을 두게 되니, 어찌 훗날에 서로 다투는 빌미가 생기지 않을 수 있겠는가!

食、財物所及, 必有厚薄, 致令子孫力求均給, 其父祖又於其中暗有輕重, 安得不起他日爭端!

만약 아버지나 할아버지가 그 자손 중에 어리석은 사람이 있어 다른 자손의 재산을 침해할까 염려하여 마지못해 재산을 나눠주어야 할 때에는, 다만 재물과 곡식을 수시로 나누어 주되 농지 재산은 나누어 주어서는 안 된다. 만약 이 재산이 그 자손의 손에 들어가면 재산을 이미 분배된 자기 몫의 소유라 여겨 반드시 웃어른에게 요구해서 전매 계약을 한다. 그리고 전매로 얻은 재물을 이미 탕진하고 나서는 다른 자손의 재산을 **빼앗으려** 넘보다가 현명한 자손까지 피해를 입혀 함께 재산을 허비하게끔 한다.

若父祖慮子孫中有不肖人侵害他房, 不得已均給者, 止可逐時均給財穀, 不可均給田産. 若田産入手, 卽以爲已分所有, 必邀求尊長, 立契典賣. 典賣旣盡, 窺覦他房, 使賢子孫被其擾害同於破蕩.

대개 인가의 자제 중에서 혹 십몇 명은 모두 자신을 지킬 수 있는데 그중에 어리석은 자가 한 명이라도 있으면, 십몇 명이 함께 그 피해를 입어 집안을 망치는 경우도 있다. 집안의 복을 보전하고자 한다면, 심사숙고하여 장구한 계책을 마련하지 않을 수 있겠는가?《원씨세범》[30]

大抵人家子弟, 或十數人, 皆能守己, 其中有一不肖, 則十數均受其害, 至於破家者有之. 欲保延家祚者, 可不熟慮以爲長久之計耶?《袁氏世範》

---

30 《袁氏世範》卷上〈睦親〉.

4. 부지런히 일하기

勤勵

1) 부지런과 검소가 근본이다

인가에서 '근검(勤儉, 부지런과 검소)' 두 글자는 바로 근본이다. 부지런하면 해이한 일이 없으며, 검소하면 가난해질 염려가 없다. 남이 하지 못하는 일을 나는 할 수 있는 덕목이 '부지런'이고, 남이 쉽게 탕진하는 재물을 나는 오히려 보존할 수 있는 덕목이 '검소'다. 《전가보》[1]

勤儉爲根本

人家"勤儉"二字乃是根本, 勤則無廢弛之事, 儉則無空乏之虞. 人所不能做的事, 我能做得, "勤"也 ; 人所易盡的物, 我猶存得, "儉"也. 《傳家寶》

2) 부지런의 이로움과 게으름의 해로움

옛사람이 말하기를 "천하에서 한결같이 부지런하면 어려운 일이 없다."라 했다. 또 말하기를 "거지는 씨가 없으니 게으른 자가 바로 거지가 된다."라 했다. 대개 사람이 세상을 살아가면서 배불리 먹고 따뜻하게 입는 것은 원래 필요한 일인데, 만약 옷을 적게 입고 음식이 부족하면 바로 배고픔과 추위의 고통을 겪게 된다. 이 옷과 음식의 근원을 생각할 때, 만약 마음과 힘을 써서 옷과 음식을 구하지 않는다면 어떻게 얻을 수 있겠는가? 옷과 음식을 구할 수 있는가의 여부는 모두 부지런과 게으름 두 가

勤惰利害

古人說 : "一勤天下無難事." 又說 : "乞丏無種, 惰漢便成." 蓋人生在世, 飽食煖衣原是要的, 若是少衣缺食, 便受飢寒苦楚. 這衣食的根源, 若不是勞心勞力的尋求, 卻從何處得來? 總在勤與惰兩件上分別. 但這勤勞, 須要在本等當爲的事上用力, 纔是實在.

---

1 《傳家寶》卷1〈俚言〉"治家", 25쪽.

지에서 갈라진다. 다만 이 부지런한 노동은 반드시
자신의 본분에 맞게 마땅히 해야 할 일에 힘을 써야
비로소 진실한 것이 된다.

선비라면 다만 독서와 강학에만 마음을 써, 자연히 치란(治亂)의 이치를 널리 깨닫고 고금의 역사에 통달하게 된다. 집안에 있으면 효제충신(孝悌忠信)[2]하는 사람이 되고, 관직에 있으면 임금에게 충성을 다하고 나라를 아끼는 선비가 되니, 이렇게 하면 훌륭한 사람이 될 뿐만 아니라 영예를 누리며 현달하게 된다.

爲士的只去用心讀書、講學, 自然通曉治亂, 識達古今, 在家爲孝悌忠信的人, 居官爲忠君愛國之士, 旣做了好人, 又受了榮顯.

농부라면 다만 논밭을 갈고 작물을 재배하는 데에만 마음을 써서, 논밭을 갈면 논밭이 황폐하지 않으며 벼와 곡식이 풍년을 이루고, 씨를 뿌리면 땅이 개간되고 뽕나무와 삼이 무성하여 한 집안의 노인과 젊은이들이 배고픔과 추위를 면한다.

爲農的只去用心耕田種地, 耕田則田不荒而稻穀豐登, 種地則地開闢而桑麻茂盛, 一家老少免受飢寒.

장인이라면 다만 기술을 익히고 배우는 데만 마음을 써서, 정교한 기술이 남보다 뛰어나면 부자가 될 수 있다.

爲工的只去用心習學手藝, 精巧出人, 可以致富.

상인이라면 다만 생계를 꾸리는 데만 마음을 써서, 남북의 특산품을 꿰뚫고 있으며 물가의 추이를 가슴속에 명료히 이해하고 공평하게 거래한다면 자연히 재물이 불어날 것이다.

爲商的只去用心做生意, 南北道地皆能熟諳, 物價高低, 了然胷中, 公平交易, 自然發財.

세상에서 가장 한심한 종류의 인간은 먹기만 좋아하고 일하기는 싫어해서 종일토록 이리저리 휩쓸

最可恨世間有一等人, 好喫懶做, 終日東搖西蕩, 學

---

2 효제충신(孝悌忠信) : 어버이에게 효도하고 형을 공경하며 임금에게 마음을 다하고 벗에게 신실한 유교의 이상적인 삶의 자세.

려 다니며 배운 내용은 기름칠한 듯 말만 번드르르하게 하는 데 써먹고, 사(士)·농(農)·공(工)·상(商) 중에서 그의 직분은 아무것도 없으며, 기생과 놀고 도박하면서 술잔을 흔들며 마셔대면 패가망신하지 않을 수 없다. 이러니 가업은 점점 빈곤해지고 자연히 배고픔과 추위의 고통을 면하지 못한다. 만약 이 사람이 견디기 힘든 고통을 받게 되면 바로 나쁜 짓을 하게 되어 죄를 범하고 형벌을 받게 되니 이 모든 사태는 스스로 자초한 일이다.

이 때문에 예부터 제왕의 제도는 일반적으로 민간에서 뽕나무나 삼을 심지 않으면 한 마을에서 20가구가 베를 내도록 하는 벌을 주었으며, 만약 어떤 사람이 일정한 직업이 없으면 의무적인 부역에 나오도록 불렀다. 이러한 제도는 모두 사람들이 본업에 근면하게 힘써서 나태한 생각을 배우지 못하도록 한 것이다.

너에게 권한다. 한마음 한뜻으로 본분에 맞게 근면한 노동에 전력을 다하여, 날씨나 밤낮을 가리지 말고 조금도 나태하지 않기를 아침마다 이와 같이 하고 날마다 이와 같이 하라. 비록 시운이 맞지 않는 경우라도 가난을 편안히 여기고 담박한 생활을 시종일관 유지한다면 마침내 결실을 맺을 수 있을 것이다. 오직 게으르지만 않으면 자연히 옷과 음식이 남아돌 것이다. 남에게 옷과 음식을 구하지도 않고 가난으로 인한 고통도 받지 않으면 이것이 바로

成油滑腔調, 士農工商沒他的分, 嫖睹搖爵倒少不得. 家業漸漸貧乏, 自然免不得飢寒苦楚. ① 若受不過苦楚的, 便爲非作歹, 犯罪遭刑, 總是自取.

所以自古帝王制度, 凡民間不栽桑麻的, 罰他出一里二十家的布;若無行業的, 叫他出夫役之征. 都是要人勤務本業, 莫學懶惰的意思.

勸爾一心一意, 專力在本等上勤勞, 不論陰晴早夜, 毫不懶惰, 朝朝如是, 日日如是, 就是時運不通, 也安貧受淡到底, 終有結果. 只莫懶惰, 自然衣食有餘. 不求人不受苦, 就是極大的快活.《快活方》

---

① 免……楚:《傳家寶·人事通·每日早起》에는 "要他領受".

더할 수 없이 큰 쾌락이다. 《쾌활방》[3]

3) 날마다 일찍 일어나라

每日早起

당나라 사람의 시(詩)에 "집에서는 일찍 일어나야 하고, 나라를 근심할 때는 풍년을 기원하네."[4]라 했다. 가장이 일찍 일어난다는 사실을 모두가 안다면 자제들과 하인들 중에 누가 함부로 나태하게 잠을 잘 수 있겠는가? 집안사람들이 각자 자기 일을 맡아서 부지런과 검소를 유지해낸다면 집안이 흥하여 날로 왕성할 것이다. 다만 하루의 계획은 인시(寅時, 오전 3시~5시)에 달려 있다. 사람이 맑은 첫새벽에 이르면 정신력이 배가 되며 이 시간에 일을 하면 매우 효율이 높다. 더군다나 집안의 여러 일들은 또한 일찍 처리해야 한다.

唐人詩云 : "在家當早起, 憂國願年豐." 要知爲家主者早起, 則子弟僮僕, 孰敢懶睡? 家人各執其事, 勤儉爲②持, 興旺日盛. 但一日之計在於寅. 人至淸晨, 精神加倍, 此時做事極有功效. 況家內雜事, 又須早辦.

속담에 "일찍 일어나면 3가지 빛이 있고 늦게 일어나면 3가지 당황스러움이 있다."라 했다. 일찍 일어나면 집안의 뜰과 대청, 마당을 깨끗이 청소한다. 이것은 가문의 광채이니, 그 첫째다. 머리와 얼굴을 깨끗하게 빗고 씻으며 옷과 모자가 몸에 단정하게 잘 맞도록 착용한다. 이것은 신체의 광채이니, 그 둘째다. 손님이 오면 따뜻한 차로 정중히 모시며 쟁반과 잔은 섬세하고 아름답다. 이것은 손님 접대의 광채이니, 그 셋째다. 만약 혹시라도 잠에 빠져 늦게 일어나면 땅바닥은 재와 먼지투성이요, 그러다 손님

謗云 : "早起三光, 遲起三慌." 早起則門庭堂地灑掃潔淨, 此家門光彩, 一也; 頭面梳洗潔淨, 衣帽穿戴齊整, 此身體光彩, 二也; 人客到來, 熱茶奉敬, 盤杯精美, 此款待光彩, 三也. 若或貪眠遲起, 滿地灰塵; 或有客到, 頭蓬面垢, 衣帽不整; 旋烹茶湯, 事事恩

---

3 《快活方》〈莫懈惰〉(《傳家寶》1, 111~112쪽).
4 집에서는……기원하네:두보(杜甫)의 시 〈오종(吾宗)〉에 나오는 시구이다.
② 爲:《傳家寶·人事通·每日早起》에는 "維".

이라도 오면 쑥대머리에 얼굴은 더럽고 옷과 모자는 단정하지 않으며, 급하게 찻물을 끓여 사사건건 바쁘고 허둥대니, 그 폐해가 어찌 3가지 당황스러움에만 그치겠는가?《인사통》[5]

4) 부지런히 농사짓고 길쌈하라

속담에 "사내 한 명이 밭을 갈지 않으면 온 집안이 굶주리게 되고, 아녀자 한 명이 길쌈을 하지 않으면 온 집안이 추위에 떨게 된다."라 했다. 한 사람이라도 나태하면 가난의 고통을 자초하게 된다. 만약 부지런히 농사짓고 부지런히 길쌈을 하면 저절로 수많은 장점이 생긴다.

수확한 후에는 먼저 조세를 완납하고 이어서 1년간 먹을 양식을 계산하여 내실에 저장해두고 그 나머지는 시장에 내다 판다. 잘 봉해서 갈무리해둔 돈과 식량 외에는 주머니에 넣어 쌓아둔다. 길쌈한 주포(綢布, 비단)는 한 집안의 옷감으로 공급하는 것 외에는 낭비하면 안 되고 모두 은전으로 바꿔둬야 한다. 해마다 이렇게 한다면 비록 큰 부자는 못 되어도 모자람 없이 산다고 할 만하다.

위로는 관가의 돈을 꾸지 않고 아래로는 사채를 꾸지 않는다. 배불리 먹고 배를 두들기며 편안하게 날을 보낸다. 복날이나 세밀 등의 절기에는 말술에

忙, 豈止三慌?《人事通》

勤耕織

語云:"一夫不耕, 全家受飢;一女不織, 全家受寒." 一或③怠惰, 自取窮苦. 苟能④勤耕勤織, 自有許多好處.

收穫之後, 先完漕米, 隨卽計算一年所喫之糧, 藏頓內室, 其餘糶賣. 封納錢糧外則積蓄囊中. 所織綢布, 供給一家穿著外, 綢不可浪費, 乃盡行變賣銀錢. 年年如此, 雖不大富, 亦稱充足.

上不欠官錢, 下不欠私債. 含飽鼓腹, 安逸過日. 歲時伏臘, 斗酒隻⑤鷄, 家人

---

5 《人事通》〈每日早起〉(《傳家寶》2, 281~282쪽).
③ 一或:《傳家寶·人事通續集·勤耕織》에는 "切勿".
④ 苟能:《傳家寶·人事通續集·勤耕織》에는 "宜".
⑤ 隻:《傳家寶·人事通續集·勤耕織》에는 "尺".

닭 한 마리로 집안사람들과 부자간에 모여 앉아 웃고 대화하니, 어찌 세상 제일의 즐거운 일이 아니겠는가! 비록 농사에 굳은살이 박이는 고통이 있고 길쌈에 베틀을 돌리는 수고가 있다지만 어른은 저절로 되는 것이 아니고 저절로 되는 것은 어른이 아님을 알아야 한다.

일반적으로 세상의 재물과 곡식은 결단코 노력과 고통 없이 얻어진 적이 없었다. 더욱이 장사나 벼슬은 수많은 자본을 끌어들이고 수많은 재주와 학식을 품고 있어도, 오히려 뭍으로 바다로 내달려야 하고 가업(농사와 길쌈)을 포기하고 가족과 떨어져서 갖가지 고난을 받는다. 나는 남녀들에게 힘을 써서 함께 살림을 이룩하고 절대로 나태하여 가난의 고통을 자초하지 않기를 권한다. 또 남녀들이 삼가고 부지런하여 한마음으로 농사짓고 길쌈하는 것만 알면 미련함과 경박함, 음욕과 사특한 생각이 저절로 생기지 않으니, 한번 부지런하면 온갖 선이 모두 구비된다.《인사통》[6]

父子, 團聚笑語, 豈非人間第一樂事! 雖曰耕有胼胝之苦, 織有機杼之勞, 要知成人不自在, 自在不成人.

凡世間財穀, 斷未有不從勞力辛苦中得來. 況商賈、官宦, 携許多資本, 抱許多才學, 尙且水陸奔馳, 抛家業、離骨肉, 何等苦楚. 我勸男女努力共成家計, 切不可懶惰自取窮苦, 且男女謹勤, 一心只知耕織, 則不肖、非僻、淫慾、邪念, 無自而生, 一勤而百善俱備.《人事通》

5) 부지런과 검소에는 분별이 있어야 한다

부지런히 재물을 모으고 검소하게 소비하는 일은 집안을 이루고 사업을 일으키는 묘책이다. 다만 부지런히 재물을 모으는 일은 오직 내 본분의 합당한 범위 안에서 뜻을 더하여 고생스럽게 부지런히 해야 한다. 그런데 이런 일이 만약 남과 남의 재물에 손

勤儉要有分別

勤求儉用, 是成家立業之妙法. 但勤求只當於我本分內加意辛勤. 若是損人害人之錢財, 切不可思想圖謀. 卽或謀來, 予恐天道

---

6 《人事通續集》〈勤耕織〉(《傳家寶》2, 330~331쪽).

해를 끼친다면 절대로 이 일을 시도하려는 생각조차 해서는 안 된다. 혹시라도 이를 도모하였다면 나는 천도가 순환하여 나쁜 일이 일어나게 되고 머지않아 또 나쁜 일이 배로 늘어나서 멸망하게 될까 걱정된다.

　검소하게 소비하는 일은 다만 수입을 헤아려 지출하고 급하지 않은 일에는 소비하지 않아야 한다. 하지만 효제충신 및 인륜예절과 같은 일은 마땅히 재물이 들어도 인색하면 안 된다. 만약 이러한 일에 지나치게 줄이고 절약하면 사람들의 놀림감이 되고 원망을 일으킬까 봐 걱정스럽다.《인사통》[7]

好還, 從惡中得來, 未久又從惡中加倍銷滅矣.

儉用只是量入爲出, 不急之事莫爲, 至於孝弟忠信、人倫禮節之類, 應用錢財者亦不可鄙吝. 若過於減省, 予恐惹人譏誚, 起人怨恨矣.《人事通》

7　《人事通續集》〈勤儉要有分別〉(《傳家寶》2, 335쪽).

5. 일 맡기기

任使

1) 간인(幹人)[1]은 순후하고 신중한 사람을 고른다

간인 중에 창고를 관리하는 사람은 항상 그 장부를 신중히 기록하고 그 실질재고를 살펴야 한다. 간인 중에 곡식을 관리하는 사람은 그 장부를 엄격하게 기록하고 그 자물쇠를 신중히 관리하며, 아울러 신중한 사람을 골라서 창고를 지키게 해야 한다. 간인 중에 재원(財源)을 빌려서 시장거래를 담당하는 사람은 그 사람됨이 순후하고 일가에 속하는 모든 사람을 아끼는 사람을 골라야만 맡길 수 있다.

대체로 중산층의 집은 날마다 쓰는 비용도 오히려 지탱하기 어려운데, 하물며 남에게 삯을 받는 사람은 그 배고픔과 추위를 벗어나는 계책이 어찌 두루 충분하겠는가? 보통사람의 성품으로도 욕심나는 물건을 보면 그 마음이 반드시 혼란스러워지는데, 하물며 하품의 어리석은 사람이 맛있는 술과 음식, 아름다운 노래와 여색을 보고 어찌 마음이 동요

幹人擇淳謹

幹人有管庫者, 須常謹其簿書, 審其見存. 幹人有管穀米者, 須嚴其簿書, 謹其管鑰, 兼擇謹畏之人, 使之看守. 幹人有貸財本興販者, 須擇其淳厚, 愛惜家累[1], 方可付托[2].

蓋中産之家, 日費之計, 猶難支吾, 況受傭於人, 其飢寒之計, 豈能周足? 中人之性[3], 目見可欲, 其心必亂, 況下愚之人, 見酒食聲色之美, 安得不動心?

---

1 간인(幹人) : 타인의 농지나 재산을 관리해주는 사람. 자신의 재산을 소유한 간인은 재산 관리를 위해 다른 간인을 고용하기도 했다.

① 累 : 《袁氏世範 · 治家》에는 "業".

② 托 : 《袁氏世範 · 治家》에는 "託".

③ 性 : 저본에는 "惟". 《袁氏世範 · 治家》에 근거하여 수정.

하지 않을 수 있겠는가?

지난날 재물이 없이 살 때에는 재물이 그의 뜻과 그 욕심에 찰 정도로 많지 않았기 때문에, 집에서는 부자, 형제와 함께 배고픔과 추위를 함께 했고, 밖에서는 욕심나는 물건을 보고도 보지 않은 것과 같이 했다. 하지만 지금 도리어 재물이 눈앞에 가득하여 넘쳐나는데, 어찌 남의 물건을 몰래 가지고 싶은 마음[2]이 없겠는가?

처음에는 주인의 재물을 아주 조금 유용하여 그 마음에 오히려 갚을 수 있다고 생각하다가 오랫동안 주인이 알지 못하면 유용하는 양이 날마다 증가하고 달마다 늘어나 쌓여서 1년이 되면 유용한 양이 너무 많아진다. 그 마음이 비록 두렵더라도 어찌할 수가 없으면, 자신의 비리를 덮을 방법을 찾는다. 그러다가 2~3년에 이르면 침범하고 속인 것들이 이미 크게 드러나 비리를 덮을 수가 없고, 주인이 죄를 다스리려 하지만 또한 때는 이미 늦었다[3]. 그러므로 일반적으로 간인에게 일을 맡길 때에는 이것을 경계해야 한다. 《원씨세범》[4]

向來財不滿其意而充其欲, 故內則與骨肉同飢寒, 外則視可欲如不見, 今乃財物盈溢於目前, 安得無染指之思?

其始也, 移用甚微, 其心猶以爲可償, 久而主不之覺, 則日增焉月益焉, 積而至於一歲, 移用已多, 其心雖惴惴無可奈何, 則求以掩覆, 至二年三年, 侵欺已大彰露, 不可掩覆, 主人欲峻治之, 亦噬臍無及. 故凡委托幹人, 所宜警此.《袁氏世範》

2) 종들에게 넉넉히 은혜를 베풀라

종들이 힘써 일을 하려는 까닭은 배고픔과 추위를 막기 위한 수단을 얻고자 하기 때문이다. 가장은

優恤婢僕

婢僕欲其出力辦事, 其所以禦飢寒之具. 爲家長者

---

2 남의……마음 : 본문의 '染指'이다. '염지'는 손가락에 찍어 맛을 본다는 말로, 옳지 못한 방법으로 남의 물건을 몰래 가진다는 뜻이다.

3 때는 이미 늦었다 : 본문의 '噬臍無及'이다. '噬臍'는 배꼽을 물어뜯으려 하여도 입이 닿지 않는다는 뜻으로, 일을 그르친 뒤에 후회하여도 이미 어떻게 할 수 없는 상황을 말한다.

4 《袁氏世範》卷下〈治家〉.

이 사실을 유념하지 않을 수 없으니, 종들에게 옷은 따뜻하게 입혀야 하고, 음식은 배부르게 먹여야 한다. 옛사람이 "여자 종 많이 두는 일을 꺼리지 말라. 그들에게 길쌈을 가르치면 충분히 자기네 옷을 지어 입을 것이다. 남자 종 많이 두는 일을 꺼리지 말라. 그들에게 농사를 가르치면 충분히 자기네 배를 채울 것이다."라 하였다.

대체로 서민들은 힘을 쓸 수 있으면 옷과 음식을 마련하기에 충분하다. 그렇지만 힘이 있어도 쓸 곳이 없으면 스스로 살아갈 수 없다. 그래서 남에게 나아가 일자리를 구하는 것이다. 부자는 측은지심(測隱之心)으로 종들을 길러내면 그들의 힘만으로 도리어 그들 자신의 몸을 기르니, 그 덕이 매우 클 것이다. 게다가 이 사람들은 이미 따뜻하게 입고 배부르게 먹었기 때문에, 비록 고된 일을 시켜도 마음에 달갑게 여길 것이다. 《원씨세범》[5]

不可不留意, 衣須令其溫, 食須令其飽. 古人云:"蓄婢不厭多, 敎之紡績, 則足以衣其身;蓄僕不厭多, 敎之耕種, 則足以飽其腹."

大抵小民有力, 足以辦衣食, 而力無所施, 則不能以自活. 故求就役於人. 爲富家者, 能推測隱之心, 蓄養婢僕, 乃以其力還養其身, 其德至大矣, 而此輩旣得溫飽, 雖苦役之, 亦甘心焉.《袁氏世範》

예규지 권제2 끝

倪圭志 卷第二

---

5 《袁氏世範》卷下〈治家〉.

3

예규지 권제3
倪圭志 卷第三

임원십육지 111
林園十六志 百十一

재산 증식(중) 貨殖 中

경기도(京畿道)는 땅이 척박하고 백성이 밀집해 있어 땅에서 거둬들이는 수확은
가장 적은데, 그마저 서울로 실어가기 때문에 경기도의 백성이 가장 가난하다.
경기도 서남쪽은 감이 풍부하고, 동북쪽은 배와 밤이 풍부하다. …중략… 개성
(開城)은 왕씨의 옛 도읍으로, 서울과 가깝고 서쪽으로 연경의 재화가 유통된다.
풍속이 화려함을 숭상하여 아직도 고려의 유풍이 있다.

재산 증식(중)

貨殖(中)

1. 전국의 생산물

八域物産

1) 총론

경기도(京畿道)는 땅이 척박하고 백성이 밀집해 있어 땅에서 거둬들이는 수확은 가장 적은데, 그마저 서울로 실어가기 때문에 경기도의 백성이 가장 가난하다. 경기도 서남쪽은 감이 풍부하고, 동북쪽은 배와 밤이 풍부하다. 여주(驪州)[1]와 이천(利川)[2] 일대는 벼를 심으면 제일 먼저 익어 돈을 매우 많이 번다. 인천(仁川)[3]과 남양(南陽)[4]은 그 흙이 붉고 찰흙인데, 비록 비옥하지는 않지만 보리를 재배하기에 알맞아 그에 힘입어 간신히 살아간다.

개성(開城)[5]은 왕씨의 옛 도읍으로, 서울과 가깝고 서쪽으로 연경의 재화가 유통된다. 풍속이 화려함

總論

京畿, 土薄民聚, 地收最劣而輦輸京師, 故民最貧. 西南饒柿, 東北饒梨栗. 驪州、利川之間, 種稻先熟, 得錢甚多. 仁川、南陽, 厥土赤埴, 雖無沃衍, 宜麥賴活.

開城爲王氏舊都, 近接京師, 西通燕貨, 俗尙華麗,

---

1 여주(驪州) : 경기도 여주군 가남면·금사면·능서면·대신면, 북내면 내룡리·당우리·상교리·신남리·오금리·오학리·외룡리·주암리·천송리·현암리, 산북면·여주읍·점동면·흥천면, 양평군 개군면, 여주군 강천면, 양평군 용문면 일대.
2 이천(利川) : 경기도 이천시 시내·대월면·마장면·모가면·백사면·부발읍·신둔면·호법면 일대.
3 인천(仁川) : 인천광역시 남구·남동구·동구·연수구·중구, 부평구 십정동, 옹진군 덕적면, 광명시 옥길동, 시흥시 과림동·계수동·금이동·대야동·도창동·매화동·무지동·미산동·방산동·신천동·신현동·안현동·은행동·포동, 화성시 신외동·장전동, 비봉면 삼화리·유포리 일대.
4 남양(南陽) : 경기도 화성시 시내(신외동·장전동·수화동 제외)·마도면·서신면·송산면·비봉면(유포리·삼화리 제외), 봉담읍 상기리, 향남읍 구문천리·상신리·하길리, 안산시 단원구 남동·대부동·동동·북동·선감동, 인천광역시 옹진군 영흥면·자월면, 화성시 매송면·우정읍·팔탄면, 인천광역시 중구, 옹진군 덕적면, 충청남도 당진시 석문면, 서산시 성연면, 아산시 영인면·인주면, 태안군 근흥면·소원면 일대.
5 개성(開城) : 황해북도 개성시 남면·동면·북면·서면·송도면·영남면·영북면·청교면·토성면 일대.

을 숭상하여 아직도 고려의 유풍이 있다. 성군(태조 이성계)이 창업한 이후 은완(殷頑)6이 복종하지 않자 나라에서도 이들을 포기하고 금고(禁錮)시켰다.7 이 때문에 개성 사대부의 후예는 학문을 폐하고, 유생은 장사로 도피하였다. 그러므로 백성 중에 기예가 뛰어난 자가 많아서 이곳에서 만든 물건의 편리함이 나라에서 최고이다.

충청도(忠淸道)는 서쪽은 바다에 닿아 있고, 남쪽은 전라도를 둘러싸고 있으며, 북쪽은 경기도와 접해 있다. 물산의 풍부함과 인구의 많음은 전라도 및 경상도와 거의 비슷하지만 땅의 비옥함은 이들에 미치지 못한다. 충주(忠州)8는 한강 상류에 있어 경상도 상인의 재화가 유통되고, 공물과 조세도 충주에 이르러 배로 옮겨 실어나르므로 강가의 백성 가운데는 생업을 그만두고 배를 타는 사람이 많다. 사대부들이 모여 살아서 약한 백성들이 폐해를 입기 때문에 민간에서는 '섬색(纖嗇, 인색한 고장)'이라 부른다.

猶有高麗遺風. 聖作以後, 殷頑不服, 國亦棄而錮之. 士大夫遺裔廢文, 儒逃商賈, 故民多技巧, 便利爲國之最.

忠淸道, 西濱海, 南拱湖南, 北接京畿. 富庶與兩南等, 膏腴不及. 忠州居上流, 通嶺南商貨, 貢賦亦至此遞漕, 江民多棄業乘船. 士大夫聚居, 民弱受弊, 俗號 "纖嗇".

---

6 은완(殷頑) : 은(殷)나라가 주(周)나라에 멸망당한 뒤에도 주나라에 복종하지 않은 은나라의 완악한 유민(遺民)들. 여기서는 조선의 건국을 인정하지 않은 고려의 유민을 가리킨다.

7 나라에서도……금고(禁錮)시켰다 : 조선 초에 두문동(杜門洞)을 중심으로 고려의 토착세력이 새 왕조에 복종하지 않자, 앞으로 100년 동안은 개성의 선비들이 과거에 응시하는 것을 제한한다는 명을 내렸다.《상택지》권2〈전국의 명당〉"전국 총론"'경기도')

8 충주(忠州) : 충청북도 괴산군 감물면·불정면, 음성군 감곡면·금왕읍·대소면·맹동면·삼성면·소이면, 생극면 방축리·생리·송곡리·신양리·오생리·임곡리·차곡리·차평리·팔성리, 제천시 덕산면, 한수면 보평리·송계리, 충주시 가금면·금가면·노은면·대소원면·산척면·살미면·소태면·시내·신니면·앙성면·엄정면·주덕읍, 동량면 대전리·손동리·용교리·조동리·지동리·하천리·화암리 일대.

공주(公州)[9]는 충청도관찰사의 감영이 있는 곳이다. 산수는 밝고 수려하며 산지와 평야의 농부는 모두 옻·모시·삼·면화를 주로 재배하여 사계절 일거리가 있으니, 부녀자들은 밤늦도록 길쌈을 하느라 잠이 부족하다. 양곡선이 웅천(熊川)[10]을 따라오다가 이곳에서 큰 바다배로 옮겨 실으므로 고직(雇直, 품삯을 받는 인부)이 많고 곡식이 많이 모여들어 가난한 살림에 도움이 된다.

청산(青山)[11]과 보은(報恩)[12] 일대는 깊은 산골짜기라 별다른 생업이 없으나, 대추를 심으면 열매가 많이 맺히고 벌레는 거의 없어 사방의 장사꾼이 이곳으로 모여든다. 은진(恩津)[13]은 웅천의 하류에 있다. 이곳은 상선이 몰려들어 백성들 중에 재물을 모은 자가 많으므로 '나라에서 이익의 원천이 가장 많은 곳'이라 한다. 임천(林川)[14]과 한산(韓山)[15] 일대는 모시

公州爲監司所治, 山水明麗, 具山農野耕之趣漆[1]、苧、麻、綿, 四時有事, 婦工夜少眠. 米船浮熊川, 遞乘海舶, 雇直夥而穀多滯, 貧竈有資.

青山、報恩之間, 峽深無異産業, 植棗實繁蟊稀, 四方之賈集焉. 恩津居熊川下流, 商船簇聚, 民多積貨, 號爲"國中利窟之最". 林川、韓山之間, 以苧布名. 大津之西謂之"內浦", 以

---

9 공주(公州): 충청남도 공주시 계룡면·반포면·사곡면·시내·신풍면·우성면·유구읍·의당면·이인면·장기면·정안면·탄천면, 논산시 상월면 석종리, 부여군 부여읍 저석리, 연기군 금남면, 남면 나성리·방축리·송담리·송원리·종촌리, 대전광역시 중구, 동구 구도동·낭월동·대별동·삼괴동·상소동·소호동·원동·이사동·인동·장척동·동·중동·하소동·효동, 서구 갈마동·내동·도마동·둔산동·변동·복수동·삼천동·용문동·정림동, 유성구 금고동·금탄동·갑동·구성동·구룡동·구암동·궁동·노은동·대동·덕진동·도룡동·둔곡동·반석동·복룡동·봉명동·봉산동·상대동·송강동·수남동·신봉동·신성동·어은동·외삼동·원신흥동·자운동·장대동·죽동·지족동·추목동·하기동 일대.

10 웅천(熊川): 공주 일대를 지나는 금강(錦江)의 옛 명칭.

11 청산(青山): 충청북도 옥천군 청산면·청성면, 보은군 내북면 도원리·동산리·봉황리·성암리·성치리·아곡리·적음리·창리·화전리, 안내면 일대.

12 보은(報恩): 충청북도 보은군 마로면·보은읍·산외면·삼승면·속리산면·수한면·장안면·탄부면, 내북면 두평리·상궁리·서지리·세촌리·이원리·하궁리 일대.

13 은진(恩津): 충청남도 논산시 가야곡면·은진면·채운면, 강경읍 남교리·대흥리·동흥리·북옥리·산양리·서창리·염천리·중앙리·채산리·채운리·태평리·홍교, 시내 가산동·관촉동·내동·대교동·등화동·반월동·지산동·취암동·화지동, 양촌면 석서리·중산리, 연무읍 금곡리·동산리·마산리·소룡리·양지리·죽본리·죽평동 일대.

14 임천(林川): 충청남도 부여군 세도면·양화면·임천면·장암면·충화면 일대.

15 한산(韓山): 충청남도 서천군 기산면·마산면·한산면·화량면 일대.

[1] 野……漆:《星湖僿說·人事門·生財》에는 "野農力桑".

로 유명하다. 대진(大津)16의 서쪽은 '내포(內浦)'17라 하며 생선과 소금으로 유명하다. 바다의 섬에는 소나무를 길러 엄격하게 벌채를 금하는데, 여기에서 기른 나무로 전함(戰艦)을 만들기 때문이다.

전라도는 서쪽과 남쪽이 모두 바다이고, 동쪽은 큰 산맥[大嶺, 소백산맥]을 경계로 삼는다. 이곳 사람들은 방술(方術)을 좋아하고, 허풍떨면서 남을 속이기를 잘한다. 토지에 논이 많아 관개에 힘쓰기 때문에 때에 맞춰 모를 옮겨 심으면 농사일이 힘들지 않아 매우 쉽다. 백성들이 모두 쌀밥을 먹어 콩과 보리를 천하게 여긴다.

남쪽으로는 제주(濟州)18와 통한다. 제주는 약재·귤·유자 및 단단한 목재·무늬목이 풍부하다. 산에 사슴이 많은데, 이는 아마도 바닷고기가 변했기 때문으로, 사슴의 가죽과 녹용을 취하면 모두 값이 비싸다. 제주도는 말을 길러 온 나라에 공급하는 말의 집산지로, 해마다 조정에 무수한 말을 공물로 바치며, 일반 백성들도 매우 많이 길러 온 나라에서 거래를 한다.

또 소를 많이 길러 백성들이 모두 고기를 실컷 먹는다. 제주도는 토맥(土脈)19이 들뜨고 얕아서 반

魚鹽名. 海島則養松爲厲禁, 爲戰艦也.

全羅道, 西南皆海, 東以大嶺爲界. 人好方術, 喜夸詐. 地多稻田務灌漑, 時至移秧, 農功煞歇, 民皆飯稻而賤菽麥.

南通濟州. 濟州饒藥物、橘、柚若堅材、文木. 山多鹿, 蓋海魚所化也, 取皮取茸, 皆價重. 養馬爲國牧淵藪, 歲貢許多, 齊民亦富畜, 私市遍於國中.

又多畜牛, 人皆飫肉. 土脈浮淺, 必驅牧踏實, 然

---

16 대진(大津) : 경기도 평택시 평택항 지점에 있던 나루. 충청남도 당진군 송악면 한진리에도 한진나루가 있는데, 이 지명의 영향으로 보인다.

17 내포(內浦) : 내포는 바다나 호수가 육지 안으로 휘어 들어간 부분을 말한다. 《상택지》 권2 "전국 총론" '충청도'에서는 가야산 앞뒤에 있는 보령(保寧)·결성(潔城)·해미(海美)·태안(泰安)·서산(瑞山)·면천(沔川)·당진(唐津)·홍주(洪州)·덕산(德山)·예산(禮山)·신창(新昌)·대흥(大興)·청양(靑陽)을 가리킨다고 했다.

18 제주(濟州) : 제주특별자치도 제주시 한경면·한림읍·애월읍·조천읍·구좌읍·추자면·우도면, 서귀포시 대정읍·안덕면·남원읍·표선면·성산읍 일대.

19 토맥(土脈) : 땅속 지층의 이어진 맥락. 지맥(地脈)이라고도 한다.

드시 소나 말을 몰고 땅을 밟아 다진 뒤에야 농사를 지을 수 있다. 대개 우황과 말총이 가장 중요한 특산물이고, 면포(綿布)는 값이 비싸서 개를 길러 그 가죽으로 옷을 만들어 입는다.

後方稼. 蓋牛黃、馬鬐最爲輕貨, 綿布價貴, 畜犬衣其皮.

전라도에는 대나무밭이 많아 강죽(杠竹)[20], 화살대 및 선죽(扇竹)[21]을 공물로 바친다. 수령들은 대나무로 부채를 만들어 조정의 지체 높은 사람들과 오래된 지인들에게 선물로 보내니, 그 비용이 적지 않아 백성들이 그 폐해를 입는다. 우리나라 풍속은 반드시 넓은 챙이 둘러진 죽립(竹笠, 삿갓)을 머리에 쓰는데, 죽립은 대를 엮어 챙을 만든다. 김제에서 생산된 죽립이 가장 좋은 물건으로 평가되고, 제주도산이 그 다음이다.

道內多竹田, 貢杠竹、箭竹及扇竹. 守宰造扇, 饋朝貴知舊, 厥費不些, 民受其弊. 東俗必戴廣簷竹笠, 織竹爲簷. 金堤最號良工, 濟州次之.

또한 생업으로 빗을 만드는데, 지금 집집마다 매일 사용하는 빗은 모두 전라도에서 만든 빗이다. 전라도에는 풍속이 행상을 좋아하기 때문에 제주도와 가깝지만 말의 값이 도리어 비싸다.

又業作梳篦, 今家家日用皆南産也. 俗尚行賈, 故近濟而馬價反踊.

전주(全州)[22]는 전라도관찰사의 감영(監營)이 있는 곳으로, 상인들이 모여들어 온갖 재화가 몰려든다. 생강과 마늘이 전국에서 가장 풍부하여 지금 나라

全州爲監司所治, 商賈所聚, 百貨走集. 薑、蒜最饒, 今域中用薑皆全之流溢也.

---

20 강죽(杠竹) : 깃발을 매달 수 있는 장대.
21 선죽(扇竹) : 부채를 구성하는 부챗살의 재료가 되는 대나무.
22 전주(全州) : 전라북도 김제시 공덕면 공덕리·동계리·마현리·저산리·제말리·황산리·회룡리, 청하면 대청리·동지산리·장산리, 금산면, 완주군 구이면·봉동읍·삼례읍·상관면·소양면·용진읍·이서면, 운주면 산북리, 익산시 오산면, 시내 갈산동·금강동·남중동·동산동·마동·만석동·모현동·모건동·송학동·신동·신용동·신흥동·어양동·영등동·인화동·주현동·중앙동·창인동·평화동, 왕궁면 광암리·구덕리·동봉리·동용리·쌍제리·흥암리, 춘포면 춘포리, 전주시 완산구, 덕진구 고랑동·금상동·덕진동·동산동·만성동·반월동·산정동·성덕동·송천동·여의동·용정동·원동·장동·전미동·진북동·팔복동·호성동·화전동, 충청남도 논산시 양촌면 남산리·반암리·신기리·양촌리·오산리·인천리·채광리 일대.

안에서 소비되는 생강은 모두 전주에서 흘러넘쳐 유통된 것이다. 풍속은 인심이 사납고 모질어서 나그네가 묵을 장소를 구하지 못해 겪는 곤란함은 전주에서 매우 심하고, 풍기(風氣)가 유약하여 추위와 배고픔을 견디지 못하는 습성은 전라도 전체가 그러하다.

오직 곡물이 풍부하기 때문에 지방의 세력가들은 쉽게 재산을 증식하며, 고운 옷을 입고 준마를 타고는 곳곳에서 교만하게 거드름을 피우면서 강한 자가 약한 자를 침탈하고, 여러 사람들이 무리 지어 소수의 사람들에게 포악하게 굴더라도 관아에서는 종종 이를 막지 못한다.

이로 말미암아 객호(客戶, 타향에서 온 사람)를 고용하면 멋대로 '장획(臧獲, 노비)'이라 부르거나, 갓을 쓰고 도포를 입고는 짐짓 선비인 척하면서도 관아에서 군사(軍士)의 인원을 점검할 때 참석하지 않는 자가 2/3나 된다. 여기에 속하지 않는 그 나머지 1/3의 백성들이 군역을 충당하게 되므로, 공물과 부역이 편중되고 가혹해져 영세민들이 생업을 잃게 된다.

그러므로 집에 아들이 셋이면, 하나는 곧장 승복을 입고 머리를 깎아 역(役)을 피해가기 때문에 크고 작은 사찰들이 전라도에 두루 널려 있다. 승려들은 농사일에 대해 알지 못하고 여염(일반 백성)에 기대어 입에 풀칠하며 살아가니, 농사에 더욱 심하게 해가 된다. 승려들이 하는 일이라야 고작 짚신을 삼거나 종이를 만드는 일에 불과하기 때문이다. 종이는

俗獷悍, 行旅不得舍宿, 全
爲甚, 風氣柔弱, 不耐寒
饑, 道內皆然.

惟其富穀粟, 故豪强易以
殖財, 鮮服駿乘, 在在驕
逸, 强侵弱衆暴寡, 往往
官不能禁.

由是傭作客戶, 濫稱 "臧
獲", 戴笠束帶, 冒爲儒士,
不與於點名[2]者三之二. 以
其一充賦, 調賦偏酷, 細民
失業.

是以家有三男, 一輒緇髡
以避役, 大寺小刹遍于道
中, 禪徒不識耒耟, 仰糊
于閭閻, 害農尤甚. 其所業
不過織屨造紙. 紙出於楮,
楮以<u>全州萬馬洞</u>之産爲最,
居物貨之一.

<hr>

[2] 名:《星湖僿說·人事門·生財》에는 "兵".

닥나무로 만드는데, 닥나무는 전주 만마동(萬馬洞)[23]에서 만든 것을 최고로 여겨 전라도에서 생산되는 재화 가운데 으뜸을 차지한다.

바닷가 근처의 산에는 소나무를 기르고 사슴이 많아 백성이 이를 재화로 삼는다.

경상도(慶尙道)는 동쪽과 남쪽이 바다에 접해 있고, 서쪽이 큰 산을 사이에 두고 전라도와 인접해 있으며[24] 낙동강이 그 가운데를 가로질러 흐른다. 풍속은 예의를 숭상하고 농사짓고 길쌈하는 일에 부지런하다. 그러나 농민은 적고 선비가 많으며, 선비 중에는 또 비루하고 인색한 자가 많아서 쟁송을 부끄러워하지 않으므로 사소한 일도 그냥 넘어가는 일이 없다.

경상도의 남쪽 해안지방에서는 일본사람과 교역을 하는데, 나라에서 하는 공무역[公貿]이 있고 민간에서 하는 사무역[私易]이 있다. 공무역을 할 때 조선에서 쌀을 가지고 가면, 일본에서는 구리와 백랍(白鑞)[25]을 가지고 온다. 사무역을 할 때 조선에서 인삼과 명주실을 가지고 가면, 일본에서 은괴·칼·거울 및 정교한 기구와 기이한 장신구를 가지고 온다.

濱海之山, 養松多鹿, 民得以爲貨.

慶尙道, 東南濱海, 西隔大嶺, 與湖南隣, 洛東江經其中. 尙禮義, 勤耕織, 然農少士多, 而士又多鄙嗇, 不恥爭訟, 錐刀無遺.

南與倭人互市, 國有公貿, 私有私易. 公貿此以米③, 彼以銅、鑞;私易此以人蔘、絲線, 彼以銀錠、刀、鏡若巧器、奇玩.

---

23 만마동(萬馬洞): 전라북도 완주군 상관면(上關面) 일대. 산골짜기 50리에 걸쳐 병마(兵馬)를 숨길 만한 장소이기 때문에 만마동(萬馬洞)이라 불렸으며, 군사유적인 남고산성이 있다. 대동여지도에는 '만마관(萬馬關)'으로 적혀 있다.

24 큰 산을……있으며: 경상도와 전라도 사이의 대표적인 산으로는 덕유산(德裕山)과 지리산(智異山)이 있다.

25 백랍(白鑞): 녹는점이 낮은 납땜용 합금. 주로 납과 주석을 섞는다. 《섬용지(贍用志)》권4〈공업총정리〉"금속 다루기" '땜납(백랍) 만드는 법'에 백랍 제조법이 나온다.

③ 米: 《星湖僿說·人事門·生財》에는 "米布".

우리나라의 평안도와 함경도26에도 은광이 많지만 여기서 나는 은을 모두 연경으로 가져가 쉽게 소모되는 물건[易敗之物]과 바꿔버리니, 은이 부족하면 또 일본에서 수입한다. 구리도 가끔 여러 산에서 무수히 나오지만 구리를 제련하는 기술이 없어서 반드시 다른 나라에 의존해야 한다. 그러나 만약 천금을 가지고 구리 제련법 알아내기를 솜 빨래할 때 손이 터지지 않는 약[洴澼絖] 만드는 법을 구하듯이 한다면27 어찌 얻지 못할 리가 있겠는가?

다른 분야를 살펴봐도 거칠고 서투름이 이와 같다. 누에치는 기술이 있어도 명주실과 비단은 반드시 눈을 돌려 중국에서 찾고, 철을 제련할 수 있는 용광로가 있어도 칼과 거울의 수준은 일본의 기술에 미치지 못하니, 천하에서 가장 형편없는 기술일 따름이다.

경주(慶州)28는 실로 진한(辰韓)29의 옛터이다. 신라

我邦西北亦多銀鑛, 盡輸於燕以易④易敗之物, 而不足則又取諸倭. 銅亦往往山出棋布, 無冶鑄之術, 必仰資異域. 若以千金求之如洴澼絖, 寧有不得之理?

顧魯莽如此, 有蠶功而絲錦⑤必轉取上國, 有鐵爐而刀鏡不及倭智, 爲天下之賤工而已.

慶州, 實辰韓古墟. 新羅因

---

26 평안도와 함경도 : 서유구는 《섬용지(贍用志)》에서 "우리나라에서도 곳곳에 은이 나서 은광(銀鑛)을 뚫고 은장(銀場)을 설치하기도 하는데, 간혹 열리기도 하고 닫히기도 한다. 오직 관북의 단천(端川), 관서의 강계(江界) 등의 지역에서만 지금까지 은광을 열어 세금을 거두고 있다.(我東亦處處産銀, 開礦設場, 或開或閉, 唯關北之端川·關西之江界等地, 至今開礦收稅.)"라 했다.《섬용지》 권4〈공업 총정리〉 "금속 가공" '은')

27 만약……한다면 : 《장자(莊子)》 〈소요유(逍遙遊)〉에 나오는 다음과 같은 고사를 반영한 내용이다. 송나라에 솜을 빠는 일을 하는 사람이 겨울에 손이 트지 않게 하는 약을 잘 만들었는데, 그는 그 약을 기껏 솜을 세탁할 때에 사용했다. 그 약의 가치를 알아본 어떤 객(客)이 그에게서 약을 조제하는 방법을 알아내어 수군(水軍)이 선쟁을 지푸는 데에 활용하여 크게 출세했다.

28 경주(慶州) : 경상북도 경주시 시내·감포읍·강동면·건천읍·내남면·서면·산내면·안강읍·양남면·양북면·외동읍·천북면·현곡면, 영천시 고경면 고도리·오류리·전사리·차당리·창상리·창하리, 대창면 대창리, 북안면 반정리·유상리·유하리, 자양면 보현리, 포항시 북구 기계면·기북면·신광면·죽장면. 울산광역시 울주군 두서면, 두동면 구미리·만화리·봉계리·삼정리·월평리·이전리·천전리, 경상북도 청도군 운문면, 포항시 남구, 북구 흥해읍 일대.

29 진한(辰韓) : 고대 삼한(三韓) 지역 중에서 경상도 지역에 위치했던 부족국가 연맹체.

④ 易 :《星湖僿說·人事門·生財》에는 "貨".

⑤ 錦 : 저본에는 "綿".《星湖僿說·人事門·生財》에 근거하여 수정.

가 이어서 자리잡았기 때문에 아직도 방전(方田)[30]의 유적이 남아 있다.[31] 이는 기자(箕子)[32]가 남긴 제도가 틀림없지만 세상에 응용하여 실행할 수 없는 점이 애석하다. 부인들이 길쌈하는 일에 힘쓰는 것도 또한 신라 때 회소(會蘇)의 유풍이리라.[33]

조령 아래쪽의 여러 고을들은 감을 재배하여 곶감을 만들어 두었다가 상인에게 파는 일을 생업으로 한다. 밀양(密陽)[34]은 밤으로 유명하다. 그러나 판매할 정도는 되지 않는다.

안동(安東)[35]은 하나의 큰 도회지로, 풍속도 검소

居, 猶有方田遺址, 是必聖智之遺法, 惜其不能推行於天下也. 婦人勤女工, 亦新羅會蘇之流風歟.

嶺下諸邑, 業種柹乾儲售賈. 密陽以栗名, 然不能爲貨.

安東亦一大都會也. 其俗

---

30 방전(方田) : 평양성 밖에 조성되었던 방형(方形)의 기자정전(箕子井田)을 말한다. 기자정전은 주(周)나라의 정전(井田)과 달리 일정 구역의 땅을 전(田)자 모양으로 4등분한 형태로, 이를 전(田)이라 했다. 전은 4개의 구(區)로 이루어져 있고 구의 면적은 70묘이다. 4개의 구로 이루어진 전을 가로와 세로에 각각 4개씩 배치해서 16전(田, 64구)을 기본 형태로 했다. 기자정전(箕子井田)에 대한 내용은 《임원경제지(林園經濟志)》 〈본리지(本利志)〉 권1 "토지제도" '토지의 종류' 참조.

31 경주(慶州)는……있다 : 경주의 방전(方田)에 대해서는 《임원경제지》 〈본리지〉 권1 "토지제도" '토지의 종류'에 언급된 적이 있다.

32 기자(箕子) : 중국 은(殷)나라 태사(太師)로, 은나라의 마지막 왕인 주왕(紂王)의 숙부. 주왕의 폭정(暴政)에 대해 여러 번 간언하다 도리어 종의 신분이 되었다. 기(箕) 땅에 봉해진 데서 기자라 하는데, 은이 망한 뒤 조선으로 달아나서 기자 조선을 세웠다는 설이 있다. 평양에 기자사(箕子祠)가 있다.

33 부인들이……유풍이리라 : 《삼국사기(三國史記)》에 "신라 유리왕(儒理王)이 육부(六部)를 둘로 나누어 그의 두 딸로 하여금 부내(部內)의 여자를 거느리도록 하여 길쌈 시합을 하게 했다. 진 편은 이긴 편에게 술과 음식을 대접하며 잔치를 벌였다. 이때 한 여자가 일어나 춤을 추며 탄식하는 소리로 '회소(會蘇), 회소!'라 했다. 그 소리가 슬프고도 우아하여, 뒷날 사람들이 이 곡에 노랫말을 붙이고, '회소곡(會蘇曲)'이라 이름 붙였다.(王旣定六部, 中分爲二, 使王女二人, 各率部內女子……大部之庭績麻……考其功之多小, 負者置酒食, 以謝勝者……是時負家一女子, 起舞嘆曰'會蘇 會蘇'. 其音哀雅, 後人因其聲而作歌, 名會蘇曲.)"는 내용이 나온다. 이와 연관하여 본문의 '회소(會蘇)'는 길쌈 시합을 의미한다. 자세한 내용은 《삼국사기》 권1 〈신라본기(新羅本紀)〉 "유리이사금(儒理尼師今)" 참조.

34 밀양(密陽) : 경상남도 밀양시 시내·당장면·부북면·산내면·산외면·삼랑진읍·상남면·상동면·초동면·하남면, 무안면 가례리·고라리·내진리·덕암리·마흘리·모로리·무안리·삼대리·신법리·양효리·연상리·운정리·웅동리·정곡리·죽월리·중산리·판곡리, 청도면 고법리·구기리·요고리, 경상북도 청도군 운문면 마일리·봉하리·정상리·지촌리 일대.

35 안동(安東) : 경상북도 봉화군 석포면·소천면·재산면·명호면 북곡리, 물야면 가평리·개단리, 법전면 눌산리·소천리·어지리·척곡리·풍정리, 봉화읍 거촌리·내성리·삼계리·석평리·유곡리·해저리, 춘양면 도심리·서동리·서벽리·의양리·학산리, 안동시 시내·길안면·남선면·남후면·북후면·서후면·일직면·임동면·임하면·풍산읍·풍천면, 예안면 계곡리·구룡리·기사리·도목리·미질리·정산리·주진리, 와룡면 가구리·가류리·가야리·나소리·도곡리·산야리·절강리·주계리·중가구리·지내리, 예천군 감천면, 안동시 녹전면·도산면, 영양군 일월면, 영주군 문수면, 강원도 태백시 일대.

하고 아껴서 쌓아둔 재산이 많으니 흉년에도 유랑하며 떠돌아다니는 사람이 없다. 고을이 매우 넓어서 주변의 여러 군(郡)과의 경계가 개의 어금니처럼 들쭉날쭉 맞물려 있지만, 안동부에 속해 있는 곳은 다른 곳보다 화려하고 성대하다고 한다.

울산(蔚山)[36]과 장기(長鬐)[37] 일대에는 청어(靑魚)가 잡힌다. 청어는 함경도에서 먼저 보이다가 강원도 동쪽 바닷가를 따라 내려와서 동짓달에 비로소 이곳에서 잡히는데, 청어가 남쪽으로 내려올수록 점점 홀쭉해진다. 생선을 판매하는 상인들이 청어를 사다가 멀리 서울까지 운송하는데, 반드시 동지 전에 서울에 이르면 비싸게 팔 수 있다.

진주(晉州)[38]는 옛 변한(弁韓)[39]의 터로 부유함과 화려함이 경상도에서 최고이다. 대체로 바닷가에는 건어물이 풍부하고, 육지와 가까운 곳은 비단과 면과 삼베가 풍부하니, 경상우도(慶尙右道)[40]는 더욱 '의식(衣食)의 고장[衣食之鄕]'이라 불린다. 그러나 문화 수준은 경상좌도(慶尙左道)[41]에 비해 크게 뒤떨어진다.

亦儉嗇, 多蓄積, 歲凶無流徙. 邑甚大, 與諸郡犬牙錯互, 而屬於安東者, 華盛異他云.

蔚山、長鬐之間, 産靑魚. 靑魚先見於北道, 循江原東邊, 仲冬始産於此, 漸南漸細, 漁商遠輸京師, 必及冬至之前, 則可以貴售.

晉州, 古弁韓之墟, 富麗爲最. 大抵遵海饒鮝鮮, 近陸繰綿績麻, 右道尤號 "衣食之鄕", 文明則大遜左道矣.

---

36 울산(蔚山) : 경상남도 양산시 시내, 울산광역시 남구·동구·북구·중구, 울주군 범서읍·서생면·온산읍·온양읍·웅촌면·청량면, 두동면 만화리·은편리 일대.

37 장기(長鬐) : 경상북도 포항시 남구 구룡포읍·장기면, 동해면 공당리·상정리·중산리·중흥리, 호미곶면 강사리·대보리 일대.

38 진주(晉州) : 경상남도 고성군 영오면·영현면, 개천면 가천리·명성리·봉치리·북평리·예성리·용안리·청광리, 남해군 창선면, 사천시 축동면, 시내 동동·서동, 산청군 삼장면·시천면, 단성면 기리·남사리·당산리·백운리·사양리·운리·창촌리·호리, 진주시 시내·금곡면·금산면·내동면·대곡면·대평면·명석면·문산읍·사봉면·수곡면·이반성면·일반성면·정촌면·진성면·집현면, 하동군 옥종면·청암면, 북천면 서황리·옥정리·화정리 일대.

39 변한(弁韓) : 고대 한반도 삼한 중 전라남도와 경상남도 일대에 있었던 부족국가 연맹체.

40 경상우도(慶尙右道) : 경상도에서 낙동강 서쪽 지역을 말한다. 1407년(태종 7) 군사행정 상의 편의를 위하여 낙동강을 기준으로 경상도를 좌도(左道)와 우도(右道)로 나누었다.

41 경상좌도(慶尙左道) : 경상도에서 낙동강 동쪽 지역을 말한다.

강원도(江原道)는 큰 산맥이 북쪽에서 남쪽으로 뻗어 있다. 북쪽은 함경도로 가는 길의 중요한 관문이 되고 동쪽은 바다에 붙어 있다. 산맥에 의지하여 고을을 설치했으니 이른바 '영동(嶺東) 9군(郡)'42이 이것이다. 평해(平海)43와 울진(蔚珍)44에서 남쪽으로 가면 바로 경상도에 이른다. 산맥의 오른쪽을 영서(嶺西)라 한다. 여러 물길은 서쪽으로 흘러가는데, 작은 물은 거룻배를 띄울 수 있고 큰 강은 선박을 띄울 만하며 한강으로 모여서 바다로 들어간다.

영동의 바다는 조수가 없다. 대개 일본의 땅은 원래 말갈(靺鞨)45의 흑룡강(黑龍江)46 밖에서 시작하여 하나의 줄기가 동남쪽으로 비스듬히 이어져 하이(蝦夷)47와 접한다. 하이는 일본의 북쪽 경계이다. 일본 땅은 동서로 길다. 그중 일지도(一支島)48와 대마도(對馬島)는 우리나라 영토와 서로 마주보며 바다의 관문을 이룬다. 중간에 큰 호수49가 하나 있는데, 조수가 동남쪽에서 밀려오기 때문에 이 관문에 막혀서 위의 동해로 올라가지 못한다. 그러므로 크고 작은 물고기의 서식지가 되어서 여러 해산물의 풍부함이

江原道, 大嶺從北亘南. 北扼咸鏡要路, 東傳海, 依嶺實邑, 所謂 "嶺東九郡"是也. 從平、蔚之南, 直達慶尙道. 嶺之右謂之嶺西, 衆水西注, 小則容舠, 大可泛航, 會于漢入于海.

嶺東之海無潮. 蓋倭地原從靺鞨黑龍江外, 一支迆東迆南, 接于蝦夷. 蝦夷者, 倭之北境也. 倭地東西長, 一支、對馬, 與我土對峙爲海門, 中間一大湖, 潮從東南來, 故礙阻不上也. 是以魚龍所窟宅, 海錯之富莫此若.

42 9군(郡) : 흡곡(歙谷)·통천(通川)·고성(高城)·간성(杆城)·양양(襄陽)·강릉(江陵)·삼척(三陟)·울진(蔚珍)·평해(平海)를 말한다.

43 평해(平海) : 경상북도 울진군 평해읍 일대.

44 울진(蔚珍) : 경상북도 울진군 일대.

45 말갈(靺鞨) : 6~7세기경 한반도 북부와 만주 동북부 지역에 거주했던 종족.

46 흑룡강(黑龍江) : 중국 동북부와 러시아 남동부(시베리아)의 국경을 이루는 강. 중국어로는 헤이룽강, 러시아어로는 아무르(Amur)강, 몽골어로 통구스어로는 하라무렌(검은 강)으로 불린다.

47 하이(蝦夷) : 현재 일본의 홋카이도.

48 일지도(一支島) : 《星湖僿說·人事門·生財》에는 "日岐"로 적혀 있다. 일기(壹岐)는 일본 나가사키현(長崎縣) 이키시마(壹岐島)의 옛 나라이름으로 《三國志·魏志·倭人傳》에는 "일지국(一支國)"으로 기록되어 있다.

49 큰 호수 : 대한해협을 가리키는 듯하다.

이만한 곳이 없다.

　그런데 이곳은 고래가 뛰놀고 용이 용틀임하기 때문에 바람과 파도가 늘 일어나 조운을 할 수 없다. 어부는 나무를 깎아 배를 만들고 오직 해산물만을 이익으로 여겨 생선은 말리고 알은 젓갈을 담아 말이나 소에 실어 운반한다. 지금 서울 어시장의 색다른 맛은 대부분 영동에서 운송해온 것이다.

　바닷물을 끓여 소금을 얻을 때, 염전을 만들어 햇볕에 말리거나 소금 굽는 가마를 쓰지 않고, 직접 무쇠솥에 바닷물을 퍼 넣고 소금을 끓여 거둬들이는데, 얻는 소금이 더욱 많지만 맛이 써서 서해의 소금에는 미치지 못한다. 또한 미역은 상인들이 귀중하게 여기는 것이다. 죽은 고래가 자주 해안가로 떠밀려 올라와서 기름을 이루 헤아릴 수 없을 만큼 많이 얻을 수 있다. 울릉도(鬱陵島)는 삼척부(三陟府)[50]에 있는데, 대나무가 서까래처럼 크고 미역은 맛이 좋아서 백성들이 때맞춰 가서 채취한다고 한다.

　영서(嶺西)의 좋다는 소나무 재목이 오히려 영동에 미치지는 못한다. 지금 나라 안에서 장례를 치를 때 사용하는 재목 중에 영동에서 뗏목으로 띄워 보내지 않는 재목이 없다. 영동의 흙은 척박하나 가뭄을 걱정하지 않는다. 그 풍속이 매우 사치스럽고 화

鯨戲龍拏, 風濤恒作, 漕未能運. 漁人刳木爲舟, 惟利海物[6], 鮮薧卵醢, 馬載牛[7]運. 今京師之魚市異味, 多是嶺東委輸也.

煮海, 不用耕曬牢盆, 直斟收鐵釜, 得鹽尤多, 但味苦不及西海. 又海藿爲商賈所重. 數有鯨死漂泊, 取油無算. 鬱陵島在[8]三陟府, 竹大如椽, 藿爲美, 民以時往取云.

嶺西美松材, 猶不及嶺東, 今國中庀喪, 莫非嶺東[9]浮筏流下者. 嶺東土薄, 而不畏旱. 其俗多豪華喜遊宴. 嶺西無夷廣, 惟業火

50　삼척부(三陟府) : 강원도 삼척시 일대.
[6]　海物 : 《星湖僿說·人事門·生財》에는 "漁探".
[7]　牛 : 《星湖僿說·人事門·生財》에는 "幷".
[8]　在 : 《星湖僿說·人事門·生財》에는 "直".
[9]　東 : 《星湖僿說·人事門·生財》에는 "東西".

려하며 잔치를 열고 노는 일을 좋아한다. 영서는 평평하고 넓은 곳이 없어서 오직 화전(火田)을 일구는 일을 생업으로 삼으니 기장밥이나 조밥을 먹을 뿐 쌀은 없다. 벌을 길러 꿀로 돈을 벌고 숲의 나무를 베어 서울로 재목을 운송하는 일은 백성들도 많이 의지하는 벌이다.

황해도(黃海道)는 서쪽의 관문으로 서울과 거리가 가깝다. 동쪽에는 산골의 생산물이 있고 서쪽은 바다의 이익을 차지하니, 염호(鹽戶)도 옷자락을 나부끼고 비싼 신발을 끌고 다니며, 매우 비싼 놋그릇을 사용한다. 4월에는 청어가 바다를 채워 사방 수백 리에서 청어를 먹지 못하는 사람이 없다.

해주(海州)51·연안(延安)52·배천(白川)53·안악(安岳)54·신천(信川)55 일대는 살림이 가장 넉넉하고 백성이 많은 곳으로 알려졌으며, 오로지 소가 끄는 달구지로 땔나무를 운송하여 살아가는 백성들이 많다. 먹을 배합하는 기술도 좋아서 나라에서 뛰어난 기술자가 많다.

황주(黃州)56와 봉산(鳳山)57 일대는 면화로 유명한데, 씨가 잘고 솜털이 풍성하여 남쪽에서 생산되는 면화에 비해 우수하기 때문에 상인들이 잘 사간다.

耕, 飯黍粟而無稻, 養蜂蜜爲貨, 伐林木輸材于京, 民亦多賴.

黃海道, 爲西邊關阨, 距京師近. 東有峽産, 西擅海利, 鹽戶能飄裾曳履, 器用鍮錫. 孟夏之月, 靑魚塞海, 方數百里間, 人無不食.

海州、延安、白川、安岳、信川之間最號富庶, 專⑩用牛車, 民多運柴爲命. 合墨有術, 爲國中良工.

黃州、鳳山之間, 以木綿名, 實細毳繁, 比南産爲優而賈易售.

---

51 해주(海州):황해남도 해주시와 벽성군 일대의 옛 지명.
52 연안(延安):황해남도 연안군 일대.
53 배천(白川):황해남도 배천군~봉천군 일대.
54 안악(安岳):황해남도 안악군 일대.
55 신천(信川):황해남도 신천군 일대.
56 황주(黃州):황해북도 황주군 일대.
57 봉산(鳳山):황해북도 봉산군 일대.
⑩ 專 : 저본에는 "田".《星湖僿說·人事門·生財》에 근거하여 수정.

신계(新溪)[58]와 곡산(谷山)[59] 일대는 맛있는 배로 유명하다. 이 배는 빨리 익고 쉽게 맛이 좋아져 서울 권세가의 진귀한 음식이 된다. 문화(文化)[60]는 잣으로 유명하여 강원도 회양(淮陽)[61]의 잣과 품질이 비슷하다.

황해도의 풍속은 무력을 숭상하여 무거운 것을 들고서 활을 멀리 쏘는데, 다른 지방 사람들은 모두 여기에 미치지 못한다.[62]

평안도(平安道)는 서쪽은 연경의 시장과 통하여 사람들의 옷차림이 화려하고 아름다울 뿐만 아니라 누각은 크고 화려하며 노래와 춤으로 어지럽게 흥청댄다. 평양의 부와 성대함은 서울을 능가하여 여름에는 파리가 수저에 몰려들어 거의 밥을 먹을 수 없을 정도로 음식이 풍성하다.

땅에 은광(銀鑛)이 많고 강가의 백성들은 산삼을 채취하여 농사를 대신한다. 강계(江界)[63]의 폐사군(廢四郡)[64] 지역은 인삼 생산이 더욱 많은 곳으로, 세상에서 '강계삼(江界蔘)'이라 일컫는 것이 이것이다. 간사한 백성들이 간혹 이 때문에 법을 어기고 강을 건

新溪、谷山之間, 以釀梨名, 早熟易釀, 爲京[11]貴之珍饌[12]. 文化以海松子名, 與江原之淮陽等.
俗尚武力, 扛重射遠, 他方皆不及也.

平安道, 西通燕市, 服飾華美, 樓觀巨麗, 歌舞雜遝, 平壤之富盛過於京師. 暑月蠅集匕箸, 殆不堪啖食.

地多銀鑛, 沿江之民, 採蔘代稼. 江界廢四郡地, 産蔘尤多, 世稱"江界蔘"者此也. 奸民或以之犯憲越江, 覺輒抵罪, 然利重不能

---

58 신계(新溪) : 황해북도 신계군 일대.
59 곡산(谷山) : 황해북도 곡산군 일대.
60 문화(文化) : 황해남도 은율군 일대.
61 회양(淮陽) : 강원도(북한) 회양군 일대.
62 《星湖僿說》卷8〈人事門〉"生財"(《국역 성호사설》3, 63쪽).
63 강계(江界) : 평안북도 강계군 일대.
64 폐사군(廢四郡) : 조선 초기에 폐하여 없앤 여연(閭延)·우예(虞芮)·무창(茂昌)·자성(慈城)의 네 군을 말한다. 사군은 조선 시대 세종 때 개척하여 여진족을 막기 위해 설치된 곳이었으나, 1455년(단종 3)에 여연·우예·무창의 3군을 폐하였고, 1459년(세조 5)에 자성마저 폐하여, 이후 폐사군으로 불리웠다. 숙종 때 이곳에 사진(四鎭)을 설치하여 방비를 굳건히 하고자 하였으나 개간·봉수(封守)의 어려움과 초피(貂皮)·산삼의 손실 등 폐단이 있다 하여 중지되었다.
[11] 京 : 《星湖僿說·人事門·生財》에는 "朝".
[12] 饌 : 《星湖僿說·人事門·生財》에는 "賞".

넜다가 발각되어 번번이 벌을 받지만 이익이 커서 금할 수 없다. 민간에서는 뽕나무 가꾸기와 누에치기에 힘쓰고 명주를 짜서 돈을 번다. 옻나무가 없어서 반드시 남쪽지방에서 사오는데, 원래 옻나무가 없는 것이 아니라 관의 공납이 두려워 백성들이 심지 않기 때문이다.

농지에는 정해진 세금이 없고 수령이 아전들에게 맡기기 때문에 흉년 같은 재앙이 있어도 백성의 사정을 봐주지 않는다. 조정에서는 외국과 동일하게 여기고 관찰사에게 맡긴다. 법정세는 사신 행차와 국경 수비를 위한 비용으로 삼아 조정에 도달하지 않는다. 이것을 빌미로 아전들은 간악한 일을 어렵지 않게 생각하고 관은 그 이익을 취한다. 국경에는 큰 도둑이 많아 고달픈 백성이 살 곳을 잃고, 화전민들은 집 없이 떠다니는 메추라기처럼 사는 곳이 일정치 않으므로, 관에서 돈을 풀고 거두어 이자를 취할 때, 남아 있는 오막살이 백성이 그 피해를 입는다.

함경도(咸境道)는 특산물이 담비·수달·영양각(羚羊角)65·사슴가죽·인삼·통포(筒布) 및 여러 가지 해산물이다. 이리 꼬리털로 만든 붓은 천하에 이름이

禁也. 俗務蠶桑, 織⑬紬爲貨. 無漆木, 必市於南土, 非無漆也, 畏官賦, 民不植也.

田無定賦⑭, 官長任付於胥徒, 饑災無以察也. 朝廷視同外域, 任付監司, 惟正之貢⑮不達. 是以吏緣容奸, 官取其利. 境多大盜, 疲民失所, 山戶鶉居不定, 錢貨流布, 斂散取息, 蔀屋受其害.

咸鏡道, 地產貂·獺·羚角·鹿⑯皮·人蔘·筒布若諸海錯. 狼⑰尾製筆名天下, 今

---

65 영양각(羚羊角) : 소과 동물인 사이가영양(Saiga tatarica L.)의 뿔. 맛이 짜고 찬 성질을 띤다. 열을 내리고 풍사를 없애며 경련을 멎게 하는 효과가 있다.
⑬ 織 : 《星湖僿說·人事門·生財》에는 "絲".
⑭ 賦 : 《星湖僿說·人事門·生財》에는 "薄".
⑮ 貢 : 저본에는 "供". 《星湖僿說·人事門·生財》에 근거하여 수정.
⑯ 鹿 : 저본에는 "栗". 《星湖僿說·人事門·生財》에 근거하여 수정.
⑰ 狼 : 저본에는 "獷". 《星湖僿說·人事門·生財》에 근거하여 수정.

났는데, 지금 서예가들이 소중하게 여기는 '북황모(北黃毛)[66]'가 이 붓이다. 삼수(三水)[67]와 갑산(甲山)[68] 일대는 물이 모두 북쪽 압록강으로 흘러들어 가는데, 쌀과 소금이 없어서 별도로 외딴 구역이 되었다.

육진(六鎭)[69]은 서울과의 거리가 2천여 리이다. 어린 사내아이는 말을 타며 놀고 부녀자는 강궁(强弓)을 당기며, 겨울에는 썰매[雪馬][70]를 타고 직접 곰이나 호랑이를 찔러 잡는다. 때때로 조선과 중국의 국경시장인 호시(互市)가 열리는데, 소[牛畜]와 쇠그릇으로 큰 이익을 얻는다. 어교(魚膠)와 닥나무종이는 없고, 칼처럼 예리한 돌이 있으며 나무 중에 화살대 재료로 '서수라(西樹羅)[71]'가 유명한데, 이것들은 분명 옛날에 일컫던 호시(楛矢)[72]와 석노(石砮)[73]인 듯하다. 그러나 죽간(竹幹)[74]과 철족(鐵鏃)[75]에는 미치지 못한다.

書家所重 "北黃毛"是也. 三甲之間, 水皆北注入鴨綠, 無稻無鹽, 別爲區域.

六鎭距京師二千餘里. 童卯躍馬, 婦女挽强, 冬乘雪馬, 手刺熊虎. 以時兩國互市, 用牛畜、鐵器得厚利. 無魚膠、楮紙, 有石利如刀, 木中箭材, 名西樹[18]羅, 必古所稱楛矢、石砮[19]也. 然不及竹幹、鐵鏃.

---

66 북황모(北黃毛) : 미상.

67 삼수(三水) : 양강도 삼수군 일대. 압록강의 지류에 면하여 있고, 곡식·목재의 산지이다.

68 갑산(甲山) : 양강도 갑산군 일대. 개마고원의 중심부로, 교통이 불편하고 바다에서 멀리 떨어져 있어서 특유의 풍토병이 있다. 위의 삼수(三水)와 갑산(甲山)을 아울러 사람의 발길이 닿기 힘든 험한 오지를 의미하기도 한다. 실제로 이 두 곳은 우리나라에서 가장 험한 산골로, 조선 시대에 귀양지 중 하나였다.

69 육진(六鎭) : 조선 세종 때 동북방면의 여진족 침입에 대비하여 두만강 하류 지역 중 국방 상의 요충지에 설치한 종성(鍾城)·온성(穩城)·회령(會寧)·경원(慶源)·경흥(慶興)·부령(富寧)의 여섯 진을 말한다.

70 썰매[雪馬] : 물건을 수송하거나 사냥을 할 때 사용하는 기구이다. 나무로 만들되, 양 머리는 위로 향하게 했으며, 속도를 더 빨리하기 위하여 밑바닥에 기름칠을 했다. 《성호사설(星湖僿說)》 권6 〈만물문(萬物門)〉 '썰매[雪馬]'(《국역 성호사설》, 82쪽) 참조.

71 서수라(西樹羅) : 북도(北道)에서 자라는 나무의 한 종이다. 《성호사설》 권5 〈만물문〉 '목노천보(木弩千步)'(《국역 성호사설》, 58쪽) 참조.

72 호시(楛矢) : 광대싸리로 만든 화살이다.

73 석노(石砮) : 돌로 만든 화살촉이다.

74 죽간(竹幹) : 대로 만든 화살이다.

75 철족(鐵鏃) : 쇠로 만든 화살촉이다.

18 樹 : 《星湖僿說·人事門·生財》에는 "脩".

19 砮 : 《星湖僿說·人事門·生財》에는 "砮".

이 지역은 날씨가 추워 개를 길러 개가죽으로 옷을 만들어 입는 경우가 많은데, 그중에 강아지가죽으로 만든 갖옷은 서울 권세가 귀중하게 여기는 물건이다. 남자는 매일 목욕하며 머리를 길렀다가 머리털이 길게 자라면 깎아서 다리[髢]⁷⁶를 만든다. 지금 부녀자들이 머리에 쓰는 다리는 모두 함경도 산이다. 《성호사설(星湖僿說)》⁷⁷

地寒多畜犬衣皮, 其兒犬之裘, 亦京貴所重也. 男子日浴養髮, 髮長剪爲髢. 今婦女首髻, 皆北産也. 《星湖僿說》

---

76 다리[髢] : 머리를 땋을 때 머리숱이 많아 보이게 하기 위해 덧넣는 한 가닥의 머리. 월자(月子)라고도 한다.
77 《星湖僿說》 권8 〈人事門〉 '生財'(《국역 성호사설》, 60~64쪽).

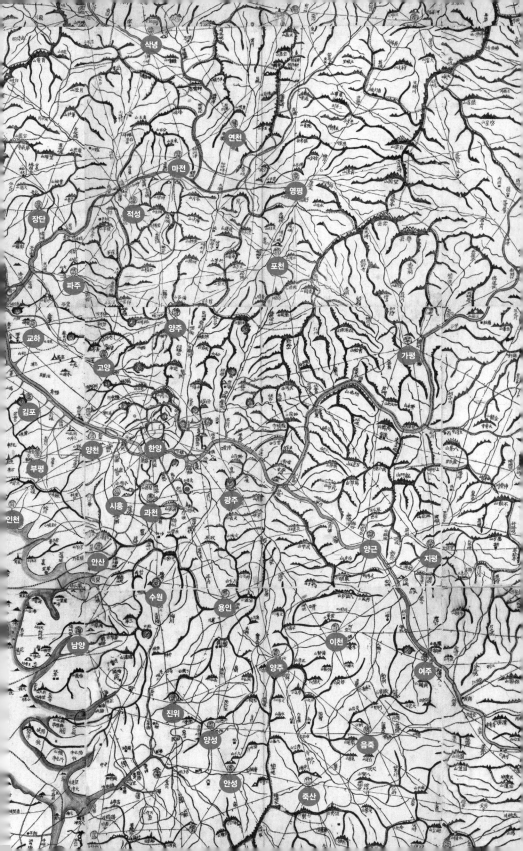

2) 경기도[京畿][1]

한양(漢陽)[2]

자두[紫桃][3] · 울릉도(鬱陵桃)[4] · 무[萊菖][5] · 배추[菘][6] · 잉어[鯉魚][7] · 숭어[秀魚][8] · 붕어[鮒魚][9] · 쏘가리[錦鱗魚][10] · 누치[訥魚][11] · 밀어(密魚)[12] · 뱅어[白魚][13] · 복어[河

京畿

漢陽

紫桃、鬱陵桃、萊菖、菘、鯉魚、秀魚、鮒魚、錦鱗魚、訥魚、密魚、白魚、河狔、

---

1 경기도[京畿] : 현재의 서울특별시, 인천광역시, 경기도와 북한의 개성특급시 일대.

2 한양(漢陽) : 북한산(北漢山) 이남, 한강(漢江) 이북 지역을 가리키는 서울 지역의 옛 지명. 조선 시대 공식 명칭은 한성부(漢城府)이며 동·남·서·북·중의 5부(部)로 구성된다.

3 자두[紫桃] : 가경자(嘉慶子)·이(李)라고도 한다. 《만학지》에는 우리나라에서 생산되는 자두는 황리(黃李)와 자리(紫李) 몇 종류가 있는데 민간에서는 자리를 '자도(紫桃)'라 한다고 했다.(《만학지》 권2 〈과일류〉 "자두")

4 울릉도(鬱陵桃) : 복숭아의 한 종류. 《만학지》에는 《해동농서(海東農書)》를 인용하여 원래 울릉도(鬱陵島)에서 생산되는 큰 복숭아 종류라고 했다.(《만학지》 권2 〈과일류〉 "자두") 정학유(丁學游, 1786~1855)의 《농가월령가(農家月令歌)》 3월령에 울릉도를 접붙이기로 했다는 기록이 나오는 것으로 보아 한양에서도 재배된 것으로 보인다.

5 무[萊菖] : 《관휴지》에는 시대에 따라 노북(蘆萉), 내복(萊菔), 나복(蘿菖)으로 이름이 변했다고 한다.(《관휴지》 권2 〈채소류〉 "무")

6 배추[菘] : 《관휴지》에 따르면 일명 '백채(白菜)'라 하는데, 백채에서 배추가 되었다는 설이 유력하다.(《관휴지》 권2 〈채소류〉 "배추")

7 잉어[鯉魚] : 《전어지》에는 이(鯉)를 '이어'로 풀었고 이는 현대어의 잉어에 해당된다. 《난호어목지》를 인용하여 잉어처럼 생겼으나 잉어보다 작은 것은 꼬리가 조금 뾰족하고 색은 붉어 '적어(赤魚)'라고 부르고 간혹 잉어 새끼[鯉子]라고도 하는데 다른 종류라고 한다.(《전어지》 권4 〈물고기 이름 고찰〉 "민물고기" '비늘 있는 종류')

8 숭어[秀魚] : 《전어지》에는 수어(秀魚)를 '숭어'로 풀었고 이는 현대어의 숭어에 해당된다. 《난호어목지》를 인용하여 검은 비단 같은 빛깔 때문에 '치(鯔)'라는 글자로 쓰며, 수어(秀魚)라는 이름을 붙인 이유는 모양이 길면서 빼어나기[秀] 때문이라 했다.(《전어지》 권4 〈물고기 이름 고찰〉 "민물고기" '비늘 있는 종류')

9 붕어[鮒魚] : 《전어지》에는 부(鮒)를 '붕어'로 풀었다. 《난호어목지》를 인용하여 옛날에는 부(鮒)라 했고 당대에는 즉(鯽)이라 했는데, 붕어가 무리지어 다니며 거품을 내뿜고 서로 다가가고[卽] 따르는[附] 모습에서 의미를 취했다고 했다.(《전어지》 권4 〈물고기 이름 고찰〉 "민물고기" '비늘 있는 종류')

10 쏘가리[錦鱗魚] : 《전어지》에는 궐(鱖)을 '소갈이'로 풀었고 이는 현대어의 쏘가리에 해당된다. 《난호어목지》를 인용하여 계어(罽魚), 수돈(水豚)이라고도 하며, 우리나라 사람들은 금린어(錦鱗魚)라 한다고 명시했다.(《전어지》 권4 〈물고기 이름 고찰〉 "민물고기" '비늘 있는 종류')

11 누치[訥魚] : 잉어목 잉엇과에 속하는 경골어류이다. 《전어지》에는 눌어(訥魚)를 '누치'로 풀었다. 《난호어목지》를 인용하여 마전(麻田, 지금의 경기도 연천군 군남면 남계리·황지리, 미산면, 왕징면 노동리·동중리·무등리·북삼리·작동리 일대)과 징파도(澄波渡, 지금의 경기도 연천군 왕징면 북삼리 일대를 흐르던 강) 상하류에 가장 많이 난다고 했다.(《전어지》 권4 〈물고기 이름 고찰〉 "민물고기" '비늘 있는 종류')

12 밀어[密魚] : 농어목 망둑엇과의 경골어류이다. 《전어지》에는 내어(鮾魚)를 '밀어'로 풀었다. 《난호어목지》를 인용하여 크기가 밀알만 하고, 내(鮾)는 우리말로 밀이기 때문에 민간에서 밀어(密魚)라고도 한다고 했다.(《전어지》 권4 〈물고기 이름 고찰〉 "민물고기" '비늘 없는 종류')

13 뱅어[白魚] : 바다빙어목 뱅엇과에 속하는 경골어류이다. 연안에서 생활하다가 산란기에 강으로 되돌아가는 회유성 어류이다. 《전어지》의 백어(白魚)는 빙어(氷魚)도 지칭한다. 얼음이 얼면 잡고 얼음이 풀리면 사라지므로 빙어라 하고, 백어(白魚)로도 쓰는 것은 그 빛깔이 희기 때문이라고 했다.(《전어지》 권4 〈물고기 이름 고찰〉 "민물고기" '비늘 없는 종류')

狟]¹⁴ · 엿[飴餹]¹⁵·¹⁶   飴餹.

엿(국립민속박물관)

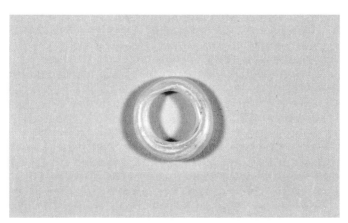

백옥(국립중앙박물관)

---

14 복어[河狟] : 《전어지》에는 하돈(河豚)을 '복'으로 풀었다. 《난호어목지》를 인용하여 배가 부풀어 오르는
성질 때문에 진어(嗔魚)·기포어(氣包魚)·취토어(吹吐魚)라고도 한다고 했으며, 수달은 다른 물고기는 가리
지 않고 먹어도 복은 먹지 않는데, 목숨을 버리면서까지 복을 즐기는 사람들은 수달만도 못하다고 하여 그
위험성을 경고했다.(《전어지》 권4 〈물고기 이름 고찰〉 "민물고기" '비늘 없는 종류')
15 엿[飴餹] : 《정조지》에는 개성 엿은 도토리처럼 작고 넓적하며 광주(廣州)의 엿은 왕밤처럼 크고 길지만
모두 좋다고 했다.(《정조지》 권2 〈달이거나 고는 음식〉 "조청과 엿")
16 확인 안 됨.

광주(廣州)[17]

철(鐵)·밤[栗][18]·임금(林檎)[19]·수박[西瓜][20]·머루[山葡萄][21]·다래[獼猴桃][22]·자초[紫草][23]·부들[蒲草][24]·구절초(九節草)·오갈피[五加皮][25]·시호(柴胡)·백지(白芷)·천마(天麻)·쑥[艾]·순채[蓴][26]·지황(地黃)[27]·금은화(金銀花)·잉어·붕어·쏘가리·은어[銀口魚][28]·밀어·엿·자

廣州

鐵、栗、林檎、西瓜、山葡萄、獼猴桃、紫草、蒲草、九節草、五加皮、柴胡、白芷、天麻、艾、蓴、地黃、金銀花、鯉魚、鮒魚、錦鱗魚、銀口魚、

---

17 광주(廣州): 경기도 광주시 시내, 곤지암읍, 남종면 금사리·삼성리·이석리, 도척면·오포읍·중부면·퇴촌면, 군포시 대야미동·도마교동·둔대동, 남양주군 와부읍 팔당리, 조안면(시우리 제외), 서울특별시 강남구·강동구·서초구 내곡동·신원동·염곡동, 송파구(신천동·잠실동 제외), 서초구 내곡동·신원동·염곡동, 성남시 분당구(구미동 제외)·수정구(창곡동 제외)·중원구, 수원시 권선구 당수동·입북동, 장안구 송죽동·자동·조원동·파장동, 안산시 상록구 건건동·본오동·사동·이동·일동·팔곡일동, 의왕시·하남시, 화성시 매송면 송라리·야목리·원리, 남양주시 시내, 서울특별시 광진구·성동구·영등포구·용산구, 양평군 양서면, 화성시 비봉면 일대.

18 밤[栗]: 《만학지》에 따르면 밤을 산스크리트어로는 '독가(篤迦)'라 하고, 큰 밤은 '판율(板栗)', 밤 한 송이 내의 3알 중 가운데 납작한 밤은 '율설(栗楔)', 조금 작은 밤은 '산율(山栗)'이라 한다. 산율은 또 추율(錐栗)·신율(莘栗)·저율(芧栗)이 있다. 밀양의 피적율(皮荻栗)이 전국적으로 유명한데 산율의 일종이다.(《만학지》 권2 〈과일류〉 "밤")

19 임금(林檎): 《만학지》에는 내(柰)·빈과(蘋果)·임금(林檎) 3종류의 사과가 등장한다. 임금은 내금(來禽)이나 문림랑과(文林郎果)라고도 하며, 내(柰) 중에 크기가 작은 것이다.(《만학지》 권2 〈과일류〉 "임금")

20 수박[西瓜]: 《만학지》에 따르면 성질이 차서 한과(寒瓜)라고도 하며, 민간에서는 물이 많기 때문에 수박[水匏]이라고 한다.(《만학지》 권3 〈풀열매류〉 "수박")

21 머루[山葡萄]: 《만학지》에 따르면 '영욱(蘡薁)'이라고도 하며, 포도와 비슷하지만 작다고 했다.(《만학지》 권3 〈풀열매류〉 "머루")

22 다래[獼猴桃]: 《만학지》에 따르면 '등리(藤梨)'라고도 하며, 다래나무 껍질로 종이도 만들 수 있다고 한다.(《만학지》 권3 〈풀열매류〉 "다래")

23 자초[紫草]: 《만학지》에 따르면 막(藐)·자단(紫丹)·아함초(鴉銜草)라고도 한다. 꽃과 뿌리가 자색이라 자색으로 염색하는 데 사용할 수 있어서 자초라고 부른다고 했다.(《만학지》 권5 〈기타 초목류〉 "자초")

24 부들[蒲草]: 《만학지》에 따르면 감포(甘蒲)·초석(醮石)·동향초(東向草)라고도 하며, 자리를 짤 수 있는 것을 향포(香蒲)라 한다고 했다. 부채를 만들기도 한다.(《만학지》 권5 〈기타 초목류〉 "부들")

25 오갈피[五加皮]: 《만학지》에 따르면 오화(五花)·문장초(文章草)·오가(五佳)라고도 한다. 뿌리와 껍질로 술을 빚고, 뿌리를 가루내거나 여린 잎을 말려 차로 마시기도 한다. 우리나라는 강원도 산골에서 나는 것이 가장 좋다고 했다.(《만학지》 권4 〈나무류〉 "오갈피나무")

26 순채[蓴]: 《관휴지》에 따르면 묘(茆)·수규(水葵)·노규(露葵)·마제초(馬蹄草)라고도 한다. 3~4월부터 7~8월까지 나는 사순(絲蓴)은 부드럽고 매끄러우며 맛이 달고, 상강(霜降) 이후에 나는 괴순(塊蓴)은 떫고 약간 쓰다고 했다.(《관휴지》 권2 〈채소류〉 "순채")

27 지황(地黃): 《관휴지》에 따르면 하(芐)·기(芑)·지수(地髓)라고도 한다. 날것을 물에 담갔을 때 뜨면 천황(天黃), 반쯤 가라앉으면 인황(人黃), 가라앉으면 지황(地黃)이라 부르며 이를 약으로 쓴다. 가라앉는 특성이 중요하므로 아래[下]의 뜻을 취하여 하(芐)라고 한다고 했다.(《관휴지》 권4 〈약류〉 "지황")

28 은어[銀口魚]: 《전어지》에는 은구어(銀口魚)를 '은구어'로 풀었다. 《난호어목지》를 인용하여 은어는 비늘이 가늘고 등이 검고 배가 회백색이며, 입이[口] 광골(匡骨, 둥근 뼈)로 둘러싸여 있는데 그 빛깔이 은처럼[銀] 희기 때문에 은구어로 불린다고 했다. 전국의 시내와 계곡에 있지만 경기도 양주(楊州) 왕산탄(王山灘, 왕숙천)의 것이 가장 좋다.(《전어지》 권4 〈물고기 이름 고찰〉 "민물고기" '비늘 있는 종류')

기(瓷器)[29]·도기(陶器)[30].[31]

密魚、飴餹、瓷器、陶器[1].

이천(利川)[32]

백옥·석회·도기.

利川

白玉、石灰、陶器.

양근(楊根)[33]

백점토·석회·밤·잣·오미자·송이버섯·연소(軟蔬)[34]·산갓·복령·작약·당귀·마·창출·쏘가리·누치·산무애뱀·자기.

楊根

白粘土、石灰、栗、海松子、五味子、松蕈、軟蔬、山芥、茯苓、芍藥、當歸、薯蕷、蒼朮、錦鱗魚、訥魚、白花蛇、瓷器.

지평(砥平)[35]

녹반·석회·밤·오미자·송이버섯·연소·산갓·복령·작약·당귀·창출·하수오.[36]

砥平

綠礬、石灰、栗、五味子、松蕈、軟蔬、山芥、茯苓、芍藥、當歸、蒼朮、何首烏[2].

---

29 자기(瓷器): 고령토·장석·석영 따위의 가루를 빚어서 1200도 이상의 고온에서 구워 만든, 희고 매끄러운 그릇.

30 도기(陶器): 도토(陶土), 즉 진흙을 재료로 하여 질그릇가마[陶窯]에서 1200도 정도에 구워낸 그릇.

31 《輿地圖書》〈京畿道〉 "廣州" '物産'(《여지도서》3, 70쪽).

32 이천(利川): 경기도 이천시 시내, 대월면, 마장면, 모가면, 백사면, 부발읍, 신둔면, 호법면 일대.

33 양근(楊根): 경기도 양평군 강상면·강하면·서종면·양서면·양평읍·옥천면, 가평군 설악면, 청평면 삼회리, 광주시 남종면 검천리·귀여리·분원리·수청리·우천리 일대.

34 연소(軟蔬): 연한 채소. 구체적으로 어떤 채소를 가리키는지 확실치 않으며, 경기도 양근과 지평의 물산에만 나온다.

35 지평(砥平): 경기도 양평군 단월면·양동면·용문면·지제면·청운면 일대.

36 《輿地圖書》〈京畿道〉 "砥平" '物産'(《여지도서》3, 190쪽).

[1] 鐵……陶器:《輿地圖書·京畿道·廣州》에는 "訥魚·錦鱗魚·鮒魚".

[2] 綠礬……何首烏:《輿地圖書·京畿道·砥平》에는 "莘甘菜·山芥·磁器·陶器".

하수오(국립수목원)

죽산(竹山)[37]

  석회·밤·순채·자기·도기.[38]

竹山

  石灰、栗、蓴、瓷器、陶器.

음죽(陰竹)[39]

  순채.[40]

陰竹

  蓴.

양지(陽智)[41]

  석회.[42]

陽智

  石灰.

---

37 죽산(竹山) : 경기도 안성시 보개면 남평리·동평리·북가현리, 삼죽면, 일죽면 가리·고은리·금산리·방초
   리·산북리·송천리·월정리·장암리·주천리·죽림리·화곡리, 죽산면, 용인시 처인구 백암면 가좌리·가창
   리·근곡리·근삼리·근창리·백암리·석천리·옥산리·용천리·장평리, 원삼면 가좌월리·고당리·두창리·마
   성리·문촌리·맹리·미평리·죽릉리, 이천시 율면, 충청북도 진천군 광혜원면 일대.

38 확인 안 됨.

39 음죽(陰竹) : 경기도 이천시 설성면, 율면, 장호원읍, 충청북도 충주시 생극면 관성리·도신리·병암리 일대.

40 《輿地圖書》〈京畿道〉“陰竹”‘物産’(《여지도서》3, 217쪽).

41 양지(陽智) : 경기도 용인시 처인구 마평동·운학동·해곡동, 양지면, 백암면 고안리·박곡리·백봉리, 원삼
   면 목신리·학일리, 안성시 고삼면, 양성면 노곡리·미산리, 일죽면 능국리 일대.

42 확인 안 됨.

과천(果川)⁴³

밤·창출·쏘가리·누치·게.⁴⁴

수원(水原)⁴⁵

백옥·석회·소금·농어·민어·숭어·홍어·준치·뱅어·병어·밴댕이·조기·참조기·호독이·갑오징어·낙지·조개·맛조개·굴·가리맛조개[土花]⁴⁶·대하·중하·곤쟁이·해파리·부레·게·톱날꽃게·종이.⁴⁷

인천(仁川)⁴⁸

백옥·정옥사·사자발쑥·소금·넙치·상어·삼치.

果川

栗、蒼朮、錦鱗魚、訥魚、蟹③.

水原

白玉、石灰、鹽、鱸魚、民魚、秀魚、鮸魚、眞魚、白魚、兵魚、蘇魚、石首魚、黃石首魚、好獨魚、烏賊魚、絡蹄魚、蛤、竹蛤、石花、土花、大蝦、中蝦、紫蝦、海䑋、魚鰾、蟹、靑蟹、紙.④

仁川

白玉、碇玉沙、獅足艾、鹽、

---

43 과천(果川): 경기도 과천시, 군포시 군포동·금정동·당정동·부곡동·산본동, 안양시 동안구, 만안구(박달동·석수동 제외), 서울특별시 동작구 노량진동·동작동·본동·사당동, 서초구 반포동·방배동·서초동·신원동·양재동·우면동·원지동·잠원동, 경기도 성남시 수정구, 서울특별시 용산구, 강남구 일대.

44 《輿地圖書》〈京畿道〉"果川" '物産'(《여지도서》2, 120쪽).

45 수원(水原): 경기도 수원시 권선구(입북동·당수동 제외), 영통구, 장안구(하동·이의동 제외), 팔달구, 오산시, 화성시 옛 동탄면, 매송면, 봉담읍, 양감면(고렴리·대양리 제외), 우정읍, 장안면, 정남면, 옛 태안읍, 팔탄면, 향남읍(구문천리·상신리·하길리 제외), 평택시 고덕면 궁리·당현리·두릉리·문곡리·방축리, 안중읍(안중리 제외), 오성면 길음리·양교리·죽리, 청북면 백봉리·어소리·어연리·옥길리·토진리·한산리·후사리, 포승읍 도곡리·석정리·홍원리, 현덕면(황산리 제외), 안산시 단원구 풍도동, 충청남도 당진시 신평면, 아산시 영인면, 경기도 용인시 기흥구, 처인구, 평택시 시내, 화성시 서신면 일대.

46 가리맛조개[土花]: 가리맛조개과의 바닷조개. 맛살조개·진정(眞蟶)·진합(眞蛤) 등의 이칭이 있다.

47 《輿地圖書》〈京畿道〉"水原" '物産'(《여지도서》4, 22쪽).

48 인천(仁川): 인천광역시 남구, 남동구, 동구, 연수구, 중구, 부평구 십정동, 옹진군 덕적면, 경기도 광명시 옥길동, 시흥시 과림동·계수동·금이동·대야동·도창동·매화동·무지동·미산동·방산동·신천동·신현동·안현동·은행동·포동, 화성시 신외동·장전동, 비봉면 삼화리·유포리 일대.

③ 栗……蟹:《輿地圖書·京畿道·果川》에는 "河豚·白魚·紫蟹".

④ 白玉……紙:《輿地圖書·京畿道·水原》에는 "鹽·蘇魚·兵魚·紅魚·黃石秀魚·鱸魚·眞魚·民魚·石魚·白魚·秀魚·烏賊魚·黃蛤·好獨魚·土花·石花·落蹄·海䑋·大蝦·中蝦·紫蝦·靑蝦·魚鰾".

나머지는 모두 남양과 같음.[49]

廣魚、鯊魚、魟魚. 餘并同
南陽[5].

안산(安山)[50]

감·소금·사자발쑥. 나머지는 모두 남양과 같음.[51]

安山

枛、鹽、獅足艾. 餘并同
南陽.[6]

안성(安城)[52]

안식향·지황·종이·삿갓·가죽신·자기·유기.[53]

安城

安息香、地黃、紙、笠、革履、
瓷器、鍮器[7].

진위(振威)[54]

백옥·지황·붕어·게.[55]

振威

白玉、地黃、鮒魚、蟹.

---

49 《輿地圖書》〈京畿道〉"仁川"'物産'(《여지도서》2, 162쪽).

50 안산(安山): 경기도 안산시 단원구, 상록구 부곡동·성포동·수암동·양상동·월피동·장상동·장하동, 시흥시 거모동·광석동·군자동·논곡동·능곡동·목감동·물왕동·산현동·월곶동·장곡동·장현동·정왕동·조남동·죽률동·하상동·하중동, 인천광역시 중구 일대.

51 《輿地圖書》〈京畿道〉"安山"'物産'(《여지도서》2, 175쪽).

52 안성(安城): 경기도 안성시 시내, 금광면, 대덕면, 미양면, 서운면, 보개면(남풍리·동평리·북가현리 제외) 일대.

53 《輿地圖書》〈京畿道〉"安城"'土産'(《여지도서》4, 91쪽).

54 진위(振威): 경기도 평택시 장당동, 고덕면 당현리·동고리·여염리·율포리·장동리·적봉리·좌교리·해창리, 서탄면(황구지리 제외), 진위면 일대.

55 확인 안 됨.

5 白玉……南陽:《輿地圖書·京畿道·仁川》에는 "碇玉沙·鹽·鱸魚·洪魚·廣魚·蘇魚·石首魚·黃石首魚·好獨魚·民魚·沙魚·鯽魚·錢魚·魟魚·秀魚·眞魚·兵魚·烏賊魚·絡蹄·蛤·黃蛤·竹蛤·海膔·土花·石花·小螺·蟹·靑蟹·大蝦·中蝦·白蝦·紫蝦·魚鰾·獅子足艾".

6 枛……南陽:《輿地圖書·京畿道·安山》에는 "鹽·蘇魚·秀魚·石首魚·黃石首魚·白魚·銀口魚·兵魚·鱸魚·洪魚·眞魚·民魚·錢魚·好獨魚·烏賊魚·絡蹄·海膔·蛤·黃蛤·竹蛤·石花·土花·小螺·蟹·靑蟹·大蝦·中蝦·白蝦·紫蝦·魚鰾·獅子足艾".

7 安息香……鍮器:《輿地圖書·京畿道·安城》에는 "曾有絲麻·陶磁之産, 今無".

용인(龍仁)[56]

절여서 저장한 오이·지황.

양천(陽川)[57]

숭어·붕어·쏘가리·웅어·뱅어·게.[58]

김포(金浦)[59]

황옥·청옥·숭어·면어·웅어·뱅어·굴·가리맛조
개·부레·게·톱날꽃게.[60]

시흥(始興)[61]

붕어·게.[62]

龍仁

醃藏胡瓜[8]、地黃.

陽川

秀魚、鮒魚、錦鱗魚、葦魚、
白魚、蟹[9].

金浦

黃玉、靑玉、秀魚、綿魚、葦
魚、白魚、石花、土花、魚鰾、
蟹、靑蟹[10].

始興

鮒魚、蟹.

---

56 용인(龍仁) : 경기도 용인시 수지구, 기흥구, 처인구 시내(마평동·운학동·해곡동 제외), 남사면, 모현면, 이
    동면, 포곡읍, 수원시 장안구 이의동·하동, 광주시 오포읍, 안성시 양성면, 성남시 분당구, 화성시 옛 동
    탄읍 일대.
57 양천(陽川) : 서울특별시 강서구(오곡동·오쇠동 제외), 양천구, 영등포구 양화동 일대.
58 《輿地圖書》〈京畿道〉"陽川" '土産'(《여지도서》4, 163쪽).
59 김포(金浦) : 경기도 김포시 시내, 고촌읍, 인천광역시 서구 금곡동·대곡동·당하동·마전동·불로동, 계양
    구 오류동, 서구 왕길동·원당동 일대.
60 《輿地圖書》〈京畿道〉"金浦" '物産'(《여지도서》4, 145쪽).
61 시흥(始興) : 서울특별시 금천구, 관악구, 영등포구(양화동·여의도동 제외), 동작구 대방동·상도동·신대
    방동, 경기도 광명시, 안양시 만안구 박달동·석수동, 시흥시 일대.
62 확인 안 됨.
⑧ 醃藏胡瓜 : 《輿地圖書·京畿道·龍仁》에는 "絲麻".
⑨ 秀魚……蟹 : 《輿地圖書·京畿道·陽川》에는 【葦魚·秀魚】.
⑩ 黃玉……靑蟹 : 《輿地圖書·京畿道·金浦》에는 【葦魚·生蟹·靑蟹·土花】.

양성(陽城)63

지황·웅어·게.64

陽城

地黃、葦魚、蟹.

통진(通津)65

정옥사(碇玉沙)·소금·농어·숭어·붕어·웅어·밴댕이·황어·호독어(好獨魚)·조기·갑오징어·낙지·굴·가리맛조개·중하·백하·곤쟁이·게·톱날꽃게·도기.66

通津

碇玉沙、鹽、鱸魚、秀魚、鮒魚、葦魚、蘇魚、黃魚、好獨魚、石首魚、烏賊魚、絡蹄魚、石花、土花、中蝦、白蝦、紫蝦、蟹、靑蟹、陶器⑪.

양주(楊州)67

숫돌·녹반·석회·밤·잣·송이버섯·생사[絲]·삼·은어·도기.68

楊州

礪石、綠礬、石灰、栗、海松子、松蕈、絲、麻、銀口魚、陶器⑫.

63 양성(陽城) : 경기도 안성시 공도면, 양성면, 원곡면, 평택시 시내 가재동·도일동·소사동·용이동·월곡동·죽백동·청룡동·서정동·장당동, 고덕면 동청리, 서탄면 황구지리, 청북면 고념리·고잔리·삼계리·어소리·율북리·한산리·현곡리, 포승읍 내기리·방림리·신영리·원정리·희곡리, 화성시 양감면 대양리 일대.
64 확인 안 됨.
65 통진(通津) : 경기도 김포시 대곶면, 양촌면, 월곶면, 통진면, 하성면, 인천광역시 강화군 강화읍, 길상면 일대.
66 《輿地圖書》〈京畿道〉"通津" '物産'(《여지도서》3, 7쪽).
67 양주(楊州) : 경기도 고양시 덕양구 북한동·오금동·지축동·효자동, 구리시, 남양주시 시내, 별내면, 수동면 송천리·수산리·지둔리, 오남읍, 와부읍(팔당리 제외), 조안면 시우리, 진건읍, 진접읍, 퇴계원면, 화도읍, 동두천시(탑동 제외), 서울특별시 광진구, 노원구, 도봉구, 성동구 성수동, 송파구 신천동·잠실동, 은평구, 중랑구, 경기도 양주시 시내, 광적면, 백석읍, 은현면, 장흥면, 연천군 전곡읍, 청산면, 의정부시, 파주시 광탄면 기산리·영장리, 포천시 신북면 갈월리·금동리·덕둔리·삼정리, 서울특별시 강북구, 서대문구, 성북구, 종로구, 중구, 경기도 포천시 내촌면 일대.
68 《輿地圖書》〈京畿道〉"楊州" '物産'(《여지도서》2, 13쪽).
⑪ 碇玉沙……陶器 : 《輿地圖書·京畿道·通津》에는 "海艾·碇玉沙·生蟹·鱸魚".
⑫ 礪石……陶器 : 《輿地圖書·京畿道·楊州》에는 "茅·蔥·土花·兔·猪·淸蜜".

유기(국립민속박물관)

초립(국립민속박물관)

파주(坡州)[69]

석회·숭어·은어·웅어·게.[70]

坡州

石灰、秀魚、銀口魚、葦魚、
蟹.

---

69 파주(坡州): 경기도 파주시 광탄면(기산리·영장리 제외)·문산읍·법원읍·월롱면·조리읍·파주읍·파평면
   (장파리 제외), 고양시 덕양구 일대.

70 확인 안 됨.

고양(高陽)⁷¹

고운면포·웅어·은어·게.⁷²

高陽

細綿布、葦魚、銀口魚、蟹⑬.

부평(富平)⁷³

흑점석·감·소금·조기·낙지·맛조개·소라·중하·곤쟁이·굴·가리맛조개·부레·게·톱날꽃게.⁷⁴

富平

黑粘石、枾、鹽、石首魚、絡蹄魚、竹蛤、小螺、中蝦、紫蝦、石花、土花、魚鰾、蟹、青蟹⑭.

남양(南陽)⁷⁵

경석(磬石)·정옥사·감·소금·농어·민어·숭어·전어·홍어·뱅어·은어·밴댕이·준치·호독어·조기·참조기·갑오징어·낙지·조개·맛조개·소라·굴·가리맛조개·대하·중하·백하·곤쟁이·해파리·부레·게·톱날꽃게.⁷⁶

南陽

磬石、碇玉沙、枾、鹽、鱸魚、民魚、秀魚、錢魚、鮸魚、白魚、銀口魚、蘇魚、眞魚、好獨魚、石首魚、黃石首魚、烏賊魚、絡蹄魚、蛤、竹蛤、小

---

71 고양(高陽) : 경기도 고양시 덕양구(오금동·지축동·효자동 제외), 일산구, 파주시 조리읍, 서울특별시 은평구 일대.

72 《輿地圖書》〈京畿道〉 "高陽" '土産'(《여지도서》4, 117쪽).

73 부평(富平) : 인천광역시 계양구, 부평구(십정동 제외), 서구 가정동·가좌동·검암동·경서동·공촌동·백석동·석남동·시천동·신현동·심곡동·연희동·원창동, 경기도 부천시 소사구, 오정구, 원미구, 서울특별시 구로구 개봉동·고척동·궁동·오류동·온수동·천왕동·항동, 강서구 오곡동·오쇠동, 김포시 고촌읍, 인천광역시 남동구, 중구 일대.

74 《輿地圖書》〈京畿道〉 "富平" '物産'(《여지도서》2, 135쪽).

75 남양(南陽) : 경기도 화성시 시내(신외동·장전동·수화동 제외), 마도면, 서신면, 송산면, 비봉면(유포리·삼화리 제외), 봉담읍 상기리, 향남읍 구문천리·상신리·하길리, 안산시 단원구 남동·대부동·동동·북동·선감동, 인천광역시 옹진군 영흥면, 자월면, 경기도 화성시 매송면, 우정읍, 팔탄면, 시흥시, 인천광역시 중구, 옹진군 덕적면, 충청남도 당진시 석문면, 서산시 성연면, 아산시 영인면, 인주면, 태안군 근흥면, 소원면 일대.

76 《輿地圖書》〈京畿道〉 "南陽" '物産'(《여지도서》2, 148쪽).

⑬ 細綿布……蟹 : 《輿地圖書·京畿道·高陽》에는 "【葦魚】. 葭薍【鴨島所産, 繕工監歲取以充國用】".

⑭ 黑粘石……青蟹 : 《輿地圖書·京畿道·富平》에는 "鹽·石首魚·土花·石花·魚鰾·絡蹄·竹蛤【昔有今無】·小螺·青蟹·蟹·紫蟹·中蝦".

螺、石花、土花、大蝦、中
蝦、白蝦、紫蝦、海䑋、魚
鰾、蟹、靑蟹.⑮

장단(長湍)77

녹반·석회·생사·삼·잉어·숭어·쏘가리·누치·
웅어·뱅어·게.78

長湍

綠礬、石灰、絲、麻、鯉魚、
秀魚、錦鱗魚、訥魚、葦魚、
白魚、蟹⑯.

교하(交河)79

숭어·붕어·웅어·게.80

交河

秀魚、鮒魚、葦魚、蟹⑰.

영평(永平)81

구리·철·석회·인삼·당귀·석이버섯·오미자·산
갓·송이버섯·안식향·꿀·밀랍·자기.82

永平

銅、鐵、石灰、人蔘、當歸、
石蕈、五味子、山芥、松蕈、
安息香、蜜、蠟、瓷器⑱.

77　장단(長湍) : 경기도 파주시 군내면, 장단면, 진동면, 진서면, 연천군 백학면 갈현리·고읍리·두매리·두현
리·매현리·백령리·사시리·석주원리·오음리·자작리·항동리·판부리·포춘리, 장남면, 왕징면 고왕리·고
잔상리·고잔하리·기곡리·임강리, 파주시 문산읍, 적성면, 파평면 일대.(일제강점기 당시 주소로 장단군
강상면, 군내면, 대강면, 장단면, 장도면, 장남면, 진서면, 진동면 일대 포함)

78　《輿地圖書》〈京畿道〉"長湍" '物産'(《여지도서》2, 89쪽).

79　교하(交河) : 경기도 파주시 시내, 교하읍, 탄현면, 조리읍 등원리 일대.

80　《輿地圖書》〈京畿道〉"交河" '土産'(《여지도서》2, 58쪽).

81　영평(永平) : 경기도 포천시 영북면, 영중면, 이동면, 일동면, 창수면, 관인면 사정리, 가평군 북면 적목리,
포천시 신북면, 연천군 전곡읍, 신서면, 강원도 철원군 근남면, 화천군 사내면 일대.

82　《輿地圖書》〈京畿道〉"永平" '物産'(《여지도서》2, 25쪽).

⑮　磬石……靑蟹 :《輿地圖書·京畿道·南陽》에는 "進上採玉在楮八里面乾達山, 府東距二十里. 鹽·柹·蘇魚·
秀魚·鰽魚·眞魚·石秀魚·烏賊魚·好獨魚·民魚·鱸魚·洪魚·絡蹄·大蛤·黃蛤·土花·石花·小蛤·海䑋·大
蝦·中蝦·白蝦·竹蛤".

⑯　綠礬……蟹 :《輿地圖書·京畿道·長湍》에는 "葦魚·訥魚·秀魚·錦鱗·白魚·石菖蒲·金銀花·生蟹".

⑰　秀魚……蟹 :《輿地圖書·京畿道·交河》에는 "秀魚·鱸魚【今無】·葦魚·細魚·鯽魚【今無】·蟹".

⑱　銅……瓷器 :《輿地圖書·京畿道·永平》에는 "水鐵·辛甘菜·山芥·五味子·松茸·蜂蜜".

가평(加平)[83]

황옥·잣·송이버섯·산갓·파·꿀·밀랍.[84]

加平

黃玉、海松子、松蕈、山芥、蔥、蜜、蠟⑲.

포천(抱川)[85]

녹반·당귀·송이버섯·산갓·꿀·밀랍.[86]

抱川

綠礬、當歸、松蕈、山芥、蜜、蠟⑳.

적성(積城)

적토·쏘가리·누치·산무애뱀·도기.[87]

積城

赤土、錦鱗魚、訥魚、白花蛇㉑、陶器.

풍덕(豐德)[88]

정옥사·석회·농어·붕어·숭어·조기·낙지·굴·가리맛조개·백하·게.[89]

豐德

碇玉沙、石灰、鱸魚、鮒魚、秀魚、石首魚、絡蹄魚、石花、土花、白蝦、蟹.

---

83 가평(加平) : 경기도 가평군 가평읍, 북면(적목리 제외), 상면, 청평면(삼회리 제외), 하면, 남양주시 수동면 내방리·외방리·입석리, 강원도 춘천시 서면 일대.

84 《輿地圖書》〈京畿道〉"加平" '物産'(《여지도서》2, 70~71쪽).

85 포천(抱川) : 경기도 포천시 시내, 가산면, 군내면, 신북면 가채리·고일리·기지리·만세교리·삼성당리·심곡리·신평리, 소흘읍, 화현면, 동두천시 탑동, 포천시 일동면 일대.

86 《輿地圖書》〈京畿道〉"抱川" '物産'(《여지도서》2, 39쪽).

87 《輿地圖書》〈京畿道〉"積城" '土産'(《여지도서》4, 229쪽).

88 풍덕(豐德) : 황해북도 개풍군 광덕면, 대성면, 상도면, 임한면, 중면, 봉동면, 흥교면 일대.

89 확인 안 됨.

⑲ 黃玉……蠟 :《輿地圖書·京畿道·加平》에는 "松蕈·黃玉·海松子【古産郡南亦村里, 今無】·綠礬【古出郡西頭毛谷, 今無】·時産山芥·蜂蜜·辛甘菜·石蕈【産北面】·芽蔥【産朝宗面】.

⑳ 綠礬……蠟 :《輿地圖書·京畿道·抱川》에는 "沙器·蜂蜜·山芥·辛甘菜·松蕈".

㉑ 白花蛇 :《輿地圖書·京畿道·積城》에는 없음.

삭녕(朔寧)[90]

    녹반·석회·파·승검초·오미자·쏘가리·누치·꿀·밀랍.[91]

朔寧

    綠礬、石灰、蔥、辛甘菜、五味子、錦鱗魚、訥魚、蜜、蠟[22].

마전(麻田)[92]

    오미자·자초·쏘가리·누치·게.[93]

麻田

    五味子、紫草、錦鱗魚、訥魚、蟹[23].

연천(漣川)[94]

    석회·마·도기·쏘가리·누치·게.[95]

漣川

    石灰、薯蕷、陶器、錦鱗魚、訥魚、蟹[24].

개성(開城)[96]

    밤·송이버섯·숭어·쏘가리·누치·웅어·엿·초립(草笠).[97]

開城

    栗、松蕈、秀魚、錦鱗魚、訥魚、葦魚、飴餹、草笠[25].

---

90 삭녕(朔寧): 경기도 연천군 북서부 일대에 있던 군.
91 《輿地圖書》〈京畿道〉 "朔寧" '物産'(《여지도서》3, 19쪽).
92 마전(麻田): 경기도 연천군 군남면 남계리·황지리, 미산면, 왕징면 노동리·동중리·무등리·북삼리·작동리 일대.
93 《輿地圖書》〈京畿道〉 "麻田" '物産'(《여지도서》3, 32쪽).
94 연천(漣川): 경기도 연천군 군남면(남계리·황지리 제외), 연천읍(부곡리 제외), 왕징면 강내리·강서리, 중면 마거리·삼곶리·적거리·중사리·합수리·횡산리, 연천군 미산면, 포천시 창수면 일대.
95 《輿地圖書》〈京畿道〉 "漣川" '物産'(《여지도서》3, 44쪽).
96 개성(開城): 황해북도 개성시 남면, 동면, 북면, 서면, 송도면, 영남면, 영북면, 청교면, 토성면 일대.
97 《輿地圖書》〈松都補遺〉卷2 '土産'(《여지도서》6, 75~76쪽).
[22] 綠礬……蠟:《輿地圖書·京畿道·朔寧》에는 "絲·麻·五味子·蜂蜜·訥魚·錦鱗·蔥".
[23] 五味子……蟹:《輿地圖書·京畿道·麻田》에는 "絲·麻·訥魚·錦鱗魚·蟹".
[24] 石灰……蟹:《輿地圖書·京畿道·漣川》에는 "絲·麻·蓴菜·錦鱗魚·訥魚".
[25] 栗……草笠:《輿地圖書·松都補遺·土産》에는 "枸杞子【九月進上】·松茸【八月進上, 大興洞舊多栢子, 故九月進上, 今廢.】·白魚【十一月進上】·白糖【又有白糖·蕎糖·蓼花·散子等物皆以善造名】·草笠".

강화(江華)⁹⁸

청란석(靑爛石)·석회·감·천초·탱자·쑥·소금·민어·숭어·참조기·홍어·낙지·백하·중하·조개·맛조개·굴·가리맛조개·소라·해파리·부레·게·톱날꽃게·향포석.⁹⁹

江華

靑爛石、石灰、枾、川椒、枳、艾、鹽、民魚、秀魚、黃石首魚、鮠魚、絡蹄魚、白蝦、中蝦、蛤、竹蛤、石花、土花、小螺、海臟、魚鰾、蟹、靑蟹、香蒲石㉖.

교동(喬桐)¹⁰⁰

소금·숭어·조기·조개·낙지·굴·가리맛조개·백하·부레·게·자리[茵席].¹⁰¹

喬桐

鹽、秀魚、石首魚、蛤、絡蹄魚、石花、土花、白蝦、魚鰾、蟹、茵席㉗.

영종(永宗)¹⁰²

소금·천초·쑥. 물고기와 게 종류는 강화와 같음.¹⁰³ 《여지도서(輿地圖書)》¹⁰⁴

永宗

鹽、川椒、艾. 魚蟹同江華㉘.
《輿地圖書》

---

98 강화(江華):인천광역시 강화군 강화읍, 길상면, 내가면, 불은면, 서도면, 삼산면(상리·하리 제외), 선원면, 송해면, 양도면, 양사면, 하점면, 화도면, 옹진군 북도면, 강화군 교동면, 경기도 김포시 월곶면 일대.
99 《輿地圖書》〈江都府〉"江華"'物産'(《여지도서》1, 37쪽).
100 교동(喬桐):인천광역시 강화군 교동면, 삼산면 상리·하리 일대.
101 《輿地圖書》〈江都府〉"喬桐"'物産'(《여지도서》1, 107쪽).
102 영종(永宗):인천광역시 중구 월미도·영종도·자연도·용유도·무의도 일대.
103 물고기와……같음:민어·숭어·참조기·홍어·낙지·백하·중하·조개·맛조개·굴·가리맛조개·소라·해파리·부레·게·톱날꽃게를 말한다.
104 《輿地圖書》〈江都府〉"永宗"'土産'(《여지도서》1, 124~125쪽).
㉖ 靑爛石……香蒲石:《輿地圖書·江都府·江華》에는 "石灰·靑爛石【俱出摩尼山】·洪魚·白蝦·生蛤·黃蛤·土花·石花·絡蹄·葦魚·小螺·秀魚·中蝦·竹蛤·眞魚·海臟·石首魚·黃石首魚·蝦·靑蝦·川椒·枾·海艾·芝草·莞草·鹽·蒲草·鱸魚·民魚·蘇魚·錢魚·鮒魚·鯉魚·烏鱗魚".
㉗ 鹽……茵席:《輿地圖書·江都府·喬桐》에는 "秀魚·石花·蛤·靑蠏·鹽·席".
㉘ 鹽……同江華:《輿地圖書·江都府·永宗》에는 "川椒·海艾·白鹽·民魚·秀魚·眞魚·蘇魚·鱸魚·石魚·沙魚·絡蹄·鮠魚·海臟·土花·石花·生蛤·竹蛤·黃蛤·石首魚".

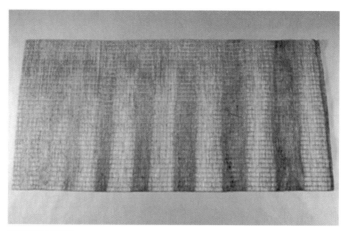

자리(국립민속박물관)

쑥(국립수목원)

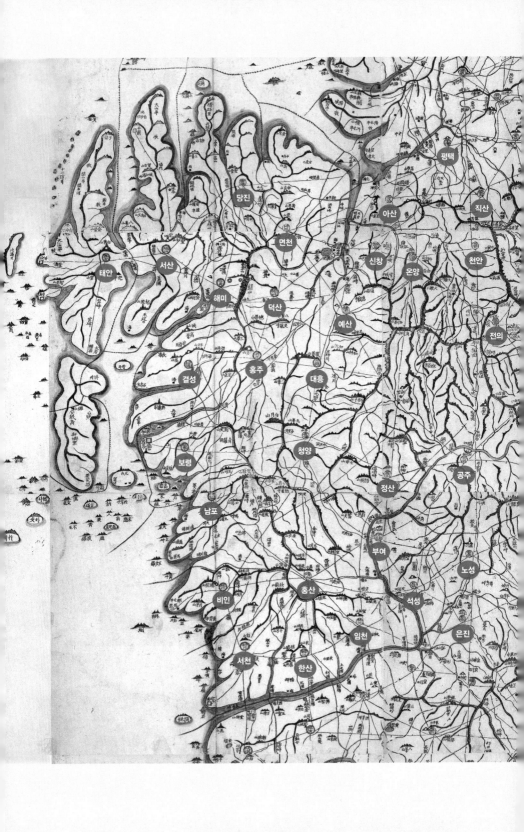

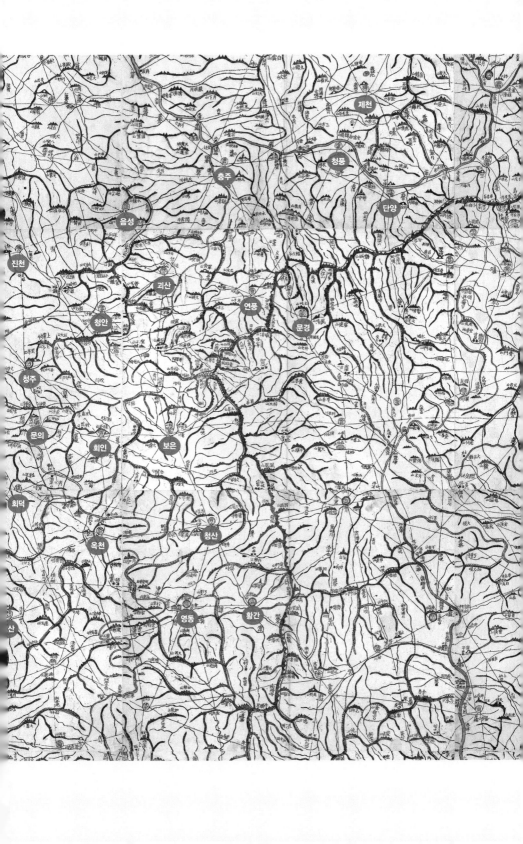

3) 충청도[湖西]¹

충주(忠州)²

철·이석(膩石)³·유황·석회·활석·목면·자초·대추·잣·송이버섯·석이버섯·안식향·사향·수달·쏘가리·누치·꿀·밀랍.⁴

청풍(淸風)⁵

철·청옥·녹반·유황·종유석·대추·송이버섯·석이버섯·인삼·복령·시호·영양각·산무애뱀·꿀·밀랍.⁶

단양(丹陽)⁷

옥돌·청석·녹반·대추·잣·오미자·송이버섯·

湖西

忠州

鐵、膩石、硫黃、石灰、滑石、木綿、紫草、棗、海松子、松蕈、石蕈、安息香、麝香、水獺、錦鱗魚、訥魚、蜜、蠟.

清風

鐵、青玉、綠礬、硫黃、石鍾乳、棗、松蕈、石蕈、人蔘、茯苓、柴胡、羚羊角、白花蛇、蜜、蠟.

丹陽

玉石、青石、綠礬、棗、海松

---

1 충청도[湖西]: 충주(忠州)와 청주(淸州) 두 지역의 머리글자를 합하여 만든 명칭이다. 호서(湖西)라는 명칭의 유래에는 2가지 설이 있다. 충청북도 제천에 있는 '의림호[義林池]를 기준으로 해서 서쪽을 충청도라 한다'는 설과 '금강(錦江, 옛 명칭 湖江)을 기준으로 한다'는 설이 있다.

2 충주(忠州): 충청북도 괴산군 감물면·불정면, 음성군 감곡면·금왕읍·대소면·맹동면·삼성면·소이면, 생극면 방축리·생리·송곡리·신양리·오생리·임곡리·차곡리·차평리·팔성리, 제천시 덕산면, 한수면 보평리·송계리, 충주시 가금면·금가면·노은면·대소원면·산척면·살미면·소태면·시내·신니면·앙성면·엄정면·주덕읍, 동량면 대전리·손동리·용교리·조동리·지동리·하천리·화암리 일대.

3 이석(膩石): 매끄러운 숫돌. 거친 숫돌은 추석(麤石)이라 한다.

4 《輿地圖書》〈忠淸道〉"忠州" '物産'《여지도서》10, 42쪽).

5 청풍(淸風): 충청북도 제천시 수산면·청풍면, 금성면 구룡리·사곡리·성내리·월굴리·위림리·적덕리·중전리·진리·포전리·활산리, 덕산면 월악리, 한수면 덕곡리·보평리·북로리·상로리·서창리·역리·탄지리·한천리·황강리, 충주시 동량면 명오리·사기리·서운리·포탄리·함암리·호운리 일대. 조선 시대에는 청풍군이었으나 1914년 행정구역 개편으로 제천군에 통합되었다.

6 《輿地圖書》〈忠淸道〉"淸風" '物産'《여지도서》10, 75쪽).

7 단양(丹陽): 충청북도 단양군 단성면, 단양읍, 대강면, 매포읍, 적성면, 제천군 금성면, 수산면 일대.

수달(국립수목원)

대추(국립수목원)

자초·회양목[黃楊]⁸·당귀·인삼·복령·시호·안식향· 누치·산무애뱀·꿀·밀랍.⁹

子、五味子、松蕈、紫草、黃楊、當歸、人蔘、茯苓、柴胡、安息香、訥魚、白花蛇、蜜、蠟.

8　회양목[黃楊]: 회양목과의 상록활엽관목. 《만학지》에는 "나무가 견고하면서 기름져 빗·도장과 패 및 활자를 만드는 데 적당하다."고 했다.(《만학지》권4〈나무류〉"황양목")

9　《輿地圖書》〈忠淸道〉"丹陽" '物産'(《여지도서》10, 105쪽).

당귀(국립수목원)

영춘(永春)10

백옥·종유석·대추·잣·석이버섯·회양목·자초·
인삼·복령·시호·안식향·영양각·꿀·밀랍.11

永春

白玉、石鍾乳、棗、海松子、
石蕈、黃楊、紫草、人蔘、茯
苓、柴胡、安息香、羚羊角、
蜜、蠟.

제천(堤川)12

철·대추·자초·송이버섯·당귀·복령·방풍·
시호·순채·안식향·영양각·산무애뱀·꿀·밀랍.13

堤川

鐵、棗、紫草、松蕈、當歸、
茯苓、防風、柴胡、蓴、安息
香、羚羊角、白花蛇、蜜、蠟.

10 영춘(永春):충청북도 단양군 가곡면·어상천면·영춘면 일대.
11 《輿地圖書》〈忠淸道〉 “永春” ‘物産’(《여지도서》10, 168쪽).
12 제천(堤川):충청북도 제천시 백운면·봉양읍·송학면·시내, 금성면 대장리·동막리·양화리·월림리 일대.
13 《輿地圖書》〈忠淸道〉 “堤川” ‘物産’(《여지도서》10, 189쪽).

괴산(槐山)[14]

대추·옻·자초·인삼·복령·작약·시호·안식향·
누치·산무애뱀·꿀·밀랍.[15]

槐山

棗、漆、紫草、人蔘、茯苓、
芍藥、柴胡、安息香、訥魚、
白花蛇、蜜、蠟.

연풍(延豐)[16]

잣·송이버섯·석이버섯·당귀·꿀·밀랍.[17]

延豐

海松子、松蕈、石蕈、當歸、
蜜、蠟.

음성(陰城)[18]

대추·송이버섯·꿀·밀랍.[19]

陰城

棗、松蕈、蜜、蠟.

순채(국립수목원)

---

14 괴산(槐山):충청북도 괴산군 괴산읍·문광면·사리면·소수면, 감물면 오창리, 불정면 신흥리, 칠성면(비도
    리 제외) 일대.
15 《輿地圖書》〈忠淸道〉"槐山" '物産'(《여지도서》10, 123쪽).
16 연풍(延豐):충청북도 괴산군 연풍면·장연면, 감물면 매전리, 칠성면 비도리, 충주시 상모면, 살미면 문강
    리·토계리 일대.
17 《輿地圖書》〈忠淸道〉"延豐" '物産'(《여지도서》10, 142쪽).
18 음성(陰城):충청북도 음성군 원남면·음성읍 일대.
19 《輿地圖書》〈忠淸道〉〉"陰城" '物産'(《여지도서》10, 155쪽).

청주(淸州)[20]

청옥·청석·석회·녹반·주토(朱土)[21]·자초·송이버섯·석이버섯·인삼·복령·지황·황련·안식향·쏘가리·산무애뱀·꿀·밀랍·자기·도기.[22]

淸州

靑玉、靑石、石灰、綠礬、朱土、紫草、松蕈、石蕈、人蔘、茯苓、地黃、黃連、安息香、錦鱗魚、白花蛇、密、蠟、瓷器、陶器.

황련(국립수목원)

---

20 청주(淸州):충청북도 괴산군 청천면 강평리·거봉리·고성리·귀만리·금평리·대전리·대치리·덕평리·도원리·무릉리·부성리·사기막리·사담리·삼락리·상신리·선평리·송면리·신월리·여사왕리·운교리·월문리·이평리·지경리·지촌리·청천리·평단리·화양리·후영리·후평리, 청원군 강내면·남이면·남일면·낭성면·내수읍·미원면·오송읍·옥산면, 가덕면 금거리·내암리·병암리·상야리·한계리, 북이면 광암리·금대리·금암리·내둔리·내추리·대길리·대율리·부연리·서당리·석화리·선암리·송정리·신기리·신대리·영하리·장재리·초중리·토성리·현암리·호명리·화상리, 오창읍(여천리 제외), 청주시 상당구·흥덕구, 충청남도 천안시 동남구 수신면, 병천면 송정리, 세종특별자치시 부강면 산수리·행산리, 소정면 소정리·운당리, 대전광역시 동구 내탑동·사성동·신촌동·오동·주촌동·추동, 세종특별자치시 연동면, 충청북도 진천군 초평면 일대.
21 주토(朱土):붉은색의 고운 흙. 주로 안료로 사용된다.
22 《輿地圖書》〈忠淸道〉"淸州" '物産'(《여지도서》9, 57~58쪽).

천안(天安)[23]

　　지황·숭어·준치·산무애뱀·게·자기·도기.[24]

옥천(沃川)[25]

　　철·석회·감·잣·자초·인삼·복령·지황·안식향·
사향·쏘가리·누치·꿀·밀랍.[26]

문의(文義)[27]

　　산무애뱀. 나머지는 옥천과 같다.[28]

직산(稷山)[29]

　　황금·안식향·숭어·붕어·참조기·밴댕이·웅어·
산무애뱀.[30]

天安

地黃、秀魚、眞魚、白花蛇、
蟹、瓷器、陶器.

沃川

鐵、石灰、柹、海松子、紫
草、人蔘、茯苓、地黃、安息
香、麝香、錦鱗魚、訥魚、蜜、
蠟.

文義

白花蛇. 餘同沃川.

稷山

黃芩、安息香、秀魚、鮒魚、黃
石首魚、蘇魚、葦魚、白花蛇.

23　천안(天安) : 충청남도 천안시 동남구 광덕면·시내·풍세면, 아산시 둔포면 관대리·봉재리·산전리·송용리·
　　시포리·신양리·신항리, 선장면 가산리·돈포리·대정리·신덕리·채신언리·홍곶리, 인주면 금성리, 예산군
　　신암면 신종리·신택리·하평리 일대.
24　확인 안 됨.
25　옥천(沃川) : 충청북도 옥천군 군북면·군서면·동이면·안남면·안내면·옥천읍·이원면, 영동군 양산면·학
　　산면, 양강면 두평리·묵정리, 용화면 여의리·용강리·자계리 일대.
26　《輿地圖書》〈忠淸道〉 "沃川" '物産'(《여지도서》 9, 141쪽).
27　문의(文義) : 충청북도 청원군 문의면·현덕면, 가덕면 국전리·노동리·삼항리·상대리·수곡리·인차리·청룡
　　리·행정리, 부용면(갈산리·산수리·행정리 제외), 청원군 강내면 일대.
28　《輿地圖書》〈忠淸道〉 "文義" '物産'(《여지도서》 9, 163쪽).
29　직산(稷山) : 충청남도 천안시 서북구 성거읍·성환읍·입장면·직산읍, 경기도 평택시 안중읍 안중리, 오성
　　면 교포리·당거리·창내리, 팽성읍 노양리·도두리·본정리·신대리, 포승면 만호리·신영리·희곡리, 현덕면
　　황산리 일대.
30　《輿地圖書》〈忠淸道〉 "稷山" '物産'(《여지도서》 9, 184쪽).

쏘가리, 장한종(1768~1815 조선 후기 화가), 궐어도(국립중앙박물관)

목천(木川)[31]

철·대추·자초·안식향·꿀·밀랍·자기.[32]

木川

鐵、棗、紫草、安息香、蜜、蠟、瓷器.

회인(懷仁)[33]

철·수정·석회·자초·복령·안식향·꿀·밀랍.[34]

懷仁

鐵、水晶、石灰、紫草、茯苓、安息香、蜜、蠟.

---

31 목천(木川) : 충청남도 천안시 동남구 동면·목천읍·북면·성남면, 병천면(송정리 제외) 일대.
32 《輿地圖書》〈忠淸道〉 "木川" '物産'(《여지도서》 11, 121쪽).
33 회인(懷仁) : 충청북도 보은군 회남면·회인면, 내북면 법주리·신궁리·염둔리·용수리, 수한면 노성리·세촌리·율산리·차정리, 청원군 가덕면 계산리·수곡리·시동리, 문의면 마구리·마동리·묘암리·염치리 일대.
34 《輿地圖書》〈忠淸道〉 "懷仁" '物産'(《여지도서》 11, 135쪽).

청안(淸安)[35]

　백옥·자초·복령·지황·꿀·밀랍.[36]

清安

白玉、紫草、茯苓、地黃、
蜜、蠟.

진천(鎭川)[37]

　벼룻돌·석회·자초·사향·인삼·영양각·산무
애뱀·꿀·밀랍.[38]

鎭川

硯石、石灰、紫草、麝香、人
蔘、羚羊角、白花蛇、蜜、蠟.

자초(국립수목원)

35　청안(淸安):충청북도 증평군 도안면·증평읍·청안면, 진천군 초평면 용기리·용산리·은암리·진암리, 청원
　　군 오창읍, 북이면 석성리·옥수리·용계리·장양리·추학리 일대.
36　《輿地圖書》〈忠淸道〉"淸安" '土産'(《여지도서》14, 56쪽).
37　진천(鎭川):충청북도 진천군 덕산면·만승면·문백면·백곡면·이월면·진천읍, 초평면 금곡리·신통리·연담
　　리·영구리·오갑리·용정리·화산리 일대.
38　《輿地圖書》〈忠淸道〉"鎭川" '物産'(《여지도서》11, 158쪽).

보은(報恩)[39]

은·철·대추·잣·송이버섯·석이버섯·당귀·작약·궁궁이[芎藭][40]·안식향·영양각·웅담·꿀·밀랍.[41]

報恩

銀、鐵、棗、海松子、松蕈、石蕈、當歸、芍藥、芎藭、安息香、羚羊角、熊膽、蜜、蠟.

영동(永同)[42]

배·잣·오미자·송이버섯·자초·인삼·당귀·쏘가리·누치·꿀·밀랍·자기.[43]

永同

梨、海松子、五味子、松蕈、紫草、人蔘、當歸、錦鱗魚、訥魚、蜜、蠟、瓷器.

복령(국립수목원)

39 보은(報恩): 충청북도 보은군 마로면·보은읍·산외면·삼승면·속리산면·수한면·장안면·탄부면, 내북면 두평리·상궁리·서지리·세촌리·이원리·하궁리 일대.

40 궁궁이[芎藭]: 미나리과의 여러해살이풀. 《관휴지》에는 "잎이 어릴 때 채소로 만들어 먹으면 향기롭고 좋다. 또 햇볕에 쬐어 말려 저장할 수 있으며 옷상자와 책이 좀먹는 것을 피할 수 있다."고 했다.(《관휴지》 권4 〈약류〉 "궁궁")

41 《輿地圖書》 〈忠淸道〉 "報恩" '物産'(《여지도서》11, 184쪽).

42 영동(永同): 충청북도 영동군 심천면·양강면·영동읍, 용산면(백자전리 제외), 용화면 안정리·용화리·월전리·자계리·조동리, 옥천군 양산면, 이원면 일대.

43 《輿地圖書》 〈忠淸道〉 "永同" '物産'(《여지도서》11, 202쪽).

황간(黃澗)[44]

오미자·송이버섯·석이버섯·인삼·복령·당귀·
안식향·목적(木賊)[45]·산무애뱀·꿀·밀랍.[46]

黃澗

五味子、松蕈、石蕈、人蔘、
茯苓、當歸、安息香、木賊、
白花蛇、蜜、蠟.

청산(靑山)[47]

녹반·대추·잣·자초·인삼·복령·쏘가리·누치·
꿀·밀랍.[48]

靑山

綠礬、棗、海松子、紫草、人
蔘、茯苓、錦鱗魚、訥魚、
蜜、蠟.

공주(公州)[49]

철·구리·석회·잣·송이버섯·쏘가리·누치·게.[50]

公州

鐵、銅、石灰、海松子、松
蕈、錦鱗魚、訥魚、蟹.

임천(林川)[51]

감·모시·안식향·지황·숭어·농어·청어·조기·

林川

梬、苧、安息香、地黃、秀魚、

---

44 황간(黃澗): 충청북도 영동군 매곡면·상촌면·황간면, 용산면 백자전리·청화리, 추풍령면 계룡리, 경상북
도 김천시 봉산면 광천리·덕천리·상금리·신암리·예지리·태화리, 대항면 덕전리·복전리·향천리 일대.

45 목적(木賊): 속새과의 여러해살이풀. 해열과 이뇨 등의 효과가 있어 약재로 쓰인다. 속새·절골초(節骨草)·
찰초(擦草) 등의 이칭이 있다.

46 《輿地圖書》〈忠淸道〉"黃澗" '物産'(《여지도서》11, 225쪽).

47 청산(靑山): 충청북도 옥천군 청산면·청성면, 보은군 내북면 도원리·동산리·봉황리·성암리·성치리·아곡
리·적음리·창리·화전리, 안내면 일대.

48 《輿地圖書》〈忠淸道〉"靑山" '物産'(《여지도서》12, 10쪽).

49 공주(公州): 충청남도 공주시 계룡면, 반포면, 사곡면, 시내, 신풍면, 우성면, 유구읍, 의당면, 이인면, 장
기면, 정안면, 탄천면, 논산시 상월면 석종리, 부여군 부여읍 저석리, 연기군 금남면, 남면 나성리·방축
리·송담리·송원리·종촌리, 대전광역시 중구, 동구 구도동·낭월동·대별동·삼괴동·상소동·소호동·원
동·이사동·인동·장척동·동·중동·하소동·효동, 서구 갈마동·내동·도마동·둔산동·변동·복수동·삼천
동·용문동·정림동, 유성구 금고동·금탄동·갑동·구성동·구룡동·구암동·궁동·노은동·대동·덕진동·
도룡동·둔곡동·반석동·복룡동·봉명동·봉산동·상대동·송강동·수남동·신봉동·신성동·어은동·외삼
동·원신흥동·자운동·장대동·죽동·지족동·추목동·하기동 일대.

50 《輿地圖書》〈忠淸道〉"公州" '物産'(《여지도서》8, 67~68쪽).

51 임천(林川): 충청남도 부여군 세도면·양화면·임천면·장암면·충화면 일대.

웅어·뱅어·새우·산무애뱀·부레·게·도기.[52]

鱸魚、靑魚、石首魚、葦魚、
白魚、蝦、白花蛇、魚鰾、蟹、
陶器.

한산(韓山)[53]

감·모시·대나무·옻·숭어·민어·농어·홍어·
상어·웅어·뱅어·중하·가리맛조개·산무애뱀·게.[54]

韓山

栭、苧、竹、漆、秀魚、民魚、
鱸魚、鮮魚、鯊魚、葦魚、白
魚、中蝦、土花、白花蛇、蟹.

전의(全義)[55]

철·석회·자초·삽주·복령·안식향·자기.[56]

全義

鐵、石灰、紫草、尤、茯苓、
安息香、瓷器.

정산(定山)[57]

철·모시·옻·복령·지황·산무애뱀·꿀·밀랍·
자기.[58]

定山

鐵、苧、漆、茯苓、地黃、白
花蛇、蜜、蠟、瓷器.

은진(恩津)[59]

백옥석(白玉石)[60]·석회·감·화살대·붕어·은어·

恩津

白玉石、石灰、栭、箭竹、鮒

---

52 《輿地圖書》〈忠淸道〉 “林川” ‘物産’(《여지도서》8, 107쪽).
53 한산(韓山):충청남도 서천군 기산면·마산면·한산면·화량면 일대.
54 《輿地圖書》〈忠淸道〉 “韓山” ‘物産’(《여지도서》8, 128쪽).
55 전의(全義):세종특별자치시 전의면, 전동면 노장리·미곡리·보덕리·봉대리·석곡리·송곡리·청람리·청송
   리, 소정면 대곡리·소정리 일대.
56 《輿地圖書》〈忠淸道〉 “全義” ‘物産’(《여지도서》8, 146쪽).
57 정산(定山):충청남도 청양군 정산면 일대. 백제에서는 열이현(悅已縣), 신라에서는 열성현(悅城縣), 고려
   와 조선에서는 정산현(定山縣)이라 했다.
58 《輿地圖書》〈忠淸道〉 “定山” ‘土産’(《여지도서》14, 42쪽).
59 은진(恩津):충청남도 논산시 가야곡면·은진면·채운면, 강경읍 남교리·대흥리·동흥리·북옥리·산양리·서창
   리·염천리·중앙리·채산리·채운리·태평리·홍교, 시내 가산동·관촉동·내동·대교동·등화동·반월동·지산동·
   취암동·화지동, 양촌면 석서리·중산리, 연무읍 금곡리·동산리·마산리·소룡리·양지리·죽본리·죽평동 일대.
60 백옥석(白玉石):흰색의 옥돌. 은진에서 채굴되었으나, 지금은 나지 않는다.

목적(국립수목원)　　　　　　　　삽주(국립수목원)

웅어·뱅어·산무애뱀·게.[61]

석철(石鐵)[63]·석회·자초·송이버섯·복령·안식향·
누치.[64]

魚、銀口魚、葦魚、白魚、白
花蛇、蟹.

懷德

石鐵、石灰、紫草、松蕈、茯
苓、安息香、訥魚.

회덕(懷德)[62]

61　《輿地圖書》〈忠清道〉“恩津” ‘物産’(《여지도서》8, 166쪽).
62　회덕(懷德): 대전광역시 대덕구, 동구 가양동·가오동·낭월동·대동·대별동·대성동·대화동·마산동·비룡
　　동·삼성동·삼정동·삼천동·성남동·세천동·소제동·신상동·신안동·신하동·신흥동·용계동·용운동·용
　　전동·자양동·주산동·천동·추동·판암동·홍도동, 유성구 문지동·원촌동·전민동·탑립동 일대.
63　석철(石鐵): 철과 니켈 및 규산염 광물을 함유한 철광석.
64　《輿地圖書》〈忠清道〉“懷德” ‘物産’(《여지도서》13, 101쪽).

진잠(鎭岑)[65]

  구리·백옥·녹반·석회·송이버섯·복령·안식향·
꿀·밀랍.[66]

鎭岑

銅、白玉、綠礬、石灰、松
蕈、茯苓、安息香、蜜、蠟.

노성(魯城)[67]

  철·모시·붕어·게.[68]

魯城

鐵、苧、鮒魚、蟹.

부여(扶餘)[69]

  모시·복령·농어·숭어·붕어·웅어·뱅어.[70]

扶餘

苧、茯苓、鱸魚、秀魚、鮒魚、
葦魚、白魚.

석성(石城)[71]

  모시·반하·숭어·붕어·웅어·뱅어·게.[72]

石城

苧、半夏、秀魚、鮒魚、葦魚、
白魚、蟹.

연기(燕岐)[73]

  쏘가리·누치·게·자기·도기.[74]

燕岐

錦鱗魚、訥魚、蟹、瓷器、
陶器.

---

65 진잠(鎭岑):대전광역시 서구 관저동·괴곡동·도안동·매로동·봉곡동·산직동·오동·용촌동·우명동·원
    정동·장안동·평촌동·흑석동, 유성구 계산동·교촌동·대정동·방동·성북동·세동·송정동·용계동·원내
    동·학하동, 충청남도 계룡시 남선면 남선리 일대. 조선 시대에는 충청도 공주목 유성현에 속하였고, 1895
    년 진잠군으로 개편되었다가 1914년 대전군에 편입되었다.

66 《輿地圖書》〈忠淸道〉"鎭岑" '物産'(《여지도서》13, 119쪽).

67 노성(魯城):충청남도 논산시 노성면 일대. 조선 시대에는 노성현이었다.

68 확인 안 됨.

69 부여(扶餘):충청남도 부여군 규암면·은산면, 부여읍(현북리 제외), 초촌면 세탑리·송국리·신암리·연화
    리·응평리·초평리·추양리 일대.

70 《輿地圖書》〈忠淸道〉"扶餘" '物産'(《여지도서》13, 201쪽).

71 석성(石城):충청남도 부여군 석성면, 부여읍 현북리, 논산시 성동면 일대. 조선 시대에는 석성현이었다.

72 《輿地圖書》〈忠淸道〉"石城" '物産'(《여지도서》13, 224쪽).

73 연기(燕岐):충청남도 연기군 동면·서면, 남면 갈운리·고정리·눌왕리·방축리·보통리·부동리·수산리·양
    화리·연기리·월산리, 조치원읍(평리 제외), 충청북도 청원군 부용면 갈산리, 충청남도 공주시 의당면 일대.

74 《輿地圖書》〈忠淸道〉"燕岐" '物産'(《여지도서》13, 245쪽).

홍주(洪州)[75]

철·이석·석회·감·화살대·왕골·석창포·천문
동·맥문동·숭어·넙치·농어·준치·상어·조기·청
어·밴댕이·홍어·황강달이[黃小魚][76]·전어·삼치·갑
오징어·낙지·뱅어·전복·조개·살조개[江瑤珠][77]·굴·
가리맛조개·대하·곤쟁이·게·김·청각채.[78]

洪州

鐵、膩石、石灰、柿、箭竹、
莞草、石菖蒲、天門冬、麥
門冬、秀魚、廣魚、鱸魚、眞
魚、鯊魚、石首魚、靑魚、蘇
魚、鮡魚、黃小魚、錢魚、麻
魚、烏賊魚、絡蹄魚、白魚、
鰒、蛤、江瑤珠、石花、土
花、大蝦、紫蝦、蟹、海衣、
靑角菜.

서천(舒川)[79]

감·모시·화살대·안식향·숭어·농어·민어·청
어·준치·상어·갈치·조기·웅어·홍어·전어·삼치·
갑오징어·낙지·전복·대하·홍합·굴·가리맛조개·
부레·김·황각채.[80]

舒川

柿、苧、箭竹、安息香、秀魚、
鱸魚、民魚、靑魚、眞魚、鯊
魚、刀魚、石首魚、葦魚、鮡
魚、錢魚、麻魚、烏賊魚、絡
蹄魚、鰒、大蝦、紅蛤、石
花、土花、魚鰾、海衣、黃角
菜.

---

75 홍주(洪州): 충청남도 홍성군 홍성읍 일대. 고려시대에는 운주(運州)라 하였고, 조선 태종 때 홍주목으로
    개편했다.
76 황강달이[黃小魚]: 민어과의 바닷물고기. 서해와 남해 일대에 분포하며, 주로 바다와 강이 만나는 큰 하구
    에 서식한다. 황석어(黃石魚) 또는 황세기라고도 한다.
77 살조개[江瑤珠]: 돌조개과의 조개. 주로 바닷가 개흙 속에서 서식한다. 강요주 또는 안다미조개라고도 한다.
78 《輿地圖書》〈忠淸道〉"洪州" '物産'(《여지도서》10, 244쪽).
79 서천(舒川): 충청남도 서천군 마서면·문산면·서천읍·시초면·장항읍·종천면·지석리, 판교면 금덕리·등고
    리·문장리·북산리, 전라북도 군산시 옥도면 개야도리 일대.
80 《輿地圖書》〈忠淸道〉"舒川" '物産'(《여지도서》11, 23~24쪽).

석창포(국립수목원)

맥문동(국립수목원)

서산(瑞山)[81]

철·모시·송이버섯·자초·소금·숭어·농어·붕
어·상어·준치·은어·조기·삼치·전어·갑오징어·낙

瑞山

鐵、苧、松蕈、紫草、鹽、秀
魚、鱸魚、鮒魚、鯊魚、眞魚

---

81 서산(瑞山) : 충청남도 서산시 시내·대산읍·부석면·성연면·인지면·지곡면·팔봉면, 음암면(성암리 제외),
운산면 가좌리·갈산리·신창리·와우리·용현리·원평리·태봉리, 태안군 고남면·안면읍 일대.

지·청어·전복·조개·살조개·대하·곤쟁이·해삼·부레·산무애뱀.[82]

銀口魚、石首魚、麻魚、錢魚、烏賊魚、絡蹄魚、靑魚、鰒、蛤、江瑤珠、大蝦、紫蝦、海蔘、魚鰾、白花蛇.

태안(泰安)[83]

철·백옥·송이버섯·자초·화살대·시호·방풍·소금·숭어·농어·상어·조기·청어·전어·삼치·갈치·갑오징어·전복·조개·맛조개·살조개·소라·굴·해삼·부레·김.[84]

泰安

鐵、白玉、松蕈、紫草、箭竹、柴胡、防風、鹽、秀魚、鱸魚、鯊魚、石首魚、靑魚、錢魚、麻魚、刀魚、烏賊魚、鰒、蛤、竹蛤、江瑤珠、小螺、石花、海蔘、魚鰾、海衣.

면천(沔川)[85]

석회·감·모시·자초·황금·반하·맥문동·숭어·농어·붕어·민어·준치·조기·전어·은어·뱅어·갑오징어·조개·새우·굴·부레.[86]

沔川

石灰、柹、苧、紫草、黃芩、半夏、麥門冬、秀魚、鱸魚、鮒魚、民魚、眞魚、石首魚、錢魚、銀口魚、白魚、烏賊魚、蛤、蝦、石花、魚鰾.

82 《輿地圖書》〈忠淸道〉 "瑞山" '物産'(《여지도서》11, 51~52쪽).
83 태안(泰安): 충청남도 태안군 남면·소원면·원북면·이원면·태안읍, 근흥면 두야리·마금리·수룡리·안기리·용신리, 안면읍 정당리, 서산시 팔봉면 고파도리 일대.
84 《輿地圖書》〈忠淸道〉 "泰安" '物産'(《여지도서》11, 77~78쪽).
85 면천(沔川): 충청남도 당진시 면천면·송산면·순성면, 송악읍(고대리·부곡리·오곡리·월곡리·한진리 제외), 우강면(부상리·신촌리 제외) 일대. 조선 시대에는 면천군이었다.
86 《輿地圖書》〈忠淸道〉 "沔川" '物産'(《여지도서》11, 96~97쪽).

온양(溫陽)87

감·대추·호두·옻·복령.88

溫陽

栭、棗、胡桃、漆、茯苓.

평택(平澤)89

숭어·붕어·참조기.90

平澤

秀魚、鮒魚、黃石首魚.

홍산(鴻山)91

석회·감·모시·옻·복령·안식향·게.92

鴻山

石灰、栭、苧、漆、茯苓、
安息香、蟹.

덕산(德山)93

석회·옻·감·현호색(玄胡索)94·작약·숭어·붕어·
뱅어·산무애뱀·자기.95

德山

石灰、漆、栭、玄胡索、芍
藥、秀魚、鮒魚、白魚、白花
蛇、瓷器.

---

87 온양(溫陽):충청남도 아산시 배방면·송악면·탕정면, 시내 권곡동·기산동·남동·모종동·방축동·법곡
동·신인동·실옥동·온천동·용화동·읍내동·장존동·좌부동·초사동·풍기동 일대.

88 《輿地圖書》〈忠淸道〉"溫陽" '土産'(《여지도서》14, 30쪽).

89 평택(平澤):경기도 평택시 오성면 당거리, 팽성읍 객사리·근내리·남산리·내리·노성리·노양리·노와리·대
사리·대추리·동창리·두리·두정리·본정리·석근리·석봉리·송화리·신궁리·신호리·안정리·원정리·추팔
리·평궁리·함정리 일대. 조선 시대에는 평택현(平澤縣)이 충청도에 속했다.

90 《輿地圖書》〈忠淸道〉"平澤" '物産'(《여지도서》12, 198쪽).

91 홍산(鴻山):충청남도 부여군 구룡면·남면·내산면·옥산면·외산면·홍산면, 보령시 미산면 도홍리 일대.
조선 시대에는 홍산현이었다.

92 《輿地圖書》〈忠淸道〉"鴻山" '物産'(《여지도서》12, 218쪽).

93 덕산(德山):충청남도 예산군 고덕면·덕산면·봉산면·삽교읍, 신암면 하평리, 당진시 합덕읍 도리·신흥
리·잠원리·합덕리 일대.

94 현호색(玄胡索):현호색과의 여러해살이풀. 어혈과 통증을 풀어주는 약재로 사용된다.

95 《輿地圖書》〈忠淸道〉"德山" '物産'(《여지도서》13, 17쪽).

청양(靑陽)[96]

철·석회·감·잣·송이버섯·자초·안식향·쏘가리·게.[97]

대흥(大興)[98]

석회·감·송이버섯·황금·붕어·게.[99]

비인(庇仁)[100]

대나무·화살대·소금·숭어·농어·민어·상어·홍어·청어·조기·삼치·전어·갑오징어·낙지·전복·조개·살조개·산무애뱀·김.[101]

남포(藍浦)[102]

철·화초석[花草]·[103]·벼룻돌·오석·송이버섯·순채·대나무·화살대·천문동·숭어·농어·민어·상어·홍어·조기·청어·삼치·전어·은어·갑오징어·전

靑陽

鐵、石灰、栋、海松子、松蕈、紫草、安息香、錦鱗魚、蟹.

大興

石灰、栋、松蕈、黃芩、鮒魚、蟹.

庇仁

竹、箭竹、鹽、秀魚、鱸魚、民魚、鯊魚、鮤魚、靑魚、石首魚、麻魚、錢魚、烏賊魚、絡蹄魚、鰒、蛤、江瑤珠、白花蛇、海衣.

藍浦

鐵、花草、硯石、烏石、松蕈、蓴、竹、箭竹、天門冬、秀魚、鱸魚、民魚、鯊魚、鮤

---

96 청양(靑陽) : 충청남도 청양군 대치면·운곡면·청양읍, 남양면 금정리·매곡리·백금리·봉암리·신왕리·온암리·온직리, 비봉면 관상리·녹평리·사점리·신원리·장재리·중목리 일대.

97 《輿地圖書》〈忠淸道〉 "靑陽" '物産'(《여지도서》 13, 43쪽).

98 대흥(大興) : 충청남도 예산군 광시면·대흥면·신양면·응봉면 일대. 조선 시대에는 대흥현이었다.

99 《輿地圖書》〈忠淸道〉 "大興" '物産'(《여지도서》 13, 71쪽).

100 비인(庇仁) : 충청남도 서천군 비인면·서면·종천면·판교면 일대. 조선 시대에는 비인현이었다.

101 《輿地圖書》〈忠淸道〉 "庇仁" '物産'(《여지도서》 13, 87~88쪽).

102 남포(藍浦) : 충청남도 보령시 남포면·미산면·성주면·웅천읍·주산면 일대. 조선 시대에는 남포현이었다.

103 화초석[花草] : 꽃이나 풀 모양의 무늬가 있는 돌. 벼루나 다듬잇돌 등을 만드는 재료이다.

복·조개·홍합·살조개·산무애뱀·부레·김·자기.[104]

魚、石首魚、青魚、麻魚、錢魚、銀口魚、烏賊魚、鰒、蛤、紅蛤、江瑤珠、白花蛇、魚鰾、海衣、瓷器.

결성(結城)[105]

청옥·대나무·화살대·지황·소금·숭어·농어·민어·상어·조기·청어·전어·삼치·은어·갑오징어·낙지·전복·살조개·굴·부레·게·김·황각채.[106]

結城

靑玉、竹、箭竹、地黃、鹽、秀魚、鱸魚、民魚、鯊魚、石首魚、靑魚、錢魚、麻魚、銀口魚、烏賊魚、絡蹄魚、鰒、江瑤珠、石花、魚鰾、蟹、海衣、黃角菜.

보령(保寧)[107]

이석·석회·점백토(粘白土)[108]·자초·천문동·안식향·소금·숭어·농어·민어·상어·홍어·준치·조기·청어·전어·삼치·은어·갑오징어·낙지·전복·조개·살조개·굴·김.[109]

保寧

膩石、石灰、粘白土、紫草、天門冬、安息香、鹽、秀魚、鱸魚、民魚、鯊魚、鮘魚、眞魚、石首魚、靑魚、錢魚、麻魚、銀口魚、烏賊魚、絡蹄魚、鰒、蛤、江瑤珠、石花、海衣.

---

104 《輿地圖書》〈忠淸道〉"藍浦" '物産'(《여지도서》12, 31~32쪽).
105 결성(結城):충청남도 홍성군 결성면·구항면·서부면·은하면, 광천읍 가정리·광천리·내죽리·소암리 일대.
106 《輿地圖書》〈忠淸道〉"結城" '物産'(《여지도서》12, 47쪽).
107 보령(保寧):충청남도 보령시 시내·오천면·주교면·주포면·청라면·청소면 일대.
108 점백토(粘白土):백자를 만드는 고령토. 백도토(白陶土)라고도 한다.
109 《輿地圖書》〈忠淸道〉"保寧" '物産'(《여지도서》12, 67~68쪽).

회양목(국립수목원)

잣나무(국립수목원)

아산(牙山)¹¹⁰

　백옥·옥돌·수정·석회·감·숭어·민어·준치·조
기·참조기·웅어·삼치·세미어(細尾魚)¹¹¹·뱅어·산무
애뱀·게.¹¹²

牙山

白玉、玉石、水晶、石灰、枾、
秀魚、民魚、眞魚、石首魚、
黃石首魚、葦魚、麻魚、細
尾魚、白魚、白花蛇、蟹.

신창(新昌)¹¹³

　복령·숭어·웅어·뱅어.¹¹⁴

新昌

茯苓、秀魚、葦魚、白魚.

예산(禮山)¹¹⁵

　감·복령·숭어·웅어·게·자기.¹¹⁶

禮山

枾、茯苓、秀魚、葦魚、蟹、
瓷器.

해미(海美)¹¹⁷

　철·백옥·송이버섯·자초·안식향·소금·숭어·넙
치·홍어·조기·은어·갈치·갑오징어·굴·게·김.¹¹⁸

海美

鐵、白玉、松蕈、紫草、安息
香、鹽、秀魚、廣魚、鮧魚、
石首魚、銀口魚、刀魚、烏賊
魚、石花、蟹、海衣.

---

110 아산(牙山):충청남도 아산시 염치읍·영인면·음봉면, 인주면(걸매리·금성리 제외), 둔포면 둔포리·석곡
　　리·시포리·신남리·신법리·신왕리·염작리·운교리·운룡리, 선장면 신문리, 탕정면 명암리·용두리 일대.
111 세미어(細尾魚):미상.
112 《輿地圖書》〈忠淸道〉"牙山" '物産'(《여지도서》12, 103쪽).
113 신창(新昌):충청남도 아산시 도고면·신창면, 시내 득산동·점량동, 선장면 가산리·군덕리·궁평리·대흥
　　리·선창리·신동리·신성리·장곶리·죽산리·홍곶리 일대. 조선 시대에는 신창현이었다.
114 《輿地圖書》〈忠淸道〉"新昌" '物産'(《여지도서》12, 124쪽).
115 예산(禮山):충청남도 예산군 대술면·예산읍·오가면, 신암면 계촌리·두곡리·별리·예림리·오산리·용궁
　　리·조곡리·종경리·중례리·탄중리 일대.
116 《輿地圖書》〈忠淸道〉"禮山" '物産'(《여지도서》12, 145쪽).
117 해미(海美):충청남도 당진시 대호지면·정미면, 서산시 해미면, 운산면 갈산리·고산리·고풍리·수당리·수
　　평리·안호리·여미리·용장리·용현리·팔중리 일대.
118 《輿地圖書》〈忠淸道〉"海美" '物産'(《여지도서》12, 167쪽).

당진(唐津)[119]

청옥석·백복령·숭어·농어·민어·홍어·붕어· 준치·밴댕이·조개·살조개·굴·부레·게.《여지도 서》[120]

唐津

青玉石、白伏令、秀魚、鱸 魚、民魚、鮸魚、鮒魚、眞魚、 蘇魚、蛤、江瑤珠、石花、魚 鰾、蟹.《輿地圖書》

---

119 당진(唐津):충청남도 당진시 시내·고대면·석문면 일대.
120《輿地圖書》〈忠清道〉"唐津" '物産'(《여지도서》12, 184쪽).

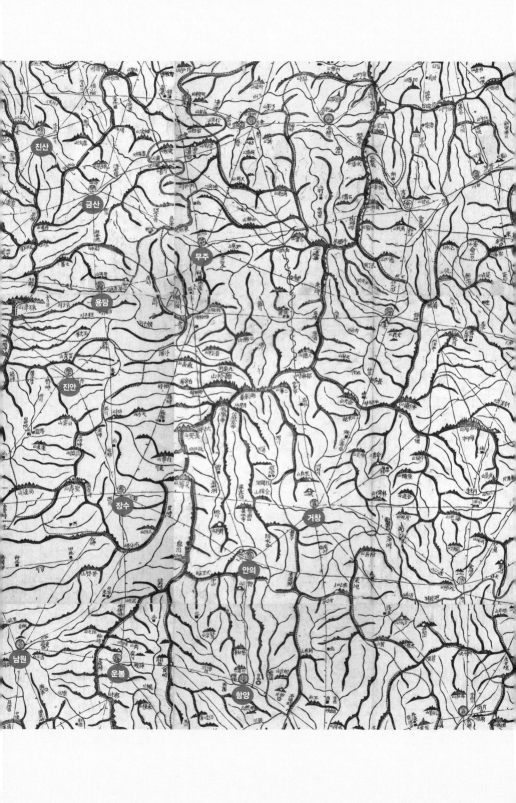

4) 전라도[湖南]¹

남원(南原)²

감·호두·석류(石榴)³·잣·오미자·생강·송이버섯·표고버섯·석이버섯·복령·지황·치자(梔子)⁴·은어·영양각·산무애뱀·게·꿀·밀랍·종이·부채.⁵

湖南

南原

栭、胡桃、石榴、海松子、五味子、薑、松蕈、香蕈、石蕈、茯苓、地黃、梔子、銀口魚、羚羊角、白花蛇、蟹、蜜、蠟、紙、扇.

석류(국립수목원)

---

1 전라도[湖南]: 전주(全州)와 나주(羅州) 두 지역의 머리글자를 합하여 만든 명칭이다. 호남(湖南)은 삼한(三韓) 시대부터 벼농사를 위해 조성된 전라북도 김제시의 벽골제(碧骨堤)를 기준으로, 그 이남에 해당하는 지역을 말한다. 일설에는 전라북도와 충청남도의 경계인 금강의 남쪽이라는 주장도 있다.

2 남원(南原): 전라북도 남원시 시내·금지면·대강면·대산면·덕과면·보절면·사매면·산동면·송동면·수지면·이백면·주생면·주천면, 산내면 덕동리, 순창군 동계면 관전리·내령리·서호리·수장리·수정리·신흥리·유산리·이동리·주월리·현포리, 적과면 괴정리, 임실군 삼계면·지사면, 오수면 금암리·대정리·둔기리·둔덕리·신기리·오수리·용두리·용정리, 장수군 번암면, 산서면 건지리·동화리·봉서리·사계리·사상리·신창리·쌍계리·오산리·이룡리·하월리, 전라남도 곡성군 고달면, 구례군 산동면, 광의면 구만리·대전리·방광리·온당리, 용방면 신도리·죽정리·중방리, 전라북도 장수군 장수읍 일대.

3 석류(石榴): 약류(若榴), 단약(丹若) 또는 금앵(金罌)이라고도 한다. 《만학지》에 "꽃은 홍색·황색·백색의 3가지 색이다. 잎이 1개인 것은 열매를 맺지만 잎이 1000개인 것은 열매를 맺지 못한다. 열매에는 단맛·신맛·쓴맛 3가지 종류가 있는데, 쓴맛이 곧 석류이다."라 했다.(《만학지》 권2〈과일류〉"석류")

4 치자(梔子): 《만학지》에 "줄기를 취하여 뼈를 만들 수 있다. 꽃은 취하면 향기롭다. 단대는 열매를 취하여 약을 만들 수 있고, 염색할 수 있다. 잎은 취하여도 시들지 않는다."라 했다.(《만학지》 권1〈총서〉"보호하고 기르기" '치자나무')

5 《輿地圖書》〈全羅道〉 "南原" '物産'(《여지도서》 48, 186쪽).

담양(潭陽)[6]

감·대추·밤·호두·석류·매실·대나무·화살대· 차·옻·모시·복령·꿀·밀랍·종이·부채.[7]

潭陽

柹、棗、栗、胡桃、石榴、梅、 竹、箭竹、茶、漆、苧、茯苓、 蜜、蠟、紙、扇.

순창(淳昌)[8]

구리·철·석회·감·차·흑복분자(黑覆盆子)[9]·복 령·울금·왕골·은어·산무애뱀·꿀·밀랍·종이.[10]

淳昌

銅、鐵、石灰、柹、茶、黑覆 盆子、茯苓、鬱金、莞草、銀 口魚、白花蛇、蜜、蠟、紙.

용담(龍潭)[11]

감·송이버섯·석이버섯·옻·닥나무·꿀·밀랍.[12]

龍潭

柹、松蕈、石蕈、漆、楮、蜜、 蠟.

창평(昌平)[13]

구리·철·대추·감·석류·대나무·옻.[14]

昌平

銅、鐵、棗、柹、石榴、竹、 漆.

---

6 담양(潭陽): 전라남도 담양군 금성면·담양읍·대덕면·무정면·봉산면·용면·월산면, 수북면 풍수리, 창평 면 광덕리·유곡리·의항리·일산리·장화리·해곡리 일대.

7 《輿地圖書》〈全羅道〉 "潭陽" '物産'(《여지도서》 49, 9쪽).

8 순창(淳昌): 전라북도 순창군 구림면·금과면·복흥면·순창읍·쌍치면·유등면·인계면·팔덕면·풍산면, 동 계면 구미리·동심리·어치리, 적성면 고원리·내월리·대산리·석산리·운림리·지북리·평남리 일대.

9 흑복분자(黑覆盆子): 《만학지》에 "전라도 순창군에 5~6월에 열매가 익고 오흑(烏黑)색이며 맛과 색이 모 두 오디와 비슷한 종류가 하나 있다."라 했다.(《만학지》 권2〈풀열매류〉 "복분자")

10 《輿地圖書》〈全羅道〉 "淳昌" '物産'(《여지도서》 45, 43쪽).

11 용담(龍潭): 전라북도 진안군 동향면·안천면·용담면·정천면, 상전면 구룡리·용평리, 주천면 대불리·무 릉리·신양리·용덕리·운봉리·주양리 일대.

12 《輿地圖書》〈全羅道〉 "龍潭" '物産'(《여지도서》 45, 66쪽).

13 창평(昌平): 전라남도 담양군 고서면·남면, 대전면 갑향리·병풍리·성산리·행성리·황금, 수북면 개동리· 고성리·나산리·남산리·대방리·대흥리·오정리·정중리·풍수리·황금리, 창평면 삼천리·오강리·용수리· 유곡리·유천리·의항리·창평리, 월산면 일대.

14 《輿地圖書》〈全羅道〉 "昌平" '物産'(《여지도서》 45, 79쪽).

임실(任實)15

석회·배·밤·호두·생강·석이버섯·옻·닥나무·
은어·산무애뱀·꿀·밀랍·자기.16

任實

石灰、梨、栗、胡桃、薑、石
蕈、漆、楮、銀口魚、白花蛇、
蜜、蠟、瓷器.

무주(茂朱)17

철·잣·오미자·송이버섯·석이버섯·청옥채(靑玉
菜)18·자옥채(紫玉菜)19·닥나무·인삼·황기·당귀·
대황(大黃)20·시호·꿀·밀랍.21

茂朱

鐵、海松子、五味子、松蕈、
石蕈、靑玉菜、紫玉菜、楮、
人蔘、黃芪、當歸、大黃、柴
胡、蜜、蠟.

곡성(谷城)22

감·차·대나무·닥나무·복령·도라지·창출·더덕
[沙蔘]23·갈근·반하·은어·산무애뱀·게·꿀·밀랍·
자기.24

谷城

柹、茶、竹、楮、茯苓、桔梗、
蒼朮、沙蔘、葛根、半夏、銀
口魚、白花蛇、蟹、蜜、蠟、
瓷器.

---

15 임실(任實): 임실군 강진면·관촌면·덕치면·성수면·신덕면·신평면·운암면·임실읍·청웅면, 오수면 군평
리·대명리·봉천리·오산리·오암리·주천리 일대.

16 《輿地圖書》〈全羅道〉“任實”‘物産’(《여지도서》45, 99~100쪽).

17 무주(茂朱): 전라북도 무주군 무주읍·무풍면·설천면·안성면·적상면, 장수군 계북면, 충청북도 영동군
양강면·용화면 일대.

18 청옥채(靑玉菜): 푸른색을 띠는 양배추.

19 자옥채(紫玉菜): 자주색을 띠는 양배추.

20 대황(大黃): 마디풀과에 속하는 여러해살이풀인 장엽대황(掌葉大黃), 당고특대황(唐古特大黃), 약용대황
(藥用大黃)의 뿌리로 만든 약재. 대황의 바깥 면은 황갈색이나 엷은 갈색을 띠고, 흰색의 가는 그물눈 모
양이 치밀하고 단단하게 구성되어 있다. 내부 조직은 갈색의 작은 원이 고리모양으로 배열되거나 불규칙하
게 산재된 형상을 띤다.

21 《輿地圖書》〈全羅道〉“茂朱”‘物産’(《여지도서》45, 115쪽).

22 곡성(谷城): 전라남도 곡성군 곡성읍·목사동면·삼기면·석곡면·오곡면·죽곡면 일대.

23 더덕[沙蔘]: 《만학지》에 “일명 ‘백삼(白蔘)’이라 하고, 양유(羊乳)·양파내(羊婆奶)·영아초(鈴兒草)라고도
한다. 모두 열매를 맺는데, 크기는 감탕나무[冬靑]에 열린 작은 열매만 하다. 서리를 맞으면 싹이 마른다.”
라 했다. 《만학지》 권4 〈약류〉 “사삼”

24 《輿地圖書》〈全羅道〉“谷城”‘物産’(《여지도서》45, 128~129쪽).

더덕(국립수목원)

옥과(玉果)25

　석회·감·닥나무·송이버섯·창출·도라지·
은어.26

玉果

石灰、枾、楮、松蕈、蒼朮、
桔梗、銀口魚.

운봉(雲峰)27

　감·잣·오미자·송이버섯·인삼·도라지·자초·꿀·
밀랍·종이.28

雲峰

枾、海松子、五味子、松蕈、
人蔘、桔梗、紫草、蜜、蠟、
紙.

진안(鎭安)29

　석회·송이버섯·석이버섯·닥나무·옻·자초·
담배·당귀·백출(白朮)30·꿀·밀랍.31

鎭安

石灰、松蕈、石蕈、楮、漆、
紫草、煙草、當歸、白朮、
蜜、蠟.

25　옥과(玉果): 전라남도 곡성군 겸면·오산면·옥과면·입면, 삼기면 원동리 일대.

26　《輿地圖書》〈全羅道〉"玉果" '物産'(《여지도서》45, 142쪽).

27　운봉(雲峰): 전라북도 남원시 운봉면·아영면·산내면·동면 일대.

28　《輿地圖書》〈全羅道〉"雲峰" '物産'(《여지도서》47, 47쪽).

29　진안(鎭安): 전라북도 진안군 마령면·백운면·부귀면·상전면·성수면·진안읍, 정천면 월평리 일대.

30　백출(白朮):《만학지》에 "백출(白朮)의 이름은 '포계(抱薊)'이다. 서역 사람들은 '흘력가(吃力伽)'라 부른
　　다."라 했다.(《만학지》권4〈약류〉"백출")

31　《輿地圖書》〈全羅道〉"鎭安" '物産'(《여지도서》47, 66쪽).

백출(국립수목원)   승마(국립수목원)

장수(長水)32

석회·감·오미자·마·자초·인삼·당귀·시호·
적전(赤箭)33·모란뿌리껍질[牧丹皮]34·승마(升麻)35·
현삼(玄蔘)36·천마·꿀·밀랍.37

長水

石灰、枾、五味子、薯蕷、紫
草、人蔘、當歸、柴胡、赤
箭、牧丹皮、升麻、玄蔘、天
麻、蜜、蠟.

---

32 장수(長水):전라북도 장수군 계남면·계북면·장계면·장수읍·천천면, 산서면 마하리·백운리·오성리·학선
 리 일대.
33 적전(赤箭):난초과에 속하는 식물인 천마(天麻)의 줄기를 말린 것으로, 정풍초(定風草)라고도 한다.
34 모란뿌리껍질[牧丹皮]:3년 이상 된 모란뿌리의 껍질을 벗겨서 그늘에 말린 약재. 성질이 차가워 열을 내리
 거나 생리불순·울화를 다스리는 데 효과가 있다.
35 승마(升麻):쌍떡잎식물 미나리아재비목 미나리아재비과에 속하는 여러해살이풀. 뿌리의 성질이 차가워 해
 열제와 해독제로 널리 사용한다.
36 현삼(玄蔘):현삼과에 속하는 여러해살이풀. 현삼의 뿌리는 열독과 유풍(遊風)을 낫게 하고 원기를 회복시
 키며 눈을 밝게 해주는 데 탁월한 효과가 있다.
37 《輿地圖書》〈全羅道〉 "長水" '物産'(《여지도서》47, 80쪽).

순천(順天)[38]

석회·감·유자·석류·매실·옻나무열매·비자(榧子)[39]·치자·천초·차·생강·송이버섯·표고버섯·모시·대나무·화살대·천문동·탱자·택사(澤瀉)[40]·상기생·소금·숭어·농어·민어·상어·홍어·청어·조기·은어·삼치·전어·황어·준치·문어·갑오징어·낙지·전복·홍합·해삼·대하·곤쟁이·게·미역·김·감곽(甘藿)[41]·황각채·종이·자기.[42]

順天

石灰、柿、柚、石榴、梅、漆子、榧子、梔子、川椒、茶、薑、松蕈、香蕈、苧、竹、箭竹、天門冬、枳實、澤瀉、桑寄生、鹽、秀魚、鱸魚、民魚、鯊魚、鮇魚、靑魚、石首魚、銀口魚、麻魚、錢魚、黃魚、眞魚、文魚、烏賊魚、絡蹄魚、鰒、紅蛤、海蔘、大蝦、紫蝦、蟹、海藿、海衣、甘藿、黃角菜、紙、瓷器.

비자(국립수목원)

---

38 순천(順天) : 전라남도 순천시 시내·상사면·서면·송광면·승주읍·월등면·주암면·해룡면·황전면, 별량면 대곡리·덕정리·동송리·마산리·무풍리·봉림리·송학리·쌍림리·우산리·운천리·학산리, 여수시 시내·남면·돌산읍·소라면·율촌면·화양면·화정면 일대.

39 비자(榧子) : 《만학지》에 "일명 옥비(玉榧)·피자(柀子)·적과(赤果)·옥산과(玉山果)이다. 핵은 모나지 않고 껍질은 얇으며 씨 안의 연한 부분[仁]은 먹을 수가 있다. 남쪽 땅에서 난다."라 했다.(《만학지》 권2 〈과일류〉 "비자")

40 택사(澤瀉) : 택사과에 속하는 다년생 초본식물로, 쇠테나물이라고도 한다. 뿌리는 이뇨제·수종·임질의 치료약으로 널리 사용된다.

41 감곽(甘藿) : 갈조류 미역과의 한해살이 바닷말로, 미역의 일종이다.

42 《輿地圖書》 〈全羅道〉 "順天" '物産'(《여지도서》 47, 98쪽).

낙안(樂安)[43]

감·유자·석류·호두·매실·송이버섯·표고버섯· 차·닥나무·대나무·화살대·치자·탱자·백작약·맥 문동·백출·도라지·반하·소금·숭어·민어·병어·갑 오징어·낙지·대하·굴·부레·석밀(石蜜)[44].[45]

보성(寶城)[46]

철·숫돌·수포석(水泡石)[47]·석회·유자·감·비자· 탱자·자초·차·닥나무·모시·왕골·송이버섯·표고 버섯·소금·숭어·준치·병어·은어·보구치·갑오징 어·낙지·홍합·꼬막[甘蛤][48]·대하·굴·가리맛조개[土 花]·미역·김·감태(甘苔)[49].[50]

樂安

柹、柚、石榴、胡桃、梅、松 蕈、香蕈、茶、楮、竹、箭竹、 梔子、枳實、白芍藥、麥門 冬、白朮、桔梗、半夏、鹽、 秀魚、民魚、兵魚、烏賊魚、 絡蹄魚、大蝦、石花、魚鰾、 石蜜.

寶城

鐵、礪石、水泡石、石灰、 柚、　柹、榧子、枳實、紫草、 茶、楮、苧、莞草、松蕈、香 蕈、鹽、秀魚、眞魚、兵魚、 銀口魚、寶開魚、烏賊魚、 絡蹄魚、紅蛤、甘蛤、大蝦、 石花、土花、海藿、海衣、甘 苔.

---

43 낙안(樂安):전라남도 순천군 낙안면 검암리·교촌리·금산리·남내리·내운리·동내리·목촌리·상송리·서내 리·석흥리·성북리·신기리·옥산리·용릉리·이곡리·창녕리·평사리·평촌리·하송리 일대.
44 석밀(石蜜):바위 틈새나 나무 사이에 놓인 벌집에서 추출한 꿀.
45 《輿地圖書》〈全羅道〉"樂安" '物産'(《여지도서》47, 116~117쪽).
46 보성(寶城):전라남도 보성군 회천면·웅치면·보성면·노동면·미력면·겸백면·율어면·복내면·문덕면·득량 면 일대.
47 수포석(水泡石):화산의 용암(熔岩)이 응고되면서 형성된 암석. 정원을 꾸미거나 물건을 가는 데 쓰인다.
48 꼬막:돌조개과에 속하는 조개. 고막조개·안다미조개라고도 한다.
49 감태(甘苔):홍조류 보라털과의 바다 식물로, 김의 일종이다. 바닷물 속 바위에서 이끼처럼 붙어 서식한다.
50 《輿地圖書》〈全羅道〉"寶城" '物産'(《여지도서》47, 132쪽).

능주(綾州)[51]

감·석류·송이버섯·표고버섯·차·대나무·화살대·지황·맥문동·천남성·꿀·자기.[52]

綾州

枾、石榴、松蕈、香蕈、茶、竹、竹箭、地黃、麥門冬、天南星、蜜、瓷器.

광양(光陽)[53]

은·철·감·유자·석류·생강·송이버섯·석이버섯·표고버섯·대나무·화살대·옻·닥나무·복령·백출·창출·울금·소금·숭어·농어·준치·조기·은어·병어·갑오징어·낙지·전복·홍합·대하·미역·김·감태·꿀·밀랍.[54]

光陽

銀、鐵、枾、柚、石榴、薑、松蕈、石蕈、香蕈、竹、箭竹、漆、楮、茯苓、白朮、蒼朮、鬱金、鹽、秀魚、鱸魚、眞魚、石首魚、銀口魚、兵魚、烏賊魚、絡蹄魚、鰒、紅蛤、大蝦、海藿、海衣、甘苔、蜜、蠟.

구례(求禮)[55]

유황·유자·석류·호두·잣·오미자·송이버섯·석이버섯·표고버섯·화살대·닥나무·치자·복령·초

求禮

硫黃、柚、石榴、胡桃、海松子、五味子、松蕈、石蕈、香

---

51 능주(綾州): 전라남도 화순군 능주면·도곡면·도암면·이양면·청풍면·춘양면·한천면 일대.
52 《輿地圖書》〈全羅道〉 "綾州" '物産'(《여지도서》44, 145쪽).
53 광양(光陽): 전라남도 광양시 광양읍·다압면·봉강면·옥곡면·옥룡면·진상면·진월면, 시내 도이동·마동·성황동·중군동·중동·황금동·황길동, 여수시 율촌면 여동리 일대.
54 《輿地圖書》〈全羅道〉 "光陽" '物産'(《여지도서》44, 161쪽).
55 구례(求禮): 전라남도 구례군 간전면·구례읍·마산면·문척면·토지면, 광의면 대산리·방광리·수월리·지천리, 용방면 사림리·신지리·용강리·용정리, 순천시 황전면 일대.

룡담(草龍膽)56 · 모란[牧丹]57 · 파초(芭蕉)58 · 영양각 · 은어 · 산무애뱀 · 꿀 · 밀랍.59

蕈、箭竹、楮、梔子、茯苓、草龍膽、牧丹、芭蕉、羚羊角、銀口魚、白花蛇、蜜、蠟.

초룡담(국립수목원)

모란(국립수목원)

---

56 초룡담(草龍膽) : 용담과에 속하는 여러해살이풀. 뿌리는 수염 모양이고, 8~10월에 자줏빛 나팔 모양의 꽃이 줄기 끝이나 잎 사이에 핀다. 땅속줄기와 뿌리를 말려 한약재로 사용한다.

57 모란[牧丹] : 미나리아재비과에 속하는 식물로 5~6월에 적자색 또는 백색의 꽃이 핀다. 화훼용으로는 화단용이나 절화용으로 쓰이고, 한약재로 쓰이는 뿌리는 해열, 진통에 효과가 있다고 알려져 있다.

58 파초(芭蕉) : 외떡잎식물 생강목 파초과의 여러해살이풀. 잎 · 잎자루 · 뿌리를 삶거나 즙을 짜서 마시면 이뇨 · 해열 · 진통 · 진해 작용이 있으므로 민간에서 약으로 사용하며, 관상용으로도 심는다.

59 《輿地圖書》〈全羅道〉 "求禮" '物産'(《여지도서》 44, 174~175쪽).

흥양(興陽)[60]

구리·철·유자·석류·비자·송이버섯·표고버섯·대나무·화살대·차·탱자·복령·방풍·사향·소금·숭어·민어·조기·병어·갑오징어·문어·낙지·전복·살조개·홍합·꼬막·해삼·대하·굴·미역·김·감태·황각채.[61]

동복(同福)[62]

철·석회·감·배·밤·석류·호두·생강·차·대나무·옻·닥나무·천문동·울금·쏘가리·은어·꿀·밀랍.[63]

화순(和順)[64]

철·석회·감·석류·송이버섯·차·대나무·꿀·밀랍.[65]

興陽

銅、鐵、柚、石榴、榧子、松蕈、香蕈、竹、箭竹、茶、枳實、茯苓、防風、麝香、鹽、秀魚、民魚、石首魚、兵魚、烏賊魚、文魚、絡蹄魚、鰒、江瑤珠、紅蛤、甘蛤、海蔘、大蝦、石花、海藿、海衣、甘苔、黃角菜.

同福

鐵、石灰、柿、梨、栗、石榴、胡桃、薑、茶、竹、漆、楮、天門冬、鬱金、錦鱗魚、銀口魚、蜜、蠟.

和順

鐵、石灰、柿、石榴、松蕈、茶、竹、蜜、蠟.

---

60 흥양(興陽): 전라남도 고흥군 고흥읍·금산면·남양면·대서면·도덕면·도화면·동강면·동일면·두원면·봉래면·영남면·점암면·포두면·풍양면, 과역면 과역리·노일리·도천리·석봉리·신곡리·연등리·호덕리, 도양읍 관리·봉암리·소록리·용정리·장계리, 여수시 삼산면, 화정면 일대.
61 《輿地圖書》〈全羅道〉"興陽" '物産'(《여지도서》44, 189쪽).
62 동복(同福): 전라남도 화순군 남면·동복면·북면·이서면 일대.
63 《輿地圖書》〈全羅道〉"同福" '物産'(《여지도서》45, 9쪽).
64 화순(和順): 전라남도 화순군 동면, 화순읍 감도리·강정리·계소리·광덕리·교리·내평리·다지리·대리·도웅리·만연리·벽라리·삼천리·서태리·세량리·수만리·신기리·앵남리·연양리·유천리·이십곡리·일심리·향청리·훈리 일대.
65 《輿地圖書》〈全羅道〉"和順" '物産'(《여지도서》45, 24쪽).

전주(全州)[66]

감·배·왕복숭아[大桃]·석류·마·생강·강황·송이버섯·옻·닥나무·붕어·웅어·게·꿀·밀랍·자기·도기·종이·부채.[67]

全州

梯、梨、大桃、石榴、薯蕷、薑、薑黃、松蕈、漆、楮、鮒魚、葦魚、蟹、蜜、蠟、瓷器、陶器、紙、扇.

익산(益山)[68]

밤·생강·대나무·붕어.[69]

益山

栗、薑、竹、鮒魚.

김제(金堤)[70]

연밥·가시연밥·순채·마늘·모시·감초·맥문동·천문동·붕어.[71]

金堤

蓮實、芡實、蓴、蒜、苧、甘草、麥門冬、天門冬、鮒魚.

---

66 전주(全州) : 전라북도 김제시 공덕면 공덕리·동계리·마현리·저산리·제말리·황산리·회룡리, 청하면 대청리·동지산리·장산리, 금산면, 완주군 구이면·봉동읍·삼례읍·상관면·소양면·용진읍·이서면, 운주면 산북리, 익산시 오산면, 시내 갈산동·금강동·남중동·동산동·마동·만석동·모현동·모건동·송학동·신동·신용동·신흥동·어양동·영등동·인화동·주현동·중앙동·창인동·평화동, 왕궁면 광암리·구덕리·동봉리·동용리·쌍제리·흥암리, 춘포면 춘포리, 전주시 완산구, 덕진구 고랑동·금상동·덕진동·동산동·만성동·반월동·산정동·성덕동·송천동·여의동·용정동·원동·장동·전미동·진북동·팔복동·호성동·화전동, 충청남도 논산시 양촌면 남산리·반암리·신기리·양촌리·오산리·인천리·채광리 일대.

67 《輿地圖書》〈全羅道〉"全州" '物産'(《여지도서》48, 11~12쪽).

68 익산(益山) : 전라북도 익산시 금마면·삼기면, 시내 덕기동·부송동·석암동·석왕동·용제동·월성동·은기동·임상동·정족동·팔봉동, 왕궁면 동촌리·발산리·쌍제리·온수리·왕궁리·용화리·평장리, 춘포면 덕실리·삼포리·신동리·쌍정리·오산리·용연리·인수리·창평리·천동리·친서리, 황등면 율촌리, 전주시 덕진구 도덕동 일대.

69 《輿地圖書》〈全羅道〉"益山" '物産'(《여지도서》49, 73쪽).

70 김제(金堤) : 전라북도 김제시 공덕면·부량면·백구면·백산면·용지면·죽산면, 시내 갈공동·검산동·교동·도장동·명덕동·백학동·복죽동·상동동·서암동·서정동·순동·신곡동·신덕동·신월동·신풍동·양전동·연정동·오정동·옥산동·요촌동·용동·월봉동·월성동·입석동·장화동·제월동·하동·홍사동, 청하면 관상리·월현리·장산리, 전주시 덕진구 강흥동·도덕동·도도동 일대.

71 《輿地圖書》〈全羅道〉"金堤" '物産'(《여지도서》50, 46쪽).

고부(古阜)[72]

청옥·석류·생강·마늘·차·대나무·제호유(鵜鶘油)[73]·붕어·조기·웅어·갑오징어·게.[74]

古阜

青玉、石榴、薑、蒜、茶、竹、鵜鶘油、鮒魚、石首魚、葦魚、烏賊魚、蟹.

금산(錦山)[75]

철·석회·감·잣·송이버섯·석이버섯·청옥채·자옥채(紫玉菜)[76]·복령·작약·당귀·옻·쏘가리·꿀·밀랍.[77]

錦山

鐵、石灰、柿、海松子、松蕈、石蕈、青玉菜、紫玉菜、茯苓、芍藥、當歸、漆、錦鱗魚、蜜、蠟.

진산(珍山)[78]

구리·철·석자황(石雌黃)[79]·석유황(石硫黃)[80]·자석·석회·송이버섯·인삼·꿀·밀랍.[81]

珍山

銅、鐵、石雌黃、石硫黃、磁石、石灰、松蕈、人蔘、蜜、蠟.

---

72 고부(古阜) : 전라북도 정읍시 고부면·덕천면·소성면·영원면·이평면·정우면, 시내 공평동·용계동·흑암동, 부안군 백산면, 부안읍 내요리, 고창군 부안면 검신리·봉암리·상암리·선운리·송현리·수남리·수동리·수앙리·오산리·중흥리 일대.

73 제호유(鵜鶘油) : 사다새의 기름. 옹종(擁腫)·풍비(風痺)·이롱(耳聾) 등을 치료하기 위한 약재로 사용한다.

74 《輿地圖書》〈全羅道〉"古阜"'物産'(《여지도서》49, 91쪽).

75 금산(錦山) : 충청남도 금산군 금산읍·금성면·군북면·남이면·남일면·부리면·제원면, 전라북도 무주군 부남면 일대.

76 자옥채(紫玉菜) : 자주빛을 띠는 양배추.

77 확인 안 됨.

78 진산(珍山) : 충청남도 금산군 복수면·진산면·추부면 일대.

79 석자황(石雌黃) : 유황(硫黃)과 비소(砒素)의 화합물로, 색이 누렇고 결이 곱다. 약재나 그림의 안료로 널리 쓰인다.

80 석유황(石硫黃) : 유황을 제련하여 얻은 결정체. 명치 밑에 있는 적취·사기·냉벽(冷癖)과 허리와 신장의 오랜 냉증, 냉풍으로 전혀 감각이 없는 증상, 다리가 냉으로 아프고 약하며 힘이 없는 증상 등을 치료하는 약재로 쓰인다.

81 《輿地圖書》〈全羅道〉"珍山"'物産'(《여지도서》50, 25쪽).

여산(礪山)[82]

    백이석(白膩石)[83]·석회·웅어·게.[84]

礪山

    白膩石、石灰、葦魚、蟹.

만경(萬頃)[85]

    연밥·가시연밥·능실(菱實)[86]·생강·순채·고구마[甘藷][87]·왕골·숭어·조기·청어·붕어·웅어·조개·게.[88]

萬頃

    蓮實、芡實、菱實、薑、蓴、甘藷、莞草、秀魚、石首魚、靑魚、鮒魚、葦魚、蛤、蟹.

임피(臨陂)[89]

    대나무·천문동·맥문동·가시연밥·붕어·숭어·준치·뱅어·게.[90]

臨陂

    竹、天門冬、麥門冬、芡實、鮒魚、秀魚、眞魚、白魚、蟹.

금구(金溝)[91]

    석류·생강·대나무·닥나무·옻·천문동·대극(大戟)[92]·꿀·자기.[93]

金溝

    石榴、薑、竹、楮、漆、天門冬、大戟、蜜、瓷器.

---

82 여산(礪山):전라북도 익산시 낭산면·망성면·여산면, 충청남도 논산시 강경읍 황산리, 연무읍 고내리·마전리·봉동리·신화리·안심리·죽평리·황화정리 일대.

83 백이석(白膩石):운모, 각섬석, 휘석 등의 광물이 변하여 이루어진 녹니석의 일종으로 백색·담녹색·담황색을 띠는 돌.

84 《輿地圖書》〈全羅道〉"礪山" '物産'(《여지도서》49, 57쪽).

85 만경(萬頃):전라북도 김제시 광활면·만경면·성덕면·진봉면, 청하면 대청리·동지산리·장산리, 군산시 옥도면 관리도리·말도리·무녀도리·선유도리·신시도리·야미도리·장자도리 일대.

86 능실(菱實):마름의 열매. 열을 내리고 갈증을 멎게 하여 약재로 널리 쓰인다.

87 고구마[甘藷]:《만학지》에 "산저(山藷)·번저(番藷)·주저(朱藷)·홍산약(紅山藥)·번서(番薯)라 하며, 큰 것은 옥침(玉枕)이라고 하는데, 지금은 적우(赤芋)라 하며, 민간에서는 유구우(琉球芋)나 장산기우(長山崎芋)라 한다."라 했다.(《만학지》권3〈풀열매류〉"고구마")

88 《輿地圖書》〈全羅道〉"萬頃" '物産'(《여지도서》50, 160쪽).

89 임피(臨陂):전라북도 군산시 개정면·나포면·대야면·서수면·성산면·임피면, 시내 구암동·내흥동·조촌동, 익산시 황등면 신기리, 김제시 백구면 일대.

90 《輿地圖書》〈全羅道〉"臨陂" '物産'(《여지도서》50, 109쪽).

91 금구(金溝):전라북도 김제시 시내 난봉동·황산동, 금구면·금산면·봉남면·황산면 일대.

92 대극(大戟):대극과(大戟科)에 속하는 여러해살이풀. 대극의 뿌리는 습증·류머티즘 치료에 탁월한 효과가 있어 한약재로 널리 쓰인다.

93 《輿地圖書》〈全羅道〉"金溝" '物産'(《여지도서》50, 176쪽).

대극(국립수목원)

만형자(국립수목원)

정읍(井邑)[94]

감·석류·대나무·모시·밀어·꿀·밀랍.[95]

井邑

柹、石榴、竹、苧、密魚、蜜、
蠟.

---

94 정읍(井邑) : 전라북도 정읍시 입암면, 북면 복흥리·승부리·신평리·태곡리·한교리, 시내 교동·교암동·구
   룡동·금붕동·내장동·농소동·부전동·삼산동·상동·상평동·송산동·수성동·시기동·신월동·신정동·
   쌍암동·연지동·용산동·장명동·하북동·하모동 일대.
95 《輿地圖書》〈全羅道〉 "井邑" '物産'(《여지도서》 50, 196쪽).

흥덕(興德)⁹⁶

차·화살대·제호유·조기·은어·갑오징어·조개·게·자기.⁹⁷

興德

茶、箭竹、鵜鶘油、石首魚、銀口魚、烏賊魚、蛤、蟹、瓷器.

부안(扶安)⁹⁸

연밥·모과·송이버섯·모시·대나무·화살대·회양목·천초·복령·작약·천문동·맥문동·현호색·방풍·만형자(蔓荊子)⁹⁹·석창포·쑥·사슴·멧돼지·소금·숭어·홍어·준치·붕어·조기·청어·갈치·웅어·갑오징어·조개·새우·굴·게·자기.¹⁰⁰

扶安

蓮實、木果、松蕈、苧、竹、箭竹、黃楊木、川椒、茯苓、芍藥、天門冬、麥門冬、玄胡索、防風、蔓荊子、石菖蒲、艾、鹿、山猪、鹽、秀魚、鰱魚、眞魚、鮒魚、石首魚、靑魚、刀魚、葦魚、烏賊魚、蛤、蝦、石花、蟹、瓷器.

옥구(沃溝)¹⁰¹

주사(朱砂)¹⁰²·오석·생강·차·방풍·소금·숭어·홍어·붕어·준치·웅어·조기·전어·조개·대하·곤쟁

沃溝

朱砂、烏石、薑、茶、防風、鹽、秀魚、鰱魚、鮒魚、眞魚

---

96 흥덕(興德) : 전라북도 고창군 성내면·신림면·흥덕면, 부안면 봉암리·사창리·상등리·선운리·용산리·운양리, 아산면 반암리 일대.

97 《輿地圖書》〈全羅道〉 "興德" '物産'(《여지도서》 45, 155~156쪽).

98 부안(扶安) : 전라북도 부안군 계화면·동진면·변산면·보안면·부안읍·상서면·위도면·주산면·줄포면·진서면·하서면·행안면, 군산시 옥도면 두리도리·비안도리, 부안군 백산면, 정읍시 고부면·영원면 일대.

99 만형자(蔓荊子) : 순비기나무의 열매로 만든 약재로, 진정·진통·해열·내장순환 촉진에 효과가 있다.

100 《輿地圖書》〈全羅道〉 "扶安" '物産'(《여지도서》 45, 172쪽).

101 옥구(沃溝) : 전라북도 군산시 옥산면·옥구읍·옥서면·회현면, 시내 개복동·개시동·경암동·경장동·금광동·금동·금암동·나운동·내초동·대명동·동흥남동·둔율동·명산동·문화동·미룡동·미원동·미장동·비응도동·사정동·산북동·삼학동·서흥남동·선양동·소룡동·송창동·송풍동·수송동·신관동·신영동·신찬동·신풍동·신흥동·영동·영화동·오룡동·오식도동·월명동·장미동·장재동·죽성동·중동·중앙로1가·중앙로2가·중앙로3가·지곡동·창성동·평화동·해망동·흥남동 일대.

102 주사(朱砂) : 광물성 약재로 경련과 발작을 진정시키는 데 탁월한 효과가 있다.

이·굴·가리맛조개·대게.[103]

葦魚, 石首魚, 錢魚, 蛤, 大蝦, 紫蝦, 石花, 土花, 大蟹.

용안(龍安)[104]

천문동·숭어·붕어·쏘가리·웅어·뱅어·게.[105]

龍安

天門冬, 秀魚, 鮒魚, 錦鱗魚, 葦魚, 白魚, 蟹.

함열(咸悅)[106]

송이버섯·순채·모시·대나무·천문동·맥문동·대극·숭어·붕어·쏘가리·농어·웅어·뱅어.[107]

咸悅

松蕈, 蓴, 苧, 竹, 天門冬, 麥門冬, 大戟, 秀魚, 鮒魚, 錦鱗魚, 鱸魚, 葦魚, 白魚.

고산(高山)[108]

철·오수정(烏水晶)[109]·숫돌·녹반·석회·감·옻·송이버섯·석이버섯·은어·게·꿀·밀랍·종이.[110]

高山

鐵, 烏水晶, 礪石, 綠礬, 石灰, 枾, 漆, 松蕈, 石蕈, 銀口魚, 蟹, 蜜, 蠟, 紙.

태인(泰仁)[111]

숫돌·석회·감·석류·연밥·차·모시·화살대·무·

泰仁

礪石, 石灰, 枾, 石榴, 蓮

---

103 《輿地圖書》〈全羅道〉 "沃溝" '物産'(《여지도서》 45, 190쪽).
104 용안(龍安) : 전라북도 익산시 용동면·용안면 일대.
105 《輿地圖書》〈全羅道〉 "龍安" '物産'(《여지도서》 46, 8쪽).
106 함열(咸悅) : 전라북도 익산시 성당면·웅포면·함라면·함열읍·황등면 일대.
107 《輿地圖書》〈全羅道〉 "咸悅" '物産'(《여지도서》 46, 21쪽).
108 고산(高山) : 전라북도 완주군 경천면·고산면·동상면·비봉면·운주면·화산면, 충청남도 논산시 양촌면 도평리·임화리 일대.
109 오수정(烏水晶) : 검은빛을 띠는 수정.
110 《輿地圖書》〈全羅道〉 "高山" '物産'(《여지도서》 46, 34쪽).
111 태인(泰仁) : 전라북도 정읍시 감곡면·산내면·산외면·신태인읍·옹동면·칠보면·태인면, 부안군 동진면 일대.

게·꿀·밀랍.[112]

實、茶、苧、箭竹、萊薑、蟹、蜜、蠟.

나주(羅州)[113]

숫돌·석류·비자·표고버섯·무·대나무·화살대·왕골·소금·숭어·은어·웅어·갑오징어·낙지·전복·굴·미역·김·감태·황각채·자기·종이·명주.[114]【나주성 안에서 나오는 명주 가운데 질기고 빛깔 좋은 것은 1단에 가격이 1300~1400전에 이른다.】

羅州

礪石、石榴、榧子、香蕈、萊薑、竹、箭竹、莞草、鹽、秀魚、銀口魚、葦魚、烏賊魚、絡蹄魚、鰒、石花、海藿、海衣、甘苔、黃角菜、瓷器、紙、明紬【出城內者, 堅韌光潤一端, 價至千三四百錢】.

광주(光州)[115]

철·석회·감·대추·호두·석류·밤·매실·화살대·탱자·붕어·쏘가리·꿀·밀랍·자기·종이·부채.[116]

光州

鐵、石灰、枾、棗、胡桃、石榴、栗、梅、箭竹、枳實、鮒魚、錦鱗魚、蜜、蠟、瓷器、紙、扇.

---

112 《輿地圖書》〈全羅道〉 "泰仁" '物産'(《여지도서》46, 51쪽).
113 나주(羅州):광주광역시 광산구 남산동·내산동·덕림동·대산동·도덕동·동림동·동산동·동호동·명도동·명화동·북산동·산수동·삼거동·삼도동·선동송·산동·송촌동·송치동·송학동·신동·양동·양산동·연산동·오운동·옥동·왕동·용곡동·월전동·장록동·지산동·지정동·지죽동·지평동, 전라남도 나주시 시내·공산면·노안면·다시면·동강면·문평면·반남면·세지면·왕곡면, 목포시 달동·옥암동·율도동, 무안군 삼향읍, 신안군 도초면·비금면·안좌면·암태면·압해면·자은면·장산면·지도면·하의면·흑산면, 영암군 금정면·시종면 금지리·신연리·신학리·신흥리·옥야리, 신북면 갈곡리·양계리·유곡리·학동리, 도포면 도포리·봉호리 일대.
114 《輿地圖書》〈全羅道〉 "羅州" '物産'(《여지도서》46, 78~79쪽).
115 광주(光州):광주광역시 동구·북구·서구, 광산구 고룡동·도금동·도산동·도호동·두정동·등임동·복룡동·본덕동·비아동·산막동·산월동·산정동·서봉동·선암동·소촌동·송대동·송정동·수완동·신가동·신룡동·신창동·신촌동·쌍암동·안청동·오산동·요기동·용봉동·우산동·운남동·운수동·월계동·월곡동·유계동·임곡동·장덕동·장수동·진곡동·하남동·하산동·황룡동·흑석동, 전라남도 담양군 대전면 강의리·월본리·태목리, 수북면 궁산리·두정리·주평리 일대.
116 《輿地圖書》〈全羅道〉 "光州" '物産'(《여지도서》44, 17쪽).

매실(국립수목원)

장성(長城)[117]

철·석유황·석회·감·석류·비자·매실·생강·화살대·모시·삽주·석창포·산무애뱀·작약·꿀.[118]

長城

鐵、石硫黃、石灰、柹、石榴、榧子、梅、薑、箭竹、苧、朮、石菖蒲、白花蛇、芍藥、蜜.

영암(靈巖)[119]

감·석류·유자·모과·천초·표고버섯·복령·탱자·안식향·대나무·화살대·소금·숭어·붕어·낙

靈巖

柹、石榴、柚、木瓜、川椒、香蕈、茯苓、枳實、安息香、

---

117 장성(長城): 전라남도 장성군 남면·북이면·북일면·북하면·서삼면·장성읍·진원면·황룡면, 광주광역시 광산구, 전라남도 담양군 월산면 일대.

118 《輿地圖書》〈全羅道〉 "長城" '物産'(《여지도서》 44, 45쪽).

119 영암(靈巖): 전라남도 강진군 도암면 봉황리, 영암군 군서면·덕진면·도포면·미암면·삼호면·서호면·영암읍·학산면, 시종면 구산리·봉소리·신학리·와우리·월롱리·월송리, 신북면 금수리·명동리·모산리·월지리·월평리·이천리·장산리·행정리, 완도군 노화읍·보길면·소안면, 군외면 당인리, 해남군 북평면·옥천면, 계곡면 선진리, 북일면 신월리·용일리·운전리·홍촌리, 송지면 가차리·군곡리·금강리·동현리·마봉리·산정리·서정리·소죽리·송호리·어란리·통호리, 현산면 월송리, 화산면 삼마리, 제주특별자치도 제주시 추자면 일대.

지·전복·조개·홍합·새우·굴·미역·김·감태·
황각채·게.[120]

竹、箭竹、鹽、秀魚、鮒魚、
絡蹄魚、鰒、蛤、紅蛤、蝦、
石花、海藿、海衣、甘苔、黃
角菜、蟹.

영광(靈光)[121]

구리·연밥·천초·생강·왕대[川竹][122]·화살대·왕
골·차·복령·천문동·맥문동·소금·넙치·민어·준
치·조기·밴댕이·황어·갑오징어·낙지·조개·맛조
개·백하·굴·가리맛조개·부레.[123]

靈光

銅、蓮實、川椒、薑、川竹、
箭竹、莞草、茶、茯苓、天門
冬、麥門冬、鹽、廣魚、民魚、
眞魚、石首魚、蘇魚、黃魚、
烏賊魚、絡蹄魚、蛤、竹蛤、
白蝦、石花、土花、魚鰾.

함평(咸平)[124]

철·석류·감·비자·연밥·차·대나무·화살대·
닥나무·모시·왕골·소금·숭어·민어·준치·조기·
밴댕이·갑오징어·낙지·조개·백하·굴·감태·황

咸平

鐵、石榴、杮、榧子、蓮實、
茶、竹、箭竹、楮、苧、莞草、
鹽、秀魚、民魚、眞魚、石首

120《輿地圖書》〈全羅道〉"靈巖" '物産'(《여지도서》44, 65쪽).
121 영광(靈光) : 전라남도 무안군 망운면, 운남면 내성리·성내리·연리·하묘리, 신안군 임자면·증도면, 암태면
　　당사리, 압해읍 고이리·매화리, 지도읍 당촌리·선도리·어의리·탄도리, 영광군 군남면·군서면·낙월면·대
　　마면·묘량면·백수읍·법성면·불갑면·염산면·영광읍·홍농읍, 장성군 삼계면·삼서면, 동화면 구림리·남
　　산리·남평리·동호리·서양리·용정리 일대.
122 왕대[川竹] : 벼과 왕대속에 속하는 여러해살이 식물. 중국이 원산지로, 죽순이 쓴맛이 난다고 해서 고죽
　　(苦竹)이라고도 하며, 강죽 또는 참대라고도 한다. 식용하거나 약용하며, 줄기는 끈기와 탄성이 강하여 건
　　축 및 죽세공재로 이용한다.《輿地圖書·全羅道·靈光》에는 없음.
123《輿地圖書》〈全羅道〉"靈光" '物産'(《여지도서》44, 91~92쪽).
124 함평(咸平) : 전라남도 무안군 해제면 광산리·대사리·덕산리·만풍리·산길리·석룡리·송석리·신정리·양매
　　리·용학리·유월리·임수리·학송리, 현경면 가입리·동산리·마산리·수양리·오류리·외반리·용정리·평산
　　리, 함평군 나산면·손불면·신광면·월야면·함평읍·해보면, 대동면 강운리·금산리·덕산리·서호리·연암
　　리·용성리·운교리·향교리 일대.

각채·자기.[125]

魚、蘇魚、烏賊魚、絡蹄魚、
蛤、白蝦、石花、甘苔、黃角
菜、瓷[1]器.

고창(高敞)[126]

유황·석회·굴·차·대나무·조협·작약·승마·독
활·은어·꿀·밀랍·자기.[127]

高敞

硫黃、石灰、石花、茶、竹、
皁莢、芍藥、升麻、獨活、銀
口魚、蜜、蠟、瓷器.

무장(茂長)[128]

벼룻돌·수정·천초·차·대나무·화살대·닥나무·
방풍·천문동·맥문동·소금·숭어·넙치·민어·
상어·홍어·조기·삼치·준치·은어·갑오징어·낙지·
조개·맛조개·새우·굴·부레·게·종이.[129]

茂長

硯石、水晶、川椒、茶、竹、
箭竹、楮、防風、天門冬、麥
門冬、鹽、秀魚、廣魚、民魚、
鯊魚、鮇魚、石首魚、麻魚、
眞魚、銀口魚、烏賊魚、絡
蹄魚、蛤、竹蛤、蝦、石花、
魚鰾、蟹、紙.

남평(南平)[130]

석류·매실·차·대나무·화살대·쏘가리·자기·

南平

石榴、梅、茶、竹、箭竹、錦

---

125 《輿地圖書》〈全羅道〉“咸平”‘物産’(《여지도서》44, 114쪽).

126 고창(高敞) : 전라북도 고창군 고창읍·흥덕면·무장면·고수면·아산면·해리면·성송면·대산면·심원면·성
내면·신림면 일대.

127 《輿地圖書》〈全羅道〉“高敞”‘物産’(《여지도서》44, 129쪽).

128 무장(茂長) : 전라북도 고창군 공음면·대산면·무장면·상하면·성송면·심원면·해리면, 아산면 남산리·삼
인리·성산리·학전리 일대.

129 《輿地圖書》〈全羅道〉“茂長”‘物産’(《여지도서》46, 104~105쪽).

130 남평(南平) : 전라남도 나주시 금천면·남평읍·다도면·산포면·봉황면 일대.

[1] 瓷 : 《輿地圖書·全羅道·咸平》에는 “磁”.

도기·종이·부채.[131]

鱗魚 瓷[2]器、陶器、紙、扇.

무안(務安)[132]

철·석류·연밥·비자·차·대나무·감초·소금·숭어·갑오징어·낙지·조개·굴·감태·게.[133]

務安

鐵、石榴、蓮實、榧子、茶、竹、甘草、鹽、秀魚、烏賊魚、絡蹄魚、蛤、石花、甘苔、蟹.

장흥(長興)[134]

유자·석류·매실·비자·치자·표고버섯·송이버섯·탱자·당귀·창포·수달·소금·숭어·농어·은어·갑오징어·낙지·전복·조개·홍합·미역·김·감태·황각채·꿀.[135]

長興

柚、石榴、梅、榧子、梔子、香蕈、松蕈、枳實、當歸、菖蒲、水獺、鹽、秀魚、鱸魚、銀口魚、烏賊魚、絡蹄魚、鰒、蛤、紅蛤、海藿、海衣、甘苔、黃角菜、蜜.

진도(珍島)[136]

유자·비자·석류·표고버섯·화살대·치자·자단향·소금·숭어·낙지·전복·홍합·대하·해삼·굴·미

珍島

柚、榧子、石榴、香蕈、箭竹、梔子、紫檀香、鹽、秀魚、

---

131 《輿地圖書》〈全羅道〉“南平” '物産'(《여지도서》46, 121쪽).
132 무안(務安) : 전라남도 목포시 대양동·옥암동, 무안군 몽탄면·일로읍·청계면, 운남면 동암리·성내리, 현경면 양학리·평산리·해운리·현화리, 함평군 엄다면·학교면, 무안군 망운면, 함평군 함평읍 일대.
133 《輿地圖書》〈全羅道〉“務安” '物産'(《여지도서》46, 137쪽).
134 장흥(長興) : 전라남도 장흥군 장흥읍 기양리·남동리·남외리, 회진면 진목리·회진리, 유치면 대리 일대.
135 《輿地圖書》〈全羅道〉“長興” '物産'(《여지도서》46, 154쪽).
136 진도(珍島) : 전라남도 신안군 흑산면 만재도리, 영암군 시종면 내동리·만수리·월송리·월악리·태간리, 진도군 고군면·군내면·의신면·임회면·조도면·지산면·진도읍, 해남군 삼산면 봉학리·송정리·신흥리·원진리·창리 일대.
[2] 瓷 : 《輿地圖書·全羅道·南平》에는 “磁”.

역·김·감태·황각채.[137]

絡蹄魚、鰻、紅蛤、大蝦、海蔘、石花、海藿、海衣、甘苔、黃角菜.

강진(康津)[138]

구리·유자·석류·비자·천초·대나무·화살대·치자·탱자·자초·인삼·방풍·안식향·황칠(黃漆)[139]·송이버섯·표고버섯·생강·차·소금·숭어·은어·황어·갑오징어·낙지·전복·조개·홍합·해삼·굴·미역·김·감태·황각채·청각채.[140]

康津

銅、柚、石榴、榧子、川椒、竹、箭竹、梔子、枳實、紫草、人蔘、防風、安息香、黃漆、松蕈、香蕈、薑、茶、鹽、秀魚、銀口魚、黃魚、烏賊魚、絡蹄魚、鰻、蛤、紅蛤、海蔘、石花、海藿、海衣、甘苔、黃角菜、靑角菜.

해남(海南)[141]

구리·화반석·유자·감·석류·비자·천초·표고버섯·대나무·화살대·모시·닥나무·치자·탱자·자초·황칠·당귀·연복자·소금·숭어·갑오징어·낙지·전복·홍합·해삼·맛조개·굴·미역·김·감태·

海南

銅、華斑石、柚、柹、石榴、榧子、川椒、香蕈、竹、箭竹、苧、楮、梔子、枳實、紫草、黃漆、當歸、燕覆子、

---

137 《輿地圖書》〈全羅道〉 "珍島" '物産'(《여지도서》46, 173쪽).
138 강진(康津) : 전라남도 강진군 강진읍·군동면·대구면·도암면·마량면·병영면·성전면·신전면·옴천면·작천면·칠량면, 완도군 고금면·군외면·신지면·약산면·완도읍·청산면, 해남군 북일면 금당리·내동리·만수리·방산리·용일리 일대.
139 황칠(黃漆) : 두릅나무과에 속하는 난대성 상록교목인 황칠나무에서 채취하는 우리나라 고유의 전통 수지 도료로, 목재와 금속, 도장의 원료로 쓰인다.
140 《輿地圖書》〈全羅道〉 "康津" '物産'(《여지도서》47, 10~11쪽).
141 해남(海南) : 전라남도 해남군 마산면·문내면·산이면·해남읍·화산면·화원면·황산면, 계곡면 가학리·강절리·당산리·덕정리·반계리·방춘리·법곡리·사정리·성진리·신평리·여수리·잠두리·장소리·황죽리, 삼산면 구림리·상가리·원진리·충리·평활리, 송지면 미야리·서정리·우근리·학가리·해원리, 현산면 고현리·구산리·구시리·덕흥리·만안리·백포리·읍호리·일평리·조산리·초호리·황산리 일대.

김준근, 《염조지인》(오스트리아 빈 민속학박물관)

황각채.[142]

鹽、秀魚、烏賊魚、絡蹄
魚、鰒、紅蛤、海參、竹蛤、
石花、海藿、海衣、甘苔、
黃③角菜.

142《興地圖書》〈全羅道〉"海南" '物産'(《여지도서》47, 30쪽).
③ 黃:규장각본에는 "一黃".《여지도서》에는 없음.

제주(濟州)[143]

감자[柑][144] · 굴 · 유자 · 등자(橙子) · 비자 · 치자 · 밤 · 저실(櫧實) · 영주실(瀛州實)[145] · 녹용 · 필징가(蓽澄茄)[146] · 천문동 · 맥문동 · 영릉향(零陵香)[147] · 안식향 · 무환자(無患子)[148] · 향부자 · 만형자 · 금령자 · 연근(練根)[149] · 후박 · 석곡(石斛)[150] · 촉초(蜀椒)[151] · 두충(杜沖)[152] · 반하 · 회향 · 지각 · 팔각회향[八角][153] · 진피(陳皮)[154] · 청피(青皮)[155] · 해동피(海桐皮)[156] · 대나무 · 화살대 · 궁간목 · 금동목(金銅木)[157] · 무회목(無灰木)[158] ·

濟州

柑、橘、柚、橙子、櫧子、梔子、栗、櫧實、瀛州實、鹿角實、蓽澄茄、天門冬、麥門冬、零陵香、安息香、無患子、香附子、蔓荊子、金鈴子、練根、厚朴、石斛、蜀椒、杜沖、半夏、茴香、枳殼、八角、陳皮、青皮、海桐皮、竹、

---

143 제주(濟州) : 제주특별자치도 제주시 한경면·한림읍·애월읍·조천읍·구좌읍·추자면·우도면, 서귀포시 대정읍·안덕면·남원읍·표선면·성산읍 일대.

144 감자[柑] : 감귤과에 속하는 식물인 다지감(茶枝柑)의 열매이다. 맛은 달고 시며 성질은 서늘하다. 날로 먹으면 체액의 분비를 촉진하여 갈증을 가시게 하고 술을 빨리 깨게 하며 소변이 잘 나오게 하는 효능이 있다.

145 영주실(瀛州實) : 미상. 제주도 한라산에서 채취할 수 있는 열매로 추정되나, 정확하지 않다. 조선 후기 문신인 이원조(李源祚, 1792~1871)가 제주 목사로 부임하여 지은 저술인《탐라록(耽羅錄)》에는 검은색을 띠며 맛이 단 제주조릿대의 열매를 '영주실'이라 불렀다는 기록이 남아 있다.

146 필징가(蓽澄茄) : 후추과 식물인 필징가와 녹나무과 식물인 산계초의 익은 열매를 말린 것으로, 비장과 신장을 따뜻하게 하고 위장을 튼튼하게 하며 소화를 촉진하는 효능이 있다.

147 영릉향(零陵香) : 봄맞이꽃과에 속하는 영릉향의 전초를 말린 것으로, 풍한감모(風寒感冒)·치통·설사·유정(遺精) 등에 효능이 있다.

148 무환자(無患子) : 무환자나무과에 속하는 낙엽교목. 인후염(咽喉炎)·기침·가래를 제거하는 데 효과가 있으며, 종기를 치료할 때에 탁월한 소염(消炎) 효능이 있다.

149 연근(練根) : 멀구슬나무의 뿌리로, 몸속의 기생충을 없애고 내장의 순환을 촉진하는 효능이 있다.

150 석곡(石斛) : 난과의 금채석곡이나 동속 근연식물의 지상부로 만든 약재. 몸속의 진액을 보충하고 열을 내리며, 시력감퇴, 요통 등에 효능이 있다.

151 촉초(蜀椒) : 초피나무의 열매로, 맛이 쓰고 독성이 있다.

152 두충(杜沖) : 두충나무의 줄기 껍질로, 위궤양과 피로회복 등에 좋은 효능이 있다.

153 팔각회향[八角] : 목련과에 속하는 상록수의 열매로, 향신료로 널리 쓰인다.

154 진피(陳皮) : 귤껍질을 오랫동안 묵히고 말린 약재. 발한, 감기에 좋은 효능이 있다.

155 청피(青皮) : 귤나무의 덜 익은 열매껍질을 말린 약재.

156 해동피(海桐皮) : 엄나무의 줄기 껍질로, 허리와 다리가 저리고 근육이 마비되는 증상에 좋은 효능이 있다.

157 금동목(金銅木) : 금동느티나무로 추정된다. 금동느티나무는 주로 따뜻한 지방에 분포하며, 가지가 사방으로 퍼져 자라서 둥근 형태로 보인다. 줄기가 굵고 수명이 길어서 쉼터 역할을 하는 정자나무로 많이 이용된다.

158 무회목(無灰木) : 불에 탔지만 재가 되지 않은 채 제 모양대로 남은 나무. 약재로 쓰이는 불회목(不灰木)과 같다.

만향목(蔓香木)[159] · 이년목(二年木)[160] · 산유자(山柚   箭竹、弓幹木、金銅木、無

子)[161] · 당버들[靑楊木][162] · 점목(粘木)[163] · 송기생(松寄   灰木、蔓香木、二年木、山

生)[164] · 말 · 소 · 큰노루[麌] · 사슴 · 노루 · 멧돼지[山猪] ·   柚子、靑楊木、粘木、松寄

유자(국립수목원)

---

159 만향목(蔓香木): 미상. 만향목이라는 식물이 어떤 것인지 알 수 없다. 국화를 가리키는 말로, 개화 시기가
      늦어 다른 꽃들이 시들고 서리가 내리는 추운 계절에 홀로 핀다 하여 '만향(晚香)'이라 부르기도 하지만, 여
      기서 말하는 만향목인지 확실치 않다.

160 이년목(二年木): 상록수의 일종인 종가시나무로, 키가 크고 목질이 단단하여 주로 건축물의 기둥을 만드는
      재료로 쓰인다.

161 산유자(山柚子): 산유자나무의 열매.

162 당버들[靑楊木]: 낙엽활엽 교목으로 버드나무과에 속한다. 목재는 표백이 잘 되어 펄프재로 많이 이용되며
      합판, 기구재, 포장재 등으로도 널리 사용된다.

163 점목(粘木): 미상. 굴나무의 일종으로, 학명은 'Ixonanthes chinensis Champ'로 추정된다.

164 송기생(松寄生): 소나무 겨우살이로, 심장과 흉부 질환에 좋은 효능이 있다.

해달(海獺)·지달(地獺)[165]·오소리[獾]·사향뒤쥐[香鼠]·
교어(鮫魚)[166]·상어·망어(望魚)[167]·갈치·고등어·옥
두어(玉頭魚)[168]·은어·갑오징어·문어·조개·소라·
전복·김·미역·산앵두나무[木衣]·진주·대모·패
(貝)[169]·앵무조개[鸚鵡螺][170]·죽립첨(竹笠簷)·종모(鬃
帽)[171]·종건(鬃巾)[172].《여지도서》[173]

生、馬、牛、麂、鹿、獐、山猪、
海獺、地獺、獾、香鼠、鮫
魚、鯊魚、望魚、刀魚、古刀
魚、玉頭魚、銀口魚、烏賊魚、
文魚、蛤、螺、石決明、海衣、
海藿、木衣、蠙珠、玳瑁、貝、
鸚鵡螺、竹笠簷、鬃帽、鬃
巾.《輿地圖書》

---

165 지달(地獺): 오소리의 일종이다. 두더지의 제주도 방언이라는 설도 있다.

166 교어(鮫魚): 상어의 일종이다.

167 망어(望魚):《전어지》에서는 망어를 '위어(葦魚)'라 했는데, 위어는《예규지》의 다른 지방에서는 '웅어'라
번역했음을 밝혀둔다.

168 옥두어(玉頭魚): 옥돔과에 속하는 바닷물고기로, 옥돔과 모양이 비슷하지만 몸빛이 붉은 바탕에 머리가
노랗고, 꼬리지느러미에 두 줄의 노란 띠가 있다.

169 패(貝): 구체적인 조개를 지칭할 때의 용어는 '합(蛤)'이다. '패(貝)'는 조개의 일반적인 총칭이다.《예규지》
의 물산으로는 제주에서 유일하게 나온다.

170 앵무조개[鸚鵡螺]: 조개의 일종으로, 껍질이 나선형으로 말려들어 가는 구조로 이루어졌으며, 마지막 층
으로 감겨들어 간 곳에 검은 색소가 물들어 있다. 이 부분이 마치 앵무새의 부리를 연상케 하여 '앵무조개'
라 불린다.

171 종모(鬃帽): 말의 목에 있는 갈기나 꼬리에 있는 털을 엮어 만든 털 꾸러미.

172 종건(鬃巾): 말의 목에 있는 갈기나 꼬리에 있는 털을 엮어 만든 헝겊 꾸러미.

173 《輿地圖書》〈全羅道〉"濟州""物産"(《여지도서》48, 138~139쪽).

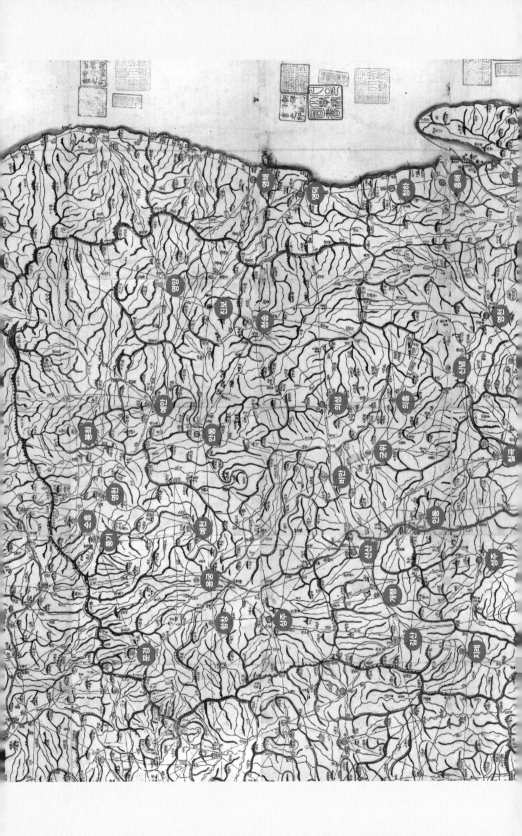

5) 경상도[嶺南]¹

경주(慶州)²

　철·백반·유황·잣·송이버섯·옻·오수유·산수유·하수오·천문동·농어·방어·송어·넙치·홍어·대구·황어·청어·은어·문어·전복·홍합·산무애뱀·미역·김·꿀.³

울산(蔚山)⁴

　철·마류석(碼碅石)⁵·심중청(深中靑)⁶·모시·차·화살대·백복령·천문동·방풍·표고버섯·연어·방어·넙치·대구·홍어·상어·전자리상어·황어·청어·은어·고등어·전어·문어·낙지·전복·홍합·해삼·굴·해달·미역·김·해조·꿀.⁷

嶺南

慶州

鐵、白礬、硫黃、海松子、松蕈、漆、吳茱萸、山茱萸、何首烏、天門冬、鱸魚、魴魚、松魚、廣魚、鮇魚、大口魚、黃魚、靑魚、銀口魚、文魚、鰒、紅蛤、白花蛇、海藿、海衣、蜜.

蔚山

鐵、碼碅①石、深中靑、苧、茶、箭竹、白茯苓、天門冬、防風、香蕈、鱧魚、魴魚、廣魚、大口魚、鮇魚、鯊魚、占察魚、黃魚、靑魚、銀口魚、古刀

1　경상도[嶺南] : 경주(慶州)와 상주(尙州) 두 지역의 머리글자를 합하여 만든 명칭이다. 영남(嶺南)은 경상도의 이칭으로 조령(鳥嶺), 즉 문경 새재의 남쪽에 있다는 의미이다.

2　경주(慶州) : 경상북도 경주시 시내·감포읍·강동면·건천읍·내남면·서면·산내면·안강읍·양남면·양북면·외동읍·천북면·현곡면, 영천시 고경면 고도리·오류리·전사리·차당리·창상리·창하리, 대창면 대창리, 북안면 반정리·유상리·유하리, 자양면 보현리, 포항시 북구 기계면·기북면·신광면·죽장면. 울산광역시 울주군 두서면, 두동면 구미리·만화리·봉계리·삼정리·월평리·이전리·천전리, 경상북도 청도군 운문면, 포항시 남구, 북구 흥해읍 일대.

3　《輿地圖書》〈慶尙道〉 "慶州" '物産'(《여지도서》 32, 38쪽).

4　울산(蔚山) : 경상남도 양산시 시내, 울산광역시 남구·동구·북구·중구, 울주군 범서읍·서생면·온산읍·온양읍·웅촌면·청량면, 두동면 만화리·은편리 일대.

5　마류석(碼碅石) : 옥석의 일종으로 마류석(瑪瑠石)·마노석(瑪瑙石)이라고도 한다. 갓끈 장식으로 많이 사용되었다.

6　심중청(深中靑) : 안료(顏料). 짙푸른 청색을 띤다.

7　《輿地圖書》〈慶尙道〉 "蔚山" '土産'(《여지도서》 41, 20쪽).

①　碅 : 《輿地圖書·慶尙道·蔚山》에는 "碅".

산수유(국립수목원)

魚、錢魚、文魚、絡蹄魚、鰒、
紅蛤、海蔘、石花、海獺、海
藿、海衣、海藻、蜜.

영천(永川)[8]

철·잣·송이버섯·옻·자초·왕골·입초·산수유·
인삼·복령·맥문동·지황·은어·황어·꿀.[9]

永川

鐵、海松子、松蕈、漆、紫
草、莞草、笠草、山茱萸、人
蔘、茯苓、麥門冬、地黃、銀
口魚、黃魚、蜜.

8　영천(永川): 경상북도 영천시 금호읍·청통면, 고경면 가수리·단포리·답곡리·대성리·대의리·덕암리·덕정
　　리·도암리·동도리·삼귀리·삼산리·삼포리·상덕리·상이리·석계리·오룡리·용전리·천정리·초일리·칠전
　　리·파계리·학리·해선리, 대창면 강회리·구지리·대재리·병암리·사리리·신광리·어방리·오길리·용전리·
　　용호리·운천리·조곡리·직천리, 북안면 고지리·관리·내포리·당리·도유리·도천리·명주리·반계리·북리·
　　상리·서당리·송포리·신대리·신리리·신촌리·옥천리·용계리·원당리·임포리·자포리·효리, 임고면 고천
　　리·덕연리·매호리·삼매리·선원리·양평리·양항리·우항리·평천리·황강리·효리, 자양면 노항리·도일리·
　　삼구리·성곡리·신방리·용산리·용화리·충효리, 화남면 구전리·온천리·용계리·죽곡리, 화북면 공덕리·
　　오리·입석리·자천리·정각리·횡계리, 화산면 당곡리·부계리·석촌리·유성리·용평리, 포항시 북구 죽장면
　　입암리 일대.

9　《輿地圖書》〈慶尙道〉"永川" '土産'(《여지도서》41, 108쪽).

흥해(興海)[10]

송이버섯·화살대·방어·송어·홍어·대구·상
어·넙치·청어·고등어·은어·전복·홍합·해삼·
미역·김.[11]

興海

松蕈、箭竹、魴魚、松魚、鮴
魚、大口魚、鯊魚、廣魚、靑
魚、古刀魚、銀口魚、鰒、紅
蛤、海蔘、海藿、海衣.

청하(淸河)[12]

석이버섯·황백·목통·만형자·넙치·대구·방어·
청어·백조어·문어·상어·전복·홍합·해삼·미역·
김·꿀.[13]

淸河

石蕈、黃柏、木通、蔓荊子、
廣魚、大口魚、魴魚、靑魚、
白條魚、文魚、鯊魚、鰒、紅
蛤、海蔘、海藿、海衣、蜜.

뇌록(문화재청)

10 흥해(興海) : 경상북도 포항시 남구 연일읍 달전리·유강리·자명리·학전리, 북구 흥해읍, 두호동·양덕동·
　여남동·여천동·우현동·장성동·창포동·학산동·환호동, 신광면, 경주시 강동면 일대.
11 《輿地圖書》〈慶尙道〉 "興海" '土産'(《여지도서》 42, 19쪽).
12 청하(淸河) : 경상북도 포항시 북구 송라면·청하면 일대.
13 《輿地圖書》〈慶尙道〉 "淸河" '物産'(《여지도서》 35, 8쪽).

영일(迎日)14

숫돌·화살대·송이버섯·방풍·해달·연어·방어·넙치·대구·송어·홍어·상어·황어·청어·전어·은어·고등어·전복·홍합·미역·김.15

迎日

礪石、箭竹、松蕈、防風、海②獺、鱣魚、魴魚、廣魚、大口魚、松魚、鮇魚、鯊魚、黃魚、靑魚、錢魚、銀口魚、古刀魚、鰒、紅蛤、海藿、海衣.

장기(長鬐)16

뇌록(磊綠)17·정분(丁粉)18·송이버섯·방풍·마황(麻黃)19·방어·송어·넙치·상어·대구·청어·전복·홍합·해달·미역·김.20

長鬐

磊綠、丁粉、松蕈、防風、麻黃③、魴魚、松魚、廣魚、鯊魚、大口魚、靑魚、鰒、紅蛤、海獺、海藿、海衣.

언양(彦陽)21

철·송이버섯·석이버섯·적전과(籍田瓜)22·화살

彦陽

鐵、松蕈、石蕈、籍田瓜、箭

---

14 영일(迎日) : 경상북도 포항시 남구 시내·대송면·오천읍, 동해면 금광리·도구리·마산리·발산리·석리·신정리·약전리·입암리·흥환리, 연일읍 괴정리·동문리·생지리·오천리·인주리·중단리·중명리·택전리, 호미곶면 구만리·대동배리, 북구 시내 남빈동·대신동·대흥동·덕산동·덕수동·동빈1가·동빈2가·득량동·상원동·신흥동·용흥동·죽도동·중앙동·학잠동·항구동 일대.

15 《興地圖書》〈慶尙道〉 “迎日” '物産'(《여지도서》35, 27쪽).

16 장기(長鬐) : 경상북도 포항시 남구 구룡포읍·장기면, 동해면 공당리·상정리·중산리·중흥리, 호미곶면 강사리·대보리 일대.

17 뇌록(磊綠) : 광물. 옥색 안료를 만드는 데 사용한다.

18 정분(丁粉) : 안료. 흰색을 띤다.

19 마황(麻黃) : 마황과에 속하는 초본성 관목인 풀마황·쇠뜨기마황·중마황의 전초를 말린 약재.

20 《興地圖書》〈慶尙道〉 “長鬐” '物産'(《여지도서》35, 43쪽).

21 언양(彦陽) : 울산광역시 울주군 삼남면·삼동면·언양읍, 상북면 거리·궁근정리·길천리·덕현리·등억리·명촌리·산전리·양등리·이천리·지내리·천전리·향산리 일대.

22 적전과(籍田瓜) : 참외의 한 종류. 《신증동국여지승람(新增東國輿地勝覽)》〈경상도(慶尙道)〉 “언양현(彦陽縣)” '토산(土産)'에서는 이 참외의 종자가 임금이 직접 경작하는 적전(籍田)에서 나와 '적전과'라 이름을 붙였다고 했다.

② 海 : 저본에는 없음. 오사카본·규장각본·《興地圖書·慶尙道·迎日》에 근거하여 보충.

③ 黃 : 규장각본에는 “魚”.

대·지황·작약·당귀·맥문동·은어·황어·석밀.23

竹、地黃、芍藥、當歸、麥門
冬、銀口魚、黃魚、石蜜.

안동(安東)24

철·자연석(紫硯石)25·잣·오미자·송이버섯·석
이버섯·인삼·복령·지황·황금·원지·당귀·시
호·천궁·반하·택사·왕골·풀솜[雪綿]26·은어·
산무애뱀·꿀.27

安東

鐵、紫硯石、海松子、五味
子、松蕈、石蕈、人蔘、茯
苓、地黃、黃芩、遠志、當
歸、柴胡、川芎、半夏、澤瀉、
莞草、雪綿、銀口魚、白花
蛇、蜜.

영해(寧海)28

구리·납·석류·송이버섯·인삼·화살대·방어·연
어·송어·넙치·대구·홍어·고등어·문어·전복·홍
합·대게·미역·김·청각채·꿀.29

寧海

銅、鉛、石榴、松蕈、人蔘、
箭竹、魴魚、鱸魚、松魚、廣
魚、大口魚、鯕魚、古刀魚、
文魚、鰒、紅蛤、紫蟹、海藿、
海衣、靑角菜、蜜.

23 《輿地圖書》〈慶尙道〉"彦陽" '物産'(《여지도서》35, 70쪽).

24 안동(安東) : 경상북도 봉화군 석포면·소천면·재산면·명호면 북곡리, 물야면 가평리·개단리, 법전면 눌산
리·소천리·어지리·척곡리·풍정리, 봉화읍 거촌리·내성리·삼계리·석평리·유곡리·해저리, 춘양면 도심
리·서동리·서벽리·의양리·학산리, 안동시 시내·길안면·남선면·남후면·북후면·서후면·일직면·임동면·
임하면·풍산읍·풍천면, 예안면 계곡리·구룡리·기사리·도목리·미질리·정산리·주진리, 와룡면 가구리·
가류리·가야리·나소리·도곡리·산야리·절강리·주계리·중가구리·지내리, 예천군 감천면, 안동시 녹전
면·도산면, 영양군 일월면, 영주군 문수면, 강원도 태백시 일대.

25 자연석(紫硯石) : 자줏빛이 나는 암석으로, 벼루를 만드는 재료로 사용된다.

26 풀솜[雪綿] : 실을 켤 수 없는 허드레 고치를 삶아서 늘여 만든 솜.

27 《輿地圖書》〈慶尙道〉"安東" '物産'(《여지도서》36, 27쪽).

28 영해(寧海) : 경상북도 영덕군 병곡면·영해면·창수면·축산면, 영덕읍 화천리, 영양군 석보면 답곡리·소계
리·신평리·옥계리·요원리·원리리·주남리·지경리·홍계리, 영양읍 양구리 일대.

29 《輿地圖書》〈慶尙道〉"寧海" '物産'(《《여지도서》36, 130쪽).

강활(국립수목원)

청송(靑松)30

잣·송이버섯·석이버섯·옻·자초·왕골·인삼·웅담·영양각·산무애뱀·꿀.31

順興

청송(靑松)30

青松

海松子、松蕈、石蕈、漆、紫草、莞草、人蔘、熊膽、羚羊角、白花蛇、蜜.

순흥(順興)32

산사(山査)33·송이버섯·황기·삽주·당귀·강활·독활·작약·황백.34

順興

山査、松蕈、黃芪、朮、當歸、羌活、獨活、芍藥、黃柏.

30 청송(靑松):경상북도 청송군 부남면·부동면·안덕면·청송읍·현동면·현서면, 파천면 덕천리·신흥리·지경리 일대.
31 《輿地圖書》〈慶尙道〉"靑松" '物産'(《여지도서》33, 45~46쪽).
32 순흥(順興):경상북도 영주시 순흥면 일대.
33 산사(山査):산수유 열매를 말린 것, 또는 찔광이나무 열매를 말린 것.
34 《輿地圖書》〈慶尙道〉"順興" '物産'(《여지도서》36, 102~103쪽).

예천(醴泉)[35]

철·잣·오미자·닥나무·자초·풀솜·왕골·인삼·
붕어·은어·산무애뱀·꿀.[36]

예천(榮川)[37]

잣·송이버섯·석이버섯·옻·왕골·인삼·복령·지
황·은어·꿀·종이.[38]

풍기(豐基)[39]

수정·곶감·잣·송이버섯·석이버섯·자초·왕골·
닥나무·인삼·은어·꿀.[40]

醴泉

鐵、海松子、五味子、楮、紫
草、雪綿、莞草、人蔘、鮒
魚、銀口魚、白花蛇、蜜.

榮川

梅松子、松蕈、石蕈、漆、莞
草、人蔘、茯苓、地黃、銀口
魚、蜜、紙.

豐基

水晶、柹乾、海松子、松蕈、
石蕈、紫草、莞草、楮、人
蔘、銀口魚、蜜.

---

35 예천(醴泉) : 경상북도 문경시 동로면, 산북면 가곡리·가좌리·내화리·소야리·월천리·지내리·창구리·흑
송리, 예천군 보문면, 예천읍, 용문면, 유천면, 호명면, 감곡면 마촌리, 개포면 경진리·금리·동송리·우감
리·이사리, 풍양면 고산리·공덕리·괴당리·풍신리, 의성군 다인면 일대.
36 《輿地圖書》〈慶尙道〉 "醴泉" '物産'(《여지도서》 33, 65쪽).
37 영천(榮川) : 경상북도 영주시 문수면, 이산면, 장수면, 평은면, 시내 가흥동·고현동·문정동·상망동·상
줄동·영주동·적서동·조암동·조와동·창진동·하망동·휴천동, 단산면 옥대리, 부석면 노곡리·북지리·소
천리, 상운면 구천리·설매리·토일리, 봉화군 명호면 고감리, 물야면 오록리, 안동시 북후면, 서후면 일대.
38 《輿地圖書》〈慶尙道〉 "榮川" '物産'(《여지도서》 33, 94쪽).
39 풍기(豐基) : 경상북도 영주시 봉현면, 시내 아지동, 안정면 내줄리·단촌리·대평리·동촌리·봉암리·생현
리·신전리·안심리·오계리·옹암리·일원리, 풍기읍 교촌리·금계리·동부리·미곡리·백리·산법리·삼가리·
서부리·성내리·욱금리, 예천군 은풍면·효자면 일대.
40 《輿地圖書》〈慶尙道〉 "豐基" '物産'(《여지도서》 33, 115쪽).

의성(義城)⁴¹

송이버섯·생사·목면·옻·자초·인삼·꿀.⁴²

義城

松蕈、絲、木綿、漆、紫草、
人蔘、蜜.

영덕(盈德)⁴³

철·잣·화살대·애끼찌·자초·인삼·연어·방어·
송어·넙치·대구·상어·황어·청어·백조어·은어·
문어·전복·홍합·해삼·대게·미역·김·꿀.⁴⁴

盈德

鐵、海松子、箭竹、弓幹木、
紫草、人蔘、鱸魚、魴魚、松
魚、廣魚、大口魚、鯊魚、黃
魚、靑魚、白條魚、銀口魚、
文魚、鰒、紅蛤、海蔘、紫
蟹、海藿、海衣、蜜.

대게(영덕군청)

---

41 의성(義城): 경상북도 군위군 고로면 가암리·낙전리·석산리·양지리·학암리, 군위읍 광현리·상곡리·용대
    리, 안동시 일직면 명진리, 의성군 가음면, 금성면, 단촌면, 봉양면, 사곡면, 옥산면, 의성읍, 점곡면, 춘
    산면, 신평면 교안리·덕봉리·용봉리·중율리·청운리, 안평면 괴산리·기도리·대사리·도옥리·마전리·박
    곡리·석탑리·신안리·신월리·창길리 일대.
42 《輿地圖書》〈慶尙道〉 "義城" '物産'(《여지도서》 33, 148~149쪽).
43 영덕(盈德): 경상북도 영덕군 강구면·남정면·달산면·지품면, 영덕읍 구미리·남산리·남석리·노물리·대부
    리·대탄리·덕곡리·매정리·삼계리·석리·오보리·우곡리·창포리·천전리·화개리·화수리 일대.
44 《輿地圖書》〈慶尙道〉 "盈德" '物産'(《여지도서》 33, 182~183쪽).

봉화(奉化)[45]

잣·송이버섯·석이버섯·인삼·은어·수달·산무애뱀·석밀.[46]

奉化

海松子、松蕈、石蕈、人蔘、銀口魚、水獺、白花蛇、石蜜.

진보(眞寶)[47]

송이버섯·석이버섯·자초·인삼·복령·삽주·지황·꿀.[48]

眞寶

松蕈、石蕈、紫草、人蔘、茯苓、朮、地黃、蜜.

영양(英陽)[49]

오미자·송이버섯·복령·당귀·삽주·작약·목적·꿀.[50]

英陽

五味子、松蕈、茯苓、當歸、朮、芍藥、木賊、蜜.

군위(軍威)[51]

송이버섯·옻·자초·목면·꿀·자기.[52]

軍威

松蕈、漆、紫草、木綿、蜜、瓷器.

---

45 봉화(奉化) : 경상북도 봉화군 명호면 고감리·고계리·관창리·도천리·삼동리·양곡리·풍호리, 물야면 가평리·북지리, 봉성면 금종리·동양리·봉성리·봉양리·외삼리·창평리, 상운면 가곡리·문촌리·신라리·운계리·하눌리, 춘양면 석현리·애당리·우구치리, 안동시 도산면 태자리 일대.

46 《輿地圖書》〈慶尙道〉 "奉化" '物産'(《여지도서》 40, 60쪽).

47 진보(眞寶) : 경상북도 영덕군 지품면 지품리, 영양군 입암면 교리·노달리·방전리·병옥리·산해리·삼산리·연당리·흥구리, 석보면 삼의리·택전리·포산리·화매리, 청송군 진보면, 파천면 관리·병부리·송강리·신기리·어천리·옹점리·중평리·황목리 일대.

48 《輿地圖書》〈慶尙道〉 "眞寶" '物産'(《여지도서》 40, 76쪽).

49 영양(英陽) : 경상북도 영양군 일월면·청기면, 수비면 계리·기산리·발리리·송하리·수하리·신암리·신원리·오기리·죽파리, 영양읍 감천리·기산리·대천리·동부리·무창리·무학리·삼지리·상원리·서부리·전곡리·하원리·현리·화천리·황용리, 입암면 금학리·대천리·신구리·신사리·양항리·연당리 일대.

50 《輿地圖書》〈慶尙道〉 "英陽" '物産'(《여지도서》 33, 170쪽).

51 군위(軍威) : 경상북도 군위군 군위읍 금구리·내량리·대북리·대흥리·동부리·무성리·사직리·삽령리·상곡리·서부리·수서리·오곡리·외량리·정리·하곡리, 소보면 내의리·달산리·보현리·복성리·봉소리·봉황리·사리리·산법리·송원리·신계리·위성리·평호리, 효령면 거매리·금매리·내리리·노행리·마시리·병수리·불로리·성리·오천리·장군리·장기리·중구리·화계리 일대.

52 《輿地圖書》〈慶尙道〉 "軍威" '物産'(《여지도서》 40, 91쪽).

비안(比安)[53]

    옻·자초·인삼·꿀.[54]

比安

    漆、紫草、人蔘、蜜.

예안(禮安)[55]

    철·잣·오미자·송이버섯·석이버섯·옻·자초· 풀솜·인삼·복령·은어·꿀.[56]

禮安

    鐵、海松子、五味子、松蕈、 石蕈、漆、紫草、雪綿、人 蔘、茯苓、銀口魚、蜜.

용궁(龍宮)[57]

    철·배·잣·왕골·은어·산무애뱀.[58]

龍宮

    鐵、梨、海松子、莞草、銀口 魚、白花蛇.

대구(大丘)[59]

    감·호두·석류·잣·송이버섯·옻·화살대·자초·

大丘

    柿、胡桃、石榴、梅松子、松

---

53 비안(比安): 경상북도 의성군 비안면·안계면, 구천면 내산리·모홍리·미천리·소호리·위성리·유산리·조성 리, 단밀면 노연리·정안리, 봉양면 안평리, 신평면 검곡리·교안리, 안사면 만리리·안사리·중하리, 안평면 금곡리·기도리·삼촌리·하령리 일대.

54 《輿地圖書》〈慶尙道〉"比安" '物産'(《여지도서》40, 106쪽).

55 예안(禮安): 경상북도 안동시 녹전면, 도산면 가송리·단천리·동부리·분천리·서부리·선양리·온혜리·운 곡리·원천리·의일리·의촌리·토계리, 예안면 귀단리·도촌리·동천리·부포리·삼계리·신남리·천전리·태곡 리, 와룡면 오천리, 봉화군 명호면 일대.

56 《輿地圖書》〈慶尙道〉"禮安" '物産'(《여지도서》40, 131~132쪽).

57 용궁(龍宮): 경상북도 문경시 영순면 금림리·달지리·말응리·오룡리·왕태리·이목리, 예천군 용궁면·지보 면, 개포면 가곡리·갈마리·신음리·입암리·장송리·풍정리·황산리, 풍양면 삼강리·오지리·우망리·청곡 리·청운리·하풍리·흔효리·흥천리, 의성군 안사면 신수리·쌍호리·월소리 일대.

58 《輿地圖書》〈慶尙道〉"龍宮" '物産'(《여지도서》40, 156쪽).

59 대구(大丘): 대구광역시 남구·달서구·서구·중구, 동구 검사동·능성동·내동·덕곡동·도동·도학동·둔산 동·미곡동·미대동·방촌동·백안동·봉무동·부동·불로동·송정동·신무동·신암동·신용동·신천동·용 수동·입석동·중대동·지묘동·지저동·진인동·평광동·효목동, 북구 검단동·노곡동·동변동·복현동·산 격동·서변동·연경동·조야동·칠성동·침산동, 수성구 두산동·만촌동·범물동·범어동·상동·수성1~4가 동·중동·지산동·파동·황금동, 경상북도 달성군 가창면·다사읍·옥포면·하빈면·화원읍, 청도군 각남면 녹명리·사리·신당리·옥산리·함박리, 칠곡군 가산면·동명면, 고령군 다산면·성산면 일대.

쇠무릎(국립수목원)

입초 · 인삼 · 복령 · 구기자 · 쇠무릎[牛膝]⁶⁰ · 지황 · 잉어 · 붕어 · 은어 · 황어.⁶¹

蘆、漆、箭竹、紫草、笠草、人蔘、茯苓、枸杞子、牛膝、地黃、鯉魚、鮒魚、銀口魚、黃魚.

밀양(密陽)⁶²

반석(斑石)⁶³ · 밤 · 석류 · 옻 · 소주죽(簫笛竹)⁶⁴ · 화살대 · 닥나무 · 차 · 삼 · 송이버섯 · 석이버섯 · 복령 · 지황 ·

密陽

斑石、栗、石榴、漆、簫笛竹、箭竹、楮、茶、麻、松蕈、石蕈、茯苓、地黃、天門冬、鱸

---

60 쇠무릎[牛膝]:《관휴지》에 따르면 일명 '산현(山莧, 산비름)'이라고도 하며, 줄기에 마디가 있는 모양이 소의 무릎과 비슷하기 때문에 이렇게 이름을 붙였다고 한다.(《관휴지》 권4〈약류〉 "우슬")

61 《輿地圖書》〈慶尙道〉 "大丘" '物産'(《여지도서》 31, 95쪽).

62 밀양(密陽): 경상남도 밀양시 시내 · 당장면 · 부복면 · 산내면 · 산외면 · 삼랑진읍 · 상남면 · 상동면 · 초동면 · 하남면, 무안면 가례리 · 고라리 · 내진리 · 덕암리 · 마흘리 · 모로리 · 무안리 · 삼대리 · 신법리 · 양효리 · 연상리 · 운정리 · 웅동리 · 정곡리 · 죽월리 · 중산리 · 판곡리, 청도면 고법리 · 구기리 · 요고리, 경상북도 청도군 운문면 마일리 · 봉하리 · 정상리 · 지촌리 일대.

63 반석(斑石): 활석(滑石)의 다른 이름. 자연산 광물 중 경도가 가장 낮다.

64 소주죽(簫笛竹): 퉁소나 피리를 만드는 재료로 쓰이는 대나무.

천문동·농어·붕어·웅어·황어·은어·꿀.[65]　　　　魚、鮒魚、葦魚、黃魚、銀口
魚、蜜.

청도(淸道)[66]　　　　　　　　　　　　　　淸道

　유황·밤·감·호두·옻·소주죽·송이버섯·석이　硫黃、栗、枾、胡桃、漆、簫
버섯·복령·지황·은어·꿀·종이·부채.[67]　　　笛竹、松蕈、石蕈、茯苓、地
　　　　　　　　　　　　　　　　　　　　　黃、銀口魚、蜜、紙、扇.

선산(善山)[68]　　　　　　　　　　　　　　善山

　감·밤·잣·연밥·가시연밥·순채·마·옻·왕골·　枾、栗、海松子、蓮實、芡

석류(국립수목원)

65 《輿地圖書》〈慶尙道〉"密陽" '物産'(《여지도서》35, 112쪽).
66 청도(淸道): 경상남도 밀양시 청도면 고법리·구기리·두곡리·소태리·인산리·조천리, 경상북도 청도군 금천
　　면·매전면·이서면·청도읍·화양읍, 각남면 구곡리·예리리·일곡리·칠성리·화리, 운문면 공암리·대천리·
　　방음리·서지리·순지리·신원리·오진리·지촌리, 각북면, 풍각면 일대.
67 《輿地圖書》〈慶尙道〉"淸道" '物産'(《여지도서》35, 153쪽).
68 선산(善山): 경상북도 구미시 고아읍·산동면·옥성면·장천면·해평면, 시내 공단동·광평동·남통동·도량
　　동·봉곡동·부곡동·비산동·사곡동·상모동·선기동·송정동·수점동·신평동·원평동·임은동·지산동·형
　　곡동, 도개면 가산리·궁기리·다곡리·도개리·동산리·신곡리·신림리·월림리·청산리, 선산읍 교리·내고
　　리·노상리·독동리·동부리·봉곡리·북산리·생곡리·소재리·습례리·신기리·완전리·원리·이문리·죽장
　　리·포상리·화조리, 의성군 구천면 청산리, 칠곡군 가산면 석우리 일대.

복령·백지·구기자·맥문동·쑥·잉어·누치·쏘가리·은어.[69]

實, 蕈, 薯蕷, 漆, 莞草, 茯苓, 白芷, 枸杞子, 麥門冬, 艾, 鯉魚, 訥魚, 錦鱗魚, 銀口魚.

김산(金山)[70]

감·호두·송이버섯·지황·은어·산무애뱀·꿀·종이.[71]

金山

柿, 胡桃, 松蕈, 地黃, 銀口魚, 白花蛇, 蜜, 紙.

개령(開寧)[72]

대추·지황·안식향.[73]

開寧

棗, 地黃, 安息香.

지례(知禮)[74]

철·잣·송이버섯·석이버섯·은어·꿀.[75]

知禮

鐵, 海松子, 松蕈, 石蕈, 銀口魚, 蜜.

---

69 《輿地圖書》〈慶尙道〉"善山" '物産'(《여지도서》34, 109쪽).

70 김산(金山): 경상북도 김천시 어모면·조마면, 시내(대광동·덕곡동·율곡동 제외), 감문면 구야리·금곡리·금라리·남곡리·도명리·문무리·보광리·삼성리·송북리·은림리, 감천면 광기리·금송리, 구성면 광명리·금평리·송죽리·양각리·하강리·하원리·흥평리, 남면 송곡리, 농소면 노곡리·연명리·입석리, 대항면 대룡리·대성리·덕전리·운수리·주례리·향천리, 봉산면 신리·예지리·인의리, 충청북도 영동군 추풍령면 관리·사부리·신안리·작점리·죽전리·지봉리·추풍령리 일대.

71 《輿地圖書》〈慶尙道〉"金山" '物産'(《여지도서》34, 143쪽).

72 개령(開寧): 경상북도 구미시 선산읍 봉남리·소재리, 김천시 개령면·남면·아포읍, 감문면 광덕리·대양리·덕남리·보광리·삼성리·성촌리·태촌리, 농소면·봉곡리·신촌리·용암리·월곡리·입석리, 시내 대광동·덕곡동·율곡동 일대.

73 《輿地圖書》〈慶尙道〉"開寧" '物産'(《여지도서》39, 124쪽).

74 지례(知禮): 경상북도 김천시 대덕면, 부항면, 구성면 구미리·마산리·미평리·상거리·상원리·용호리·월계리·임천리·임평리·작내리, 지례면 거물리·관덕리·교리·대율리·도곡리·상부리·여배리, 대항면 일대.

75 《輿地圖書》〈慶尙道〉"知禮" '物産'(《여지도서》39, 143쪽).

고령(高靈)[76]

감·매실·비자·대나무·지황·붕어·은어·꿀.[77]

高靈

杮、梅、榧子、竹、地黃、鮒魚、銀口魚、蜜.

문경(聞慶)[78]

잣·송이버섯·석이버섯·은어·산무애뱀·웅담·꿀·종이.[79]

聞慶

海松子、松蕈、石蕈、銀口魚、白花蛇、熊膽、蜜、紙.

함창(咸昌)[80]

송이버섯·붕어·은어·산무애뱀·꿀.[81]

咸昌

松蕈、鮒魚、銀口魚、白花蛇、蜜.

자인(慈仁)[82]

자초·왕골·황련·구기자·붕어·오린어(烏鱗魚)[83][84]

慈仁

紫草、莞草、黃連、枸杞子、鮒魚、烏鱗魚.

---

76 고령(高靈) : 경상북도 고령군 대가야읍·쌍림면, 개진면 개포리·반운리·신안리·양전리·직리, 덕곡면 후암리, 성산면 기산리·사부리, 우곡면 대곡리·도진리·사전리·사촌리·속리·야정리·연리·월오리, 운수면 운산리 일대.

77 《輿地圖書》〈慶尙道〉"高靈" '物産'(《여지도서》39, 160쪽).

78 문경(聞慶) : 경상북도 문경시 가은읍·농암면·마성면·문경읍, 시내 공평동·모전동·불정동·신기동·우지동·유곡동·창동·흥덕동, 호계면 견탄리·구산리·별암리·우로리·호계리, 충청북도 괴산군 청천면 삼송리 일대.

79 《輿地圖書》〈慶尙道〉"聞慶" '物産'(《여지도서》40, 12쪽).

80 함창(咸昌) : 경상북도 문경시 가은읍 저음리, 영순면 말응리·율곡리, 상주시 공검면, 이안면, 함창읍, 은척면 하흘리·황령리 일대.

81 《輿地圖書》〈慶尙道〉"咸昌" '物産'(《여지도서》40, 37쪽).

82 자인(慈仁) : 경상북도 경산시 남산면, 용성면, 자인면, 시내 남방동·내동·신천동·여천동·유곡동·점촌동, 압량면 가일리·당리리·당음리·백안리·신월리, 진량읍 가야리·광석리·다문리·당곡리·대원리·마곡리·속초리·시문리·신제리·안촌리·양기리·평사리·현내리·황제리 일대.

83 오린어(烏鱗魚) : 미상.

84 《輿地圖書》〈慶尙道〉"慈仁" '物産'(《여지도서》35, 193쪽).

산닥나무(국립수목원)

산사나무(국립수목원)

경산(慶山)[85]

대추·연밥·입초·복령·매실·붕어·은어·꿀.[86]

慶山

棗、蓮實、笠草、茯苓、梅、

鮒魚、銀口魚、蜜.

---

85 경산(慶山): 경상북도 경산시 남천면, 시내 갑제동·계양동·대동·대정동·대평동·백천동·사동·사정동·
삼남동·삼북동·삼풍동·상방동·서상동·신교동·옥곡동·옥산동·임당동·정평동·조영동·중방동·중산
동·평산동, 압량면 금구리·내리·부적리·신대리·압량리·용암리·의송리·인안리·현흥리, 진량면 가야리,
대구광역시 동구 금강동·내곡동·대림동·동호동·사복동·상매동·서호동·숙천동·신기동·용계동·율암
동·율하동, 수성구 가천동·고모동·노변동·대흥동·매호동·사월동·삼덕동·성동·시지동·신매동·연호
동·욱수동·이천동 일대.
86 《輿地圖書》〈慶尙道〉"慶山" '物産'(《여지도서》35, 172쪽).

하양(河陽)[87]

　대추·입초·붕어·은어.[88]

인동(仁同)[89]

　감·호두·지황·붕어·은어·꿀.[90]

성주(星州)[91]

　잣·송이버섯·옻·자초·안식향·은어·꿀·자기.[92]

영산(靈山)[93]

　감·석류·매실·대나무·화살대·복령·감초·잉어·붕어·꿀.[94]

河陽

棗、笠草、鮒魚、銀口魚.

仁同

柹、胡桃、地黃、鮒魚、銀口魚、蜜.

星州

海松子、松蕈、漆、紫草、安息香、銀口魚、蜜、瓷器.

靈山

柹、石榴、梅、竹、箭竹、茯苓、甘草、鯉魚、鮒魚、蜜.

---

87 하양(河陽): 경상북도 경산시 하양읍, 와촌면 계당리·계전리·대한리·덕촌리·동강리·상암리·시천리·용천리, 진량읍 내리리·문천리·보인리·봉회리·부기리·북리·상림리·선화리·신상리·아사리·평사리, 대구광역시 동구 각산동·괴전동·동내동·매여동·신서동 일대.

88 《輿地圖書》〈慶尙道〉"河陽" '物産'(《여지도서》38, 69쪽).

89 인동(仁同): 경상북도 구미시 시내 거의동·공단동·구평동·구포동·금전동·시미동·신동·양호동·오태동·옥계동·인의동·임수동·진평동, 장천면 신장리, 칠곡군 북삼읍, 석적읍, 약목면, 가산면 다부리·송학리·심곡리·천평리·학산리·학상리·학하리, 기산면 각산리·봉산리·영리·죽전리·평복리·행정리, 왜관읍 아곡리, 지천면 황학리 일대.

90 《輿地圖書》〈慶尙道〉"仁同" '物産'(《여지도서》38, 87쪽).

91 성주(星州): 경상북도 고령군 다산면, 덕곡면 가륜리·노리·반성리·백리·본리리·생리·예리·옥계리·용흥리·원송리, 성산면 강정리·고탄리·기족리·대흥리·득성리·무계리·박곡리·삼대리·상용리·어곡리·오곡리·용소리, 운수면 대평리·법리·봉평리·월산리·신간리·유리·팔산리·화암리, 김천시 증산면, 감천면 광기리·금송리·도평리·무안리·용호리, 지례면 신평리·울곡리·이전리, 성주군 가천면·금수면·벽진면·선남면·성주읍·수륜면·용암면·월항면·초전면, 칠곡군 기산면 노석리 일대.

92 《輿地圖書》〈慶尙道〉"星州" '物産'(《여지도서》34, 71쪽).

93 영산(靈山): 경상남도 창녕군 계성면·길곡면·도천면·부곡면·영산면·장마면, 남지읍 남지리·마산리·성사리·신전리·용산리·학계리 일대.

94 《輿地圖書》〈慶尙道〉"靈山" '物産'(《여지도서》38, 141쪽).

신녕(新寧)[95]

    옻·인삼·지황·맥문동·꿀.[96]

新寧

    漆、人蔘、地黃、麥門冬、
蜜.

현풍(玄風)[97]

    유자·석류·매실·대나무·오갈피·복령·자초·
천문동·잉어·붕어·산무애뱀·꿀.[98]

玄風

    柚、石榴、梅、竹、五加皮、
茯苓、紫草、天門冬、鯉魚、
鮒魚、白花蛇、蜜.

의흥(義興)[99]

    송이버섯·옻·자초·입초·인삼·삽주·지황·욱리
인(郁李仁)[100]·시호·남성(南星)[101]·과루인(瓜蔞仁)[102]·
산무애뱀·꿀·자기.[103]

義興

    松蕈、漆、紫草、笠草、人
蔘、朮、地黃、郁李仁、柴
胡、南星、瓜蔞仁、白花蛇、
蜜、瓷器.

---

95 신녕(新寧) : 경상북도 경산시 와촌면 강학리·대동리·대한리·박사리·소월리·음양리, 영천시 신녕면·화산
면, 시내 매산동, 화남면 구전리·금호리·사천리·삼창리·신호리·안천리·오산리·월곡리, 화북면 법화리·
상송리·오동리·옥계리·용소리·입석리·죽전리·하송리 일대.

96 《輿地圖書》〈慶尙道〉"新寧" '物産'(《여지도서》38, 54쪽).

97 현풍(玄風) : 경상북도 고령군 개진면 부리·생리·옥산리·인안리, 우곡면 객기리·답곡리·봉산리·예곡리·
포리, 대구광역시 달성군 구지면, 유가면, 현풍면, 논공읍 남리·본리리·북리·상리·하리, 경상북도 고령
군 성산면, 경상남도 창녕군 이방면 일대.

98 《輿地圖書》〈慶尙道〉"玄風" '物産'(《여지도서》38, 104쪽).

99 의흥(義興) : 경상북도 군위군 부계면·산성면·우보면·의흥면, 고로면 괴산리·인곡리·장곡리·학성리·화북
리·화수리, 효령면 고곡리·매곡리 일대.

100 욱리인(郁李仁) : 산앵두의 씨를 한방에서 이르는 말. 노약자와 산모의 변비, 수종(水腫), 소변이 잘 나오지
않는 증상의 치료에 쓰인다.

101 남성(南星) : 두여머조자기과에 딸린 여러해살이풀인 천남성(天南星)을 말한다.

102 과루인(瓜蔞仁) : 하눌타리의 씨를 한방에서 이르는 말. 젖과 대소변을 잘 나오게 하거나 종기를 가라앉히
는 데 쓰인다.

103 《輿地圖書》〈慶尙道〉"義興" '物産'(《여지도서》38, 125쪽).

상주(尙州)104

철·옥돌·감·밤·호두·송이버섯·석이버섯·왕골·안식향·은어·산무애뱀.105

尙州

鐵、玉石、柹、栗、胡桃、松蕈、石蕈、莞草、安息香、銀口魚、白花蛇.

창녕(昌寧)106

오미자·석류·화살대·복령·감초·붕어·산무애뱀·꿀.107

昌寧

五味子、石榴、竹箭、茯苓、甘草、鮒魚、白花蛇、蜜.

진주(晉州)108

석회·감·밤·석류·잣·매실·오미자·생강·송이버섯·차·대나무·화살대·옻·당귀·독활·쑥·소금·대구·쏘가리·누치·은어·문어·낙지·전복·조개·홍합·해삼·굴·가리맛조개·게·미역·김·청각채·꿀·녹용·종이.109

晉州

石灰、柹、栗、石榴、海松子、梅、五味子、薑、松蕈、茶、竹、箭竹、漆、當歸、獨活、艾、鹽、大口魚、錦鱗魚、訥魚、銀口魚、文魚、絡蹄

---

104 상주(尙州): 경상북도 구미시 도개면 용산리, 문경시 산북면 거산리·김용리·대상리·대하리·서중리·석봉리·소야리·약석리·우곡리·월천리·이곡리·전두리·종곡리·호암리·회룡리, 산양면 과곡리·녹문리·반곡리·봉정리·부암리·불암리·송죽리·신전리·연소리·우본리·위만리·존도리·진정리·평지리·현리·형천리, 영순면 금림리·김룡리·사근리·율곡리·의곡리·이목리, 호계면 가도리·막곡리·봉서리·부곡리·선암리, 상주시 시내·공성면·낙동면·내서면·모동면·모서면·외남면·외서면·중동면·청리면·화남면·화동면·화서면, 은척면 남곡리·두곡리·무릉리·문암리·봉상리·봉중리·우기리·장암리, 화북면 상오리·용유리·운흥리·입석리·장암리·중벌리, 예천군 풍양면 낙상리·와룡리·효갈리, 의성군 단밀면·단북면, 구천면 소호리·용사리·장국리, 충청북도 영동군 추풍령면 웅북리, 보은군 속리산면 일대.
105 《輿地圖書》〈慶尙道〉"尙州" '物産'(《여지도서》 34, 19쪽).
106 창녕(昌寧): 경상남도 창녕군 고암면·대지면·대합면·성산면·유어면·이방면·창녕읍, 남지읍 고곡리·대곡리·반포리·수개리·시남리·아지리·월하리·칠현리 일대.
107 《輿地圖書》〈慶尙道〉"昌寧" '物産'(《여지도서》 39, 10쪽).
108 진주(晉州): 경상남도 고성군 영오면, 영현면, 개천면 가천리·명성리·봉치리·북평리·예성리·용안리·청광리, 남해군 창선면, 사천시 축동면, 시내 동동·서동, 산청군 삼장면·시천면, 단성면 기리·남사리·당산리·백운리·사양리·운리·창촌리·호리, 진주시 시내, 금곡면, 금산면, 내동면, 대곡면, 대평면, 명석면, 문산읍, 사봉면, 수곡면, 이반성면, 일반성면, 정촌면, 진성면, 집현면, 하동군 옥종면, 청암면, 북천면 서황리·옥정리·화정리 일대.
109 《輿地圖書》〈慶尙道〉"晉州" '物産'(《여지도서》 32, 146~147쪽).

밀랍(국립민속박물관)

魚、鰒、蛤、紅蛤、海蔘、石
花、土花、蟹、海藿、海衣、
靑角菜、蜜、鹿茸、紙.

거창(居昌)[110]

　감·밤·잣·오미자·송이버섯·석이버섯·당귀·
은어·사향·웅담·꿀.[111]

居昌

栭、栗、海松子、五味子、松
蕈、石蕈、當歸、銀口魚、麝
香、熊膽、蜜.

사천(泗川)[112]

　감·유자·석류·매실·표고버섯·대나무·화살대·

泗川

栭、柚、石榴、梅、香蕈、竹、

---

110 거창(居昌) : 경상남도 거창군 가북면·가조면·거창읍·고제면·남하면·웅양면·주상면, 남상면 대산리·둔
　　동리·무촌리·송변리·오계리·월평리, 합천군 가야면 일대.
111 《輿地圖書》〈慶尙道〉"居昌" '物産'(《여지도서》39, 109쪽).
112 사천(泗川) : 경상남도 사천시 사천읍·용현면·정동면, 시내 궁지동·늑도동·마도동·백천동·벌리동·봉남
　　동·사등동·서금동·선구동·신수동·용강동·향촌동, 사남면 가천리·방지리·사촌리·우천리·월성리·유천
　　리·종천리·죽천리·초전리·화전리 일대.

지황·숭어·홍어·상어·조기·은어·문어·낙지·황
어·전복·조개·해삼·굴·게·미역·꿀·밀랍.[113]

箭竹、地黃、秀魚、鮇魚、鯊
魚、石首魚、銀口魚、文魚、
絡蹄魚、黃魚、鰒、蛤、海
蔘、石花、蟹、海藿、蜜、蠟.

삼가(三嘉)[114]

철·은·감·오미자·지황·당귀·쏘가리·은어·사
향·꿀.[115]

三嘉

鐵、銀、柹、五味子、地黃、
當歸、錦鱗魚、銀口魚、麝
香、蜜.

의령(宜寧)[116]

감·대추·석류·매실·산초·모시·옻·대나무·잉
어·붕어·은어·산무애뱀·꿀·종이.[117]

宜寧

柹、棗、石榴、梅、椒、苧、
漆、竹、鯉魚、鮒魚、銀口魚、
白花蛇、蜜、紙.

하동(河東)[118]

주토·감·유자·석류·차·대나무·복령·숭어·농
어·홍어·상어·대구·준치·조기·은어·문어·낙지·
전복·조개·해삼·굴·게·미역·자기·종이.[119]

河東

朱土、柹、柚、石榴、茶、竹、
茯苓、秀魚、鱸魚、鮇魚、鯊
魚、大口魚、眞魚、石首魚、

---

113 《輿地圖書》〈慶尙道〉"泗川" '土産'(《여지도서》43, 125쪽).
114 삼가(三嘉): 경상남도 거창군 신원면, 합천군 가회면·대병면·삼가면·쌍백면, 봉산면 계산리·고삼리·노곡
리·노파리·송림리·술곡리·양지리·지포리, 용주면 죽죽리 일대.
115 《輿地圖書》〈慶尙道〉"三嘉" '土産'(《여지도서》42, 83쪽).
116 의령(宜寧): 경상남도 의령군 가례면, 낙서면, 대의면, 봉산면, 용덕면, 유곡면, 의령읍, 정곡면, 지정면,
칠곡면, 화정면, 궁류면 계현리·다현리·압곡리·토곡리, 부림면 감암리·경산리·단원리·대곡리·막곡리·
손오리·신반리·여배리·익구리·입산리 일대.
117 《輿地圖書》〈慶尙道〉"宜寧" '土産'(《여지도서》42, 107쪽).
118 하동(河東): 경상남도 하동군 고전면, 악양면, 양보면, 적량면, 하동읍, 화개면, 횡천면, 금남면 갈사리,
북천면 방화리·사평리·직전리, 진교면 고이리·관곡리·백련리·송원리·월운리·진교리 일대.
119 《輿地圖書》〈慶尙道〉"河東" '土産'(《여지도서》41, 58~59쪽).

잣(직접 촬영)

銀口魚、文魚、絡蹄魚、鰒、
蛤、海蔘、石花、蟹、海藿、
瓷器、紙.

산청(山淸)[120]

철·석회·감·석류·오미자·송이버섯·석이버섯·
당귀·차·대나무·은어·누치·산무애뱀·사향·웅
담·꿀.[121]

안의(安義)[122]

감·호두·오미자·석이버섯·대나무·당귀·은어·

山淸

鐵、石灰、枾、石榴、五味
子、松蕈、石蕈、當歸、茶、
竹、銀口魚、訥魚、白花蛇、
麝香、熊膽、蜜.

安義

枾、胡桃、五味子、石蕈、

---

120 산청(山淸): 경상남도 산청군 금서면·산청읍·생초면·오부면, 차황면 법평리·부리·상중리·신기리·실매
리·양곡리·우사리·장박리·장위리, 신안면 일대.

121 《輿地圖書》〈慶尙道〉 "山淸" '土産'(《여지도서》43, 60쪽).

122 안의(安義): 경상남도 거창군 마리면·북상면·위천면, 남상면 진목리·춘전리, 주상면 완대리, 함양군 서
상면·서하면·안의면 일대.

산무애뱀·사향·웅담·꿀.[123]

竹、當歸、銀口魚、白花蛇、
麝香、熊膽、蜜.

초계(草溪)[124]

석류·호두·감·잣·옻·대나무·왕골·안식향·붕
어·산무애뱀·석밀·종이.[125]

草溪

石榴、胡桃、杮、海松子、
漆、竹、莞草、安息香、鮒魚、
白花蛇、石蜜、紙.

함양(咸陽)[126]

감·석류·잣·오미자·석이버섯·옻·대나무·당
귀·독활·은어·꿀.[127]

咸陽

杮、石榴、海松子、五味子、
石蕈、漆、竹、當歸、獨活、
銀口魚、蜜.

곤양(昆陽)[128]

감·유자·석류·송이버섯·표고버섯·차·숭어·
농어·대구·조기·홍어·은어·전어·문어·낙지·갑오
징어·전복·홍합·해삼·굴·게·미역·김·해조·꿀·
밀랍.[129]

昆陽

杮、柚、石榴、松蕈、香蕈、
茶、秀魚、鱸魚、大口魚、石
首魚、鮆魚、銀口魚、錢魚、
文魚、絡蹄魚、烏賊魚、鰒、
紅蛤、海蔘、石花、蟹、海
藿、海衣、海藻、蜜、蠟.

123 《輿地圖書》〈慶尙道〉"安義" '土産'(《여지도서》43, 29쪽).
124 초계(草溪): 경상남도 합천군 덕곡면, 쌍책면, 적중면, 청덕면, 초계면, 대양면 백암리·오산리, 율곡면 갑
　　산리·기리·낙민리·내천리·두사리 일대.
125 《輿地圖書》〈慶尙道〉"草溪" '物産'(《여지도서》39, 30쪽).
126 함양(咸陽): 경상남도 함양군 마천면, 백전면, 병곡면, 수동면, 유림면, 지곡면, 함양읍, 휴천면 일대.
127 《輿地圖書》〈慶尙道〉"咸陽" '物産'(《《여지도서》39, 51쪽).
128 곤양(昆陽): 경상남도 사천시 곤명면·곤양면, 하동군 금남면·서포면, 금성면 가덕리·고포리·궁항리, 진교
　　면 고룡리·술상리·안심리·양포리·진교리 일대.
129 《輿地圖書》〈慶尙道〉"昆陽" '物産'(《여지도서》39, 76쪽).

남해(南海)[130]

유자·석류·비자·표고버섯·송이버섯·치자·애끼
찌·소금·숭어·농어·대구·상어·홍어·준치·조기·
청어·문어·낙지·갑오징어·전복·조개·홍합·해삼·
살조개·미역·닥나무.[131]

南海

柚、石榴、榧子、香薷、松蕈、
梔子、弓幹木、鹽、秀魚、鱸
魚、大口魚、鯊魚、鮸魚、眞
魚、石首魚、靑魚、文魚、絡
蹄魚、烏賊魚、鰒、蛤、紅蛤、
海蔘、江瑤珠、海藿、楮.

합천(陜川)[132]

철·석회·감·잣·오미자·송이버섯·석이버섯·옻·
인삼·복령·은어·산무애뱀·꿀·종이.[133]

陜川

鐵、石灰、枾、海松子、五味
子、松蕈、石蕈、漆、人蔘、
茯苓、銀口魚、白花蛇、蜜、
紙.

단성(丹城)[134]

철·감·석류·매실·비자·차·대나무·은어·
사향·꿀.[135]

丹城

鐵、枾、石榴、梅、榧子、茶、
竹、銀口魚、麝香、蜜.

130 남해(南海) : 경상남도 남해군 고현면·남면·남해읍·삼동면·상주면·서면·설천면·이동면·미조면·창선면
　　일대.
131 《興地圖書》〈慶尙道〉"南海" '物産'(《여지도서》 39, 92쪽).
132 합천(陜川) : 경상남도 의령군 궁류면 벽계리·운계리·평촌리, 합천군 가야면, 묘산면, 야로면, 합천읍, 대
　　양면 대목리·덕정리·도리·무곡리·아천리·안금리·양산리·정양리·함지리, 봉산면 권빈리·김봉리·도곡
　　리·봉계리·상현리·송림리·압곡리, 용주면 가호리·고품리·공암리·노리·방곡리·봉기리·성산리·손목리·
　　용지리·우곡리·월평리·장전리·팔산리·평산리·황계리, 율곡면 기리·노양리·문림리·본천리·영전리·와
　　리·율진리·임북리·제내리·항곡리, 대병면 일대.
133 《興地圖書》〈慶尙道〉"陜川" '物産'(《여지도서》 33, 11쪽).
134 단성(丹城) : 경상남도 산청군 생비량면·신등면·신안면, 단성면 강루리·묵곡리·방목리·사월리·성내리·입
　　석리·청계리, 차황면 척지리·철수리 일대.
135 《興地圖書》〈慶尙道〉"丹城" '土産'(《여지도서》 43, 102쪽).

청옥으로 만든 구슬(국립중앙박물관)

담뱃대(국립민속박물관)

창원(昌原)[136]

철·구리·납·감·유자·석류·옻·대나무·산닥나무·소금·숭어·대구·홍어·붕어·조기·청어·웅어·갑오징어·낙지·해삼·가리맛조개.[137]

昌原

鐵、銅、鉛④、柿、柚、石榴、漆、竹、倭楮、鹽、秀魚、大口魚、鮸魚、鰤魚、石首魚、

---

136 창원(昌原):경상남도 창원시 의창구 동읍·북면, 마산합포구 교방동·교원동·남성동·대내동·대성동1가·대성동2가·대외동·대창동·동성동·두월동1가·두월동2가·두월동3가·문화동·반월동·부림동·산호동·상남동·서성동·성호동·수성동·신월동·신창동·신흥동·오동동·완월동·월영동·월포동·유록동·자산동·중성동·창동·청계동·추산동·평화동·해운동·홍문동·화영동, 마산회원구 구암동·두척동·봉암동·석전동·양덕동·합성동·회성동·회원동, 내서읍, 성산구 가음정동·남산동·남지동·내동·대방동·두대동·성산동·불모산동·사파정동·삼동동·삼정자동·상복동·성주동·안민동·완암동·외동·웅남동·월림동·정동·창곡동·천선동·토월동, 의창구 덕정동·반송동·봉림동·서곡동·용동·용지동·지귀동·퇴촌동, 김해시 진영읍, 창원시 마산합포구 구산면 일대.

137《輿地圖書》〈慶尙道〉"昌原" '物産'(《여지도서》37, 59쪽).

④ 銅鉛:《輿地圖書·慶尙道·昌原》에는 "鉛銅石".

青魚、葦魚、烏賊魚、絡蹄
魚、海蔘、土花.

김해(金海)[138]

철·석류·표고버섯·자초·화살대·구기자·소금·
잉어·숭어·농어·대구·붕어·홍어·청어·웅어·밴댕
이·문어·뱅어·전복·조개·곤쟁이·가리맛조개·오
사(烏蛇)[139]·산무애뱀·미역·꿀.[140]

金海

鐵、石榴、香蕈、紫草、箭竹、
枸杞子、鹽、鯉魚、秀魚、鱸
魚、大口魚、鮒魚、鮠魚、靑
魚、葦魚、蘇魚、文魚、白魚、
鰒、蛤、紫蝦、土花、烏蛇、白
花蛇、海藿、蜜.

진해(鎭海)[141]

유자·석류·표고버섯·차·대나무·소금·대구·상
어·홍어·청어·황어·조기·은어·갑오징어·문어·낙
지·전복·조개·굴·꿀·밀랍.[142]

鎭海

柚、石榴、香蕈、茶、竹、鹽、
大口魚、鯊魚、鮠魚、靑魚、
黃魚、石首魚、銀口魚、烏
賊魚、文魚、絡蹄魚、鰒、蛤、
石花、蜜、蠟.

거제(巨濟)[143]

구리·석류·표고버섯·치자·지황·옻·산닥나무·

巨濟

銅、石榴、香蕈、梔子、地

---

138 김해(金海) : 경상남도 김해시 시내·대동면·상동면·생림면·주촌면·진례면·진영읍·한림면, 창원시 대산
    면, 부산광역시 강서구 구락동·녹산동·명지동·미음동·범방동·생곡동·송정동·지사동·화전동 일대.
139 오사(烏蛇) : 오초사의 내장을 제거한 뒤 말린 것. 약재로 사용한다.
140《輿地圖書》〈慶尙道〉 "金海" '物産'(《여지도서》37, 23~24쪽).
141 진해(鎭海) : 경상남도 창원시 마산합포구 진동면·진북면, 진전면 곡안리·근곡리·봉곡리·시락리·오서리·
    율티리·이명리·임곡리·창포리 일대.
142《輿地圖書》〈慶尙道〉 "鎭海" '物産'(《여지도서》38, 23~24쪽).
143 거제(巨濟) : 경상남도 거제시 거제면·남부면·동부면·둔덕면·사등면·연초면·일운면·장목면·하청면, 통영
    시 한산면·욕지면, 부산광역시 강서구 일대.

궁삭목(弓槊木)144·소금·농어·숭어·대구·홍어·상어·준치·조기·청어·전어·문어·낙지·전복·조개·해삼·수달·미역·꿀.145

黃、漆、倭楮、弓槊木、鹽、鱸魚、秀魚、大口魚、鮸魚、鯊魚、眞魚、石首魚、靑魚、錢魚、文魚、絡蹄魚、鰒、蛤⑤、海蔘、水獺、海藿、蜜

칠곡(漆谷)146

삽주·복령·황기·시호·쑥.147

漆谷

朮、茯苓、黃芪、柴胡、艾.

동래(東萊)148

청옥·유자·석류·표고버섯·화살대·소금·숭어·농어·방어·넙치·대구·전자리상어·조기·청어·홍어·전어·은어·고등어·전복·홍합·해삼·굴·게·미역·곤포·해조·김·담뱃대.149

東萊

靑玉、柚、石榴、香蕈、箭竹、鹽、秀魚、鱸魚、魴魚、廣魚、大口魚、占察魚、石首魚、靑魚、鮸魚、錢魚、銀口魚、古刀魚、鰒、紅蛤、海蔘、石花、蟹、海藿、昆布、海藻、海衣、煙杯.

---

144 궁삭목(弓槊木) : 활도지개를 만드는 데 쓰는 나무.
145 《輿地圖書》〈慶尙道〉"巨濟" '物産'(《여지도서》37, 111쪽).
146 칠곡(漆谷) : 대구광역시 북구 관음동·구암동·국우동·금호동·도남동·동천동·동호동·매천동·사수동·읍내동·태전동·팔달동·학정동, 경상북도 칠곡군 동명면, 가산면 가산리·금화리·용수리·응추리, 왜관읍 금남리·금산리·낙산리·매원리·봉계리·삼청리·석전리·왜관리, 지천면 금호리·낙산리·달서리·덕산리·백운리·송정리·신리·심천리·연호리·연화리·영오리·오산리·용산리·창평리 일대.
147 《輿地圖書》〈慶尙道〉"漆谷" '物産'(《여지도서》35, 91쪽).
148 동래(東萊) : 부산광역시 금정구·남구·동구·동래구·부산진구·사상구·사하구·서구·수영구·연제구·영도구·중구, 해운대구 반송동·반여동·석대동·우동·재송동·좌동·중동, 기장군 철마면 일대.
149 《輿地圖書》〈慶尙道〉"東萊" '物産'(《여지도서》34, 173~174쪽).
⑤ 鰒蛤 : 《輿地圖書·慶尙道·巨濟》에는 "蝮蛤".

천궁(국립수목원)

치자(국립수목원)

고성(固城)150

녹반·감·유자·석류·송이버섯·표고버섯·차·
대나무·맥문동·산닥나무·소금·숭어·농어·대구·
조기·황어·청어·전어·갑오징어·문어·낙지·전복·
자합(紫蛤)151·홍합·해삼·굴·미역·녹용·죽립첨·
종건·종모·도검(刀劍)·부채.152

固城

綠礬、梯、柚、石榴、松蕈、
香蕈、茶、竹、麥門冬、倭楮、
鹽、秀魚、鱸魚、大口魚、石
首魚、黃魚、靑魚、錢魚、烏
賊魚、文魚、絡蹄魚、鰒、紫
蛤[6]、紅蛤、海蔘、石花、海
藿、鹿茸、竹笠簷、髮巾、髮
帽、刀劍、扇.

칠원(漆原)153

감·옻·대나무·인삼·대구·소금·붕어·홍어·
조기·청어·해삼·산무애뱀·꿀.154

漆原

梯、漆、竹、人蔘、大口魚、
鹽、鮒魚、鮤魚、石首魚、靑
魚、海蔘、白花蛇、蜜.

함안(咸安)155

대추·밤·감·석류·표고버섯·모시·옻·대나무·
매실·잉어·붕어·은어·꿀·종이.156

咸安

棗、栗、梯、石榴、香蕈、苧、
漆、竹、梅、鯉魚、鮒魚、銀
口魚、蜜、紙.

---

150 고성(固城): 경상남도 고성군 거류면·고성읍·구만면·대가면·동해면·마암면·삼산면·상리면·하이면·하일
면·회화면, 개천면 좌연리, 통영시 광도면·도산면·사량면·산양읍·욕지면·용남면·한산면 일대.
151 자합(紫蛤): 미상.
152 《輿地圖書》〈慶尙道〉"固城"'物産'(《여지도서》37, 131쪽).
153 칠원(漆原): 경상남도 창원시 마산합포구 구산면, 가포동·덕동동·예곡동·우산동·현동, 함안군 칠북면·
칠서면·칠원읍 일대.
154 《輿地圖書》〈慶尙道〉"漆原"'物産'(《여지도서》38, 8쪽).
155 함안(咸安): 경상남도 함안군 가야읍·군북면·대산면·법수면·산인면·여항면·함안면, 창원시 마산합포구
진전면 고사리·금암리·여양리·평암리 일대.
156 《輿地圖書》〈慶尙道〉"咸安"'物産'(《여지도서》37, 83~84쪽).
[6] 蛤: 《輿地圖書·慶尙道·固城》에는 "蝦".

웅천(熊川)[157]

유자·석류·표고버섯·대나무·소금·숭어·농어·
대구·홍어·상어·조기·청어·전어·갑오징어·문어·
낙지·조개·홍합·전복·굴·오사(烏蛇)·산무애뱀·
미역.[158]

熊川

柚、石榴、香蕈、竹、鹽、秀
魚、鱸魚、大口[7]魚、鮇魚、
鯊魚、石首魚、青魚、錢魚、
烏賊魚、文魚、絡蹄魚、蛤、
紅蛤、鰒、石花、烏蛇、白花
蛇、海薀.

양산(梁山)[159]

철·송이버섯·표고버섯·차·화살대·천문동·황
어·웅어·은어.[160]

梁山

鐵、松蕈、香蕈、茶、箭竹、天
門冬、黃魚、葦魚、銀口魚.

문어(영덕군청)

---

157 웅천(熊川) : 경상남도 창원시 진해구, 성산구 귀곡동·귀산동·귀현동·양곡동·적현동, 부산광역시 강서구
  눌차동·대항동·동선동·성북동·천성동 일대.
158 《興地圖書》〈慶尚道〉"熊川" '物産'(《여지도서》 38, 37쪽).
159 양산(梁山) : 경상남도 양산시 동면·물금읍·상북면·원동면·하북면, 부산광역시 북구, 강서구 대저1동·대
  저2동, 사상구 삼락동·화명동 일대.
160 《興地圖書》〈慶尚道〉"梁山" '土産'(《여지도서》 42, 56쪽).
[7] 口 : 저본에는 "田".《興地圖書·慶尚道·熊川》에 근거하여 수정.

기장(機張)[161]

유자·석류·방풍·대나무·넙치·대구·전자리상
어·홍어·상어·청어·전어·고등어·전복·홍합·해
삼·미역·김·해조·흑기자(黑棋子)[162].《여지도서》[163]

機張

柚、石榴、防風、竹、廣魚、
大口魚、占察魚、䱠魚、鯊
魚、靑魚、錢魚、古刀魚、鰒、
紅蛤、海蔘、海藿、海衣、海
藻、黑棋子.《輿地圖書》

풀솜(국립민속박물관)

---

161 기장(機張): 경상북도 포항시 남구 구룡포읍·장기면, 동해면 공당리·상정리·중산리·중흥리, 호미곶면 강
   사리·대보리 일대.
162 흑기자(黑棋子): 검은 바둑돌로, 여기에서는 기장에서 나는 검은돌로 만든 바둑돌을 말한다. 심노숭(沈
   魯崇)의 《남천일록(南遷日錄)》에는 "검은 바둑돌은 기장 고을의 십리포에서 나오고 흰 바둑돌은 동래 수
   영 포구에서 나온다. 관아에서 부리는 아이들이 어렵게 이 일을 하는데 익숙한 아이라도 하루 수십 개밖에
   못 만들 정도로 어렵다. 흑백 각각 200알이 한 벌인데 기장 관아에서만 한 해 바치는 돌이 1000벌이다. 관
   아 아이 20명이 1년 내내 바둑돌을 갈지 않는 날이 없다.(蓋黑碁産於邑之十里浦口, 白碁産於東萊地水營
   浦口.……僮任此役, 磨手雖熟, 亦日不過數三十碁. 黑白各二百顆爲一部, 而一官所納, 不下千部, 官僮二十
   人, 無一日不磨碁)"라 했다.
163 《輿地圖書》〈慶尙道〉"機張" '物産'(《여지도서》35, 55쪽).

6) 강원도[關東][1]

강릉(江陵)[2]

배·잣·오미자·순채·송이버섯·산갓·자초·
모시·삼·화살대·애끼찌·자단향·회양목·인삼·
복령·당귀·작약·목적·소금·넙치·연어·송어·
방어·대구·붕어·누치·은어·황어·붉돔[赤魚][3]·
가자미[鰈魚][4]·고등어·열목어[餘項魚][5]·삼치·전복·
문어·조개·홍합·해삼·미역·김·해달·매[鷹][6]·산무
애뱀·꿀·밀랍.[7]

關東

江陵

梨、海松子、五味子、蓴、松
蕈、山芥、紫草、苧、麻、箭
竹、弓幹木、紫檀香、黃楊
木、人蔘、茯苓、當歸、芍
藥、木賊、鹽、廣魚、鱧魚、
松魚、魴魚、大口魚、鮒魚、
訥魚、銀口魚、黃魚、赤魚、
鰈魚、古刀魚、餘項魚、麻
魚、鰻、文魚、蛤、紅蛤、海
蔘、海藿、海衣、海獺、鷹、
白花蛇、蜜、蠟.

---

1 강원도[關東] : 강릉(江陵)과 원주(原州) 두 지역의 머리글자를 합하여 만든 명칭이다. 관동(關東)은 강원
   도의 이칭으로, 대관령(大關嶺)의 동쪽에 해당하는 지역이라는 의미이다.

2 강릉(江陵) : 강원도 강릉시 일대.

3 붉돔[赤魚] : 도밋과의 바닷물고기. 몸의 길이는 40cm 이상이고 참돔과 비슷하나 조금 작으며, 붉은색이
   고 청록색의 작은 얼룩점이 산재해 있다. 이빨은 참돔보다 덜 발달하였으며 양턱의 옆에는 어금니가 있
   다.《兹山魚譜》에는 '赤魚'의 속명이 '강성어'라고 소개되어 있다.(정약전·이청 지음 정명현 옮김,《자산어
   보》, 서해문집, 2016, 48쪽.)

4 가자미[鰈魚] : 가자미목 가자미과 어류의 총칭.《전어지》에는 접어(鰈魚)를 두 눈이 가깝고 나란하므로
   '비목어(比目魚)'라 했다. 또《난호어목지》를 인용하여 일명 개(魪), 허(鮭), 겸(鰜), 판어(板魚), 혜저어(鞋
   低語), 노약어(奴屬魚), 비사어(婢筵魚)라 했으며, 산동해(山東海)와 서남해(西南海)에도 간혹 있으나 동
   해(東海)만큼 많지는 않다고 했다.(《전어지》권4〈물고기 이름 고찰〉 "바다물고기" '비늘 있는 종류')

5 열목어[餘項魚] : 연어목 연어과의 민물고기. 몸길이 30∼70cm. 몸은 길고 옆으로 납작하다. 열목어는 냉수
   성 담수어로 북부아시아 몽골과 시베리아 등지와 우리나라에서만 서식한다.《전어지》에는 '연목이'라 했으
   며《난호어목지》를 인용하여 여항어(餘項魚)는 함경도[關北]의 산골 계곡에서 나고, 강원도[關東]·평안
   도[關西]에도 있는데 육질이 연하고 맛이 담백하다고 했다. 또 백두산 아래 인적이 드문 곳에서 나는 것은
   사람을 보아도 피할 줄을 모르므로 그물을 쓸 필요도 없으니, 몽둥이로 치고 손으로 건져서 잡을 수 있다
   고도 했다.(《전어지》권4〈물고기 이름 고찰〉 "민물고기" '비늘 있는 종류')

6 매[鷹] : 맷과의 새. 편 날개의 길이는 30cm, 부리의 길이는 2.7cm 정도로 독수리보다 작으며 등은 회색, 배
   는 누런 백색이다. 부리와 발톱은 갈고리 모양이며, 작은 새를 잡아먹고 사냥용으로 사육되기도 한다. 우
   리나라의 해안이나 섬 절벽에 서식한다.

7 《輿地圖書》〈江原道〉"江陵" '物産'(《여지도서》17, 24∼25쪽).

붉돔(국립수산과학원)

오디(국립수목원)

삼척(三陟)[8]

마류석(瑪瑠石)·철·오미자·오디[桑葚][9]·송이버섯·
산갓·모시·삼·옻·화살대·애끼찌·인삼·복령·
당귀·지황·자단향·안식향·회양목·목적·소금·

三陟

瑪瑠、鐵、五味子、桑葚、松
蕈、山芥、苧、麻、漆、箭竹、
弓幹木、人蔘、茯苓、當歸、

---

8 삼척(三陟) : 강원도 삼척시 일대.

9 오디[桑葚] : 뽕나무의 열매 또는 이를 건조시킨 약재. 당나라 때부터 약으로 쓰기 시작한 것으로 약성은
   온화하고, 맛은 달고 시다. 성분은 당 종류가 많고 유기산과 점액질·비타민B1·비타민B2·비타민C 등이 함
   유되어 있다. 약리 작용으로는 이뇨, 진해, 강장 작용이 있는 것으로 알려져 있다. 빈혈로 어지럽고 귀에서
   소리가 나며 얼굴이 창백할 때에 사용하며, 전신의 기능쇠약으로 머리가 갑자기 희게 되고, 귀가 잘 들리지
   않으며 눈에 피로와 어지러움을 많이 느낄 때도 효과가 있다.

연어·송어·방어·숭어·대구·넙치·가자미·은어·
황어·적어·고등어·문어·전복·홍합·해삼·미역·
김·매·산무애뱀·꿀·밀랍.[10]

양양(襄陽)[11]

철·잣·오미자·송이버섯·산갓·모시·화살대·
자초·인삼·복령·소금·숭어·농어·연어·송어·
방어·넙치·대구·황어·은어·고등어·쌍족어(雙足
魚)[12]·문어·전복·홍합·해삼·미역·김·매·산무애
뱀·꿀.[13]

평해(平海)[14]

송이버섯·석이버섯·화살대·인삼·복령·자초·
연어·송어·방어·넙치·대구·황어·적어·은어·고등
어·삼치·문어·전복·홍합·해삼·대게·해달·해구신

地黃、紫檀香、安息香、黃
楊木、木賊、鹽、鱧魚、松
魚、魴魚、秀魚、大口魚、廣
魚、鰈魚、銀口魚、黃魚、赤
魚、古刀魚、文魚、鰒、紅蛤、
海蔘、海藿、海衣、鷹、白花
蛇、蜜、蠟.

襄陽

鐵、海松子、五味子、松蕈、
山芥、苧、箭竹、紫草、人
蔘、茯苓、鹽、秀魚、鱸魚、
鱧魚、松魚、魴魚、廣魚、大
口魚、黃魚、銀口魚、古刀
魚、雙足魚、文魚、鰒、紅蛤、
海蔘、海藿、海衣、鷹、白花
蛇、蜜.

平海

松蕈、石蕈、箭竹、人蔘、茯
苓、紫草、鱧魚、松魚、魴
魚、廣魚、大口魚、黃魚、赤

---

10 《輿地圖書》〈江原道〉"三陟"'物産'(《여지도서》15, 163쪽).

11 양양(襄陽):강원도 양양군 일대.

12 쌍족어(雙足魚):미상.

13 《輿地圖書》〈江原道〉"襄陽"'物産'(《여지도서》16, 15~16쪽).

14 평해(平海):경상북도 울진군 평해읍 일대.

[膃肭臍]15·김·미역·꿀.16

魚、銀口魚、古刀魚、麻魚、
文魚、鰒、紅蛤、海蔘、紫
蟹、海獺、膃肭臍、海衣、海
藿、蜜.

간성(杆城) 17

송이버섯·옻·화살대·오미자·인삼·복령·하수
오·방풍·지황·연어·송어·방어·넙치·황어·도루묵
[銀魚]18·은어·고등어·뱅어·문어·전복·홍합·해삼·
미역·김·매·산무애뱀·꿀.19

杆城

松蕈、漆、箭竹、五味子、人
蔘、茯苓、何首烏、防風、地
黃、鰱魚、松魚、魴魚、廣
魚、黃魚、銀魚、銀口魚、古
刀魚、白魚、文魚、鰒、紅蛤、
海蔘、海藿、海衣、鷹、白花
蛇、蜜.

고성(高城)20

수정·자석·곱돌[膏石]21·수란석(水爛石)22·백석

高城

水晶、磁石、膏石、水爛石、

---

15 해구신[膃肭臍]: 물개의 음경과 고환을 한방에서 이르는 말로, 신장(腎臟)을 따뜻하게 하고 남자 생식기능을 높이며 정(精)과 수(髓)를 보익(補益)하는 효능이 있다. 허손노상(虛損勞傷), 음위(陰痿), 정쇠(精衰), 허리와 무릎이 약한 증상을 치료한다.

16 《輿地圖書》〈江原道〉"平海" '物産'(《여지도서》16, 36쪽).

17 간성(杆城): 강원도 고성군 간성읍 일대.

18 도루묵[銀魚]: 도루묵과의 바닷물고기. 몸의 길이는 25cm 정도이고 옆으로 편평하며, 등은 누런 갈색이고 배는 흰 은빛이다. 입과 눈이 크며 비늘이 없다. 《전어지》에는 '도로목'이라 했으며 《난호어목지》를 인용하여 도루묵은 강원도와 함경도의 바다에서 나는데 비늘이 없는 작은 물고기이며 그 등은 엷은 흑색이고 배는 흰빛이 나는데 운모의 가루를 바른 것 같으므로 현지인들이 은어라 부른다고 했다.(《전어지》권4〈물고기 이름 고찰〉"바닷물고기" '비늘 없는 종류')

19 《輿地圖書》〈江原道〉"杆城" '物産'(《여지도서》16, 58쪽).

20 고성(高城): 강원도 고성군 일대.

21 곱돌[膏石]: 곱돌은 활석(滑石), 액석(液石), 탈석(脫石)이라고도 하며, 규산염류(硅酸鹽類)의 광물질 덩어리로서 한약재로 쓰이고 있다. 차가운 성질을 가지고 있으며, 방광에 염증이 있거나 몸안에 열 기운이 있을 때 열을 식혀 주면서 노폐물을 배설시키는 성질이 있다. 주로 방광염, 요도염 등의 치료에 사용된다. 차가운 성질은 습진 등의 피부 질환이 있을 때 진정시켜 주는 효능이 있어 외용으로도 사용된다.

22 수란석(水爛石): 미상.

곱돌(국립중앙박물관)

수정(국립중앙박물관)

영(白石英)23·오미자·순채·송이버섯·인삼·지황·복
령·숭어·연어·송어·방어·넙치·대구·황어·도루
묵·고등어·문어·전복·홍합·해삼·삼치·미역·산무
애뱀·꿀.24

白石英、五味子、蒪、松蕈、
人蔘、地黃、茯苓、秀魚、鱸
魚、松魚、魴魚、廣魚、大口
魚、黃魚[1]、銀魚、古刀魚、
文魚、鰒、紅蛤、海蔘、麻
魚、海藿、白花蛇、蜜.

통천(通川)25

수포석·오미자·석이버섯·인삼·복령·숭어·
연어·송어·방어·넙치·대구·황어·도루묵·은어·
문어·고등어·전복·홍합·해삼·미역·꿀.26

通川

水泡石、五味子、石蕈、人
蔘、茯苓、秀魚、鱸魚、松
魚、魴魚、廣魚、大口魚、黃
魚、銀魚、銀口魚、文魚、古
刀魚、鰒、紅蛤、海蔘、海
藿、蜜.

울진(蔚珍)27

잣·오미자·송이버섯·석이버섯·옻·화살대·애끼
찌·인삼·복령·당귀·자초·연어·송어·방어·넙치·
대구·황어·적어·도루묵·은어·고등어·문어·전복·

蔚珍

海松子、五味子、松蕈、石
蕈、漆、箭竹、弓幹木、人
蔘、茯苓、當歸、紫草、鱸

---

23 백석영(白石英): 산화물 광석인 석영이다. 아무때나 석영을 캐내어 색이 흰 것을 골라서 쓴다. 맛은 달고 매
우며 성질은 약간 따뜻하다. 폐경(肺經)·신경(腎經)·심경(心經)에 작용한다. 폐(肺)와 신(腎)을 따뜻하게
하고 정신을 안정시키며 소변이 잘 나오게 한다. 폐(肺)가 차서 기침이 나고 숨이 찬 데, 음위(陰痿), 소갈
증(消渴症), 심신 불안, 경계(驚悸), 건망증, 소변 불리, 부종, 황달, 풍한습비(風寒濕痹) 등에 쓴다. 하루
9∼15g을 탕제·환제·산제 형태로 만들어 먹는다.

24 《輿地圖書》〈江原道〉 "高城" '物産'(《여지도서》 16, 77∼78쪽).

25 통천(通川): 강원도(북한) 통천군 일대.

26 《輿地圖書》〈江原道〉 "通川" '物産'(《여지도서》 16, 91쪽).

27 울진(蔚珍): 경상북도 울진군 일대.

[1] 魚: 저본에는 "黃". 오사카본·규장각본에 근거하여 수정.

홍합·해삼·대게·미역·김·산무애뱀·꿀.[28]

魚、松魚、魴魚、廣魚、大口
魚、黃魚、赤魚、銀魚、銀口
魚、古刀魚、文魚、鰒、紅蛤、
海蔘、紫蟹、海藿、海衣、白
花蛇、蜜.

흡곡(歙谷)[29]

석이버섯·옻·인삼·보골지(補骨脂)[30]·연어·송어·
방어·넙치·대구·황어·도루묵·은어·삼치·고등어·
문어·전복·홍합·해삼·꿀.[31]

歙谷

石蕈、漆、人蔘、補骨脂、鱸
魚、松魚、魴魚、廣魚、大口
魚、黃魚、銀魚、銀口魚、麻
魚、古刀魚、文魚、鰒、紅蛤、
海蔘、蜜.

원주(原州)[32]

옥돌·잣·오미자·석이버섯·자초·인삼·복령·
당귀·삽주·작약·강활·독활·누치·쏘가리·열목
어·영양(羚羊)[33]·꿀.[34]

原州

玉石、海松子、五味子、石
蕈、紫草、人蔘、茯苓、當
歸、朮、芍藥、羌活、獨活、
訥魚、錦鱗魚、餘項魚、羚
羊、蜜.

---

28 《輿地圖書》〈江原道〉"蔚珍" '物産'(《여지도서》16, 110쪽).

29 흡곡(歙谷) : 강원도(북한) 통천군 일대.

30 보골지(補骨脂) : 콩과의 한해살이풀. 높이는 1미터 정도이며 잎은 어긋나고 심장 모양으로 톱니가 있다. 씨
앗을 약재로 쓴다. 보골지라는 이름은 효능을 뜻하는 말이며 파고지(破故紙)는 잘못 발음하여 생긴 말이
다. 또한 호구자(胡韭子)라는 이름도 씨앗의 모양이 구자(韭子)와 서로 비슷하기 때문에 그렇게 불린 것이
다. 향이 나고 맛은 맵고 조금 쓰며 성질은 따뜻하다. 또한 신장의 양기를 보해 음부가 차고, 유정, 유뇨,
허리통증이 있을 때 쓰며 비위허한으로 음식 섭취량이 감소하고 헛배가 부를 때, 그리고 장에서 소리가 나
고 구역질, 설사, 소변을 자주 보러 다닐 때 사용한다.

31 《輿地圖書》〈江原道〉"歙谷" '物産'(《여지도서》16, 122쪽).

32 원주(原州) : 강원도 원주시 일대.

33 영양(羚羊) : 솟과의 포유류 중 야생 염소와 산양 따위의 짐승을 통틀어 이르는 말. 초식성으로 대부분 아
프리카와 유라시아 지역에 분포한다.

34 《輿地圖書》〈江原道〉"原州" '物産'(《여지도서》15, 44~45쪽).

영월(寧越)[35]

철·종유석·잣·오미자·송이버섯·석이버섯·
산갓·인삼·복령·자초·자단향·백단향·회양목·
누치·쏘가리·열목어·산무애뱀·영양·꿀.[36]

寧越

鐵、石鍾乳、海松子、五味
子、松蕈、石蕈、山芥、人蔘、
茯苓、紫草、紫檀香、白檀
香、黃楊木、訥魚、錦鱗魚、
餘項魚、白花蛇、羚羊、蜜.

정선(旌善)[37]

철·청석·종유석·배·잣·오미자·송이버섯·석이
버섯·옻·자초·애끼찌·인삼·복령·당귀·작약·지
황·강활·독활·자단향·회양목·누치·쏘가리·열목

旌善

鐵、靑石、石鍾乳、梨、海
松子、五味子、松蕈、石蕈、
漆、紫草、弓幹木、人蔘、茯

종유석(국립중앙박물관)

---

35 영월(寧越) : 강원도 영월군 일대.
36 《輿地圖書》〈江原道〉"寧越" '物産'(《여지도서》15, 127쪽).
37 정선(旌善) : 강원도 정선군 일대.

어·영양·산무애뱀·꿀.[38]

苓、當歸、芍藥、地黃、羌
活、獨活、紫檀香、黃楊木、
訥魚、錦鱗魚、餘項魚、羚
羊、白花蛇、蜜.

평창(平昌)[39]

구리·철·옥돌·자연석·잣·오미자·송이버섯·산
갓·석이버섯·옻·자초·인삼·삽주·황기·복령·지
황·자단향·안식향·누치·쏘가리·열목어·산무애
뱀·꿀.[40]

平昌

銅、鐵、玉石、紫硯石、海松
子、五味子、松蕈、山芥、石
蕈、漆、紫草、人蔘、朮、黃
芪、茯苓、地黃、紫檀香、安
息香、訥魚、錦鱗魚、餘項
魚、白花蛇、蜜.

인제(麟蹄)[41]

잣·오미자·옻·인삼·복령·자초·당귀·작약·강
활·회양목·목적·누치·쏘가리·열목어·영양·매·산
무애뱀·꿀.[42]

麟蹄

海松子、五味子、漆、人蔘、
茯苓、紫草、當歸、芍藥、羌
活、黃楊木、木賊、訥魚、錦
鱗魚、餘項魚、羚羊、鷹、白
花蛇、蜜.

횡성(橫城)[43]

철·오미자·석이버섯·산갓·옻·인삼·삽주·복

橫城

鐵、五味子、石蕈、山芥、

---

38 《輿地圖書》〈江原道〉"旌善"'物産'(《여지도서》15, 111쪽).
39 평창(平昌) : 강원도 평창군 일대.
40 《輿地圖書》〈江原道〉"平昌"'物産'(《여지도서》15, 141~142쪽).
41 인제(麟蹄) : 강원도 인제군 일대.
42 《輿地圖書》〈江原道〉"麟蹄"'物産'(《여지도서》17, 94쪽).
43 횡성(橫城) : 강원도 횡성군 일대.

령·당귀·자단향·안식향·누치·열목어·영양·산무애뱀·꿀.44

漆、人蔘、尤、茯苓、當歸、紫檀香、安息香、訥魚、餘項魚、羚羊、白花蛇、蜜.

홍천(洪川)45

철·잣·오미자·옻·자초·석이버섯·인삼·복령·누치·쏘가리·열목어·영양·산무애뱀·꿀.46

洪川

鐵、海松子、五味子、漆、紫草、石蕈、人蔘、茯苓、訥魚、錦鱗魚、餘項魚、羚羊、白花蛇、蜜.

철원(鐵原)47

자석·오미자·옻·인삼·삽주·복령·당귀·궁궁이·강활·독활·송이버섯·누치·쏘가리·매·산무애뱀·꿀.48

鐵原

磁石、五味子、漆、人蔘、尤、茯苓、當歸、芎藭、羌活、獨活、松蕈、訥魚、錦鱗魚、鷹、白花蛇、蜜.

춘천(春川)49

잣·오미자·송이버섯·석이버섯·옻·인삼·복령·삽주·당귀·자초·회양목·목적·안식향·누치·쏘가리·열목어·매·영양·꿀.50

春川

海松子、五味子、松蕈、石蕈、漆、人蔘、茯苓、尤、當歸、紫草、黃楊木、木賊、安息香、訥魚、錦鱗魚、餘項魚、鷹、羚羊、蜜.

44 《輿地圖書》〈江原道〉 "橫城" '物産'(《여지도서》17, 62쪽).
45 홍천(洪川) : 강원도 홍천군 일대.
46 《輿地圖書》〈江原道〉 "洪川" '物産'(《여지도서》17, 78쪽).
47 철원(鐵原) : 강원도 철원군 일대.
48 《輿地圖書》〈江原道〉 "鐵原" '物産'(《여지도서》17, 141쪽).
49 춘천(春川) : 강원도 춘천시 일대.
50 《輿地圖書》〈江原道〉 "春川" '物産'(《여지도서》15, 88~89쪽).

회양(淮陽)[51]

철·납·잣·오미자·송이버섯·석이버섯·산갓·
자초·인삼·삽주·당귀·강활·독활·옻·애끼찌·
회양목·목적·누치·쏘가리·매·고치(膏雉)[52]·영양·
산무애뱀·꿀.[53]

양구(楊口)[54]

잣·오미자·석이버섯·자초·인삼·복령·누치·쏘
가리·열목어·꿀·자기·영양·산무애뱀.[55]

낭천(狼川)[56]

잣·오미자·석이버섯·옻·자초·인삼·복령·누
치·쏘가리·열목어·영양·꿀.[57]

淮陽

鐵、鉛、海松子、五味子、松
蕈、石蕈、山芥、紫草、人
蔘、朮、當歸、羌活、獨活、
漆、弓幹木、黃楊木、木賊、
訥魚、錦鱗魚、鷹、膏雉、羚
羊、白花蛇、蜜.

楊口

海松子、五味子、石蕈、紫
草、人蔘、茯苓、訥魚、錦
鱗魚、餘項魚、蜜、瓷器、羚
羊、白花蛇.

狼川

海松子、五味子、石蕈、漆、
紫草、人蔘、茯苓、訥魚、錦
鱗魚、餘項魚、羚羊、蜜.

---

51 회양(淮陽) : 강원도(북한) 회양군 일대.
52 고치(膏雉) : 겨울의 기름진 꿩. 허균은 《도문대작(屠門大嚼)》에서 "고치는 황해도 산골에서 나는데, 양
   덕(陽德)과 맹산(孟山)의 것이 가장 좋다.(膏雉産於黃海道山郡, 而陽德·孟山最好.)"라 했다.(《성소부부고
   (惺所覆瓿藁)》26권 〈설부(說部)〉 5 "도문대작(屠門大嚼)"). 성현은 《용재총화(慵齋叢話)》에서 "꿩이 아
   름답기로는 북쪽의 것이 최고이다. 지금은 평안도 강변(江邊)의 꿩을 진상한다. 그 크기가 집오리 만하고
   기름 엉긴 것이 호박(琥珀)과 같아서, 겨울이 되면 이것을 잡아서 진상하니, 이를 고치라 하는데 그 맛이
   아주 좋다(雉之美者, 北方爲最. 今平安道江邊之雉進, 其大如鶩, 凝膏如琥珀, 當冬捕而供進, 謂之膏雉,
   其味甚美.)"라 했다.(《대동야승(大東野乘)》 〈용재총화(慵齋叢話)〉 7).
53 《輿地圖書》 〈江原道〉 "淮陽" '物産'(《여지도서》 17, 117쪽).
54 양구(楊口) : 강원도 양구군 일대.
55 《輿地圖書》 〈江原道〉 "楊口" '物産'(《여지도서》 17, 158쪽).
56 낭천(狼川) : 강원도 화천군 일대.
57 《輿地圖書》 〈江原道〉 "狼川" '物産'(《여지도서》 17, 172쪽).

금성(金城)[58]

구리·철·납·노감석(爐甘石)[59]·잣·오미자·석이버섯·옻·인삼·복령·당귀·강활·누치·쏘가리·열목어·고치·산무애뱀·꿀.[60]

김화(金化)[61]

철·녹반·활석·배·잣·오미자·석이버섯·옻·인삼·복령·강활·독활·안식향·쏘가리·열목어·영양·고치·산무애뱀·꿀.[62]

이천(伊川)[63]

배·잣·오미자·송이버섯·석이버섯·옻·자초·인삼·복령·누치·쏘가리·영양·고치·열목어·산무애뱀·꿀.[64]

金城

銅、鐵、鉛、爐甘石、海松子、五味子、石蕈、漆、人蔘、茯苓、當歸、羌活、訥魚、錦鱗魚、餘項魚、膏雉、白花蛇、蜜.

金化

鐵、綠礬、滑石、梨、海松子、五味子、石蕈、漆、人蔘、茯苓、羌活、獨活、安息香、錦鱗魚、餘項魚、羚羊、膏雉、白花蛇、蜜.

伊川

梨、海松子、五味子、松蕈、石蕈、漆、紫草、人蔘、茯苓、訥魚、錦鱗魚、羚羊、膏雉、餘項魚、白花蛇、蜜.

---

58 금성(金城): 강원도(북한) 김화군·창도군·철원군 일대.
59 노감석(爐甘石): 철, 칼슘, 마그네슘과 약간의 카드뮴 따위를 함유한 광석. 맛은 달고 성질은 따뜻하다. 위경(胃經)에 작용한다. 습(濕)과 예막(翳膜)을 없애고 눈을 밝게 한다. 또한 부기를 가라앉히고 새살이 돋아나게 하며 출혈을 멎게 한다. 약리 실험에서 항균 및 소염 작용이 밝혀졌다. 결막염, 예막(翳膜), 궤양, 창양(瘡瘍), 화상, 습진 등에 외용약으로 쓴다.
60 《輿地圖書》〈江原道〉"金城" 物産(《《여지도서》 17, 185쪽).
61 김화(金化): 강원도(북한) 김화군 일대.
62 《輿地圖書》〈江原道〉"金化" 物産(《여지도서》 16, 138쪽).
63 이천(伊川): 강원도(북한) 이천군 일대.
64 《輿地圖書》〈江原道〉"伊川" 物産(《여지도서》 16, 158쪽).

안협(安峽)65

옥돌·청석·철·배·잣·오미자·연초(煙草)66·옻·
석이버섯·인삼·복령·누치·열목어·영양·산무애
뱀·꿀.67

安峽

玉石、靑石、鐵、梨、海松子、
五味子、煙草、漆、石蕈、人
蔘、茯苓、訥魚、餘項魚、羚
羊、白花蛇、蜜.

청석(국립중앙박물관)

평강(平康)68

배·잣·오미자·옻·인삼·복령·석이버섯·누치·열
목어·영양·매·산무애뱀·꿀·설화지(雪花紙)69.《여지
도서》70

平康

梨、海松子、五味子、漆、人
蔘、茯苓、石蕈、訥魚、餘項
魚、羚羊、鷹、白花蛇、蜜、
雪花紙.《輿地圖書》

---

65 안협(安峽): 강원도(북한) 이천군 일대.
66 연초(煙草): 가짓과의 한해살이 식물. 높이는 1.5~2m이며, 40여 개의 넓고 길쭉한 잎은 어긋나고 줄기에
   촘촘히 난다. 여름에 깔때기 모양의 연분홍 꽃이 줄기 끝에 원추(圓錐) 화서로 피고, 열매는 달걀 모양의
   삭과(蒴果)로 10월에 맺는다. 공예 작물로 재배하는데 잎을 건조시켜 담배를 만든다. 남아메리카가 원산
   지이다.
67 《輿地圖書》〈江原道〉 "安峽" '物産'(《여지도서》16, 171쪽).
68 평강(平康): 강원도(북한) 평강군 일대.
69 설화지(雪花紙): 종이의 하나. 강원도 평강에서 나는 것으로 빛깔이 희다.
70 《輿地圖書》〈江原道〉 "平康" '物産'(《여지도서》16, 194~195쪽).

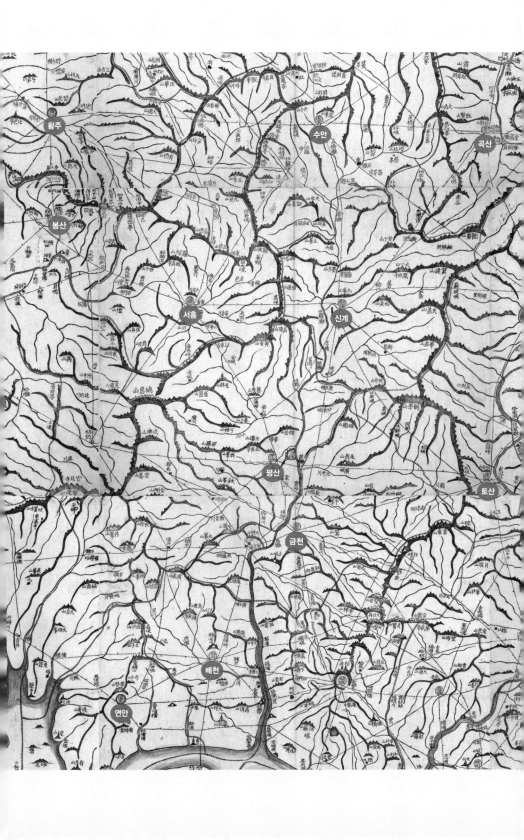

7) 황해도[海西]¹

황주(黃州)²

철·숫돌·적토·배·생사·목면·지황·지모·황금·자초·숭어·붕어·쏘가리·누치·웅어·게·꿀.³

평산(平山)⁴

철·남석(藍石)⁵·청려석(靑礪石)⁶·적토·녹반·오미자·석이버섯·생사·자초·황금·지모·승마·원지·숭어·붕어·누치·조개.⁷

서흥(瑞興)⁸

철·납·노감석·배·잣·오미자·생사·삼·자초·옻·애끼찌·인삼·복령·황금·지모·석이버섯·쏘가리·누치·꿀·자기.⁹

海西

黃州

鐵、礪石、赤土、梨、絲、木綿、地黃、知母、黃芩、紫草、秀魚、鮒魚、錦鱗魚、訥魚、葦魚、蟹、蜜.

平山

鐵、藍石、靑礪石、赤土、綠礬、五味子、石蕈、絲、紫草、黃芩、知母、升麻、遠志、秀魚、鮒魚、訥魚、蛤.

瑞興

鐵①、鉛②、爐甘③石、梨④、海松子、五味子、絲、麻、紫草、漆、弓幹木、人蔘、茯

---

1 황해도[海西] : 황주(黃州)와 해주(海州) 두 지역의 머리글자를 합하여 만든 명칭이다. 해서(海西)는 한양에서 황해도 지역으로 갈 때 예성강 하구의 벽란도진을 반드시 거쳐야 하는데 벽란도진 주변 바다의 서쪽에 위치해 있다는 의미이다.

2 황주(黃州) : 황해북도 황주군 일대.

3 《輿地圖書》〈黃海道〉"黃州" '物産'(《여지도서》23, 129쪽).

4 평산(平山) : 황해북도 평산군 일대.

5 남석(藍石) : 미상. 남색 보석의 일종으로 추정된다.

6 청려석(靑礪石) : 미상. 청색을 띤 숫돌로 추정된다.

7 《輿地圖書》〈黃海道〉"平山" '物産'(《여지도서》24, 12쪽).

8 서흥(瑞興) : 황해북도 서흥군 일대.

9 《輿地圖書》〈黃海道〉"瑞興" '物産'(《여지도서》25, 58쪽).

① 鐵 : 《輿地圖書·黃海道·瑞興》에는 없음.

② 鉛 : 《輿地圖書·黃海道·瑞興》에는 없음.

③ 甘 : 저본에는 "鉗". 오사카본·《輿地圖書·黃海道·瑞興》에 근거하여 수정

④ 梨 : 《輿地圖書·黃海道·瑞興》에는 없음.

석고가루(직접 촬영)

苓、黃芩、知母、石蕈、錦鱗
魚、訥魚、蜜、瓷器.

봉산(鳳山)[10]

철·황옥·오석·노감석·배·생사·삼·목면·황금·
지모·숭어·붕어·쏘가리·누치·뱅어·게·자기.[11]

鳳山

鐵、黃玉、烏石、爐甘[5]石、
梨、絲、麻、木綿、黃芩、知
母、秀魚、鮒魚、錦鱗魚、訥
魚、白魚、蟹、瓷器.

안악(安岳)[12]

철·생사·목면·삼·석고(石膏)[13]·자초·송이버섯·

安岳

鐵、絲、木綿、麻、石膏、紫

---

10 봉산(鳳山):황해북도 봉산군 일대.
11 《輿地圖書》〈黃海道〉"鳳山"'土産'(《여지도서》24, 64~65쪽).
12 안악(安岳): 황해남도 안악군 일대.
13 석고(石膏):단사정계(單斜晶系)의 광물이다. 섬유석고, 설화석고가 있다. 시멘트 혼재(混材), 비료, 의료
용 깁스 등에 쓰인다. 화학성분은 $CaSO_4 \cdot 2H_2O$이다.
[5] 甘 : 저본에는 "鉗". 오사카본·《輿地圖書·黃海道·鳳山》에 근거하여 수정

인삼·소금·숭어·붕어·뱅어·곤쟁이·가리맛조개· 윤화(輪花, 굴의 일종)·게·꿀·자기.[14]

草、松蕈、人蔘、鹽、秀魚、 鮒魚、白魚、紫蝦、土花、輪 花、蟹、蜜、瓷器.

재령(載寧)[15]

철·석고·배·오미자·송이버섯·생사·자초·삼· 하수오·숭어·붕어·누치·뱅어·게.[16]

載寧

鐵、石膏、梨、五味子、松蕈、 絲、紫草、麻、何首烏、秀 魚、鮒魚、訥魚、白魚、蟹.

수안(遂安)[17]

은·금·구리·철·옥돌·오미자·산사·송이버섯· 석이버섯·생사·삼·애끼찌·자초·인삼·복령·누치· 영양·매·꿀.[18]

遂安

銀、金、銅、鐵、玉石、五味 子、山查、松蕈、石蕈、絲、 麻、弓幹木、紫草、人蔘、茯 苓、訥魚、羚羊、鷹、蜜.

곡산(谷山)[19]

배·잣·오미자·송이버섯·석이버섯·생사·삼·자 초·애끼찌·회양목·인삼·누치·영양·매·꿀.[20]

谷山

梨、海松子、五味子、松蕈、 石蕈、絲、麻、紫草、弓幹 木、黃楊木、人蔘、訥魚、羚 羊、鷹、蜜.

---

14 《輿地圖書》〈黃海道〉"安岳" '物産'(《여지도서》24, 118쪽).
15 재령(載寧):황해남도 재령군 일대.
16 《輿地圖書》〈黃海道〉"載寧" '物産'(《여지도서》24, 85쪽).
17 수안(遂安):황해북도 수안군 일대.
18 《輿地圖書》〈黃海道〉"遂安" '物産'(《여지도서》24, 101쪽).
19 곡산(谷山):황해북도 곡산군 일대.
20 《輿地圖書》〈黃海道〉"谷山" '物産'(《여지도서》24, 38~39쪽).

신천(信川)²¹

　　배·생사·삼·자초·붕어·게.²²

信川

梨、絲、麻、紫草、鮒魚、蟹.

토산(兎山)²³

　　수정·석회·배·옻·인삼·자초·꿀·담배.²⁴

兎山

水晶、石灰、梨、漆、人蔘、
紫草、蜜、煙草.

신계(新溪)²⁵

　　철·배·오미자·자초·송이버섯·인삼·복령·
누치·꿀.²⁶

新溪

鐵、梨、五味子、紫草、松
蕈、人蔘、茯苓、訥魚、蜜.

문화(文化)²⁷

　　잣·송이버섯·생사·삼·매.²⁸

文化

海松子、松蕈、絲、麻、鷹.

장련(長連)²⁹

　　철·황반석(黃斑石)·정분·송이버섯·자초·숭어·
은어·전복·맛조개·미역·부레.³⁰

長連

鐵、黃斑石、丁粉、松蕈、紫
草、秀魚、銀口魚、鰒、竹蛤、
海藿、魚鰾.

21　신천(信川) : 황해남도 신천군 일대.
22　《輿地圖書》〈黃海道〉 "信川" '物産'(《여지도서》 25, 11쪽).
23　토산(兎山) : 황해도 남동부에 있던 군. 현재 황해북도 토산군(북한) 일대.
24　《輿地圖書》〈黃海道〉 "兎山" '物産'(《여지도서》 25, 42쪽).
25　신계(新溪) : 황해북도 신계군 일대.
26　《輿地圖書》〈黃海道〉 "新溪" '物産'(《여지도서》 25, 27쪽).
27　문화(文化) : 황해남도 은율군 남동부 일대.
28　《輿地圖書》〈黃海道〉 "文化" '物産'(《여지도서》 25, 78쪽).
29　장련(長連) : 황해남도 삼천군 북동부 일대.
30　《輿地圖書》〈黃海道〉 "長連" '物産'(《여지도서》 25, 96쪽).

해주(海州)[31]

청옥 · 철 · 하엽록(荷葉綠)[32] · 거서(秬黍)[33] · 고비
[薇][34] · 고사리[蕨] · 도라지 · 자초 · 생사 · 삼 · 소금 · 숭
어 · 홍어 · 농어 · 붕어 · 청어 · 조기 · 은어 · 밴댕이 · 삼
치 · 낙지 · 조개 · 홍합 · 소라 · 대하 · 곤쟁이 · 백하 · 미
역 · 게 · 사곽(絲藿, 실처럼 가는 미역) · 청각채 · 먹[墨][35].[36]

海州

靑玉、鐵、荷葉綠、秬黍、薇
蕨、桔梗、紫草、絲、麻、鹽、
秀魚、鯕魚、鱸魚、鮒魚、靑
魚、石首魚、銀口魚、蘇魚、
麻魚、絡蹄魚、蛤、紅蛤、小
螺、大蝦、紫蝦、白蝦、海
藿、蟹、絲藿、靑角菜、墨.

먹(국립민속박물관)

---

31 해주(海州):황해남도 해주시와 벽성군 일대.

32 하엽록(荷葉綠):연잎에서 추출한 녹색 안료로 단청의 원료이다.

33 거서(秬黍):알이 검은 기장으로, 해주의 특산물이다.

34 고비[薇]:고사리목 고비과의 여러해살이풀. 어린 순을 삶아 나물로 먹고, 뿌리는 약으로 쓴다.

35 먹[墨]:서예도구로 갈아서 먹물을 만든다. 소나무를 태운 그을음과 아교를 섞는 송연묵(松煙墨)과 콩기름 · 아주까리기름 등을 태운 그을음과 아교를 섞는 유연묵(油煙墨)으로 분류된다. 현대에는 천연가스 등을 태워 만든 카본먹도 제조한다.

36 《興地圖書》〈黃海道〉 "海州" '物産'(《여지도서》 23, 53~54쪽).

고비(국립수목원)

거서

풍천(豐川)[37]

철·청석연(靑石硯)·뇌록(磊綠)·산초·생사·삼·자초·옻·닥나무·지황·송이버섯·석이버섯·조기·청어·세곽(細藿, 가는 미역)·부레.[38]

豐川

鐵、靑石硯 [6]、磊綠、椒、絲、麻、紫草、漆、楮、地黃、松蕈、石蕈、石首魚、靑魚、細藿、魚鰾.

---

37 풍천(豐川): 황해남도 과일군 일대.
38 《輿地圖書》〈黃海道〉"豐川" '物産'(《여지도서》25, 109쪽).
[6] 靑石硯: 《輿地圖書·黃海道·豐川》에는 "硯石".

연안(延安)[39]

　연밥·소금·숭어·홍어·붕어·조개·곤쟁이·백하·굴·게·부레.[40]

延安

蓮實、鹽、秀魚、鮢魚、鮒魚、蛤、紫蝦、白蝦、石花、蟹、魚鰾.

배천[白川][41]

　숭어·붕어·게·부레·제호유(鵜鶘油)·왕골자리.[42]

白川

秀魚、鮒魚、蟹、魚鰾、鵜鶘油、莞席.

옹진(甕津)[43]

　생사·삼·자초·소금·조기·청어·낙지·전복·소라·홍합·굴·맛조개·부레·미역·사곽·황각채·청각채.[44]

甕津

絲、麻、紫草、鹽、石首魚、青魚、絡蹄魚、鰒、小螺、紅蛤、石花、竹蛤、魚鰾、海藿、絲藿、黃角菜、青角菜.

송화(松禾)[45]

　철·자초·옻·은어.[46]

松禾

鐵、紫草、漆、銀口魚.

은율(殷栗)[47]

　철·잣·생사·삼·자초·민어·조기·은어·맛조개·

殷栗

鐵、海松子、絲、麻、紫草、

39　연안(延安) : 황해남도 연안군 일대.
40　《輿地圖書》〈黃海道〉"延安" '物産'(《여지도서》23, 90쪽).
41　배천[白川] : 황해남도 배천군 일대.
42　《輿地圖書》〈黃海道〉"白川" '物産'(《여지도서》26, 34쪽).
43　옹진(甕津) : 황해남도 옹진군과 인천광역시 옹진군 일대.
44　《輿地圖書》〈黃海道〉"甕津" '物産'(《여지도서》26, 118쪽).
45　송화(松禾) : 황해남도 송화군 일대.
46　《輿地圖書》〈黃海道〉"松禾" '物産'(《여지도서》26, 72쪽).
47　은율(殷栗) : 황해남도 은율군 북서부 일대.

부레·사곽.[48]

민魚, 石首魚, 銀口魚, 竹蛤, 魚鰾, 絲藿.

강령(康翎)[49]

숫돌·모시·삼·자초·소금·조기·청어·전복·낙지·소라·홍합·맛조개·해삼·굴·부레·미역·세곽·황각채·청각채·녹용·매.[50]

康翎

礪石, 苧, 麻, 紫草, 鹽, 石首鳥, 靑魚, 鰒, 絡蹄魚, 小螺, 紅蛤, 竹蛤, 海參, 石花, 魚鰾, 海藿, 細藿, 黃角菜, 靑角菜, 鹿茸, 鷹.

장연(長淵)[51]

구리·철·생사·삼·상기생·숭어·상어·청어·은어·전복·소라·홍합·맛조개·미역·세곽·황각채·청각채·굴·녹각교(鹿角膠)[52].[53]

長淵

銅, 鐵, 絲, 麻, 桑寄生, 秀魚, 鯊魚, 靑魚, 銀口魚, 鰒, 小螺, 紅蛤, 竹蛤, 海藿, 細藿, 黃角菜, 靑角菜, 蜜, 鹿角膠.

금천(金川)[54]

석회·배·밤·산사·도라지·고비·고사리·개자리[苜蓿][55]·삽주·백지·택사·승마·천궁·토사자(兎絲

金川

石灰, 梨, 栗, 山査, 桔梗, 薇蕨, 苜蓿, 尤, 白芷, 澤

48 《輿地圖書》〈黃海道〉"殷栗" '物産'(《여지도서》26, 88쪽).

49 강령(康翎) : 황해남도 강령군 일대.

50 《輿地圖書》〈黃海道〉"康翎" '物産'(《여지도서》26, 102쪽).

51 장연(長淵) : 황해남도 장연군 서부 일대.

52 녹각교(鹿角膠) : 털이 빠진 사슴의 뿔을 고아 풀처럼 만든 약.

53 《輿地圖書》〈黃海道〉"長淵" '物産'(《여지도서》26, 9쪽).

54 금천(金川) : 황해북도 금천군 일대.

55 개자리[苜蓿] : 학명 Medicago polymorpha L. 콩과의 두해살이풀로, 식용이나 사료로 쓴다.

子)⁵⁶·숭어·잉어·꿀.《여지도서》⁵⁷   瀉、升麻、川芎、兔絲子、秀

魚、鯉魚、蜜.《輿地圖書》

개자리(국립수목원)

토사자(국립수목원)

---

56 토사자(兔絲子):갯실새삼의 씨로, 금사초(金絲草)라고도 하며 한약재로 쓴다.
57 《輿地圖書》〈黃海道〉 "金川" '物産'(《여지도서》26, 54쪽).

8) 평안도[關西]¹

關西

평양(平壤)²

平壤

　은·운모·우여량(禹餘糧)³·연밥·순채·백부자·고
본(藁本)⁴·대극·승마·반하·택사·생사·담배·숭어·
민어·붕어·쏘가리·면어·누치·웅어·뱅어·조개·곤

銀、雲母、禹餘糧、蓮實、
蓴、白附子、藁本、大戟、升
麻、半夏、澤瀉、絲、煙草、

백부자(국립수목원)

1　평안도[關西]：평양(平壤)과 안주(安州) 두 지역의 머리글자를 합하여 만든 명칭이다. 관서(關西)는 철령
　(鐵嶺)을 기준으로 서쪽에 있다는 의미이다.

2　평양(平壤)：평양직할시 일대.

3　우여량(禹餘糧)：삼산화철을 주성분으로 하는 갈철광이다. 다른 이름은 태일여량(太一餘糧)이다. 황해도
　와 평안남도 일대에서 난다. 맛은 달고 성질은 평하다. 대장경(大腸經)·위경(胃經)에 작용한다. 장을 수렴
　(收斂)하여 설사와 출혈을 멎게 한다. 불에 벌겋게 달구었다가 식초에 담그면 가루 내기 쉽고 수렴 작용이
　더 세진다.

4　고본(藁本)：쌍떡잎식물 산형화목 미나리과의 여러해살이풀. 깊은 산 산기슭에서 자란다. 높이 30~80cm
　이다. 풀 전체에 털이 없고 향기가 난다. 한방에서는 가을에 뿌리를 캐서 말린 것을 고본이라 하여 두통·
　관절통·치통·복통·설사·습진 등에 처방한다.

쟁이·게·굴·먹·고정지(藁精紙)[5]·고운면포·자기.[6]

秀魚、民魚、鮒魚、錦鱗魚、綿魚、訥魚、葦魚、白魚、蛤、紫蝦、蟹、石花、墨、藁精紙、細綿布、瓷器.

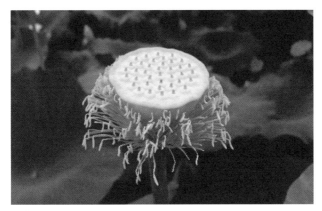

연밥(국립수목원)

운모(국립중앙박물관)

---

5 고정지(藁精紙) : 볏과의 단섬유 식물과 닥나무 등의 장섬유를 혼합해서 만든 종이로 원료에 마디가 있었기 때문에 고절지(藁節紙)로 기록된 경우도 있었으며, 황벽(黃蘗)으로 염색하여 황고지(黃藁紙)라고도 했다. 조선 시대 함경도에서 많이 생산되었으며 우리나라의 이름난 산물이다.
6 《輿地圖書》〈平安道〉 "平壤" '物産'(《여지도서》18, 71쪽).

중화(中和)[7]

    생사·삼·수유(酥油)[8]·숭어.[9]

中和

絲、麻、酥油、秀魚.

함종(咸從)[10]

    밤·생사·자초·소금·숭어·농어·홍어·상어·조기·조개·소합(小蛤)·중하·곤쟁이·굴.[11]

咸從

栗、絲、紫草、鹽、秀魚、鱸魚、鮧魚、鯊魚、石首魚、蛤、小蛤、中蝦、紫蝦、石花.

순안(順安)[12]

    수유·생사·삼·자초.[13]

順安

酥油、絲、麻、紫草.

강서(江西)[14]

    생사·삼·숭어·웅어·조개.[15]

江西

絲、麻、秀魚、葦魚、蛤.

용강(龍岡)[16]

    생사·삼·옻·자초·소금·숭어·농어·넙치·홍어·상어·조기·삼치·조개·새우·굴·가리맛조개·부레·왕골자리.[17]

龍岡

絲、麻、漆、紫草、鹽、秀魚、鱸魚、廣魚、鮧魚、鯊魚、石首魚、麻魚、蛤、蝦、石花、土花、魚鰾、莞席.

---

7   중화(中和):황해북도 중화군 일대.
8   수유(酥油):우유를 끓여서 만든 기름.
9   《輿地圖書》〈平安道〉"中和" '物産'(《여지도서》18, 104쪽).
10 함종(咸從):평안남도 강서군 일대.
11 《輿地圖書》〈平安道〉"咸從" '物産'(《여지도서》20, 161쪽).
12 순안(順安):평양직할시 순안구역 일대.
13 《輿地圖書》〈平安道〉"順安" '物産'(《여지도서》20, 144쪽).
14 강서(江西):평안남도 강서군 일대.
15 《輿地圖書》〈平安道〉"江西" '物産'(《여지도서》20, 111쪽).
16 용강(龍岡):평안남도 용강군 일대.
17 《輿地圖書》〈平安道〉"龍岡" '物産'(《여지도서》18, 128~129쪽).

왕골자리(국립중앙박물관)

증산(甑山)[18]

생사·닥나무·옻·자초·소금·숭어·농어·홍어·상어·조기·조개·새우·굴·부레.[19]

영유(永柔)[20]

생사·삼·옻·자초·왕골·소금·숭어·농어·붕어·홍어·조기·조개·곤쟁이·굴·윤화·부레.[21]

甑山

絲、楮、漆、紫草、鹽、秀魚、鱸魚、鮥魚、鯊魚、石首魚、蛤、蝦、石花、魚鰾.

永柔

絲、麻、漆、紫草、莞草、鹽、秀魚、鱸魚、鮒魚、鮥魚、石首魚、蛤、紫蝦、石花、輪花、魚鰾.

---

18 증산(甑山) : 평안남도 증산군 일대.

19 《輿地圖書》〈平安道〉"甑山""物産"(《여지도서》20, 126~127쪽).

20 영유(永柔) : 평안남도 평원군 일대.

21 《輿地圖書》〈平安道〉"永柔""物産"(《여지도서》22, 209쪽).

가산(嘉山)[22]

뇌록(磊綠)·수유·생사·삼·자초·숭어·게·
새우.[23]

숙천(肅川)[24]

생사·삼·자초·소금·숭어·농어·민어·홍어·조
기·조개·새우·굴.[25]

嘉山

磊綠①、酥油、絲、麻、紫
草、秀魚、蟹、蝦.

肅川

絲、麻、紫草、鹽、秀魚、鱸
魚、民魚、鮸魚、石首魚、蛤、
蝦、石花.

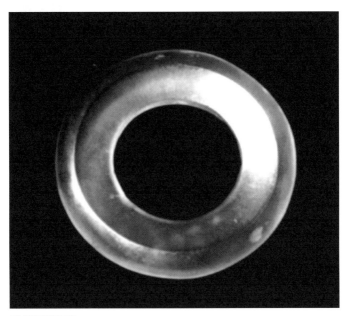

마노(국립중앙박물관)

---

22 가산(嘉山): 평안북도 박천군 일대.

23 《輿地圖書》〈平安道〉"嘉山" '物産'(《여지도서》22, 185쪽).

24 숙천(肅川): 평안남도 숙천군 일대.

25 《輿地圖書》〈平安道〉"肅川" '物産'(《여지도서》22, 162쪽).

① 綠: 저본에는 "絲". 오사카본·규장각본에 근거하여 수정.

안주(安州)[26]

마류석·생사·삼·풀솜·닥나무·왕골·담배·잣·수유·소금·숭어·붕어·준치·은어·굴·명주·고운면포.[27]

삼화(三和)[28]

생사·자초·옻·소금·숭어·농어·넙치·상어·홍어·조기·조개·세하(細蝦)[29]·곤쟁이·굴·윤화·부레.[30]

선천(宣川)[31]

자연석·생사·삼·자초·소금·숭어·민어·넙치·홍어·상어·준치·조기·청어·밴댕이·은어·갑오징어·낙지·조개·새우·굴·가리맛조개·윤화·부레·제호유·자기·명주·고운면포·종모·종건.[32]

安州

碼磂石、絲、麻、雪綿、楮、莞草、煙草、海松子、酥油、鹽、秀魚、鮒魚、眞魚、銀口魚、石花、明紬、細綿布.

三和

絲、紫草、漆、鹽、秀魚、鱸魚、廣魚、鯊魚、鮇魚、石首魚、蛤、細蝦、紫蝦、石花、輪花、魚鰾.

宣川

紫硯石、絲、麻、紫草、鹽、秀魚、民魚、廣魚、鮇魚、鯊魚、眞魚、石首魚、靑魚、蘇魚、銀口魚、烏賊魚、絡蹄魚、蛤、蝦、石花、土花、輪花、魚鰾、鶩鶘油、瓷器、明紬、細綿布、髢帽、髢巾.

---

26 안주(安州) : 평안남도 안주시 일대.

27 《輿地圖書》〈平安道〉 "安州" '物産'(《여지도서》22, 116쪽).

28 삼화(三和) : 평안남도 남포시 일대.

29 세하(細蝦) : 새우젓을 담그는 작은 새우의 여러 이름 중 하나. 서유구는 《전어지》에서 《난호어목지(蘭湖漁牧志)》를 인용하여 "우리나라 동해에는 새우가 나지 않으니 소금에 절여 젓갈을 만들어 사방팔방으로 넘치게 하는 것은 모두 서해의 강하(糠蝦)이다. 세속에서 세하(細蝦)라고 하는데 담건(淡乾)한 것을 미하(米蝦)라고 하고 색깔이 흰 것을 백하(白蝦)라고 한다. 또 홍하(紅蝦)라는 것이 있다."라 했다.(《전어지》 권 4〈물고기 이름 고찰〉 "바닷물고기" '비늘 없는 종류')

30 《輿地圖書》〈平安道〉 "三和" '物産'(《여지도서》20, 89쪽).

31 선천(宣川) : 평안북도 선천군 일대.

32 《輿地圖書》〈平安道〉 "宣川" '物産'(《여지도서》21, 158쪽).

박천(博川)33

생사·삼·닥나무·옻·왕골·숭어·홍어·붕어·조
개·굴·꿀.34

철산(鐵山)35

생사·삼·옻·자초·소금·숭어·민어·넙치·농어·
홍어·붕어·준치·밴댕이·삼치·조기·상어·낙지·
조개·새우·굴·가리맛조개·부레·제호유·수달.36

구성(龜城)37

구리·철·생사·삼·자작나무껍질[樺皮]38·인삼·
자초·민어·홍어·준치·밴댕이·낙지·굴·담비·청설
모·꿀.39

정주(定州)40

생사·삼·자초·소금·숭어·넙치·홍어·민어·

博川

絲、麻、楮、漆、莞草、秀魚、
鮸魚、鮒魚、蛤、石花、蜜.

鐵山

絲、麻、漆、紫草、鹽、秀魚、
民魚、廣魚、鱸魚、鮸魚、鮒
魚、眞魚、蘇魚、麻魚、石首
魚、鯊魚、絡蹄魚、蛤、蝦、
石花、土花、魚鰾、鶏鵂油、
水獺.

龜城

銅、鐵、絲、麻、樺皮、人蔘、
紫草、民魚、鮸魚、眞魚、蘇
魚、絡蹄魚、石花、貂、靑
鼠、蜜.

定州

絲、麻、紫草、鹽、秀魚、廣

---

33 박천(博川) : 평안북도 박천군 일대.
34 《輿地圖書》〈平安道〉"博川" '物産'(《여지도서》19, 140쪽).
35 철산(鐵山) : 평안북도 철산군 일대.
36 《輿地圖書》〈平安道〉"鐵山" '物産'(《여지도서》19, 20~21쪽).
37 구성(龜城) : 평안북도 구성시 일대.
38 자작나무껍질[樺皮] : 만주자작나무 또는 기타 자작나무과의 줄기껍질이다. 질은 연하고 작은 조각으로 벗
   겨지기 쉬우며 꺾인 면은 편평하다. 향기가 약간 있고 맛은 쓰다.
39 《輿地圖書》〈平安道〉"龜城" '物産'(《여지도서》21, 137쪽).
40 정주(定州) : 평안북도 정주시 일대.

준치·조기·은어·밴댕이·갑오징어·낙지·조개·맛조
개·새우·굴·가리맛조개·윤화·부레·제호유·종모·
종건.[41]

魚、鮧魚、民魚、眞魚、石首
魚、銀口魚、蘇魚、烏賊魚、
絡蹄魚、蛤、竹蛤、蝦、石
花、土花、輪花、魚鰾、鵜鶘
油、髽帽、髽巾。

곽산(郭山)[42]

자연석·생사·삼·자초·숭어·넙치·홍어·상어·
준치·은어·조기·밴댕이·갑오징어·낙지·새우·굴·
가리맛조개·부레·제호유.[43]

郭山

紫硯石、絲、麻、紫草、秀
魚、廣魚、鮧魚、鯊魚、眞魚、
銀口魚、石首魚、蘇魚、烏
賊魚、絡蹄魚、蝦、石花、土
花、魚鰾、鵜鶘油。

용천(龍川)[44]

무명석(無名石)[45]·생사·삼·자초·소금·숭어·민
어·상어·홍어·넙치·준치·조기·밴댕이·갑오징어·
낙지·조개·새우·굴·가리맛조개·부레·제호유.[46]

龍川

無名石、絲、麻、紫草、鹽、
秀魚、民魚、鯊魚、鮧魚、廣
魚、眞魚、石首魚、蘇魚、烏
賊魚、絡蹄魚、蛤、蝦、石
花、土花、魚鰾、鵜鶘油。

---

41 《輿地圖書》〈平安道〉"定州" '物産'(《여지도서》22, 140쪽).
42 곽산(郭山) : 평안북도 곽산군 일대.
43 《輿地圖書》〈平安道〉"郭山" '物産'(《여지도서》21, 177쪽).
44 용천(龍川) : 평안북도 용천군 일대.
45 무명석(無名石) : 바위에 붙어서 나는, 검은 갈색의 윤기가 있는 쌀알만 한 작은 덩이의 광물. 피를 멎게 하
거나, 식상(食傷) 및 종기의 독 따위에 약재로 쓴다. 무명이(無名異)라고도 한다.
46 《輿地圖書》〈平安道〉"龍川" '物産'(《여지도서》19, 51~52쪽).

창성(昌城)47

수포석·잣·생사·삼·애끼찌·인삼·복령·은어·열목어·수달·사향·담비·족제비[黃鼠]48·청설모·영양·꿀·백랍(白蠟)49.50.

昌城

水泡石②、海松子、絲、麻、弓幹木、人蔘、茯苓、銀口魚、餘項魚、水獺、麝香、貂、黃鼠、靑鼠、羚羊、蜜、白蠟.

성천(成川)51

은·금·백옥·황옥·생사·삼·닥나무·옻·잣·오미자·호마(胡麻)52·담배·인삼·복령·삽주·황기·원지·하수오·작약·반하·고본·안식향·자초·송이버섯·회양목·누치·열목어·사향·꿀·매·명주.53.

成川

銀、金、白玉、黃玉、絲、麻、楮、漆、海松子、五味子、胡麻、煙草、人蔘、茯苓、朮、黃芪、遠志、何首烏、芍藥、半夏、藁本、安息香、紫草、松蕈、黃楊木、訥魚、餘項魚、麝香、蜜、鷹、明紬.

자산(慈山)54

자마금(紫磨金)55·종유석·생사·삼·안식향·

慈山

紫金、石鍾乳、絲、麻、安息

---

47 창성(昌城) : 평안북도 창성군 일대.
48 족제비[黃鼠] : 족제비과에 속하는 동물. 서랑(鼠狼), 유서(鼬鼠), 황서랑(黃鼠狼)이라고도 한다. 모피는 목도리 등의 방한용 의장에 사용하고 붓을 만들기도 한다.
49 백랍(白蠟) : 나뭇가지에 솜처럼 엉긴 백랍벌레의 집을 끓여서 형겊으로 걸러 찬물에 넣고 이를 굳힌 것, 또는 백랍벌레의 수컷이 분비한 흰 가루로 만든 것이다. 백랍초·환약 제조에 쓰고, 생사·직물·기구 등에 광택이 나게 하는 데, 지혈·진통·사마귀를 다스리는 데 쓴다. 그 밖에도 밀랍을 햇볕에 쪼여 만든 순백색의 물질을 말하기도 한다.
50 《興地圖書》〈平安道〉 "昌城" '物産'(《여지도서》 21, 93~94쪽).
51 성천(成川) : 평안남도 성천군 일대.
52 호마(胡麻) : 검은깨나 참깨 따위를 통틀어 이르는 말. 유마(油麻) 혹은 지마라고도 한다.
53 《興地圖書》〈平安道〉 "成川" '物産'(《여지도서》 20, 187쪽).
54 자산(慈山) : 평안남도 순천시 일대.
55 자마금(紫磨金) : 자색(紫色)을 띤 순수한 황금. 품질이 가장 좋은 황금을 이른다.
② 石 : 저본에는 "魚". 오사카본·규장각본에 근거하여 수정.

수유.[56]

香、酥油.

상원(祥原)[57]

　은·생사·삼·닥나무·자초·명주·꿀.[58]

祥原

銀、絲、麻、楮、紫草、明紬、
蜜.

순천(順川)[59]

　녹반·생사·삼·오미자·옻·인삼·자초·석창포·
안식향·영양·꿀·수유.[60]

順川

綠礬、絲、麻、五味子、漆、
人蔘、紫草、石菖蒲、安息
香、羚羊、蜜、酥油.

개천(价川)[61]

　철·잣·생사·삼·애끼찌·인삼·자초·은어·열목
어·수달·영양·꿀.[62]

价川

鐵、海松子、絲、麻、弓幹
木、人蔘、紫草、銀口魚、餘
項魚、水獺、羚羊、蜜.

덕천(德川)[63]

　백옥·잣·오미자·생사·삼·자초·인삼·복령·안
식향·열목어·사향·영양·석밀.[64]

德川

白玉、海松子、五味子、絲、
麻、紫草、人蔘、茯苓、安
息香、餘項魚、麝香、羚羊、
石蜜.

---

56 《輿地圖書》〈平安道〉“慈山”‘物産’(《여지도서》21, 77쪽).
57 상원(祥原) : 황해북도 상원군 일대.
58 《輿地圖書》〈平安道〉“祥原”‘物産’(《《여지도서》21, 196쪽).
59 순천(順川) : 평안남도 순천시 일대.
60 《輿地圖書》〈平安道〉“順川”‘物産’(《여지도서》21, 56쪽).
61 개천(价川) : 평안남도 개천시 일대.
62 《輿地圖書》〈平安道〉“价川”‘物産’(《여지도서》21, 33쪽).
63 덕천(德川) : 평안남도 덕천시 일대.
64 《輿地圖書》〈平安道〉“德川”‘物産’(《여지도서》21, 16쪽).

삼등(三登)[65]

    구리·생사·삼·자초·담배·닥나무.[66]

三登

銅、絲、麻、紫草、煙草、楮.

강동(江東)[67]

    생사·삼·자초·담배·닥나무.[68]

江東

絲、麻、紫草、煙草、楮.

은산(殷山)[69]

    납·철·잣·오미자·생사·삼·옻·애끼찌·인삼·자
초·안식향·사향·수달[70]·영양·꿀.[71]

殷山

鉛、鐵、海松子、五味子、絲、
麻、漆、弓幹木、人蔘、紫
草、安息香、麝香、獺、羚羊、
蜜.

수달(국립수목원)

---

65 삼등(三登) : 평양직할시 강동군 일대.
66 《輿地圖書》〈平安道〉 "三登" '物産'(《여지도서》 22, 10쪽).
67 강동(江東) : 평양직할시 강동군 일대.
68 《輿地圖書》〈平安道〉 "江東" '物産'(《여지도서》 22, 56쪽).
69 은산(殷山) : 평안남도 은산군 일대.
70 수달 : 저본의 "獺"을 《輿地圖書·平安道·殷山》의 "水獺"에 근거하여 "수달"로 번역했다.
71 《輿地圖書》〈平安道〉 "殷山" '物産'(《여지도서》 22, 77~78쪽).

황정(국립수목원)

양덕(陽德)[72]

잣·오미자·송이버섯·석이버섯·생사·삼·자초·
인삼·복령·수달·매·꿀.[73]

陽德

海松子、五味子、松蕈、石
蕈、絲、麻、紫草、人蔘、茯
苓、水獺、鷹、蜜.

맹산(孟山)[74]

잣·오미자·석이버섯·생사·삼·인삼·누치·열목
어·수달·사향·매·꿀.[75]

孟山

海松子、五味子、石蕈、絲、
麻、人蔘、訥魚、餘項魚、水
獺、麝香、鷹、蜜.

영변(寧邊)[76]

잣·오미자·생사·삼·풀솜·애끼찌·인삼·복령·

寧邊

海松子、五味子、絲、麻、雪

---

72 양덕(陽德) : 평안남도 양덕군 일대.
73 《輿地圖書》〈平安道〉"陽德" '物産'(《여지도서》22, 25~26쪽).
74 맹산(孟山) : 평안남도 맹산군 일대.
75 《輿地圖書》〈平安道〉"孟山" '物産'(《여지도서》22, 41쪽).
76 영변(寧邊) : 평안북도 영변군 일대.

자초·황정(黃精)[77]·은어·영양·사향·매·꿀·합사주
(合絲紬)[78].[79]

綿、弓幹木、人蔘、茯苓、紫
草、黃精、銀口魚、羚羊、麝
香、鷹、蜜、合絲紬.

희천(熙川)[80]

　잣·오미자·송이버섯·생사·삼·옻·애끼찌·
인삼·복령·누치·쏘가리·열목어·수달·영양·사향·
담비·족제비·청설모·꿀.[81]

熙川

海松子、五味子、松蕈、絲、
麻、漆、弓幹木、人蔘、茯
苓、訥魚、錦鱗魚、餘項魚、
水獺、羚羊、麝香、貂、黃
鼠、靑鼠、蜜.

운산(雲山)[82]

　금·오미자·송이버섯·석이버섯·생사·삼·애끼
찌·인삼·복령·쏘가리·열목어·영양·꿀.[83]

雲山

金、五味子、松蕈、石蕈、
絲、麻、弓幹木、人蔘、茯
苓、錦鱗魚、餘項魚、羚羊、
蜜.

태천(泰川)[84]

　오옥(烏玉)[85]·잣·오미자·생사·삼·자초·옻·애끼

泰川

烏玉、海松子、五味子、絲、

77　황정(黃精):백합과 식물인 낚시둥굴레(죽대둥굴레)의 뿌리줄기를 말린 것이다. 낚시둥굴레는 평안남도와
　　평양시의 낮은 산에서 자라며 각지에 심기도 한다. 봄이나 가을에 뿌리줄기를 캐서 물에 씻어 잔뿌리를 다
　　듬어 버리고 증기에 쪄서 햇볕에 말린다. 맛은 달고 성질은 평하다. 비경(脾經)·폐경(肺經)에 작용한다.

78　합사주(合絲紬):명주실과 무명실을 겹쳐 꼬아서 짠 비단.

79　《輿地圖書》〈平安道〉"寧邊" '物産'(《여지도서》19, 83쪽).

80　희천(熙川):자강도 희천시 일대.

81　《輿地圖書》〈平安道〉"熙川" '物産'(《여지도서》19, 119쪽).

82　운산(雲山):평안북도 운산군 일대.

83　《輿地圖書》〈平安道〉"雲山" '物産'(《여지도서》19, 104쪽).

84　태천(泰川):평안북도 태천군 일대.

85　오옥(烏玉):빛깔이 검은 옥.

찌·인삼·복령·영양·사향·꿀.[86]

麻、紫草、漆、弓幹木、人蔘、茯苓、羚羊、麝香、蜜.

영원(寧遠)[87]

백옥·잣·오미자·생사·삼·애끼찌·인삼·석이버섯·열목어·영양·사향·담비·족제비·청설모·매·꿀.[88]

寧遠

白玉、海松子、五味子、絲、麻、弓幹木、人蔘、石蕈、餘項魚、羚羊、麝香、貂、黃鼠、靑鼠、鷹、蜜.

벽동(碧潼)[89]

수포석·석회·잣·생사·삼·옻·자초·인삼·누치·은어·수달·영양·담비·청설모·족제비·매·꿀.[90]

碧潼

水泡石、石灰、海松子、絲、麻、漆、紫草、人蔘、訥魚、銀口魚、水獺、羚羊、貂、靑鼠、黃鼠、鷹、蜜.

초산(楚山)[91]

수포석·석회·잣·오미자·생사·삼·인삼·열목어·수달·사향·녹용·담비·족제비·청설모·매·꿀.[92]

楚山

水泡石、石灰、海松子、五味子、絲、麻、人蔘、餘項魚、水獺、麝香、鹿茸、貂、黃鼠、靑鼠、鷹、蜜.

---

86 《輿地圖書》〈平安道〉"泰川"'物産'(《여지도서》19, 164쪽).

87 영원(寧遠): 평안남도 영원군 일대.

88 《輿地圖書》〈平安道〉"寧遠"'物産'(《여지도서》20, 68~69쪽).

89 벽동(碧潼): 평안북도 벽동군 일대.

90 《輿地圖書》〈平安道〉"碧潼"'物産'(《여지도서》20, 50쪽).

91 초산(楚山): 자강도 초산군 일대. 《輿地圖書·平安道·理山》에는 "理山". 평안도 이산 지역의 옛 지명이 초산이다.

92 《輿地圖書》〈平安道〉"理山"'物産'(《여지도서》20, 33쪽).

위원(渭原)[93]

　　수포석·잣·오미자·생사·삼·애끼찌·인삼·열목
어·수달·영양·사향·담비·족제비·청설모·매·꿀.[94]

강계(江界)[95]

　　수포석·석회·잣·오미자·생사·삼·자초·자작나
무껍질·인삼·열목어·수달·영양·사향·녹용·담비·
족제비·청설모·매·꿀.[96]

삭주(朔州)[97]

　　수포석·생사·삼·애끼찌·잣·인삼·은어·열목
어·수달·사향·담비·족제비·청설모·영양·꿀.[98]

의주(義州)[99]

　　담청옥(淡靑玉)[100]·수포석·생사·삼·애끼찌·백

渭原

水泡石、海松子、五味子、
絲、麻、弓幹木、人蔘、餘項
魚、水獺、羚羊、麝香、貂、
黃鼠、靑鼠、鷹、蜜.

江界

水泡石、石灰、海松子、五
味子、絲、麻、紫草、樺皮、
人蔘、餘項魚、水獺、羚羊、
麝香、鹿茸、貂、黃鼠、靑
鼠、鷹、蜜.

朔州

水泡石、絲、麻、弓幹木、海
松子、人蔘、銀口魚、餘項
魚、水獺、麝香、貂、黃鼠、
靑鼠、羚羊、蜜.

義州

淡靑玉、水泡石、絲、麻、弓

93　위원(渭原):자강도 위원군 일대.
94　《輿地圖書》〈平安道〉"渭原" '物産'(《여지도서》20, 10쪽).
95　강계(江界):자강도 강계시 일대.
96　《輿地圖書》〈平安道〉"江界" '物産'(《여지도서》19, 194쪽).
97　삭주(朔州):평안북도 삭주군 일대.
98　《輿地圖書》〈平安道〉"朔州" '物産'(《여지도서》21, 114쪽).
99　의주(義州):평안북도 의주군 일대.
100 담청옥(淡靑玉):엷은 청색의 옥.

지·숭어·농어·가물치[鱧魚]101·쏘가리·누치·은어·게·꿀.《여지도서》102

幹木、白芷、秀魚、鱸魚、鱧魚、錦鱗魚、訥魚、銀口魚、蟹、蜜.《輿地圖書》

---

101 가물치[鱧魚]:농어목 가물치과의 토종 민물고기이다. 예어(鱧魚)라고도 한다. 탁한 물밑이나 진흙, 물풀이 무성한 곳에 살며, 피로 해소나 여성의 산후조리용 보양식으로 이용된다. 서유구는《전어지》에서《난호어목지(蘭湖漁牧志)》를 인용하여 "다른 물고기들은 모두 쓸개가 쓰지만 오직 가물치만은 쓸개가 단술처럼 단 까닭에 글자에 예(醴)가 들어있다.……몸에 꽃무늬가 있으므로 문어(文魚)라고 한다.《본초강목》에서 여(蠡)라고 하였는데, 여는 나(螺)와 통용하니 역시 그 색이 검은 것을 말한 것이다.……곳곳에서 나는데 압록강 상하류에 가장 많다. 예로부터 이 물고기를 북방어(北方魚)라고 하는데 성질이 차고 색깔이 검기 때문만은 아니다."라 했다.(《전어지》권4〈물고기 이름 고찰〉 "민물고기" '비늘 있는 종류')
102 《輿地圖書》〈平安道〉"義州" '物産'(《여지도서》18, 169쪽).

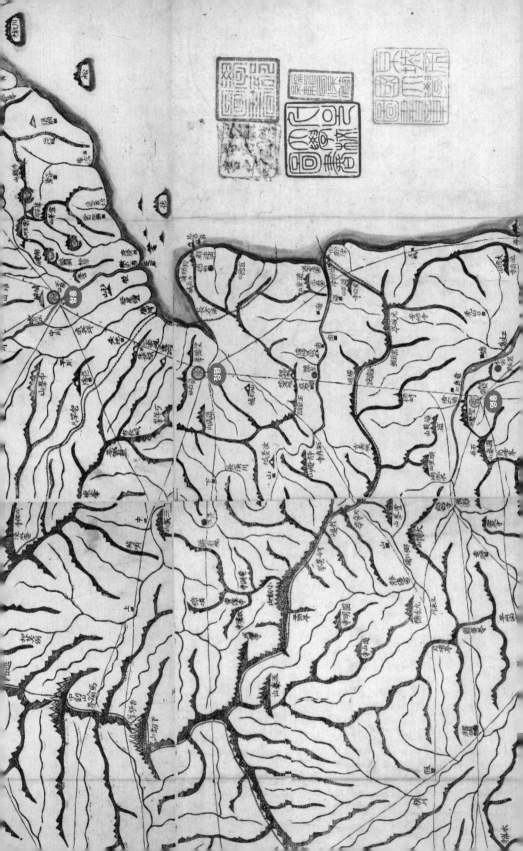